História social
do antigo Israel

COLEÇÃO CULTURA BÍBLICA

- *A religião dos primeiros cristãos*; uma teoria
  do cristianismo primitivo – Gerd Theissen
- *As origens;* um estudo de Gênesis 1–11 – Heinrich Krauss e Max Küchler
- *História social do antigo Israel* – Rainer Kessler
- *Jesus e Paulo*; vidas paralelas – Jerome Murphy-O'Connor
- *Mensagem urgente de Jesus para hoje*; o Reino de Deus
  no Evangelho de Marcos – Elliott C. Maloney, osb

RAINER KESSLER

História social do antigo Israel

Dados Internacionais de Catalogação na Publicação (CIP)
(Câmara Brasileira do Livro, SP, Brasil)

Kessler, Rainer
    História social do antigo Israel / Rainer Kessler ; tradução
Haroldo Reimer. — São Paulo : Paulinas, 2009. — (Coleção cultura bíblica)

    Título original: Sozialgeschichte des alten Israel.
    Bibliografia.
    ISBN 978-3-534-15917-8 (ed. original)
    ISBN 978-85-356-2529-5

    1. Israel – História 2. Judeus – Civilização. 3. Palestina – Vida social e costumes
4. Sociologia bíblica I. Título. II. Série.

09-09997   CDD-933

Índice para catálogo sistemático:
1. Israel : História antiga : História social   933

Título original: *Sozialgeschichte des alten Israel: Eine Einführung*
© 2006 by WBG (Wissenschaftliche Buchgesellschaft), Darmstadt

Direção-geral:	*Flávia Reginatto*
Editores responsáveis:	*Vera Ivanise Bombonatto*
	Matthias Grenzer
Tradução:	*Haroldo Reimer*
Copidesque:	*Anoar Jarbas Provenzi*
Coordenação de revisão:	*Marina Mendonça*
Revisão:	*Ana Cecilia Mari*
Direção de arte:	*Irma Cipriani*
Gerente de produção:	*Felício Calegaro Neto*
Capa:	*Manuel Rebelato Miramontes*
Editoração eletrônica:	*Sandra Regina Santana*

2ª edição – 2010

*Nenhuma parte desta obra poderá ser reproduzida ou transmitida
por qualquer forma e/ou qualquer meios (eletrônico ou mecânico,
incluindo fotocópia e gravação) ou arquivada em qualquer sistema ou
banco de dados sem permissão escrita da Editora. Direitos reservados.*

Paulinas
Rua Dona Inácia Uchoa, 62
04110-020 — São Paulo — SP (Brasil)
Tel.: (11) 2125-3500
http://www.paulinas.org.br
editora@paulinas.com.br
Telemarketing e SAC: 0800-7010081
© Pia Sociedade Filhas de São Paulo — São Paulo, 2009

PREFÁCIO

Ocupo-me com a história social do antigo Israel desde os tempos do meu doutorado no início da década de 1970. Naqueles tempos, Frank Crüsemann, Christof Hardmeier e eu nos encontrávamos regularmente em Heidelberg para discutir novos acessos metodológicos ao Antigo Testamento. Após rupturas profundas na trajetória da minha vida, um convite de Willy Schottroff, recebido em 1985, para assumir regularmente uma atividade docente na Universidade de Frankfurt, deu novo impulso ao meu interesse pela história social. Nos anos de 1987 a 1991 trabalhei como assistente do Prof. Dr. Frank Crüsemann na Kirchliche Hochschule Bethel, em Bielefeld; isso possibilitou que no pós-doutorado neste período eu pudesse me dedicar integralmente à questão. Desde que assumi o cargo de professor na Universidade de Marburg no ano de 1993, sempre houve novas possibilidades de discutir temas histórico-sociais nas minhas atividades docentes. O clima aberto que caracteriza o colegiado docente da Faculdade de Teologia de Marburg e o bom trabalho interdisciplinar com os colegas do âmbito da ética social, dos estudos sobre o antigo Oriente e da arqueologia deram muitos impulsos que fluíram para dentro do presente trabalho.

Desde 1985 participo de um simpático grupo de trabalho que se designa, segundo seu lugar de origem, como "Grupo de Trabalho de Heidelberg" [*Heidelberger Arbeitskreis*]. Uma vez por ano exegetas dos dois testamentos, colegas que trabalham cientificamente o campo da ética social, bem como pessoas da prática eclesial, se encontram para discutir questões relativas às interpretações bíblicas histórico-sociais e sua significação para a teologia e para as igrejas. Eu mesmo não consigo mais enumerar as ideias que emanaram desses encontros.

A decisão de escrever um livro próprio com o título *História social do antigo Israel* amadureceu quando o Prof. Eckart Otto me convidou para escrever o verbete "Israel.II.4" para a quarta edição do RGG [*Religion in Geschichte und Gegenwart* = Enciclopédia Religião na História e na Atualidade], falando sobre a história social de Israel em noventa linhas. A reflexão foi simples: se é possível escrever sobre mais de mil anos de história social em noventa linhas, então também deve ser possível fazer uma exposição em duzentas páginas. Agradeço a Wissenschaftliche Buchgesellschaft [Sociedade Científica do Livro], em Darmstadt, por acolher imediatamente a ideia desta obra, a qual agora chegou a seu termo.

Além das pessoas já mencionadas, um agradecimento especial deve ser feito à minha ex-estagiária Dra. Uta Schmidt, de Giessen. Ela leu todo o manuscrito e deu muitas valiosas indicações, que parcialmente levaram a substanciais modificações e reformulações. Minha colaboradora acadêmica Silke Arendsen e o estudante de teologia Christiam Vosloh ajudaram na formatação do manuscrito. Também a eles vale o meu agradecimento.

Minha esperança é de que estudantes de teologia, pastoras e pastores, professoras e professores, padres, bem como colegas da área de Antigo Testamento, tenham proveito na leitura desta obra para as suas próprias pesquisas sobre a Bíblia Hebraica.

Rainer Kessler

INTRODUÇÃO

A história social do antigo Israel é considerada no que segue como uma disciplina da História. Com isso ela é também essencialmente uma disciplina teológica. Pois a Bíblia Hebraica como documento teológico do judaísmo e do cristianismo relata a história de Deus, mas ela não a conta de forma "mítica" no sentido da história de deuses, mas como história de Deus com as pessoas, enfocando de forma especial a história de Deus com seu povo Israel. Sem a história deste povo não se pode entender a história de Deus com este povo. A história social é necessária também para o entendimento tanto das grandezas históricas do antigo Israel quanto das grandezas da Bíblia Hebraica, a qual é um documento do antigo Israel.

I. História social como disciplina especial e como método

1. *História social como disciplina parcial da historiografia*

A história de um povo em um determinado período de tempo — aqui a história de Israel no período a que os escritos da Bíblia Hebraica se referem e no qual surgiram — é uma história social, na medida em que um povo é uma grandeza social. Ainda assim a história social como disciplina das ciências humanas tem um objeto especial. Ela consta ao lado de outras histórias especiais como a história da religião, a história da literatura ou a história da arte.

Qual é o objeto especial da história social é menos evidente do que em outras áreas específicas. Não se pode falar sobre as estruturas sociais de uma sociedade sem levar em consideração o seu modo de produção, o que já é objeto da economia. Mas também não se pode deixar de lado a constituição jurídica, o que já é objeto da história do direito. O mesmo vale para as estruturas políticas e instituições, cuja historiografia cabe no âmbito inicial da ciência política.

Apesar de certa imprecisão admissível, o objeto da história social pode ser delimitado, na medida em que *não* tem a ver com determinadas *expressões* de uma sociedade e também *não* com determinados *acontecimentos*. O objeto da história é muito mais a *forma* [*Gestalt*] da própria sociedade. Contudo, a metáfora da "forma" aponta para um estatismo que não existe desse modo. A forma de uma sociedade está submetida a uma constante transformação, que muitas vezes acontece de modo imperceptível e algumas vezes em uma dinâmica tempestuosa. *Por isso a história social*, como o próprio nome indica, *trata sempre da forma de uma sociedade na sua história*.

2. História social como método exegético

Na discussão em torno da história social de Israel, como foi conduzida nos últimos 35 anos, não se tratou a história social como disciplina auxiliar (parcial?) da historiografia no sentido de buscar reescrever a forma da sociedade do antigo Israel. Pois, como disciplina teológica, como disciplina parcial da exegese veterotestamentária, ela trata sempre dos textos bíblicos. E aqui a exegese mais recente de orientação histórico-social não pergunta somente pelo "lugar vivencial" [*Sitz im Leben*], como já foi feito pela história das formas [*Formgeschichte*] mais antiga; ela pergunta pelos *interesses* que se expressam nos textos. Ela relaciona esta questão com a pergunta inversa de como as concepções religiosas expressas nos textos retroatuavam, por sua vez, sobre o desenvolvimento social daquela época.[1]

Com a sua pergunta pelos interesses expressos nos textos, este tipo de exegese que opera de modo histórico-social pressupõe que exista uma multiplicidade de interesses em uma sociedade, os quais parcialmente se sobrepõem e parcialmente andam lado a lado, mas que também se distanciam ou se contrapõem frontalmente. E ela parte do pressuposto de que textos têm participação neste emaranhado de interesses, mesmo que em regra não no sentido de um simples reflexo de um determinado interesse em um texto determinado. "Contraposições entre afirmações diferentes da Bíblia evidenciam-se [...] em regra como condicionadas pelas origens sociais diferentes dos respectivos textos."[2] Se se pergunta dessa forma, então o intrincado de interesses deve ser evidenciado; deve-se procurar pelas

---

[1] Ver Otto, 1981.
[2] Schottroff [1987], 1999a, p. 2.

condições dos interesses diversos e também pela alternância desses interesses em jogo, e a dinâmica de suas transformações devem ser reconhecidas.

Temos que nos contentar com a simples indicação das consequências de tal concepção histórico-social acerca da interpretação bíblica. Elas relacionam-se com a própria relação estabelecida com os textos bíblicos, de modo que a interpretação bíblica histórico-social "atua no sentido contrário a todas as tendências de encobrimento, de embelezamento [Beschönigung] e de harmonização encontráveis a todo tempo na história da sociedade humana, e que também podem ser encontradas em âmbitos da escritura bíblica; desse modo, os reais conflitos sociais de ontem e de hoje são mencionados e criticamente contrabalanceados em sua carga ideológica".[3] As consequências de tal interpretação bíblica histórico-social estendem-se até os limites de questões teológicas práticas, a ponto de se poder dizer, com um pouco de exagero, que "a própria interpretação bíblica histórico-social se evidencia como parte de uma teologia da libertação".[4]

Aqui não podemos estender essas indicações.[5] Também não é de modo algum necessário compartilhar todas as implicações e consequências desta compreensão de interpretação histórico-social para poder acompanhar as explanações a seguir. Mas indico meu próprio interesse de reconhecimento [*Erkenntnisinteresse*] quando indico para o fato de que, segundo o meu entendimento, a "história social de Israel" abrange mais do que o intento de uma reconstrução da história social de Israel como disciplina parcial da historiografia do antigo Israel.

II. História de eventos e "longa duração"

Na definição de história social como análise da estrutura social de uma sociedade em seu desenvolvimento histórico, reside a tentativa de conectar um elemento estático com um elemento dinâmico. Na realidade dos organismos vivos, o elemento dinâmico do tempo não se desenrola como algo contínuo e regular, mas em intensidade distintas. Tempos de transformações galopantes se alternam com longas fases de relativa estabilidade, nas quais — pelo menos na superfície visível — praticamente nada se modifica.

---

[3] Id., p. 3.
[4] Id.
[5] Algumas notas encontram-se na parte final deste livro.

Analisar a diferente dinâmica da história é tarefa de todo tipo de historiografia. Desde o trabalho fundamental do historiador francês Fernand Braudel sobre o Mediterrâneo, do ano de 1946, diferencia-se o transcurso de três ritmos: na "história de longa duração" trata-se da relação do ser humano com o seu ambiente natural; como este lhe é pré-dado, a história transcorre "praticamente sem movimento" (isso ainda valia de certa forma na época em que Braudel escreveu o seu livro). Na "história dos eventos", objeto da historiografia tradicional, trata-se de acontecimentos individuais e dos movimentos em rápida alternância na superfície. A história social — Braudel: "a história dos grupos e comunidades" — entrementes está entre as duas posições. Ela deve avaliar condições naturais, que em si não transformam de modo perceptível. Mas ela também deve levar em conta os "acontecimentos" — para o nosso objeto de estudo, por exemplo, os domínios sucessivos de assírios, babilônios, persas e gregos — e analisar as suas influências sobre a estrutura social da sociedade.[6]

Toda forma de historiografia deve analisar estes ritmos diferentes, mas cada qual tem também um foco distinto. No campo da história dos acontecimentos há uma discussão controversa sobre se a ocupação de Jerusalém aconteceu no ano de 587 ou 586. Para a história social este é um ano sem importância. Para a história da literatura é uma questão interessante se profetas como Amós ou Miqueias fixaram eles mesmos por escrito as suas expressões orais ou se isso é obra de discípulos e simpatizantes, os quais fizeram isso somente após a morte do profeta. Para a história social, que encara estes textos como fonte, a questão é secundária.

Os exemplos poderiam ser multiplicados sem que com isso surgisse a impressão de arbitrariedade. Pois é óbvio que saber se um texto profético é pré-exílico ou se se trata de uma retroprojeção de época pós-exílica é também uma questão relevante para a história social.[7] Também é de interesse para a história social se os eventos militares, diplomáticos e comerciais relatados sobre Davi e Salomão remontam a fatos históricos ou se são ficções literárias.

Ainda assim é importante notar: *a história social é uma "história de ritmos lentos"*.[8] Na medida em que é historiografia, a história social está

---

[6] Braudel, 1992, citado p. 21.

[7] Chaney, 1986, p. 58, utiliza para tais separações epocais o termo "divisor sistêmico" [*systemic watershed*].

[8] Braudel, 1992, p. 21.

interessada em transformações. Mas em primeiro lugar ela quer analisar a estrutura — ou melhor: as diversas estruturas — que a sociedade analisada assumiu e que se manteve estável durante períodos mais longos. Por isso, ela não precisa interessar-se por qualquer acontecimento e não precisa datar com exatidão toda fonte utilizada. A história social pode permitir-se certa imprecisão controlada no que tange à datação de acontecimentos e fontes.

III. Sobre a apresentação da história social

Da tarefa da historiografia histórico-social de conjugar o momento estático da descrição da estrutura de uma sociedade com o elemento dinâmico da descrição de seus desenvolvimentos históricos resulta fundamentalmente a possibilidade de dois princípios [*Ansätze*] de apresentação. A apresentação histórico-social pode começar com a estrutura da sociedade e diferenciar o amorfo fenômeno da "estrutura da sociedade", ou ela pode iniciar com o desenvolvimento histórico e continuar com uma divisão segundo épocas "com ritmo mais lento".

1. História social como história de instituições

"Sociedade" é um conceito muito abrangente e abstrato. Se se procura caracterizar uma sociedade com um único conceito — em épocas mais antigas utilizavam-se conceitos como "sociedade agrária" ou "sociedade feudal", hoje se pode pensar em termos como "sociedade de consumo" ou "sociedade de vivências" —, então em geral capta-se com isso somente um determinado traço desta sociedade, mesmo que, segundo a intenção, seja o traço mais típico. Dessa forma, porém, o todo do entrelaçamento das relações sociais não entra na perspectiva.

A partir disso é melhor diferenciar o fenômeno amorfo e abstrato "sociedade". Se entendermos o todo da sociedade como um grande sistema, então se poderia falar de sistemas parciais. Seguindo a tradição da sociologia francesa, utilizarei o conceito de "instituição". Ele é mais amplo do que o usual conceito alemão.[9]

---

[9] Os tradutores alemães da obra de Roland de Vaux, que no original francês tem o título *Les institutions de l'Ancien Testament*, tentaram fazer jus ao mesmo na medida em que o traduziram por *Das Alte Testament und seine Lebensordnungen* [O Antigo Testamento e suas ordenações de vida] (de Vaux [1959/1960],

Se iniciarmos a apresentação histórico-social pelas instituições, então o momento estático necessariamente será o dominante. Mesmo assim o momento dinâmico não desaparecerá. Primeiramente porque cada instituição tem a sua história e, em segundo lugar, porque determinadas instituições como, por exemplo, a monarquia em Israel e Judá somente podem existir em um determinado lugar histórico. Nestas duas constatações reside, então, a força de uma apresentação da história social orientada pelas instituições. Ela pode levar em conta que determinadas instituições têm ritmos distintos em seu desenvolvimento. Assim, por exemplo, as estruturas das famílias são estáveis por um tempo mais longo, enquanto a milícia no período relativamente curto da monarquia experimentou várias modificações. De maneira muito próxima a isso está a segunda vantagem de que é possível apresentar uma determinada hierarquia das instituições. Assim, por exemplo, Erhard Gerstenberger inicia sua obra *Theologien im Alten Testament* [Teologias do Antigo Testamento] com um "Esboço da história social de Israel" e organiza o mesmo da seguinte forma: família e clã — aldeia e cidade pequena — união de tribos — o estado monárquico — comunidades confessionais e paróquias.[10] Nesse esboço, as três primeiras instituições valem como instituições de base, que também se transformam, mas que são relevantes para todo o período relativo ao Antigo Testamento. Em contraposição, o estado monárquico e as comunidades confessionais e paroquiais obviamente são secundárias em relação àquelas e somente existiram por um tempo limitado.

Este último ponto mostra que também uma história social orientada pelas instituições precisa ter uma noção das épocas nas quais o respectivo espaço de tempo é situado. Com isso se abre a possibilidade de tomar esta divisão em épocas como ponto de partida.

2. *História social como história de épocas*

Se na apresentação da história social se parte das épocas em vez das instituições, então esta é uma forma alternativa de apresentação, mas de modo algum a "verdadeira" em contraposição à "falsa". Ambas as coisas

---

[2] 1964/1966). Contudo, no conceito "ordenações de vida" transparece um momento normativo, que lembra uma teologia das ordenanças e que, assim, é estranha ao conceito sociológico de "instituições".

[10] Gerstenberger, 2001, p. 21-25 [ed. bras.: *Teologias no Antigo Testamento*. Pluralidade e sincretismo da fé em Deus no Antigo Testamento. Tradução de Nelson Kilpp. São Leopoldo: Cebi/Faculdades Est/Sinodal, 2007].

estão sempre ligadas; somente os acentos são colocados de forma distinta. Assim como a apresentação das instituições sempre precisa ter uma noção das épocas, assim também a apresentação seguindo as épocas sempre deve ter uma noção das instituições a serem apresentadas.

Com a escolha da apresentação ao longo das épocas, o acento será colocado no desenvolvimento histórico; a descrição de estruturas sociais será subordinada à divisão em épocas. De outro modo, em vez de uma história social, dever-se-ia falar de uma sociologia de Israel. O peso da apresentação está mais fortemente colocado nas rupturas e nas características de um determinado período do que nos traços contínuos. Com isso quer-se criar a consciência de que também uma sociedade pré-moderna passou por desenvolvimentos dramáticos ao longo dos mil anos a serem descritos.

A escolha da apresentação ao longo das épocas não diminui o valor de uma apresentação orientada pelas instituições; em muitas partes necessitará desta e permanecerá a ela relacionada. Mas ela representa uma decisão que implica determinado posicionamento da história da pesquisa. Isso será explicado com maiores detalhes nos próximos pontos.

IV. Sobre a história da pesquisa

Há interesse pela história de Israel nos tempos bíblicos — bem como pelas realidades mencionadas, isto é, os objetos materiais, os lugares e também as instituições sociais mencionadas na Bíblia — desde que passou a existir um cânon dos escritos bíblicos e desde que estes escritos despertaram a necessidade de interpretação. Pois, em todos os ensinamentos sobre o múltiplo sentido dos escritos, o *sensus literalis* sempre desempenhou um papel determinante, e este não pode ser obtido sem conhecimentos da história e das realidades. Em sua própria apresentação da *Hebräischen Archäologie* [Arqueologia hebraica] o pesquisador I. Benzinger apresenta um breve esboço da história desta disciplina desde a Antiguidade.[11]

A partir do século XIX a disciplina passa por uma ascensão sem antecedentes. A decifração dos hieróglifos e da escrita cuneiforme, a atividade de escavação no Oriente Médio, o aumento de viagens de pesquisadores europeus e as novas formas de documentação (fotografia) aumentam os conhecimentos em tal quantidade que dela resulta uma nova qualidade. Se

---

[11] Benzinger, ³1927, p. 5-8.

até aquele momento a própria Bíblia era praticamente a única fonte para a história e as realidades do antigo Israel, a partir daí ela passa a se transformar em uma fonte ao lado de outras, cujo valor deve primeiramente ser determinado.

Essa nova situação leva ao dado de que desde o século XIX passa a surgir uma quantidade de obras de cunho enciclopédico que, é claro, ainda estão totalmente dentro da tradição de investigações mais antigas sobre as antiguidades bíblicas.

1. Na tradição das antiguidades bíblicas

O mencionado pesquisador I. Benzinger inicia a sua *Biblische Archäologie* [Arqueologia bíblica] — ela surgiu em primeira edição no ano de 1893 — com uma definição. Arqueologia bíblica seria o nome de "uma determinada disciplina histórica especial que tem como sua tarefa a apresentação científica de todas as condições de vida, dos usos e costumes, das instituições sociais e religiosas dos hebreus".[12] Por um lado, isso é um conceito muito mais amplo de arqueologia do que o que é utilizado hoje em dia, na medida em que este se baseia em escavações e seus resultados. Por outro lado, trata-se somente de uma disciplina parcial "do todo sempre almejado da história cultural". Em tal arqueologia bíblica são tomadas do todo "a história política, a história da literatura e a história da religião".[13] A arquitetura da obra de Benzinger pode ser exemplar para esse tipo de apresentação. Ela abrange quatro partes: terra e gente, antiguidades pessoais, antiguidades públicas e antiguidades sacrais.

A exigência expressa por Benzinger de que uma apresentação geral deveria incluir também "a história política, a história da literatura e a história da religião" de certa forma é cumprida por Rudolf Kittel. Na primeira edição de sua *Geschichte Israels* [História de Israel], surgida nos anos de 1888/1992, ele faz o esforço de integrar os elementos de uma história da cultura e da religião. A cada parte da obra organizada segundo a história política é acrescentada uma apresentação da cultura e da religião das épocas.[14]

---

[12] Id., p. 1.
[13] Id.
[14] Kittel, 5/61923.

Introdução 15

O que na obra de Kittel era parte da história geral de Israel torna-se título na obra de Alfred Bertholet. Sua obra publicada em 1919 teve como título *Kulturgeschichte Israels* [História cultural de Israel].[15] A maior influência como história cultural de Israel foi exercida pelo dinamarquês Johs. Pedersen. Os primeiros volumes de sua obra já estavam disponíveis em dinamarquês em 1920. A maior influência, contudo, foi exercida pela versão em inglês *Israel — Its Life and Culture* [Israel — Sua vida e cultura], publicada em quatro volumes nos anos de 1926 e 1940.[16] Em um trecho de 160 páginas sobre a concepção hebraica de alma,[17] é integrado na história social aquilo que na historiografia francesa é chamado de "história das mentalidades". Algo similar é empreendido por Salo Witmayer Baron na sua monumental obra *Sozial- und Religionsgeschichte der Juden* [História social e religiosa dos judeus], de 1937, a qual, contudo, permaneceu sem influência no contexto europeu.[18]

A apresentação da história social na tradição das antiguidades bíblicas alcança certo apogeu com a obra *Lebensordnungen* ["ordenações de vida"] de Roland de Vaux.[19] Se observarmos os subtítulos dos dois volumes, encontraremos exatamente a arquitetura que Benzinger já tinha na sua *Biblische Archäologie* [Arqueologia bíblica]: o volume I trata da "existência do nomadismo — forma da vida familiar — instituição das leis do povo"; o volume II trata de "exército e guerra" e "as ordenações religiosas".

As duas obras aqui rapidamente apresentadas têm duas coisas em comum. Primeiramente são obras de caráter descritivo e não se preocupam em oferecer nenhuma teorização sobre a forma da sociedade do antigo Israel por elas descrita. Frants Buhl, que em 1899 apresentou uma análise das "relações sociais dos israelitas", expressa isso dizendo que ele somente quer apresentar uma "simples e panorâmica apresentação do material constante no Antigo Testamento que se mantém distante de todas as teorias e construções".[20] Em segundo lugar, as obras são historicamente superficiais — com exceção da *Geschichte Israels* [História de Israel] de Kittel. Paul Volz afirma na obra *Biblische Altertümer* [Antiguidades bíblicas] de

---

[15] Bertholet, 1919.
[16] Pedersen, 1959.
[17] Id., p. 99-259.
[18] Baron, ²1952.
[19] De Vaux, ²1964/1966. Sobre isso, veja p. 13, 14.
[20] Buhl, 1899, prefácio.

1914: "Dentro de um mesmo trecho foram juntados sem reflexão elementos que temporalmente estão muito distantes".[21] Ele indica duas razões para isso: primeiro o fato de que, com frequência, é muito difícil de captar o desenvolvimento diacrônico dentro das instituições sociais; segundo o fato de que a forma de vida das instituições se modifica pouco ao longo do tempo. Uma terceira razão, talvez inconsciente, é acrescentada: a concepção histórica desta apresentação é biblicista, na medida em que a história das origens, que é identificada com a apresentação do Pentateuco, ocupa um papel decisivo. Em geral somente existem duas épocas, a saber: as relações antes da ocupação da terra e as relações na terra conquistada. E, como consequência tardia da saudade romântica das origens, há um interesse real somente pelos tempos iniciais até a época da monarquia. Nesse sentido, por exemplo, Kittel termina a sua *Geschichte Israels* [História de Israel] com a destruição de Jerusalém em 587.

Em contraposição aos autores a seguir mencionados, os trabalhos na tradição das antiguidades bíblicas podem ser resumidos como sendo "obras descritivas com acentuada renúncia à teorização".[22] Obras desse tipo poderiam ser classificadas mais como pertencentes à história social da história das instituições do que como apresentações de história de épocas. Porém, assim como a orientação pelas épocas não desvaloriza as apresentações orientadas pelas instituições, também as apresentações descritivas das relações no antigo Israel de forma alguma estão superadas, na medida em que tais apresentações, atualizadas com as novas descobertas da pesquisa, sempre são necessárias.[23]

2. A sociologia da religião do judaísmo antigo

Para a arqueologia bíblica antes esboçada, a investigação das realidades e das relações sociais sempre é somente uma ciência auxiliar, que está subordinada à compreensão dos escritos bíblicos.[24] Isso é diferente no olhar sociológico-religioso sobre o antigo Israel. Nessa perspectiva quer-se entender a religião e a própria sociedade que lhe deu origem. Os escritos bíblicos não são o objetivo principal nesse tipo de análise; eles são

---

[21] Volz, 1989, prefácio.
[22] Welten, 1989, p. 212.
[23] De época recente menciono somente Matthews; Benjamin, [2]1995.
[24] Schottroff, 1974, p. 47 afirma: "A pesquisa da realidade social do antigo Israel até hoje não conseguiu ultrapassar o *status* de uma ciência histórica auxiliar".

fonte e em todo caso parte da religião e da sociedade analisadas. De forma exemplar, pode-se perceber isso no escrito de Max Weber *Das antike Judentum* [O judaísmo antigo], publicado em 1921 após a morte do autor.[25] O fato de que este escrito surgiu como terceiro volume dos *Gesammelte Aufsätze zur Religionssoziologie* [Coletânea de textos sobre a sociologia da religião] já evidencia que o seu lugar sistemático não é a ciência bíblica mas sim justamente a sociologia da religião.

Naturalmente Weber se baseia em trabalhos de pesquisadores bíblicos, como ele mesmo indica em uma nota de rodapé de mais de seis páginas sobre o título "judaísmo antigo".[26] Mas a questão de Weber é diferente. Partindo da afirmação de que, "do ponto de vista sociológico", os judeus são um povo-pária [*Pariavolk*][27] — que, segundo Weber, é verdadeira para o judaísmo desde o exílio babilônico até o presente —, nasce o questionamento: "O problema é portanto: como os judeus vieram a se tornar um povo-pária com a sua elevada característica própria?".[28]

Para responder essa pergunta, Weber inicia sua análise das classes principais da sociedade pré-estatal, isto é, os beduínos, os moradores da cidade, os camponeses e os seminômades. Ele, contudo, não se satisfaz com uma descrição superficial dos respectivos grupos, mas constata um conjunto de interesses. "Em contraposição ao patriciado urbano e aos beduínos, havia dois outros grupos, camponeses e pastores, em conflito, e por isso desenvolveu-se em contraposição aos dois primeiros uma comunidade de interesses entre os dois últimos."[29] A formação social, na qual este conjunto de interesses chega a um equilíbrio relativamente estável, Weber designa como "sociedade de juramento" [*Eidgenossenschaft*].[30] No uso desse termo ele pressupõe o conceito [bíblico] de "aliança". Essa sociedade de juramento é uma "aliança de guerra sob e com Javé como o deus guerreiro da aliança".[31] "Esta aliança israelita de organização lábil até a monarquia não dispunha, até onde se pode verificar, de órgãos políticos duradouros."[32]

---

[25] Dentre a rica bibliografia sobre Max Weber, veja-se somente Kreuzer, 1994. Otto, 1982; id., 2002; Schäfer-Lichtenberger, 1983; Talmon, 1986d = 1988.

[26] Weber, 2005, p. 234-240.

[27] Id., p. 241.

[28] Id., p. 244.

[29] Id., p. 316.

[30] Id., p. 347.

[31] Id., p. 357.

[32] Id., p. 360.

Nessa caracterização já está incluída a percepção de que o surgimento da monarquia iniciou uma nova época na história social do antigo Israel. Isso ainda não vale para a monarquia de Saul e para os inícios do governo de Davi. Vale, contudo, para a "estrutura da monarquia transformada a partir do momento da instalação da cidade residencial de Davi e, depois, com Salomão".[33] Aspectos decisivos nesta nova estrutura são a residência citadina e as "modificações da estrutura do exército, derivadas daquela".[34] "A partir da sociedade de juramento constituída por camponeses, famílias de pastores e pequenas cidades montanhosas, labilmente organizada, [...] Salomão buscou criar uma estrutura política fortemente organizada."[35]

Naturalmente, o fim da monarquia constitui a passagem para a terceira época, que na nomenclatura de Weber é a época da existência do povo-pária, ainda que as raízes para essa existência devam ser buscadas em tempos anteriores, sobretudo nos profetas pré-exílicos. O conceito de "povo-pária" deve ser entendido como "um povo-hóspede, que se diferencia do contexto social em termos rituais, formais e factuais"; disso derivam "todos os traços essenciais na sua relação com o ambiente, especialmente sua voluntária existência em gueto e o modo do dualismo entre a moral interna e externa".[36]

A tese de Weber sobre o povo-pária não pode ser discutida aqui; ela praticamente não encontrou seguidores.[37] Para nós é importante perceber o que disso deriva para a apreciação geral da obra de Weber. De modo diferente do que as apresentações descritivas das antiguidades bíblicas, Weber está interessado na avaliação teórica da sociedade analisada; ele a chama de sociedade de juramento, monarquia e povo-pária. E diferentemente das apresentações supra-históricas ou daquelas que se detêm na apresentação da existência antes da conquista da terra ou nos tempos iniciais posteriores a esta, Weber está interessado nas características das épocas como tais e nas transições. À diferença da obra *Geschichte Israels* [História de Israel], de Kittel, Weber não conclui com o fim da monarquia, mas dedica a segunda parte das duas que constituem a sua análise ao tema "o surgimento do povo-pária judaico".

---

[33] Id., p. 381.
[34] Id.
[35] Id., p. 382.
[36] Id., p. 241.
[37] Para uma crítica dessa tese de Weber, ver Guttmann [1925], 1981, p. 321; de forma mais detalhada Cahnman, 1974.

Introdução

A influência da obra de Weber sobre os pesquisadores alemães do Antigo Testamento é profunda, mesmo que dificilmente isso seja articulado pelos próprios autores. Especialmente *Albrecht Alt* e *Martin Noth* assumem o interesse teórico pelas formações sociais e pelos seus desenvolvimentos e suas transições. Mesmo teoremas isolados como a transumância dos seminômades criadores de gado pequeno, da aliança tribal guerreira da época pré-estatal, o peso do contraste entre cidade e campo na época da monarquia ou a descrição do Israel pós-exílico como comunidade cultual podem ser remetidos sem dificuldade à influência da obra de Weber. A isso se acrescentam novos teoremas como a tese da anfictionia do Israel pré-estatal ou categorias assumidas do feudalismo medieval para designar experiências na época da monarquia (vassalagem, feudos, propriedades reais [*Krongut*].[38] Esses teoremas e essas categorias não se encontram em Weber, mas perfeitamente são "influências originadas na tese de Weber".[39] Assim como em Weber, eles são funcionais ao intento de captar a realidade social e religiosa do antigo Israel com o auxílio da sociologia e especialmente da sociologia da religião.

Mesmo que durante muito tempo não tenha tido recepção na Alemanha, na *França* desenvolveu-se desde o século XIX até a metade do século XX uma imagem totalmente independente do antigo Israel, mas que em seus traços principais pode ser comparada à concepção esboçada por Weber. A expressão mais representativa desta apresentação deu-se em 1937 com a publicação da obra *Du groupé ethnique à la communauté religieuse. Le problème sociologique de la religion d'Israël* [Do grupo étnico à comunidade religiosa. O problema sociológico da religião de Israel], do pesquisador protestante do Antigo Testamento A. Causse, da Universidade de Estrasburgo. Já na dedicatória da obra mostra-se em que tradição Causse se coloca e em que a sua obra se diferencia da tendência de pesquisa representada pela obra de Weber. O livro está dedicado ao Prof. Lévy-Bruhl como "o mestre dos estudos sobre a mentalidade primitiva".[40] E, na insuficiente "consideração da estrutura primitiva da mentalidade, da ordem social de Israel", Causse vê também a fraqueza do estudo de Weber, ainda que ele demonstre admiração por seu acesso "intuitivo".[41]

---

[38] Sobre a primeira parte, ver Noth, 1930; sobre a parte final, ver as contribuições de Alt, ⁴1968; ³1964; ²1958, que se ocupam das relações sociais em Israel.

[39] Schottroff, 1974, p. 54.

[40] Causse, 1937, dedicatória: "Le maître des études sur la *mentalité primitive*".

[41] Id., p. 9, nota 1: Weber "n'a pas suffisamment tenu compte de la structure primitive de la mentalité, de l'a organisation sociale d'Israël".

Apesar desta ênfase na história das mentalidades, ainda hoje característica da historiografia francesa, Causse persegue um objetivo comparável ao de Weber. Ele afirma: "O problema principal consiste em reconhecer como se deu a transição desta mentalidade primitiva, pré-lógica e comum, para concepções mais desenvolvidas em termos éticos, racionais e individuais. Na medida em que nas próximas páginas faço um estudo da crise dos grupos sociais no antigo Israel e dos inícios da comunidade judaica, realizei o intento de determinar alguns aspectos dessa transição".[42] Assim como em Weber, aqui se trata de duas coisas. Por um lado, pretende-se captar em termos sociológicos as formações sociais e das mentalidades a ela pertinentes nas diferentes épocas ("grupos étnicos", "comunidade religiosa", "nação",[43] "seita").[44] Por outro lado, há interesse fundamental nas transições. Isso já se evidencia na expressão "de–para" que aparece seguidamente nos títulos; sempre se fala de *passage*, como já ficou evidente no citado antes; de "crise dos grupos sociais" trata o título de duas das quatro partes principais.[45]

Assim é apropriado quando Peter Welten, após falar "das obras descritivas com grande renúncia à teorização", fala de um segundo "grupo-conteúdo" e junta as obras de Weber e Causse sob o título "obras com formação de teoria não marxista".[46] Estes dois seriam também precursores da nova história social.

3. *Após 1968*

A época posterior à Segunda Guerra é caracterizada pelo fato de que as concepções acerca do antigo Israel elaboradas no período entre as guerras permanecem inquestionadas. Indicações para Alt e Noth no âmbito alemão, para Pedersen no âmbito escandinavo, anglo-saxônico e holandês, para Causse e autores similares no âmbito das línguas românicas[47] de influência francesa sinalizam um amplo consenso. Mas estes autores permanecem sendo minoria, e de forma geral o interesse pela história social é

---

[42] Id., p. 9: "Le problème essentiel […] est […] de savoir comment s'est fait le passage de cette mentalité primitive, pré-lógique et grégaire […] à des conceptions éthiques, rationnelles et individualistes plus évoluées. Dans les pages qui vont suivre, j'ai essayé de marquer certains aspects de ce passage".

[43] Id., p. 183.

[44] Id., p. 236 e 301.

[45] Id., partes I e II.

[46] Welten, 1989, p. 213.

[47] Em Israel, para completar o mapa das ênfases dos pesquisadores da Bíblia Hebraica, é preciso primeiramente saber a origem dos pesquisadores para verificar com que tradição eles se sentem comprometidos.

Introdução

reduzido; é tão reduzido que, após a ruptura para a "nova história social", tem-se muitas vezes a impressão de que estaria nascendo algo totalmente novo, sem precedentes.[48]

Essa irrupção para a nova história social está duplamente relacionada com o ano de 1968, em termos reais e simbólicos. Por um lado, o ano de 1968 é o ano em que um movimento político, social e cultural extraparlamentar entra em cena no palco da maioria dos países ocidentais. Uma parte — certamente não muito numerosa — deste movimento na Alemanha é constituída por estudantes de Teologia, membros de comunidades estudantis, mas também por pessoas ativas em grêmios eclesiásticos, especialmente nos sínodos. Nas suas críticas às relações e em seus intentos de transformações na sociedade e na Igreja, descobrem especialmente a crítica social dos profetas, ao lado de outras tradições bíblicas. Ao conjunto das "páginas críticas" publicadas naqueles anos na região da Vestfália dão o nome programático de "AMOS".

O ano de 1968 é também — em condensação simbólica — o ano de nascimento da teologia da libertação latino-americana.[49] Naquele ano a Segunda Conferência Episcopal Latino-Americana, reunida em Medellín (Colômbia), em seguimento ao Vaticano II, sanciona oficialmente o novo lugar da Bíblia e o direcionamento rumo aos pobres. Em 1970 surge, em Lima (Peru), o programático livro *Teología de la liberación* de Gustavo Gutiérrez, obra traduzida para o alemão já no ano de 1973.[50]

Boa parte das expressões do movimento extraparlamentar na Alemanha (bem como nos outros países ocidentais) e também uma importante parte daquilo que na América Latina surge sob o nome de *leitura popular* nas Comunidades Eclesiais de Base (CEBs) pertence ao âmbito da "literatura cinzenta" (literatura que circula somente em meios restritos).[51] Para a história da pesquisa, essa "literatura panfletária"[52] inicialmente tem somente influência indireta, mas mesmo assim muito ampla. Ela se expressa num grande conjunto de contribuições sobre o tema da crítica social dos profetas.[53] Somente em poucos casos, esses pesquisadores assumem o novo

---

[48] Welten, 1989, p. 207, fala explicitamente "de um esquecimento na história da pesquisa mais recente [...] no que tange aos inícios da pesquisa histórico-social do Antigo Testamento no século XX".

[49] De Wit, 1991, p. 25.

[50] Gutiérrez [alemão 1973], [10]1992.

[51] Ver Welten, 1989, p. 208; para a América Latina, ver o breve e instrutivo panorama em Reimer, 1992, p. 11-17.

[52] Reimer, 1992, p. 13.

[53] Do grande número de títulos, basta mencionar Koch [1971], 1991; Wanke, 1972; Fendler, 1973; Stolz, 1973; Loretz, 1975; Holm-Nielsen, 1976. A menção não é completa e termina na metade da década de 1970.

interesse de forma positiva; em grande medida eles rejeitam as exigências presumidas ou reais de que os profetas veterotestamentários sejam algo como revolucionários sociais ou batalhadores por libertação.[54] A enxurrada de literatura mostra quão grande foi a ação frutífera deste impulso externo que nem objetivava primeiramente a ciência especializada. Mas este impulso também não pode ser absolutizado, pois os estudos no final da década de 1960 e inícios da de 1970 tinham seus precedentes no campo da pesquisa, com os quais era necessário travar uma discussão.[55]

Após as primeiras reações aos novos desenvolvimentos sociais, que se expressaram especialmente em textos curtos, surgem a partir da metade da década de 1970 trabalhos que se dedicam de forma nova às questões já levantadas na década de 1920. As velhas teorias são avaliadas criticamente e demonstradas; assim, por exemplo, aconteceu com a tese da "anfictionia" de Noth através do trabalho de C. H. J. de Geus (1976) e da tese da "sociedade de juramento" de Weber através do trabalho de Christa Schäfer-Lichtenberger (1983).[56] Em todo o seu potencial crítico em relação aos estudos mais antigos, o interesse na captação teórica das formas sociais é assumido de forma positiva. Também a abordagem sociológica de Max Weber é mantida, conforme está bem documentado na participação de vários pesquisadores bíblicos nos dois volumes editados por Wolfgang Schluchter sobre os estudos de Weber acerca do judaísmo antigo (1981) e acerca da sua visão do cristianismo primitivo (1985).[57]

Obviamente esses estudos não se limitam à destruição das velhas teorias. Em seu lugar aparecem novas teorias. Baseados em trabalhos do sociólogo e antropólogo Christian Sigrist, Frank Crüsemann e Rainer Neu descrevem o Israel pré-estatal como uma sociedade segmentaria e de linhagem [lineage] e como anarquia regulada.[58] Para as relações por trás das críticas sociais dos profetas, O. Loretz introduz o conceito de "capitalismo de rendimento" [Rentenkapitalismus], forjado por Hans Bobek, enquanto Hans G. Kippenberg prefere falar de antiga sociedade de classes, assumindo

---

[54] Uma frase típica é o resumo de Holm-Nielsen, 1976, p. 22: "Os profetas não são transformadores nem revolucionários em sentido marxista, e por isso não se deveria utilizar a sua mensagem como sedimentação para uma concepção marxista da sociedade".

[55] Aqui basta mencionar Kraus, 1955; Alt [1955], ²1968c; Donner [1963], 1979.

[56] C. H. J de Geus, 1976; Schäfer-Lichtenberger, 1983.

[57] Schluchter, 1981; id., 1985.

[58] Crüsemann, 1981; Neu, 1992.

Introdução

aí a terminologia marxista.[59] O Israel pós-exílico é descrito por Joel Weinberg como uma comunidade-templo-cidadão [*Bürger-Tempel-Gemeinde*].[60]

A influência do marxismo sobre a formação das novas teorias é relativamente reduzida.[61] Opera-se muitas vezes com o conceito de classes sociais e também se faz a tentativa de entender os desenvolvimentos sociais a partir da dinâmica dos contrastes sociais; da mesma forma dá-se grande valor às realidades econômicas e sociais, enfocando-se especialmente as relações de propriedade. Mas tudo isso também se encontra em Max Weber. Assim, a análise de 64 páginas, decididamente marxista, do professor de Moscou M. Lurje sobre "as relações econômicas e sociais no reino israelita-judaico" permanece sendo uma exceção; esse texto já havia sido publicado em 1927 nos *Beihefte zur Zeitschrift für die alttestamentliche Wissenschaft* [Volumes anexos da revista para a ciência do Antigo Testamento].[62] Fora isso, pode-se verificar uma influência moderada e conciliadora do marxismo nos demais trabalhos, que surgiram de alguma discussão com os pressupostos de Marx.

Naturalmente, o novo interesse pela história social não se restringe à apresentação de esboços teóricos. O trabalho principal é feito através de uma grande quantidade de análises específicas. Estas se concentram em determinadas épocas, como, por exemplo, "A formação do estado no antigo Israel" ou "Estado e sociedade na época pré-exílica de Judá";[63] os trabalhos também analisam determinadas instituições, como, por exemplo, "Os funcionários da monarquia israelita" ou o "Tipo ideal-social do estrangeiro" (*ger*),[64] ou eles analisam determinados textos bíblicos sob uma

---

[59] Loretz, 1975; Kippenberg, 1977b. Para uma discussão crítica, ver Kessler, 1994.

[60] Weinberg, 1992.

[61] Numa tendência antimarxista, isso normalmente é avaliado de outra forma, mas isso dificilmente pode ser comprovado. Pode-se verificar por exemplo a suspeita de Loretz, 1975, p. 272, de que nas novas discussões os profetas seriam vistos "através de sua influência sobre K. Marx como cofundadores do moderno socialismo"; isso o autor procura justificar com um nota de rodapé que afirma: "Ver, por exemplo, as vagas indicações na literatura".

[62] Lurje, 1927. Numa primeira reação o então professor colaborador da Universidade de Marburg W. Baumgartner saúda expressamente este trabalho: "O ponto de vista que se expressa ao longo de todo o trabalho é tão justificado e subjetivo quanto outra perspectiva moderna, e sua unilateralidade pode ser evidenciada sem dificuldades. Pode-se perguntar se justamente a sua unilateralidade na compreensão do Antigo Testamento não fomenta algo que até então não foi visto ou não foi visto de modo suficiente" (1927, p. 316). Quarenta anos depois não se encontra mais nada de tal abertura na obra de Kraus, 1972, p. 298: "Na pesquisa do Antigo Testamento este livro, que com argumentos falaciosos procura 'demonstrar' a existência do capitalismo na época dos juízes e sobre esta 'prova' [*Beweis*] constrói uma visão histórica baseada na economia e nos antagonismos, deve ser considerado com toda a razão como sendo um *outsider* não passível de discussão".

[63] Frick, 1985; Kessler, 1992.

[64] Rüterswörden, 1985; Bultmann, 1992.

perspectiva histórico-social, como, por exemplo, o texto "A crítica social do Livro de Amós em perspectiva histórico-crítica, histórico-social e arqueológica" ou "A justiça social nos profetas de Israel".[65] Com isso mencionamos exemplarmente apenas alguns trabalhos monográficos; ao seu lado constam muitos outros, desconsiderando-se a grande quantidade de artigos e verbetes enciclopédicos.

Tentativas de realizar uma visão panorâmica são realizadas de modo muito parcimonioso. Um primeiro impulso forte foi dado em 1988 por Niels Peter Lemche, que dá ao seu livro *Ancient Israel* [O Israel antigo] o subtítulo "A New History of Israelite Society" [Uma nova história da sociedade israelita].[66] No âmbito da língua alemã devem-se mencionar os dois volumes da *Religionsgeschichte Israels* [História da religião de Israel] de Rainer Albertz, publicados em 1992, e os volumes da obra *Theologien im Alten Testament* [Teologias no Antigo Israel] de Erhard Gerstenberger.[67] Essas obras estão em si dedicadas a outro objeto mais específico. Mas elas apresentam os seus conteúdos baseados no pano de fundo histórico dos desenvolvimentos histórico-sociais nas diversas épocas da história de Israel. No âmbito norte-americano são dignos de nota os dois trabalhos publicados na série Library of Ancient Israel [Biblioteca do Antigo Israel], isto é, o trabalho de Paul McNutt *Reconstructing the Society of Ancient Israel* [Reconstruindo a sociedade do antigo Israel], de 1999, e o de Norman Gottwald *The Politics of Ancient Israel* [As políticas do antigo Israel], de 2001.[68] De forma análoga ao caso de Albertz e Gerstenberger, também o trabalho de David Pleins sobre *The Social Visions of the Hebrew Bible* [A visão social da Bíblia Hebraica], de 2001, embora dedicada às concepções éticas, pode ser entendido como história social.[69]

---

[65] Fleischer, 1989; Sicre, 1984.
[66] Lemche, 1988.
[67] Albertz, 1992; Gerstenberger, 2001.
[68] McNutt, 1999; Gottwald, 2001.
[69] Pleins, 2001.

INTRODUÇÃO AOS MÉTODOS DA HISTÓRIA SOCIAL DE ISRAEL

Depois das disposições introdutórias sobre o *que* é apresentado em uma história social de Israel, cabe agora prestar contas sobre *como* essa apresentação deve ser feita. Três âmbitos que eventualmente se entrelaçam devem ser considerados. Primeiramente há a moldura dentro da qual se desenrola a história social de uma sociedade, suas condições históricas e ambiente geográfico. Após isso, trata-se metodicamente das fontes a partir das quais a apresentação pode se nutrir. E, finalmente, são apresentadas questões — relacionadas de forma íntima com a questão das fontes — ligadas à formação de teorias e sobretudo à busca por analogias e pela adequação de categorias que desempenham um papel importante.

1. Ambiente como espaço de vida

Bibliografia: Knauf, 1994.

Devemos nos lembrar da diferenciação antes mencionada da dinâmica, a qual, segundo, Fernand Braudel, toda historiografia deve considerar. No início ele coloca a "história de longa duração".[1] Aqui a geografia se torna parte integrante da historiografia. Toda sociedade existe sob determinadas condições geográficas. Mas toda sociedade existe também sob determinadas condições históricas, com as quais ela está relacionada da mesma forma como está relacionada com o ambiente geográfico. Ambas as categorias são aqui reunidas sob o conceito de "ambiente como espaço de vida".

1. *O ambiente geográfico*

O antigo Israel tinha consciência do fato de que as condições do ambiente geográfico, sob as quais um povo vive e se desenvolve, não são

---

[1] Ver p. 9.

grandezas desprezíveis. Isso é bem evidenciado na linda comparação entre a agricultura irrigada do delta egípcio e a agricultura dependente de chuvas nas montanhas cananeias, registrada em Dt 11,10-11:

> Porque a terra que vais possuir não é como a terra do Egito, donde saístes, em que semeáveis a vossa semente e, com o pé, a regáveis como a uma horta; mas a terra que passais a possuir é terra de montes e de vales; da chuva dos céus beberás as águas.

A contraposição permite tirar algumas conclusões das diferentes condições geográficas para a história social. Não é casualidade que os grandes vales dos rios da terra pertencem aos estados das antigas civilizações avançadas. Nessas regiões devem ser construídos sistemas de irrigação. Como a água das correntes fluviais pode ser utilizada do modo mais efetivo quanto mais organizadamente isso acontece, em tais regiões aconteceram as primeiras formações de estados.

Também em uma terra que "bebe da água das chuvas dos céus" as pessoas devem cultivar a natureza para melhorar as suas condições, por exemplo, através da construção de cisternas e terraços agriculturáveis. Mas na terra de espaços reduzidos e parcelados — "a terra de montanhas e vales" — as pessoas podem viver de forma isolada e não são — pelo menos durante certo tempo — forçadas a constituir formas de organização maiores. Típica da região sul do Levante (a terra de Canaã)[2] é a diversidade de ambientes geográficos de vida. Desde as montanhas de Efraim e de Judá, passando pelas colinas da Sefelá, há ao longo da costa uma faixa de terra fértil e plana. Mas também em outros lugares planícies interrompem as regiões montanhosas; bastante impressionante é a planície de Jezrael no norte.

Essa estrutura geográfica de pequenas parcelas com condições de produção de vida muito diferentes nas imediações tem consequências para o desenvolvimento social. Por um lado ela clama por trocas. Estas desempenharam um papel importante ao longo de todas as épocas da história de Israel, desde a época da ocupação das montanhas no início da idade do Ferro[3] até as regulamentações do comércio na época de Neemias (Ne 13,15-22). Ainda assim ela favorecia certa irregularidade no desenvolvimento. Nas planícies a ocupação se inicia mais cedo do que nas montanhas

---

[2] O termo "Canaã" é aqui utilizado ao lado de outras designações como Israel, Síria-Palestina ou Levante; para "a terra e seus nomes", ver Zwickel, 2002, p. 16-22.
[3] Ver p. 58s.

Introdução aos métodos da história social de Israel

e também mais cedo se dá a constituição de estados. A consequência é que o surgimento de estados em Israel e Judá se efetuou somente como "formação estatal secundária", o que já pressupõe a existência de outros estados.[4] Por fim, a geografia dos pequenos espaços leva a que as formações políticas da região permaneçam sendo relativamente reduzidas — desde as cidades-estados cananeias da época do Bronze Tardio e as cidades filisteias até as províncias da época persa. Isso também levou à coexistência de várias formações — até as regiões de assentamento de vários povos e das *póleis* gregas da época helenística.

O fato de em Israel em Judá somente se haver chegado a uma formação estatal secundária é consequência indireta não somente da estrutura geográfica interna da região mas também e simultaneamente de seu *contexto geográfico maior*. A Síria-Palestina é um grande espaço aberto. É terra de passagem no caminho da Mesopotâmia para o Egito. Os estados surgidos naqueles vales fluviais veem essa terra como esfera de sua influência e a utilizam como área de manobras e espaço fronteiriço; no ritmo da história, contudo, fazem-no em forma e intensidade diversas.

Simultaneamente, a terra está aberta para os lados. Durante o segundo e o primeiro milênio houve migrações de povos tanto a partir do Mar Mediterrâneo quanto do deserto no leste. A população é mista. Não é à toa que textos bíblicos mais recentes apresentam os moradores antigos de Canaã na forma de longas listas de povos (Gn 15,18b-21; Ex 3,8.17). A historicidade das relações pressupostas nas listas não tem importância alguma nisso. Importante é a consciência de que se trata de um povo misto.

2. *O contexto histórico*

Israel sempre teve consciência de que com o seu surgimento no palco da história na terra de Canaã não encontrou uma *tabula rasa*. A narrativa originária do povo de que teria saído do Egito e conquistado uma terra cujos moradores foram aniquilados, expulsos e sujeitados demonstra isso muito bem. Ainda que contra essa reconstrução histórica se possa, a partir de perspectivas atuais, dizer que Israel tenha tido um surgimento em boa medida autóctone, em cujo processo a participação de elementos externos tenha sido reduzido, as narrativas preservam a lembrança de que esse Is-

---

[4] Sobre isso, ver 88, 93.

rael não existiu desde sempre. Faz parte das mais importantes condições histórico-ambientais o fato de que muito antes de seu surgimento já havia em Canaã um multicolorido de cidades-estados com culturas desenvolvidas e de que na Mesopotâmia e no Egito havia civilizações avançadas com formações estatais diferenciadas, com sistemas jurídicos e administrativos, como literatura artisticamente bem elaborada e com religiões bem desenvolvidas. A tudo isso se soma mais tarde ainda a cultura hitita na Ásia Menor. Todas essas civilizações deixaram suas marcas na terra de passagem da região siro-palestinense.

Para os tempos iniciais de Israel, a influência egípcia teve importância especial. Desde a expulsão dos dominadores hicsos do Egito, o reino faraônico dominou os estados cananeus no sul do Levante. O desmantelamento desses estados e com isso também a queda da influência egípcia foi uma das condições para que na virada para o primeiro milênio surgissem estados próprios em Israel e Judá; o surgimento desses reinos somente foi possível porque havia entre os impérios do antigo Oriente um vácuo de poder. Mas isso foi algo passageiro. Desde o século VIII a.C., sem interrupção a região ficou sob as tentativas de domínio por parte das potências estrangeiras e na maior parte do tempo a elas diretamente subordinada.[5] Não se pode escrever uma história de Israel sem levar em conta os assírios e os egípcios, os babilônios, os persas, os gregos e os romanos. E obviamente também a história social de Israel não permanece intocada pelos desenvolvimentos dessa história maior.

II. Heranças materiais

Bibliografia: I. Finkelstein/Silberman, [2]2003; Vieweger, 2003; H. Weippert, 1988; Zwickel, 2002.

O ambiente geográfico e histórico constituem a moldura, o espaço de vida no qual Israel encontra e desenvolve a sua formação social. Mas como podemos captar essa formação social? Estamos diante da pergunta pelas *fontes* de uma história social de Israel. Estas são totalmente diversificadas e na sua diversidade devem ser distintamente avaliadas. Essencialmente, elas estão distribuídas em três âmbitos: as heranças materiais

---

[5] Sobre o ritmo da história da Síria e da Palestina na Antiguidade, ver o artigo Rhythmus der Geschichte Syriens und Palästinas im Altertum, em Alt [1944], [2]1968a.

Introdução aos métodos da história social de Israel

descobertas pela arqueologia, os textos bíblicos e as conclusões que podem ser extraídas para Israel a partir das analogias com as relações reinantes em outras sociedades.

A sequência nesta enumeração não é arbitrária, mas é expressa no sentido de fontes primárias, secundárias e terciárias. Na discussão historiográfica mais recente, impôs-se o reconhecimento de que se deve diferenciar as fontes primárias das secundárias e de que os textos bíblicos fazem parte das fontes secundárias.[6] Segundo este entendimento, fontes primárias são aquelas que "podem ser datadas de forma relativamente segura segundo critérios arqueológicos" (critério da datação) e que "surgiram durante ou logo após os eventos narrados" (critério da proximidade temporal).[7] Ambos os critérios não se aplicam aos textos bíblicos. Em geral, os textos bíblicos surgiram em distância temporal considerável quanto aos eventos narrados e a sua época de surgimento só pode ser determinada de forma hipotética, e mesmo que em textos bíblicos haja documentos autênticos, temos deles somente *copies of copies* [cópias de cópias].[8]

Ainda assim, a diferenciação entre fontes primárias e secundárias é somente de ordem formal e não expressa nada sobre a confiabilidade histórica das fontes.[9] As "Lembranças e memórias de Bismarck" são sem dúvida alguma uma fonte primária da segunda metade do século XIX; sob certos aspectos, porém, fornecem menos informações historicamente confiáveis do que um estudo histórico sobre a mesma época, escrito cem anos mais tarde. A decisão sobre a confiabilidade exige um tratamento crítico das diversas fontes para aferir se têm caráter primário ou secundário.[10]

1. Arqueologia — artefato e interpretação

Se as fontes primárias se caracterizam, segundo a definição anterior, pelo critério da datação, bem como pelo critério da proximidade temporal,

---

[6] Acerca da discussão, ver de modo exemplar em Knauf, 1991, esp. p. 46-55, e quanto a isso a observação esclarecedora de Uehlinger, 1995, p. 59s. Ver também Niehr, 1997.

[7] Uehlinger, 1995, p. 60.

[8] Knauf, 1991, p. 47, nota 1.

[9] Assumo aqui a opinião de Schaper, 2000, que parte do pressuposto de que "a diferenciação entre fonte primária e secundária [...] não pode ser colocada em segundo plano" (p. 21); ele mesmo, porém, coloca todo o peso no fato de que a diferenciação leva "ao engano" se pressupõe "um julgamento de valor e uma hierarquização das fontes" (p. 19).

[10] Sobre a discussão entre fontes arqueológicas e literárias, ver as contribuições na coletânea editada por Edelman, 1991. Ver também Whitelam, 1986.

então necessitamos da arqueologia. A arqueologia traz à luz heranças daquelas sociedades que as produziram e com isso abre uma janela para o passado.

Mas nem todos os resultados do trabalho arqueológico têm a mesma significação *para o interesse especial de uma história social*. Construções monumentais como templo e palácio são importantes pela sua própria existência. Pressupõem determinado grau de organização social. Em termos histórico-sociais devemos perguntar como foram construídos e sob quais circunstâncias — mas justamente essa pergunta a arqueologia não conseguirá responder. Por isso em termos histórico-sociais é indiferente se o templo é do tipo longitudinal ou quadrangular ou se o palácio tinha ou não um segundo andar. Em termos histórico-sociais, muito mais interessantes do que as construções monumentais são as construções de cidades inteiras, que permitem tirar conclusões sobre a estrutura social.[11] Também de grande relevância histórico-social são as análises de superfícies [*surveys*] de toda uma região, que fornecem informações sobre a estrutura de povoamento e sobre a produção agrícola e suas transformações ao longo de séculos.[12] Neste ponto, arqueologia e geografia de povoamento estão muito próximas. Também outras heranças além da arquitetura têm significados distintos para a história social. A existência de carimbos de selar permite tirar conclusões sobre a cultura da escrita. O rico material desses carimbos de selar abre também um novo e muito frutífero acesso para a história da religião. Mas sobre as relações sociais não se podem tirar conclusões diretamente das imagens. Algo similar vale para praticamente todos os achados iconográficos importantes.

Se os restos arqueológicos do antigo Israel, sob o aspecto do interesse especial da história social, têm pesos diferentes, assim a sua utilização como fontes primárias está sob a condição metodológica de que heranças materiais como tais são mudas e somente podem vir a falar através de *interpretação*.[13]

Como a arqueologia somente em casos muito raros encontra restos intactos, o primeiro passo da interpretação consiste na *reconstrução*. Mas

---

[11] Sobre estas questões, ver Crüsemann, 1979; J. de Geus, 1982.

[12] Ver de forma exemplar I. Finkelstein, 1988-1989, capítulo 4: "The Survey of the Territory of Ephraim" (p. 121-204); sobre a discussão, ver o caderno BASOR 277/278 com o artigo resumido de Dever, 1990.

[13] Esta afirmação óbvia é negligenciada de forma irritante pela tradução alemã de I. Finkelstein/Silberman, ²2003, na qual se traduz o subtítulo "Archaeology's New Vision of Ancient Israel" por "A verdade arqueológica sobre a Bíblia".

as reconstruções podem ser contraditórias, conforme mostram muito bem os achados encontrados no monte Ebal da época de 1200. Alguns escavadores interpretam os restos arquitetônicos como sendo um local de culto com instalações laterais, ladeadas por um muro em torno de todo o espaço sagrado.[14] Outros o entendem como um espaço com instalações necessárias para as atividades no local, rodeado por um muro para a contenção dos animais.[15] Fica evidente que o valor da fonte primária escavada é diferente dependendo da respectiva reconstrução.

Em um segundo passo da interpretação deve ser feita uma *datação* dos achados reconstruídos. Há alguns anos há um intenso debate entre os arqueólogos a respeito da *high* e *low chronology* das datações de construções monumentais especialmente no norte de Israel. O questionamento é sobre se as respectivas construções devem ser datadas no século X ou no século VIII a.C. No primeiro caso, elas são uma comprovação para as atividades de construção de Salomão também testemunhadas na Bíblia; no segundo caso, as narrativas bíblicas evidenciam-se como retroprojeções de uma atividade de construção que na verdade somente foi realizada pelos reis do Reino do Norte.[16] Aqui se evidencia como a arqueologia está indissoluvelmente relacionada com a interpretação dos textos bíblicos. Pois, se tomo a segunda alternativa como historicamente confiável ou como retroprojeção posterior, isso é algo que deve ser mostrado de forma plausível nos próprios textos. A mera alternativa de não tomar ciência dos textos, às vezes apresentada como forma de saída do círculo entre interpretação arqueológica e interpretação de textos, não constitui solução ao dilema.

Por fim, em um último passo, os achados arqueológicos estão sujeitos a uma *explicação* teórica. Nas escavações da cidade de Tell el-Far'ah (norte) concernentes ao século VIII a.C. foram encontrados bairros com dois tipos diferentes de casas: casas maiores com base de 100 a 110 m² e casas menores com base de 65 a 80 m². Para o arqueólogo Roland de Vaux, isso é uma comprovação para a indicação constante nos profetas do século VIII de que neste período teria havido uma "transformação social".[17] Essa concepção, contudo, não se depreende unicamente do achado arqueológico,

---

[14] Zertal, 1986-1987.
[15] Fritz, 1986, p. 88.
[16] Sobre a questão da datação de construções monumentais do norte, confira as indicações acima na p. 84, nota 130.
[17] De Vaux, ²1964, p. 122; veja a exposição mais recente em Nurmi, 2004, p. 226s.

uma vez que este também pode ser interpretado de outra forma. Assim, Abraham Faust supõe que os moradores das casas maiores ainda viviam na forma social da família estendida, enquanto nas casas menores viviam famílias pequenas ou nucleares.[18]

O que vale para os achados arqueológicos de modo geral, *cum grano salis* vale também para um grupo especial de achados, os artefatos gravados com escrita.

2. Material epigráfico de Israel e de seu entorno

Artefatos gravados com escrita do *entorno de Israel* estão documentados em maior quantidade para o Egito e a Mesopotâmia.[19] Mesmo que a fonte de documentos seja rica, estes só indiretamente podem ser aproveitados para a história social de Israel. Pois, independente do que extrairmos destes textos sobre relações sociais, econômicas e jurídicas, isso só pode ser aproveitado para a reconstrução da forma daquela sociedade que produziu esses documentos. Somente em um segundo passo pode-se procurar por analogias, que, então, podem permitir uma transposição para Israel. Logo mais vamos discutir essa questão.[20]

O material epigráfico para o próprio *Israel* é muito mais escasso.[21] O caráter esparso dos documentos não depende somente do fato de que estas sociedades, em comparação com o Egito e a Mesopotâmia, tiveram estruturas administrativas menos desenvolvidas e com isso também produziram menos documentos epigráficos. A escassez do material depende também do próprio material de escrita. Em geral trata-se de textos de ocasião — cartas de documentos administrativos — chamados de *ostraka*, isto é, cacos de cerâmica gravados com tinta. Aqui há uma grande quantidade de achados, especialmente os *ostraka* da Samaria, de Arad e de Laquis, os quais são interessantes em termos histórico-sociais.[22] Pode-se admitir que em escavações mais antigas muitos destes documentos, cuja tinta estava

---

[18] Faust, 1999. Ver também o julgamento diferenciado em Fleischer, 1989, p. 391-394.

[19] Uma parte do material está acessível em traduções, cujos textos foram selecionados tendo em vista a tradição referente ao Antigo Testamento. Pode-se mencionar especialmente Context, Texte zur Geschichte Israel [TGI] e Texte zur Umwelt des Alten Testament [TUAT].

[20] Ver p. 49s.

[21] Os textos originais com traduções encontram-se principalmente em KAI, HAE e WSS. Traduções existem em Textbook, Smelik e AHI.

[22] Sobre os *ostraka* da Samaria, ver p. 126s, e sobre os *ostraka* de Arad e de Laquis, ver p. 114.132.

Introdução aos métodos da história social de Israel

apagada e coberta de sujeira, na hora da lavação tenham sido involuntaria-mente "apagados". Outro importante material para a escrita, especialmente de documentos administrativos, é o papiro (cf. Jr 32,11-14.44). De um arquivo que foi destruído por ocasião da destruição de Jerusalém no ano de 587/586, foram preservados inúmeras bulas — carimbos de selos sobre argila —, em cujo verso ainda se podem notar os cordões com os quais os rolos selados estavam amarrados, bem como a estrutura do papiro do qual o rolo era constituído.[23] Todos os rolos de pairo, contudo, foram queima-dos. De um modo geral, o papiro não se preserva muito bem no clima da região siro-palestinense.

Ao lado desse material, selos gravados com escrita desempenham um papel importante na pesquisa da história social de Israel. O considerável corpo de selos semítico-ocidental consta de 1.217 peças; destas, 711 são qualificadas como hebraicas.[24] A junção no *Manual da Epigrafia Vétero-Hebraica*, do ano de 2003, parte de um "corpo de aproximadamente 945 selos, bulas e carimbos sobre jarros".[25] Especialmente importantes para a reconstrução histórico-social são aqueles selos que ao lado do nome do proprietário ainda mencionam um título.

De modo similar às heranças não escritas, o simples fato de haver do-cumentos epigráficos já é de grande importância. Pois, se se escrevia muito ou pouco, se muitas pessoas possuíam um selo, se além de funcionários também pessoas privadas possuíam selo, se entre estes também havia mu-lheres, tudo isso pode ser avaliado de modo proveitoso na análise da forma de uma sociedade.

Testemunhos escritos e não escritos são, conforme indicado antes, fontes primárias. Ocasionalmente se levanta a pergunta sobre se não seria possível escrever uma história de Israel somente a partir de fontes primá-rias.[26] Como um experimento, isso certamente seria algo interessante. Mas eu não consideraria isso como um avanço se, ao invés da restrição a tradi-ções bíblicas teologicamente tendenciosas, agora tivéssemos que depender do acaso de achados arqueológicos e do ambiente restrito da realidade social que só se expressa em heranças materiais. Assim, por exemplo, a

---

[23] Ver Avigad, 1986, especialmente as ilustrações nas p. 15.17 e a descrição nas p. 18s.
[24] WSS.
[25] HAE II/2, 81.
[26] Ver Miller, 1991.

existência da escravidão em Israel está atestada em termos epigráficos somente a partir de documentos de Elefantina e dos papiros da Samaria do século V e IV a.c. Se assumimos que também em Israel havia escravidão, isso deriva do fato de haver outras fontes, a saber, por um lado, a analogia a sociedades antigas similares e, por outro lado, os textos bíblicos que falam de escravidão.

Por fim, podemos indicar ainda para uma forma bem determinada de heranças "gravadas com escrita" da época persa e helenística, a saber, as moedas. No caso delas, o simples fato de sua aparição já é importante.[27] Somente no século VI a.c. moedas são introduzidas na Ásia Menor pelo rei lídio Kroisos, um costume que será assumido pelos persas. A vantagem das moedas em relação à prata não cunhada utilizada até então é que deixa de existir o complicado ato da pesagem, e o valor da prata é indicado e garantido pelo carimbo da cunhagem. Isso obviamente não significa que moedas foram logo introduzidas de forma massiva. O dinheiro imperial persa (o dareike de ouro e o ciclo de prata, existentes desde 521 a.c.) tem um valor nominal muito alto para ter sido utilizado no dia a dia. Somente a partir da metade do século V a.c. passa-se a cunhar moedas de menor valor, como diversas moedas locais, moedas da satrapia e dinheiro provincial. É evidente que isso tem consequências para a forma da economia e com isso também para as relações sociais.

III. Os textos da Bíblia Hebraica

Se, após a consideração das heranças materiais, nos lançamos somente em um segundo passo aos textos bíblicos, então isso tem a ver com uma distinção formal acerca dos critérios da datação e da proximidade temporal.[28] Mas isso ainda não é tudo. "O Antigo Testamento é um livro teológico."[29] É verdade que neste livro há um diálogo intenso com a história como dificilmente se encontrará outro no campo da literatura religiosa, mas ainda assim se trata de uma história interpretada teologicamente. Justamente quando se leva a sério o caráter teológico da Bíblia Hebraica, reconhece-se que os seus textos somente em um sentido secundário ou indireto são fontes históricas.

---

[27] Ver a respeito disso a perspectiva em Schaper, 2000, p. 153-161.

[28] Ver p. 30-31.

[29] Com essa frase Rolf Rendtorff inicia sua *Theologie des Alten Testaments* [Teologia do Antigo Testamento], 1999, p. 1.

Além disso, os textos bíblicos em grande medida são textos de ficção.[30] Com isso se faz uma afirmação sobre o gênero destes textos. A verdade da narrativa fictícia não reside na concordância com uma realidade que se encontra fora da narrativa, como ocorre com um relatório ou um boletim de ocorrência policial, ou então uma ata de reunião. A narrativa ficcional encena o seu próprio mundo e sua relação com o mundo extratextual e é totalmente flexível e não pode ser totalmente captada através das categorias de verdadeiro e falso. Efetivamente existem só uns poucos textos bíblicos que se poderiam ser chamados de "relatos" — como, por exemplo, textos de anais, que podem ser identificados nos livros dos Reis —, e mesmo estes estão inseridos dentro de contextos ficcionais mais abrangentes, como a apresentação teologicamente interpretada da história de Israel e de Judá.

Outros textos bíblicos não são nem relatos nem narrativas. Pode-se pensar em textos legais, em sentenças sapienciais, em uma grande poesia sapiencial como o Livro de Jó, em salmos e ditos proféticos. Nesses textos fica evidente que não foram escritos para comunicar algo historicamente confiável. Mesmo assim, também são muito valiosos para a tentativa de reconstrução histórico-social.

No que, contudo, reside o valor dos textos bíblicos para a reconstrução da história social do antigo Israel? A seguir, ficará claro que isso deve ser avaliado de modo diferente de acordo com os tipos de texto.

1. Confiabilidade histórica de informações bíblicas

Apesar de seu caráter ficcional de influência teológica, os textos bíblicos contêm informações confiáveis. Uma série de acontecimentos desde a época da monarquia é atestada por fontes extrabíblicas. Há coincidências não somente nos dados gerais mas surpreendentemente também em muitos aspectos singulares quando se analisam os textos bíblicos e os extrabíblicos de forma crítica.[31]

Como todos os pesquisadores têm o mesmo material de fontes à sua disposição, as diferenças nas suas avaliações devem ser metodologica-

---

[30] Ph. R. Davies, 1995, p. 13: "Toda história é ficção, e isso deve incluir historiografia". Para Davies, disso resulta que a tentativa de avaliar os textos literários de forma historiográfica já constitui uma "traição" tanto em relação à literatura quanto à historiografia (p. 17). Com Barstad, 1998, pode-se designar esta postura como sendo "bibliofobia".

[31] Sobre a discussão, ver as contribuições em Grabbe, 1997, bem como Long, 2002.

mente fundamentadas. Isso pode ser evidenciado no exemplo do chamado minimalismo.

A radical desconstrução da "história de Israel" nas obras de Philip Davies, Niels Peter Lemche, Thomas Thompson ou Keith Whitelam, para somente mencionar alguns expoentes, tem os seus méritos no fato de que não deixa nada sem questionamento. Isso é a tarefa da ciência crítica. Contudo, nem sempre o manejo das fontes é isento de problemas. "Admite-se" aquilo que também é documentado mediante "external evidence" [evidência externa]. No caso de N. P. Lemche, trata-se da estela de Merneptá, da estela de Mesa, a menção de Acab nas fontes assírias e o sítio de Jerusalém por Senaquerib, bem como a conquista da cidade por Nabucodonosor.[32] Em termos metodológicos se poderia concluir: se os textos bíblicos que mencionam estes acontecimentos documentados por "external evidence" contêm um cerne histórico, então *per analogiam* isso também pode ser presumido no caso de outras narrativas — contudo não sem uma avaliação em cada caso. Lemche parece tirar a conclusão inversa: tudo que não é claramente inconteste está sob a suspeita de ser a-histórico. Em termos metodológicos, isso é sustentável — isso se se estiver em condições de explicar como tais narrativas surgiram. E nesse ponto Lemche infelizmente abandona o solo da argumentação científica e adentra o campo da especulação. A menção de atividades de construção no Egito em Ex 1,11 seria uma retroprojeção de construções "que teriam acontecido nos dias do faraó Necao" (final do século VII a.C.). Mas de tais atividades de construção não sabemos absolutamente nada. Sobre as tradições de Davi e Saul, ele especula da mesma forma: "É possível que tradições que originalmente não tinham nada a ver com Judá ou com condições em Jerusalém no século X a.C. simplesmente tenham sido transformadas em tradições judaítas".[33] Com expressões como "pode ter acontecido" e "é possível" pode-se afirmar quase todo tipo de coisas.[34]

O fato de textos bíblicos conterem informações confiáveis em termos de história de eventos pode ser confirmado por outros motivos. A monarquia judaica incorporou elementos de uma antiga tradição cultural, que já no Período do Bronze mantinha correspondência por escrito com o faraó.[35]

---

[32] Lemche, 1994, p. 169.171s.190.
[33] Ibid, p. 187.
[34] A respeito da crítica a Lemche, ver também Norin, 1994.
[35] Acerca da correspondência de Amarna, ver p. 52.

Introdução aos métodos da história social de Israel

Dificilmente se pode presumir que com a entrada de novos elementos nesta cultura esta tradição tenha sido rompida, uma vez que no âmbito cultural comprovadamente houve muitas adaptações de traduções hierosolimitanas. Como comprovação para a análise escrita pode figurar a anotação em 1Rs 14,25-26, da qual se pode depreender que o faraó Sheshonq, por ocasião de sua campanha militar no último quartel do século X, comprovada historicamente, retirou de Jerusalém pesados tributos, mas não tomou a cidade. Tal anotação, que não é desdobrada em termos narrativos — por uma questão de história das formas, história das tradições bem como de regras da memória cultural —, não pode ter sido transmitida senão em forma escrita.[36]

Se já em termos de uma história dos eventos — a ser verificada em termos críticos — pode-se assumir a existência de informações confiáveis, isso vale tanto mais para a história social, que pergunta por estruturas sociais que não estão vinculadas a acontecimentos isolados.

2. Ficção e ambiente

Iniciamos com o montante de material que, no sentido mais lato, pode ser qualificado como tradição histórica. Estes livros (Gênesis a 2 Reis, Esdras, Neemias, Crônicas, Rute, Macabeus, Judite, Tobias), conforme já vimos, não são relatos históricos, mas narrativas e como tais são ficcionais. Mas em geral não são ficcionais no sentido do moderno gênero da fantasia ou da ficção científica, que simultaneamente cria o mundo no qual as narrativas estão ambientadas. As narrativas bíblicas são ambientadas em um mundo real — de forma gradativa a partir do momento em que Israel vive na terra, na qual também devemos presumir a vivência dos autores dos textos. Essas narrativas bíblicas se parecem mais com um romance de Dostoievski: todos os personagens podem ter sido inventados, mas mesmo assim se podem depreender muitas coisas sobre as relações sociais na Rússia do século XIX. Neste caso, o mais importante não é a historicidade dos atores da narrativa, mas o contexto no qual os autores ambientam os personagens.

---

[36] Isso deve ser afirmado contra Finkelstein, 2002. Ele postula que "a memória de uma invasão do exército egípcio foi transmitida oralmente e foi lembrada até o século IX a.C." (p. 112). No entanto, a sua argumentação é circular: pelo fato de, segundo ele, a escrita com o pleno desenvolvimento estatal só ter surgido no final do século IX a.C., não pode ter havido um documento escrito do século X a.C, motivo pelo qual a notícia sobre Shoshenq só pode ter sido transmitida de forma oral.

Contudo, no caso das narrativas bíblicas não se pode partir de modo acrítico do pressuposto de que o ambiente presumido nas narrativas seja o contexto do tempo narrativo, pois também pode ser o tempo do narrador. Aqui as coisas não são como em Dostoievski quando ele ambienta seus personagens no seu contexto contemporâneo, mas, como no caso de uma narrativa histórica, deve-se fazer uma estrita diferenciação entre o tempo da narração [*Erzählzeit*] e o tempo narrado [*erzählter Zeit*].

Com isso estamos diante do problema da retroprojeção anacrônica. Aqui nada pode ser feito sem uma avaliação de cada caso. Quando, por exemplo, o narrador de Gn 24 esboça Abraão como rico possuidor de camelos, então os nossos conhecimentos acerca da domesticação deste animal, a qual não ocorreu antes do primeiro milênio, nos fazem supor um anacronismo neste texto. Diferente é no caso de Jr 32, quando o narrador descreve como no caso de uma transação comercial o preço de compra estabelecido é pesado sobre uma balança, um documento de compra é redigido em duas versões — uma vez aberto e outra vez selado — e assinado por várias testemunhas (v. 9-12). Sabemos que no início do século VI a.C., portanto por ocasião do tempo narrado, não havia moedas, mas o dinheiro não cunhado era pesado. Com base nos achados de muitas *bulla* com vestígios de papiro com barbantes no verso, bem como com base em procedimentos análogos em culturas vizinhas e em épocas posteriores, podemos pressupor que a feitura de documentos de compra e venda efetivamente se dava da forma descrita. Independente de quando o narrador narra a sua história, ele esboça um ambiente que teria existido no tempo da narrativa.

De qualquer forma faz-se necessário averiguar caso a caso se eventualmente se está diante de uma retroprojeção. No entanto, não existe motivo para a suspeita genérica de que nenhuma indicação de ambiente seja confiável. Isso está relacionado com o próximo ponto.

3. Tradição intencional e não intencional

Quase tudo o que é de interesse para nossa tentativa de reconstrução histórico-social aparece nos textos que utilizamos como fontes de modo secundário. A narrativa anteriormente mencionada de Jr 32 não objetiva nos dar informações sobre documentos de compra e venda no século VI a.C., mas quer testemunhar que o profeta Jeremias, já durante a ocupação de Jerusalém pelos babilônios, quis expressar a esperança de que em

Introdução aos métodos da história social de Israel

um tempo posterior seria novamente normal fazer negócios de compra e venda. O lado material do evento — portanto especialmente a questão tão interessante em termos histórico-sociais e econômicos sobre se a prata era pesada ou se se pagava com moedas — é totalmente irrelevante para o narrador.

Em termos gerais, pode-se dizer que os textos narrativos do Antigo Testamento se interessam por acontecimentos, e as relações nas quais os acontecimentos se desenrolam são pressupostos como pano de fundo.[37] Algo similar vale para outros tipos de textos. Palavras proféticas são transmitidas por causa da vontade divina que o profeta tem a proclamar. Como essa mensagem é falada para dentro de um mundo histórico concreto, este também aparece nos textos. Mas não é intenção dos textos dar informações sobre este mundo. O mesmo sucede nos ditos sapienciais: o conhecimento sobre o mundo que querem transmitir pressupõe o mundo no qual tal conhecimento busca acepção. Mas este mundo é ele mesmo — secundariamente — objeto da tradição. Em termos de teoria do conhecimento, Helmut Seiffert chama isso de diferenciação entre tradição intencional e não intencional.[38]

A história social justamente está interessada naquilo que é transmitido de forma não intencional, isto é, por aquilo que está nas relações de pano de fundo. Isso tem dupla consequência. Por um lado, conduz ao fato de que as informações que podemos depreender dos textos são somente fragmentárias. Por outro lado, deve-se pressupor que aquilo que textos querem transmitir eles o fazem permitindo que isso apareça em determinada luz, não se podendo, porém, pressupor igual interesse pelas relações pressupostas. O texto de Jr 32 tem a intenção principal de fazer a mensagem de Jeremias parecer confiável. Mas é irrelevante em que circunstâncias isso se desenrola.

Assim como a diferenciação entre ficção e ambiente, também a diferenciação entre tradição intencional e não intencional tem somente caráter indicativo, mas de modo algum é indício seguro para a confiabilidade histórica. De modo algum escapamos da tarefa de comparar a evidência de textos bíblicos com outras evidências. Com isso estamos também diante

---

[37] Acerca da diferenciação entre eventos e relações na reconstrução histórica, ver as observações de Kreuzer, 2001, p. 56s.
[38] Seiffert, 1970, p. 61-64.

da questão da datação. Antes de nos dedicarmos a essa questão, queremos enfocar um conjunto de textos nos quais, do mesmo modo que nos textos proféticos e sapienciais, faz-se a pergunta pela relação entre texto e realidade. Refiro-me aos textos legais.

4. Norma e realidade

Textos legais não são narrativas que eventualmente possam desenrolar-se em um ambiente histórico-social interessante. Eles também não transmitem somente perifericamente e sem intencionalidade informações que podem ser utilizadas para a reconstrução histórico-social. Textos legais querem, pelo contrário, influenciar o mundo social das pessoas para as quais eles foram formulados. Por isso, tais textos contêm informações sobre as estruturas e os processos sociais como nenhum outro grupo de textos.

As informações desses textos são extremamente valiosas para a reconstrução histórico-social. Se antes afirmamos que não conheceríamos nada sobre escravos no antigo Israel se tivéssemos somente as fontes arqueológicas e epigráficas,[39] agora essa afirmação falsa é excluída através das leis sobre escravos em Ex 21, Dt 15 e Lv 25, bem como de outras determinações relativas a escravas e escravos.

Mas mesmo assim deve estar claro que textos legais não refletem simplesmente a realidade. Quem no seu país quisesse reconstruir a realidade a partir da Constituição e das leis infraconstitucionais teria uma visão distorcida. O mesmo vale para as leis bíblicas. Elas sempre expressam uma imagem ideal, um programa de como deveria ser a forma social e religiosa de Israel, não se podendo a partir daí derivar uma retroprojeção direta para as reais relações. A medida em que tais programas foram traduzidos para a realidade deve ser avaliada a partir de outras fontes além dos textos legais.

Mesmo que as coleções de leis bíblicas devam ser lidas em primeira linha como programas e não como reflexo da realidade, elas não são programas utópicos em sentido estrito, mas querem moldar o seu respectivo contexto. As leis devem se relacionar às instituições deste contexto, bem como interagir com os seus problemas. Antes já falamos da instituição

---

[39] Ver p. 33-34.

Introdução aos métodos da história social de Israel

da escravidão, e em lei específica relacionada ao tema podemos ilustrar a pergunta pela relação entre norma e realidade em textos legais. Dt 23,16 exige que o israelita a quem a lei se dirige não entregue de volta um escravo fugido, mas permita que ele se assente no lugar de sua escolha. Disso se pode concluir que no tempo desta determinação existia a instituição da escravidão e que existe também o problema de escravos fugirem de seus senhores. Como em leis costumam-se regulamentar relações que são socialmente relevantes, pode-se assumir que o caso acontecia com certa frequência. Não se pode deduzir do texto se o programa, que na Antiguidade é único e efetivamente se propunha a suprimir a escravidão, de fato foi realizado. Para provar isso outras fontes seriam necessárias.

Se podemos assim determinar de forma relativamente exata a relação entre instituição, problema e programa, é necessário, para uma interpretação dos textos legais interessada não somente nas instituições mas também em sua história, conhecer a datação dos textos. Essa questão os textos legais também compartilham com outros textos, mesmo que, dependendo do gênero do texto, os questionamentos sejam diferentes.

5. A questão da datação de textos bíblicos

Todas as perguntas sobre ficção e ambiente, sobre tradição intencionada e não intencionada e sobre a relação entre norma e realidade desembocam na questão da datação dos textos. Nisso deve-se primeiramente repetir o que já foi dito a propósito da palavra-chave história do evento e "longa duração": para o questionamento histórico-social não se trata de ano e meses, e também a interessante pergunta da história da literatura pela pessoa do autor (por exemplo, um profeta) é totalmente sem interesse. Mas a pergunta pela datação não é simplesmente arbitrária.

Essa pergunta se apresenta de forma diferente segundo o tipo de texto. Para os textos histórico-narrativos a diferença entre tempo de narração e tempo narrado é fundamental. Para toda narração vale o fato de que esses tempos não são idênticos. Interessante, contudo, é quão distante estão e que grau de confiabilidade pode ser atribuído à narração em particular. Nisso deve-se avaliar se a narrativa — por exemplo no Livro dos Reis — utiliza textos mais antigos como fontes, tendo talvez até acesso a anotações oficiais. Também a possibilidade de transmissão oral mais confiável não pode ser excluída. E, por fim, pode-se atribuir ao narrador algo com a consciência de distanciamento histórico: se os narradores falam da "época dos juízes", eles sabem que aí não pode aparecer nenhum rei. Por fim, nada pode ser feito sem uma avaliação de cada caso. Uma coisa, porém, sempre é certa: o tempo narrado não pode ser mais recente do que o tempo da narração.

A fixação de um ponto de partida que não pode ir além de um determinado ponto é importante especialmente para os *textos proféticos*, que sempre são colocados sob o nome de um autor profético. Os textos ali reunidos não deveriam ser mais velhos do que o autor pressuposto. Naturalmente, contudo, os textos podem ser mais novos, uma vez que na maioria dos escritos proféticos devemos contar com um processo de transmissão e releitura de mais de um século. Também aqui a questão da datação tende para uma avaliação em caso particular.

Diferentemente dos corpos de textos mesopotâmicos, os *textos legais* da Bíblia não são reportados a um rei cujos dados de vida conheçamos, mas derivam todos, segundo a narrativa originária do Pentateuco, do período entre a saída do Egito e a entrada na terra cultivável. Há muito tempo já foi reconhecido que isso é uma ficção — teologicamente muito relevante. Mas como os textos podem ser então datados? Aqui se formou certo consenso no que tange à relativa sequência dos textos. Em geral parte-se do dado de que o código da aliança em Ex 20–23 é mais antigo que o Deuteronômio e este mais antigo que as leis sacerdotais. Contudo, com uma cronologia relativa ainda não se disse nada sobre datação absoluta. Pode-se utilizar o código da aliança para a reconstrução das relações pré-estatais ou ele espelha a sociedade do século VIII a.C.? Não surpreende o resultado da análise de que também na análise de textos legais deve haver uma avaliação de caso para caso.

Já a partir de seu gênero, os *textos poéticos e sapienciais* dificultam uma datação. Estes textos discutem questões fundamentais da fé, da vida e das relações no mundo, e não eventos historicamente datáveis. Em contraposição às palavras dos profetas, que falam para dentro de uma situação histórica, estes textos pretendem certa atemporalidade. Mesmo assim não são sem valor para a reconstrução histórica. Pois eles de qualquer forma refletem determinadas circunstâncias fundamentais, nas quais podemos pressupor que sejam válidas para todo o período — como afirmações sobre pobres e ricos — ou somente para determinados períodos — como os provérbios sobre reis.

Introdução aos métodos da história social de Israel

A datação sempre é uma decisão a ser tomada caso a caso. Assim, no meu entender, não há motivo para projetar quase todos os textos para a época pós-exílica e entender o período pré-exílico como época obscura e não aproveitável para tentativas de reconstrução, como é feito hoje por boa parte da pesquisa na área do Antigo Testamento. É certo que na época do pós-exílio a maioria dos escritos do Antigo Testamento ganhou a sua forma final. Mas nem por isso trata-se integralmente de retroprojeções feitas a partir deste momento histórico. Contra tal acepção fala primeiramente a observação de que a maioria dos textos não surgiu de uma só vez, mas os próprios textos evidenciam marcas de crescimento; onde há acréscimos mais recentes deve haver uma base mais antiga. Em segundo lugar, em contraposição a uma retroprojeção generalizada há o argumento da diversidade do material: o fato de os escritos atribuídos a Amós e Oseias, Isaías e Miqueias, Jeremias e Ezequiel terem caráter tão diverso dificilmente pode ser explicado de outro modo do que pelo fato de remontarem a figuras proféticas distintas. Em terceiro, deve-se observar cuidadosamente a escolha das palavras, de modo a ser possível distinguir circunstâncias gerais — que *ipso facto* são difíceis de datar — de circunstâncias temporalmente condicionadas.

Assim, por exemplo, com relação à circunstância dominante em toda a Antiguidade do conflito entre ricos proprietários e camponeses endividados, como reflete o texto de Ne 5, há autores que têm tomado este texto como chave para datar no período persa palavras proféticas que revelam a mesma circunstância.[40] Nisso, porém, deixa-se de ver que em Ne 5,7 os membros da elite são chamados de *horim* e *seganim*, expressões que nunca aparecem em textos de profetas que remontam ao período pré-exílico. Em contraposição a isso, o texto de Is 3,14 fala de "anciãos e funcionários", expressões que não ocorrem em Ne 5. Justamente tais detalhes falam contra a tendência de derivar todos os textos a partir de um mesmo período.

A pergunta de Maxwel Miller já citada — "Is it Possible to Write a History of Israel without Relying on the Hebrew Bible?" [É possível

---

[40] Assim, por exemplo, em Kaiser, [5]1981, p. 84 acerca de Is 3,12; p. 105 sobre Is 5,8; Carrol, 1986, p. 189, sobre Jr 5,26-28. Quem mais se excede nesta questão é Levin, 2003c. Num primeiro passo ele declara todas as menções de pobres em textos de profetas pré-exílicos como sendo secundários (da mesma forma ele procede com relação à aparição de pobres em textos legais). Depois disso ele constata: "Assumir que circunstâncias historicamente reais estão por trás [dos textos] é presunção irrefutável". E, finalmente, ele consegue êxito na sua busca por "circunstâncias históricas", dizendo que "de fato no relato de Ne 5,1-13 há evidência de que neste período havia uma real crise agrícola" (p. 330).

escrever uma história de Israel sem contar com a Bíblia Hebraica?[41]] — deve ser retomada aqui. Eu já havia manifestado que, diante da casualidade das descobertas e do restrito âmbito de realidade que se manifesta nas heranças arqueológicas, não constitui necessariamente um avanço renunciar aos textos bíblicos. Mas devemos ir mais adiante. Mesmo que *fosse possível* escrever uma história (social) de Israel sem referência à Bíblia Hebraica, isso *não seria fundamentável* a partir de um ponto de vista histórico-metodológico. Pois nenhuma historiografia pode prescindir por completo de uma parte de suas fontes. Ela deve analisá-las criticamente. E sobre os resultados das análises pode-se discutir os casos concretos. Mas não há motivo para excluir de forma geral os textos do Antigo Testamento da reconstrução da história social de Israel. Deve-se, obviamente, analisar o caráter teológico, o tipo dos respectivos textos e o seu surgimento histórico.[42]

IV. Em busca de analogias

No caso das heranças materiais como única fonte primária para a história social de Israel, sempre retornamos à conclusão de que essas heranças, por um lado, carecem de interpretação e, por outro, de outras fontes. Se no caso da complementação de informações se recorrer aos textos bíblicos, então a pergunta pela interpretação dos achados arqueológicos — e também dos bíblicos — encontra-se em um outro nível. *Poder-se-ia dizer: arqueologia e textos bíblicos colocam material à disposição, mas agora se trata de molduras interpretativas, nas quais este material deverá ser ordenado.*

Tal moldura interpretativa não pode ser derivada da análise de uma única sociedade. Pois cada designação que utilizo pressupõe a comparação, a qual, na generalização e na delimitação, permite a conceituação. Se, por exemplo, digo "estado", então generalizo a partir de diferentes formas concretas de estado e faço a delimitação em relação a âmbitos sociais não estatais (como a família) e formas sociais não estatais (por exemplo a sociedade tribal). Logo acrescentaremos mais detalhes.[43]

---

[41] Miller, 1991; ver p. 33, nota 26.
[42] Tal tratamento integrado de todas as fontes disponíveis é algo fundamentalmente diferente do que a pergunta de interesse apologético ou polêmico sobre se as fontes extrabíblicas "confirmam" ou "refutam" o texto bíblico. Ver as boas observações em Gottwald, 2001, p. 185.
[43] Ver p. 92-96.

No nível mais geral da formação de conceitos — por exemplo, no caso do conceito "estado" —, devem-se em princípio visualizar todas as sociedades ao longo da história e também no presente. Se, no entanto, quisermos analisar a forma social especial da sociedade do antigo Israel, então nos devemos concentrar em sociedade em relação às quais, por causa de proximidade temporal ou de conteúdo, haja a suposição de haver analogia estrutural. Para o caso do antigo Israel, isso significa que, por um lado, deve-se analisar a sociedade dentro do seu contexto e, por outro lado, as sociedades históricas e recentes, do modo como a etnologia realiza os seus estudos.

Deve-se observar em ambos os casos que na comprovação de analogias estruturais uma comparação sempre pode ter somente uma função heurística. O significado de genealogias para a ordenação de sociedades segmentárias na África moderna, por exemplo, pode fomentar a pergunta se no antigo Israel havia algo similar. Essa constatação, contudo, não pode funcionar como prova de que efetivamente foi assim. Algo similar vale para determinações e instituições legais do Antigo Oriente.

1. Sociedades do entorno de Israel

O que foi afirmado por último sobre o valor heurístico das analogias deve ser mais bem precisado e expandido. As sociedades do entorno de Israel estão temporal e espacialmente próximas e por isso podem ser analisadas. Mas deve ficar em aberto ou ser analisado caso a caso em que medida estão próximas de Israel quanto às suas estruturas sociais. Anteriormente já foi falado sobre como devem-se pressupor sociedades distintas nascidas a partir das condições geográficas e dos desenvolvimentos sociais nos vales dos rios do Egito e da Mesopotâmia, bem como nas áreas montanhosas do sul do Levante.[44] Esse fato aponta para a necessidade de analisar não somente segmentos pequenos e isolados mas também sistemas complexos.

Simultaneamente o olhar sobre as condições ambientais e geográficas evidenciou que a área da Síria-Palestina é um espaço amplo aberto.[45] Nele se misturam influências de todas as culturas dos arredores. A isso se acrescenta, no caso de Israel e Judá, o fato de haverem se desenvolvido

---

[44] Ver p. 25s.
[45] Ver p. 26.

relativamente tarde em termos estatais.[46] Por isso deve-se contar o fato de que desde o início houve influências a partir de culturas estranhas. Nos primeiros tempos isso deve ter acontecido através da mediação de outras culturas cananeias. Mas logo a seguir, o mais tardar a partir do século VIII a.C., Israel, e depois somente Judá, está sob a influência unicamente dos assírios e dos babilônios, dos persas e dos gregos e depois dos romanos. Por isso é proibitivo querer entender o desenvolvimento da sociedade israelita e judaica de forma isolada a partir das leis internas.

E mesmo no caso dos domínios cambiantes deve-se observar a estrutura geral. Israel e Judá sempre foram a cultura mais fraca, aquela que é dominada. Independente da influência da cultura dominante, isso não faz de Israel uma cultura dominante. Por isso em todos os pontos de comparação em particular sempre se deve analisar a profunda diferença estrutural. E deve-se contar com o fato de que Israel não se desenvolve somente em possessão mas também em oposição ao poder dominante.

2. Etnologia — da empiria para a teoria

O que é certo para a comparação com as sociedades do entorno de Israel vale de uma forma mais acentuada se analisarmos as sociedades do modo como a etnologia o faz. Também aqui comparações têm somente um valor heurístico e não valor comprobatório. E aqui mais ainda se proíbe fazer comparações de fenômenos isolados sem a verificação do contexto social maior.

Isso vale em especial quando a etnologia — o que é a sua ocupação principal — analisa sociedades recentes (portanto ainda existentes durante a análise). Aí é perfeitamente possível encontrar inúmeras analogias, tanto no sistema familiar quanto nas genealogias, na forma do exercício do poder e da função de dádivas e trocas, nas relações jurídicas e no modo como a produção é organizada.[47] Mesmo assim, em cada especificidade deve-se sempre observar a sociedade como um todo e simultaneamente analisar a sua interação com outras sociedades. Sistemas familiares podem até ser comparáveis em certos detalhes; mas mesmo assim não é indiferente saber

---

[46] Ver p. 26s.

[47] Uma série de textos encontra-se na coleção *Ethnologische Texte zum Alten Testament* [Textos etnológicos relacionados ao Antigo Testamento] publicada em 1989 e 1991 por Sigrist e Neu.

se são a única forma de organização dentro de uma sociedade sem instância central, se dentro de um estado emergente são a forma de organização do povo que se contrapõe ao poder do estado, ou se a situação de uma dominação imperial de um povo oprimido preserva nas relações familiares a sua identidade. Simultaneamente constitui uma diferença fundamental se sociedades se desenvolvem de forma isolada (como parcialmente foi o caso na Oceania) ou se sociedades com níveis de desenvolvimento distintos estão em estreito contato, estando, além disso, ainda confrontadas com a dominação colonial europeia (como na África desde o século XIX).

Mais do que nas sociedades antigas mais ou menos contemporâneas, na etnologia a comparação deve acontecer através da formação de teoria. Assim, não se podem comparar diretamente os povos africanos dos nuer, tiv ou dinka, estudados pelos antropólogos do século XX, com os antigos israelitas e judeus do primeiro milênio a.C. Mas do estudo dos povos africanos recentes pode-se formar uma teoria sobre a sociedade de linhagem e domínio acéfalo, a qual então permite compreender melhor determinados fenômenos da época da formação do estado no Israel antigo.[48] Podem-se inter-relacionar menos os fenômenos empiricamente detectáveis do que as teorias deles derivadas. Essas teorias podem, então, ser utilizadas como molduras compreensivas tanto das sociedades recentes quanto das antigas. *Em termos metodológicos recomenda-se fazer a diferenciação estritamente entre, de um lado, os dados empíricos obtidos do estudo das fontes primárias arqueológicas, da análise das fontes secundárias e da comparação etnológica, e, do outro, as teorias com as quais estes dados podem ser interpretados.* É verdade que as teorias são deduzidas a partir dos fenômenos empiricamente verificáveis, mas elas não são os próprios fenômenos.

Com isso chegamos a um ponto que já se estende para além da etnologia como ciência sobre os povos recentes.

3. *Categorias sociológicas*

Não se pode fazer uma história social da forma de uma sociedade dentro de sua história sem o recurso a categorias generalizantes. Isso já vale para a descrição empírica de fenômenos parciais. Todas as apresentações mencionadas no panorama da história da pesquisa na linha das an-

---

[48] Sobre isso, ver p. 72.

tiguidades bíblicas têm, por exemplo, um capítulo sobre "casamento" e "família".[49] Para o termo "casamento" não existe equivalente na língua hebraica. No caso da "família" pensa-se usualmente na "casa paterna" (*bet-'ab*), mas também os termos não são simplesmente sinônimos. Se em tais obras encontram-se então subtítulos como "poligamia e monogamia" ou "levirato",[50] então fica totalmente claro que essas categorias não foram deduzidas dos textos, mas levadas a eles.

Quanto mais nos distanciamos da descrição de fenômenos isolados e quanto mais se quer abarcar a forma de uma sociedade como um todo, tanto mais somos solicitados a não utilizar categorias derivadas dos próprios textos. Já a palavra "sociedade" não existe no hebraico. Por vezes, a palavra hebraica para "povo" lhe é correspondente. Mas "povo" também é uma categoria étnica — o que sociedade não é —, e como categoria sociológica somente pode designar aquela parte da sociedade que como "povo" está em contraposição à casa dirigente. Se designamos o Israel do final do segundo milênio a.C. como sociedade segmentária de linhagem, como anarquia regulada ou como sociedade tribal de classes, se chamamos Judá e Israel do início do primeiro milênio a.C. como império ou como *chiefdom* [caciquismo] ou como estado primitivo, se falamos do Judá pós-exílico como teocracia ou como povo-pária ou como comunidade templo-cidadão, sempre utilizamos categorias derivadas da formação teórica sociológica.

Não haveria, portanto, chance de fazer uma apresentação da história social de Israel sem o recurso a categorias derivadas da sociologia.[51] No entanto, isso não deve servir como salvo-conduto para deslocar a atividade da atualização — que tem o lugar legítimo na pregação e no ensino — para dentro da reconstrução histórica. Ainda que não possamos realizar a nossa tarefa sem o recurso a categorias modernas, devemos buscar reconstruir o diferente e o estranho na sociedade do antigo Israel. Podemos traduzir a palavra hebraica *sar* por "funcionário",[52] mas devemos nos assegurar de que a função de funcionário é diferente numa sociedade pouco estruturada em termos jurídicos e fortemente baseada em relações pessoais e de prestígio do que num estado burocrático moderno.

---

[49] Buhl, 1899, p. 8; Voz, 1989, p. 32; de Vaux, ²1964, p. 45.52.
[50] Assim em de Vaux, ²1964, p. 52.72.
[51] Para o significado da sociologia para a história social, ver Herion, 1986; Lemche, 1983; Mayes, 1989; Otto, 1984; Rogerson, 1985; Schäfer-Lichtenberger, 1985.
[52] Ver o trabalho incisivo de Rüterswörden, 1985.

INTRODUÇÃO ÀS ÉPOCAS DA HISTÓRIA SOCIAL DE ISRAEL

O que foi exposto até agora sobre o objeto e sobre os métodos do trabalho histórico-social vale em grandes linhas para a pesquisa histórico-social de toda sociedade (antiga), ainda que os exemplos tenham sido tomados da história social de Israel. Agora que nos voltamos para a exposição material da história social de Israel, devemos primeiro esclarecer o que se deve entender por Israel.

Na literatura bíblica, o nome "Israel" é usado para o povo inteiro a partir da estada no Egito. Ele marca a passagem do Livro do Gênesis para o Livro do Êxodo. Segundo essa exposição, ele inclui todas as tribos, mesmo Judá. Tal uso muda com o início do período dos reis, no qual, quando se trata da forma do estado, Judá e Israel são diferenciados. Judá é o Reino do Sul, Israel o Reino do Norte.[1] Isso começa já com Davi: De acordo com 2Sm 2,4, ele é ungido primeiramente pelos "homens de Judá" "como rei sobre a casa de Judá", e, mais tarde, pelos "anciãos de Israel" "como rei sobre Israel" (2Sm 5,3). Ao mesmo tempo, no mesmo contexto, "Israel" pode designar todo o povo, incluindo Judá, quando os anciãos das tribos do norte lembram a Davi a promessa divina segundo a qual ele apascentaria Israel (2Sm 5,2). Tal duplo sentido se estende então por toda a exposição deuteronomística da história do período dos reis.

Depois dos exílios, a partir do final do século VIII, a situação muda e se complica novamente. A população do território do antigo Reino do Norte, onde os assírios assentam outros povos junto com aqueles que não foram levados para o exílio, pertence a Israel? Aqueles que ficaram no território do antigo Reino do Sul pertencem a Israel? Ou deve-se limitar o conceito aos membros da deportação babilônica? Será esse conceito sepa-

---

[1] A designação exclusivamente do Reino do Norte como "Israel" aparece também em documentos de proveniência não israelita, comprováveis a partir do século IX; sobre isso ver p. 85-86. Acerca de "Israel" na estela do faraó Merneptá no final do século XIII, ver p. 55s.

rável da terra, já que os que ficaram muito tempo na Babilônia são Israel e não todos que vivem no território do antigo reino? Essas são perguntas que devem ser retomadas na exposição do período persa.

Essas perguntas foram apresentadas aqui para mostrar como o conceito "Israel" é pouco unívoco em uma exposição da história social de Israel.[2] A seguir ele será usado de tal maneira que sejam levados em consideração três componentes que, em geral, são constitutivos quando se trata de "Israel". O primeiro é a consciência da pertença étnica, que se expressa principalmente na construção de uma genealogia comum. O segundo é a relação com a terra, conservada também na diáspora. E, em terceiro lugar, é impossível falar de Israel sem relação com seu Deus YHWH, sem prejuízo da pergunta sobre a possível existência legítima de outras divindades ao lado e junto com ele até o período dos reis.

A esses três aspectos internos se junta, na presente exposição, a restrição ao espaço coberto pelos escritos do Antigo Testamento. Assim fica determinado para a exposição um limite inferior, tomado não da história social como tal, mas sim da produção literária e de sua canonização.

Mas com qual momento pode começar uma exposição da história (social) de Israel? Conforme o retrato bíblico, a história de Israel começa como pré-história com as famílias patriarcais. Isso foi adotado em muitas exposições científicas da história de Israel.[3] A série *Biblische Enzyklopädie* [Enciclopédia bíblica], que vem sendo publicada desde 1996, trata também da "Pré-história de Israel".[4] Contudo, ela não tem mais nada em comum com a concepção bíblica da história, mas é "uma exposição da história do Oriente Próximo de aproximadamente 2300 até 1200 a.C., quando começa a história de Israel propriamente dita".[5] Desce-se ainda mais quando se toma como ponto de partida "o reino davídico-salomônico"[6] ou mesmo o período monárquico médio ("pelo fim do século IX e no século VIII"[7]).

---

[2]   Ph. R. Davies, 1995, p. 48, enumera dez formas diferentes para designar "Israel".

[3]   Ver em Donner, ³2000, o tópico "Os patriarcas" (p. 84-97) no capítulo sobre "A pré-história de Israel" (p. 82). Sobre a posição de Malamat, ver p. 64, nota 58.

[4]   Lemche, 1996a.

[5]   Id., p. 73.

[6]   Assim, segundo diferentes procedimentos, Soggin, 1991, p. 29. Também Kinet, 2001, assume esta perspectiva na medida em que ele divide toda a história do antigo Israel em somente duas épocas: (A) O processo da formação do povo (1200-1000 a.C.) e (B) os reinos de Israel e Judá (1000-331 a.C.).

[7]   Soggin, 1991, p. 30.

Essa discussão se baseia na distinção entre "Pré-história" e "História de Israel propriamente dita".[8] Ela ajuda pouco, pois, como mostraram as observações anteriores, não fica claro em nenhuma época o que seja o Israel "propriamente dito". A história é constante mudança, e neste sentido cada época é pré-história de desdobramentos futuros. Se abandonarmos essa distinção, fica o fato empírico de que o nome "Israel" aparece pela primeira vez no final do século XIII numa estela de um faraó, qualquer que seja a grandeza social aí significada.[9] A exposição da história social de Israel deve, portanto, começar nessa época.

Metodologicamente ainda mais problemático é o procedimento de alguns novos historiadores que consideram a história de Israel antes da época persa como uma simples projeção a partir da época persa, cujo valor histórico equivale mais ou menos ao da *Eneida* para a história de Roma.[10] Certamente a história de Israel faz parte da história do Oriente antigo e não tem dignidade mais elevada que a dos outros povos da região. E também é certo que a representação da história de Israel é construção, assim como toda exposição histórica é construção do expositor. Mas essas duas compreensões são simples inversões positivistas: o fato de a história de Israel estar embutida na história do Oriente e o caráter construído de toda exposição histórica possibilitariam a distinção entre uma "história de Israel" que seria uma "invenção", um "passado imaginado", e uma "história da Palestina" que trataria de "realidades".[11] O fato de tal positivismo ser usado para legitimar reivindicações palestinas contemporâneas contra o estado de Israel não aumenta sua plausibilidade.[12]

Com a menção do nome "Israel" no final do século XIII, estamos na época que os arqueólogos chamam de transição da idade do Bronze Recente (1550-1200) para a idade do Ferro I (1200-1000). Nela se devem procurar os inícios de Israel.

---

[8] Nos autores que fazem a "história propriamente dita", somente com a monarquia encontra-se como pano de fundo a problemática concepção de que a "história propriamente dita" da humanidade ou do povo inicia-se somente com a existência estatal.

[9] Sobre a discussão, ver p. 55s. Todos os dados da história egípcia até a metade do primeiro milênio foram transpostos para a cronologia do calendário juliano-gregoriano, restando porém algumas incertezas. No que segue, oriento-me pela cronologia (e pela grafia dos nomes dos faraós), conforme o trabalho de Beckerath, 1997.

[10] Assim Ph. R. Davies, 1994; id., 1995; Whitelam, 1995.

[11] Ver a intenção de Whitelam, 1995, p. 36, de "liberar as realidades passadas que são a antiga Palestina [...] da dominação de um passado imaginado e imposto sobre ele pelo discurso dos estudos bíblicos".

[12] A respeito disso, ver Whitelam, 1995, p. 7s; ver também a forte polêmica de Dever, 1998, p. 50, acerca da recepção do trabalho de Whitelam em alguns círculos palestinenses: "A 'Palestina' *deles* é *livre de judeus*" [*Their* 'Palestine' is *Judenfrei*].

I. O nascimento de Israel como sociedade baseada no parentesco

Bibliografia: Briend/Caquot/Cazelles et al., 1990; Coote, 1990; Coote/Whitelam, 1987; Crüsemann, 1978; Engel, 1979b; I. Finkelstein, 1988; I. Finkelstein/ Na'aman, 1994; Fritz, 1996; Gottwald, 1979; Halpern, 1983; Lemche, 1985; id., 1996a; Neu, 1992; Schäfer-Lichtenberger, 1983; Sigrist/Neu, 1989; Thiel, ²1985; Thompson, 1992; M. Weippert, 1967.

"Israel" não aparece pronto no cenário da história. Pelo contrário, forma-se num processo de mais ou menos duzentos anos a partir de elementos diversos (sem que depois o grande Israel seja definido para sempre). Quando a história social assume a tarefa de descrever a forma social de uma sociedade em sua mudança histórica, não existe nenhuma outra época que a da gênese de Israel em que seja mais difícil distinguir o momento dinâmico da mudança e o momento estático da forma. Por, em razão da clareza, tratar sucessivamente o nascimento de Israel e as estruturas da sociedade baseada no parentesco, a seguinte exposição pode dar a falsa impressão de que houve uma primeira época dinâmica do nascimento, substituída depois por uma época estática com estruturas estáveis. Em qualquer época, o ser de Israel é sempre um ser em devir.

1. O nascimento de um grande Israel

Qual é o contexto político, social e cultural do período em que os primeiros contornos do Israel nascente são reconhecíveis?

a) A sociedade de Canaã no período do Bronze Recente (1550-1200 a.C.)

A área levantina do Bronze Recente se deixa reconhecer claramente a partir do início do segundo milênio a.C., caracterizada pela coexistência de numerosas cidades-estados, cada uma independente, mas em tensa relação de cooperação e de concorrência com as demais. É o que indicam os textos de execração do império médio egípcio. Se tais conjurações mostram o interesse egípcio pela região, os faraós do império novo passam a estender sua hegemonia sobre o Levante. É o faraó Tutmósis III (1479-1425) que firma definitivamente, mediante sua primeira campanha, a dominação do império novo sobre a Palestina. Os egípcios contentam-se em construir

Introdução às épocas da história social de Israel

bases em algumas cidades para manter sua dominação sobre a região, explorando a rivalidade entre os estados. As cartas de Amarna (nome do lugar onde foram descobertas) do palácio do faraó Amenófis IV Akhenaton (1351-1334) confirmam a imagem de cidades-estados desunidas e acrescenta que especialmente na montanha existem também entidades políticas maiores que já têm o caráter de estados estendidos. Teremos que voltar a essa imagem, quando falarmos da formação estatal de Israel e Judá.[13]

Para a reconstrução das *relações sociais internas* do Canaã daquela época são instrutivas as listas de prisioneiros nos relatos de campanhas do filho de Tutmósis, Amenófis II (1428-1397).[14] Estas, complementadas por outros relatos e descobertas arqueológicas, mostram uma sociedade diferenciada. Numerosas dinastias dos pequenos estados particulares se apoiam militarmente em combatentes profissionais com carros de guerra e são rodeadas por especialistas do culto e da administração geral. Elas são ligadas a pessoas que as listas de prisioneiros chamam de cananeus, os quais devem ser ricos comerciantes e negociantes, haja vista sua pequena importância numérica. A massa da população (o campesinato) constitui a base econômica das cidades-estados.

Ao lado das cidades-estados organizadas como monarquias centralizadas, provavelmente estruturadas de modo similar, as listas mencionam dois grupos que não são idênticos nem a essa população domiciliada nem entre si, os *hapiru* e os nômades *shasu*. Os *hapiru* aparecem como grandeza social independente também nas cartas de Amarna. Quem se esconde por trás desse fator social, que aparentemente parece ser importante a partir do que indicam as fontes?

Os *shasu* mencionados nas fontes egípcias são nômades,[15] mais precisamente criadores de gado pequeno (criadores de camelos, comparáveis com os modernos beduínos, só aparecem mais tarde[16]). Tais nômades criadores de gado pequeno são amplamente atestados no Oriente Próximo durante o segundo milênio, como o mostram especialmente os textos de Mari.[17] No espaço entre sedentarismo permanente e ausência absoluta de domicílio

---

[13] Ver p. 88-89. Acerca do sistema de cidades-estados da época do Bronze na região da Síria e Palestina, ver de modo resumido M. Weippert, 1967, p. 16-24.

[14] Texto, tradução e comentário em Edel, 1953, texto p. 113-116; Helck, 1961, p. 32-42; Context II, p. 19-23.

[15] Acerca do nomadismo, ver Klengel, 1972; Knauf, 1994, p. 28-71; Rowton, 1973; id., 1976; id., 1977; Silva Castillo, 1981; Staubli, 1991.

[16] Sobre isso, ver Staubli, 1991, p. 184-199.

[17] Acerca da menção dos nômades em Mari, ver especialmente Kupper, 1957; M. Weippert, 1967, p. 106-123.

existe um amplo leque de possibilidades de vida nômade: migração com os rebanhos entre várias residências, alternância entre sedentarismo e nomadismo de uma época para a outra, nomadismo irregular etc.[18] Também se deve considerar a diferença entre nômades e sedentários fundamentalmente não como oposição hostil mas sim como convivência simbiótica.

Numa série de artigos,[19] Michael B. Rowton descreve a relação entre o sedentarismo urbano e o nomadismo presente neste ambiente como "estrutura social e econômica dimorfa".[20] Já que esse nomadismo está relacionado com as cidades, Rowton o chama de *enclosed nomadism* [nomadismo isolado][21] para diferenciá-lo do nomadismo nas vastidões da Ásia central e da Arábia. Ao falar de *dimorphic society*, Rowton ambiciona criar um conceito com alto grau de abstração, válido para todas as sociedades da Ásia ocidental durante um vasto período. É verdade que cidade e tribo (nômade) constituem a estrutura básica da sociedade, mas, por causa do grau de abstração ambicionado, esse quadro é muito grosseiro. Por isso pode-se falar de "sociedade polimorfa" em vez de "dimorfa".[22]

Dos nômades no território do futuro Israel, que nos interessam, sabemos que migravam ocasionalmente do sul da Palestina para o delta do Nilo em busca de pastagens. Esse fato é atestado durante todo o segundo milênio. Na tumba de Khnum Hotep, em Beni Hassan (século XIX a.C.), uma representação colorida mostra como eles são levados ao chefe de distrito por funcionários egípcios, com mulheres, filhos, rebanhos e presentes.[23] Ainda no século XII, um agente alfandegário escreve ao seu superior como ele registrou tribos *shasu* de Edom e as instalou em terra pública atribuída a eles.[24] Como mostram as listas de prisioneiros de Amenófis IV, tais *shasu* podem também ter chegado à terra do Nilo como prisioneiros de guerra.

Além dos *shasu*, as mesmas listas de prisioneiros mencionam os *hapiru*. Qual grandeza social se esconde atrás desse grupo?[25]

---

[18] Staubli, 1991, p. 15s: "Uma sistematização do nomadismo do antigo Oriente deve fracassar pelo fato de não ter havido uma sistematização do nomadismo no antigo Oriente".

[19] Rowton, 1973; 1976; 1977.

[20] Assim, por exemplo, Rowton, 1973, p. 202.

[21] Id.

[22] Assim Lemche, 1985, p. 198.

[23] Esboço feito por H. Weippert, 1988, p. 213; Staubli, 1991, imagem 15b.

[24] TGI, n. 16. — Acerca das representações egípcias de *shasu*, ver Staubli, 1991, p. 20-26.

[25] Da vasta literatura sobre o tema, ver Bottéro, 1954; Donner, ³2000, p. 80-82; Engel, 1979, p. 179-182; K. Koch, 1969; Lemche, 1996a, p. 141-150; Loretz, 1984; Rowton, 1976; de Vaux, 1968; M. Weippert, 1967, p. 66-102.

Introdução às épocas da história social de Israel

A primeira coisa segura a respeito dos *hapiru* é o fato de que as fontes os distinguem sempre nitidamente dos *shasu*. Os dois grupos sociais não somente não são idênticos mas também eles nunca têm nada em comum. Diante dos sedentários e nômades como pilares da sociedade da época do Bronze Recente de Canaã, os *hapiru* constituem algo como "uma terceira força" que se distingue nitidamente das duas outras.[26] Nas cartas de Amarna, os *hapiru* são descritos como elementos de perturbação e inimigos do Egito, que se aliam às vezes a reis sediciosos. Com especial frequência menciona-se que eles moram na montanha. Como tais, os *hapiru* aparecem nas fontes de várias culturas do Oriente Próximo — além do Egito podemos mencionar Nuzi e Mari, Ugarit e Alalakh, assim como textos hititas e textos da Bíblia Hebraica com olhar retrospectivo sobre o segundo milênio[27] — e o quadro pode ser ampliado. Com os *hapiru*, obviamente se trata de uma categoria não étnica mas sim social. A expressão designa migrantes errantes por motivos econômicos ou políticos. Eles levam a vida como bandidos à margem da sociedade, ou — de maneira mais integrada — quer como mercenários a serviço de alguns príncipes quer como estrangeiros domiciliados com direitos reduzidos.

Como mostram as listas de prisioneiros de Amenófis IV, tais *hapiru* vêm às vezes para o Egito como prisioneiros de guerra.[28] Duas cartas-modelo do tempo de Ramsés II (1279-1213) mostram o destino que aí espera por eles: "Dê provisões de cereais aos homens do exército e aos *hapiru* que puxam pedras para o grande armazém de [...] Ramsés Miamun".[29] Assim, os *hapiru* se distinguem dos *shasu* também neste aspecto. Estes conseguem direito de permanência sempre considerado como temporário. Quando o motivo de sua migração para o Egito está superado, podem manifestamente voltar para seu território hereditário. Para os *hapiru*, enquanto trabalhadores forçados, dificilmente havia essa possibilidade.

Em torno do ano 1200 a.C. começam profundas mudanças na sociedade de Canaã esboçada anteriormente. Antes, porém, no final da época designada como Bronze Recente, o nome "Israel" aparece numa estela do faraó Mernéptá. O que se pode deduzir dessa menção?

---

[26] Bottéro, 1981, p. 89: "une 'troisième force'".
[27] Acerca das passagens bíblicas, ver especialmente K. Koch, 1969, e Loretz, 1984.
[28] Sobre isso, ver Engel, 1979b, p. 187-190; K. Koch, 1969, p. 67s; M. Weippert, 1967, p. 90-94.
[29] TGI, n. 12, p. 35; ver também Bottéro, 1954, p. 169s.

b) "Israel" numa estela do faraó Merneptá

A estela de vitória de Merneptá (1213-1203) contém um longo relato da campanha líbica do quinto ano do reino do faraó. No final foi agregado pequeno hino resumindo as vitórias do soberano no Levante.[30] Este é designado pela denominação geral como "Canaã". Segue uma lista de três cidades: Ascalon, Gazer e Inuam. Segue frase sobre Israel: "Israel é devastado; não tem semente". No final Kharu designa o país dos huritas. Decisivo para a interpretação é o fato de que as três cidades têm cada uma o determinativo hieroglífico para país estrangeiro, enquanto "Israel" tem o determinativo pessoal e é, portanto, considerado como grupo de pessoas. As três cidades, de um lado, representam as cidades-estados tradicionais de Canaã, enquanto "Israel" designa um grupo populacional que justamente não se limita a um determinado território geograficamente definido dentro de Canaã e se distingue nitidamente da população das cidades-estados.[31]

A frase "Israel é devastado; não tem semente" é fortemente fraseológica e "semente" pode ser uma metáfora para "descendência".[32] Por isso não se pode decidir se se trata de uma população puramente agrícola. Um modo de vida nômade ou seminômade não pode ser excluído.[33] Em todo caso, deve-se observar "a mudança do uso linguístico até então vigente na designação de elementos populacionais fora das cidades-estados cananeias".[34] O escriba da estela considera manifestamente as expressões *hapiru* ou *shasu* não apropriadas para designar o grupo populacional que ele tem em mente. E indica "Israel" como única grandeza além das três cidades-estados.[35]

---

[30] Texto e tradução em Fecht, 1983, p. 207-120; Hornung, 1983; TUAT I (1985), p. 544-552; Context II (2000), p. 40s. Como no hino final aparece a palavra "Israel", essa estela é chamada de "estela de Israel". Com isso, claro, busca-se destacar a importância da estela para a história de Israel. Esta designação, contudo, de modo algum faz jus ao seu conteúdo. Da vasta literatura sobre o tema, indico Bimson, 1991; Engel, 1979a; Fecht, 1983; Fritz, 1996, p. 73-75; Hasel, 2004; Hornung, 1983; Rainey, 2001; Redford, 1986.

[31] Hasel, 2004, conclui de modo determinado: "Israel é designado como uma entidade socioétnica".

[32] Ver as importantes demonstrações em Rainey, 2001, para o uso metafórico da palavra.

[33] Bimson, 1991, deduz do fato de a estela de Merneptá mencionar "Israel" antes do século XII o começo do processo de repovoamento da terra de forma maciça: "Antes do início da época do Ferro, Israel deve ter sido majoritariamente um povo nômade".

[34] Fritz, 1996, p. 74.

[35] Redford, 1986, que compara a estela de Merneptá com o relevo de Ascalon em Karnak da época de Setos I (1290-1279/78) e Ramsés II (1279-1213), observa que todos os nomes do relevo aparecem na estela. Há somente a diferença de que no lugar onde no relevo consta *shasu* na estela consta "Israel": "Todos os nomes no poema aparecem na sequência do relevo, exceto Israel. Então, o grupo étnico apresentado e nomeado como *shasu* pelo escriba de Setos I e Ramsés II no início do século XIII era conhecido pelo poeta de Merneptá, duas gerações mais tarde, como 'Israel'" (p. 199s).

Várias respostas são imagináveis para a pergunta sobre o que o "Israel" da estela de Merneptá tem em comum com o Israel posterior. A própria estela não pode dar nenhuma resposta. É interessante que "Israel" tenha como elemento onomástico teofórico "el", enquanto em documentos posteriores "Israel" sempre é estreitamente ligado ao Deus YHWH. Isso tanto na Bíblia quanto no documento epigráfico mais próximo, a estela de Mesa do século IX. Por um lado, isso indica que os cultuadores do século IX usam um nome transmitido pela tradição. Por outro lado, indica menos uma identidade ininterrupta do que o fato de que o "Israel" da estela de Merneptá tenha se unido mais tarde a um grupo para o qual o Deus YHWH seja constitutivo, ou tenha sido absorvido por ele e lhe tenha dado seu nome.

A lacuna de quase quatrocentos anos entre o final do século XIII e as menções epigráficas mais próximas em meados do século IX não significa que o Israel da estela de Merneptá não tenha nada a ver com o da estela de Mesa. Significa, pelo contrário, que o Israel que encontramos atestado com frequência e certeza fora da Bíblia a partir do século IX já tem atrás de si uma história de quatrocentos anos. Para reconstruir essa história, dependemos, todavia, de material arqueológico e dos textos bíblicos. O tamanho desta lacuna epigráfica não é motivado pelo fato de que o Israel da estela de Merneptá ter-se-ia entrementes dissolvido ou perdido em uma completa insignificância.[36] Pelo contrário, deve-se ao fato de que na passagem do Bronze Recente para a época do Ferro I, em torno do ano 1200, a sociedade do Oriente Próximo passou por profundas mudanças, com a consequência (secundária) de que não temos praticamente nenhum documento epigráfico da época do Ferro Antigo. Vamos agora focar essas mudanças.

---

[36] Bimson, 1991, p. 23: "Este longo silêncio obviamente não significa que Israel tenha cessado de existir neste ínterim". Diferente Thompson, 1992, p. 274-276.310s, e Ph. R. Davies, 1995, p. 58-60, para os quais não há continuidade. No meu entender, os exemplos de Davies mostram exatamente o contrário daquilo que ele quer afirmar. Certamente é correto dizer: "Os modernos 'britânicos' não são os bretões do período romano e em geral não são descendentes destes" (p. 59). Mas será que por isso os celtas britânicos deixam de fazer parte da "história da Grã-Bretanha"? Uma das consequências de tais posições é o fato de Whitelam, 1994, querer renunciar à pesquisa em busca do nome "Israel" e de um "Israel primitivo" — pelo menos "for the time being" [por enquanto] (p. 76). Acerca da crítica ao "minimalismo", ver Rösel, 2002.

c) Transformações da sociedade cananeia na passagem para a época do Ferro

O que acontece em torno do ano 1200 no sul do Levante pode ser bem descrito por palavras como "colapso",[37] "decomposição",[38] "declínio"[39] ou "revolução".[40] O fenômeno comporta vários aspectos que ao mesmo tempo se condicionam e se reforçam.

Até o final do século XIII, o Egito e os hititas disputam a soberania respectivamente sobre o sul e o norte do Levante. Em seguida decai rapidamente a força interna do império, o que lhe permitia garantir seus interesses imperiais fora das fronteiras do país. Após a morte de Ramsés II, em 1213, crescem as dificuldades internas para manter o império coeso. Merneptá pode ainda uma vez invadir com sucesso o sul do Levante, mas sua estela de vitória atesta especialmente que ele teve que combater a grandes custos os líbios que afluíam do oeste para o Egito. Sucessores de Merneptá atacam ainda o sul de Canaã. Documentos da presença egípcia são atestados esporadicamente durante todo o século XII.[41] Contudo, a influência egípcia sobre a região recua continuamente e não pode ser mais questão de soberania.

O avanço dos chamados *povos do mar* não provoca mas reforça a evolução interna no Egito. Trata-se de grupos oriundos da região do Mar Egeu em busca de um novo espaço de colonização por via marítima. Depois que Ramsés III (1183/82-1152/51) consegue rechaçá-los do Egito, um grupo, os filisteus, se instala na planície costeira meridional da terra que, posteriormente, terá o nome de Palestina. Ali constroem cidades-estados segundo o modelo cananeu. Não está errada a suposição de que o Egito tenha visto essa colonização com simpatia e que os estados filisteus devam ser considerados mais como representantes dos interesses egípcios do que como concorrentes. Contudo, o fenômeno atesta também a diminuição da influência egípcia direta sobre o território cananeu.[42]

---

[37] Donner, ³2000, p. 48.

[38] Lemche, 1996a, p. 141.

[39] Assim Fritz, 1996, p. 67; Lemche, 1996a, p. 148.

[40] Lemche, 1996a, p. 150. Sobre os eventos como um todo, ver também Soggin, 1988a; Tadmor, 1979.

[41] Ver a exposição panorâmica em Fritz, 1996, p. 69.

[42] Thompson, 1992, p. 263-274, com razão recomenda uma postura mais equilibrada diante de apresentações mais dramáticas da "tempestade dos povos do mar" e com isso também da "migração dos povos". Ver também Drews, 1993, cuja explicação própria, contudo, está marcada por unilateralidade político-militar.

Introdução às épocas da história social de Israel

Essas mudanças da situação macropolítica são acompanhadas por profundas transformações nas relações internas em Canaã. Na verdade, é exagerado falar aqui de "declínio das cidades-estados cananeias",[43] pois nem todas as cidades declinaram. Mas a densa rede de cidades-estados, o sistema como tal, cai em crise profunda, ao final da qual — no primeiro milênio — o aspeto dominante é representado por estados territoriais e não por cidades-estados. Essa evolução apresenta diferenças nos seus pormenores. Cidades importantes como Hasor, Siquém e Afec são destruídas já por volta do ano 1200 e conhecem depois uma ocupação quase nula ou escassa. Outros centros como Betsã e Laquis, Meguido e Gazer continuam a ser ocupados no decorrer do século XII. Em Meguido e Betsã, a cultura material permite concluir que, depois do declínio da ocupação da época do Bronze, a população foi também composta por cananeus. Em contrapartida, outras cidades ficaram praticamente desocupadas até o século X.[44]

Paralelamente com a decadência das cidades da época do Bronze em Canaã, e certamente em relação causal com esta, ocorre um *repovoamento* do país durante a época do Ferro Antigo. Sobretudo na montanha aparecem novos assentamentos que se distinguem de modo significativo das antigas cidades. São menores. Não têm muralhas com torres nem edifícios representativos. Normalmente não se percebe planificação consciente que se deixe ver nos traçados de ruas ou na disposição de praças. Também o tipo de casa que domina nesses novos assentamentos distingue-se do que dominava nas antigas cidades. À medida que o país é analisado por pesquisas de superfície, aparece uma povoação uniforme — exceto na planície costeira e na planície de Jezrael. Mesmo o Negueb, onde não há cidades antigas, é incluído na povoação.[45]

Sob o ponto de vista da geografia econômica, as novas áreas de povoação se distinguem das terras em volta das cidades-estados. Nas planícies, o principal produto agrícola provém do cultivo de grãos. Para isso a montanha oferece pouca área de cultivo. Em compensação, os planaltos e

---

[43] Assim Fritz, 1996, p. 67.

[44] Sobre os exemplos, ver ibid., p. 69s. Acerca das cidades cananeias, ver também Gonen, 1984.

[45] Acerca do Negueb, ver Fritz, 1975; Axelson, 1987. Contudo, nem todos os povoamentos acontecem simultaneamente; sobre isso, ver I. Finkelstein, 1988, p. 324-330. O transcurso nas diferentes regiões também é diferente, o que foi bem ilustrado por Vieweger, 1993, para a região montanhosa da Galileia em contraposição ao Negueb. Acerca da Galileia, ver também Gal, 1992. Acerca dos eventos nas diferentes regiões da terra, ver as diferenciadas contribuições de I. Finkelstein/Na'aman, 1994; acerca da Transjordânia, ver Mittmann, 1970.

especialmente as encostas se prestam à cultura das oliveiras e também das frutas e vinhas. A construção de terraços para a exploração das encostas representa um progresso particularmente grande. Nos novos assentamentos encontram-se amiúde cisternas e silos, assim como enormes construções para armazenamento de provisões. Tudo isso aponta para um tipo de economia nada primitivo, mas de alto nível, tanto no que diz respeito à exploração dos recursos (terraços, cisternas) quanto ao armazenamento (silos, *pithoi*).[46]

Naquela altura, o homem não vive mais apenas de olivas, frutas e vinho. Cereais continuam como antes sendo o alimento de base. Do fato de que na região dos novos assentamentos só se pode cultivar em quantidade limitada e em lugares determinados resultam duas consequências distintas. Por um lado, os novos assentamentos devem fazer negócios entre si para que os cereais cultivados na montanha sejam acessíveis em todo lugar. Por outro lado, já que os cereais cultivados na montanha não são suficientes, é preciso comerciar com os habitantes das antigas cidades para trocar seus produtos pelos grãos produzidos por elas.[47] Quaisquer que sejam os antagonismos entre os novos assentamentos e as antigas cidades, pelas realidades econômicas não existe entre eles antinomia, mas complementaridade.

Mas de onde vêm os novos colonos?[48] Há muitos candidatos, e deve-se esclarecer de antemão a improbabilidade de um só deles ser o vencedor. O declínio das cidades da idade do Bronze não significa dispersão de sua população. É perfeitamente possível que entre os novos povoadores houvesse antigos moradores destas cidades e do seu entorno. Especialmente os *hapiru*, que já se encontravam na terra antes do desmantelamento das cidades, podem ter estado entre os novos povoadores.[49] A maioria dos novos povoadores, contudo, deve ser proveniente de ambiente seminômade.[50] Estes nômades criadores de gado pequeno, que estão inti-

---

[46] Acerca das condições econômicas gerais, ver p. 26s. Acerca da geografia de povoamento, ver além disso as indicações em I. Finkelstein, 1988, esp. p. 324-335; id., 1988; id., 1989. Sobre os pressupostos para a agricultura, ver Hopkins, 1985, e Borowski, 1987.

[47] Nurmi, 2004, p. 82: "A especialização tornou necessário o comércio entre os povoamentos, uma vez que os novos assentamentos deveriam trazer cereais das regiões mais baixas".

[48] Sobre isso veja I. Finkelstein, 1988, p. 336-348: "As origens dos israelitas".

[49] Ver Rösel, 1992, p. 59: "A sociedade israelita não tem a sua origem nos *hapiru* do Bronze Tardio, embora, por outro lado, seja correto que também os *hapiru* vieram a constituir Israel".

[50] I. Finkelstein, 1988, p. 337: "O povo que se estabeleceu na região montanhosa no período do Ferro I, ou pelo menos a maioria dele, vem de ambiente pastoril".

Introdução às épocas da história social de Israel

mamente relacionados com os *shasu* dos textos egípcios,[51] encontram-se numa relação simbiótica com as cidades e devem, casos estas vierem a se desmantelar, buscar novas formas de existência. Mas não se pode excluir que também há imigrantes provenientes de fora do país e que nele buscam se estabelecer.[52]

Acerca da *composição étnica dos novos povoadores*, as fontes arqueológicas até agora visitadas não dizem nada. Toda conclusão apressada deve ser evitada. Uma vez que uma grandeza "Israel" já é atestada na estela de Merneptá antes do assentamento dos novos colonos e como na transição para a época do Ferro II em torno do ano 1000 "Israel" novamente está documentado, não é errôneo ligar o povoamento a "Israel". Com base na estela de Merneptá, pode-se assumir que este "Israel" faz parte da estrutura não das antigas cidades mas sim justamente das novas estruturas emergentes. Mas também isso não pode ser entendido em oposição restrita. O fato de ao lado das cidades antigas continuamente habitadas na época do Ferro I existirem novos povoamentos de cidades entrementes abandonadas e o fato de, a partir da perspectiva da época da monarquia, haver distinção entre cidades israelitas e cidades cananeias[53] só podem significar que a partir de determinado momento também moradores de cidades se entendiam como pertencentes a Israel.

Mais do que isso, contudo, também não está claro. Permanece em aberto se todos os povoadores já eram subsumidos sob este nome ou se havia outros grupos paralelamente a partir dos quais a designação "Israel" por fim se impôs para todos.[54] Da mesma forma permanece obscuro se

---

[51] Rösel, 1992, p. 62: "Outro grupo que provavelmente foi importante para o surgimento de Israel é o grupo dos *shasu*"; depois de analisar a documentação existente, Rösel opina: "Os *shasu* foram de grande importância para o surgimento de Israel, mais importantes do que muitos outros grupos" (p. 65).

[52] A última possibilidade é questionada por Fritz, 1996, p. 92, com a fundamentação de que "a cultura material encontra-se claramente na tradição canaanita". No meu entender, isso não exclui totalmente a existência de imigrantes, mas atesta que eles não podem ser o elemento dominante nos povoados. I. Finkelstein, 1988, p. 348: "Em consonância com muitos outros pesquisadores, aceitamos que deve haver um cerne de verdade histórica na tradição profundamente enraizada na Bíblia de afirmar que Israel se formou no Egito [...]. Certamente alguns elementos entre os povoadores podem muito bem ter vindo de fora do país [...], e uma porção da nova população pode ter vindo de um ambiente desértico".

[53] Ver Schäfer-Lichtenberger, 1983, cap. 7: "Povoados em época pré-estatal".

[54] Aqui me parece sensata a proposta de I. Finkelstein, 1988, p. 27, de desvincular a pertença étnica da autoconsciência dos envolvidos: "Um israelita, durante o período do Ferro I, era qualquer um cujos descendentes se descreviam a si mesmos como israelitas [...]. Portanto, qualquer pessoa que se considerava a si mesma como hivita, gibeonita, quenita etc. no início do século XII [...] pode ser considerado um israelita". Ver também a definição de Vieweger, 1993, p. 20, nota 1: "Como 'israelitas' serão a seguir designados aqueles grupos, clãs e tribos que viviam eles próprios (ou seus descendentes) no tempo da constituição da

os novos assentados se entendiam como uma unidade étnica e, se sim, a partir de que momento. No fundo, o papel de eventuais imigrantes neste processo de transformação da sociedade de toda uma região não pode mais ser esclarecido.[55]

d) O surgimento de Israel como processo evolucionário

Como já foi enfatizado no início desta exposição, não há nenhuma outra época da história social de Israel em que a figura de Israel tenha passado por tantas transformações como aqui. Isso é óbvio, uma vez que se trata da época da formação de Israel. Essa reconstrução do surgimento de Israel contradiz a imagem bíblica conforme ela é esboçada no Livro de Josué. Segundo este, todo um povo toma a terra após um curto período de batalhas, ocupando, assim, uma terra que era de outros povos.

Isso não significa que os textos não tenham nenhuma memória confiável. Essas, contudo, somente aparecem quando se desmonta todo o quadro e se avalia cada elemento isolado.

Quanto às *relações na terra de Canaã*, os textos bíblicos oferecem uma imagem segundo a qual "Canaã" não é uma grandeza política, mas está fragmentada em uma série de pequenos reinos. Nas narrativas da conquista da terra há um "rei de Jericó" (Js 2,2s), um "rei de Ai" (8,1s.14.23.29), um "rei de Jerusalém" (10,1.3.5.23) e muitos outros. Segundo a narrativa de Js 10,1-27, o rei de Jerusalém não peleja contra todos os israelitas, mas forma uma coalizão de cinco reis de cidades, assim como também, segundo Js 11,1-5, o "rei de Hasor" forma uma coalizão de vários governantes. Isso corresponde bem às cartas de Amarna, a partir das quais se pode deduzir a formação de tais coalizões. De forma geral, pode-se falar também de "todos os reis dos amoreus" e de "todos os reis dos cananeus" (Js 5,1; cf. 9,1) ou dos "reis de Canaã" (Jz 5,19). Também as listas deuteronomistas dos moradores anteriores da terra (Gn 15,19-21; Ex 3,8; 23,23 etc.), que constituem uma composição de nomes de feitio muito díspar e de origem muito distinta, alcançam com isso plausibilidade histórica, na medida em que os habitantes anteriores não se apresentam como uma grandeza étnica.

---

monarquia sob Davi e Salomão como camadas populacionais israelitas no novo grande reino de Israel e Judá".

[55] Acerca da etnicidade, ver também p. 74.

Introdução às épocas da história social de Israel

A imagem bíblica da *constituição de Israel como povo* é, como os textos permitem reconhecer sem dificuldade, uma combinação de duas histórias de origens. Uma faz Israel remontar a um grupo de nômades criadores de gado pequeno, que entraram na terra, vindos a partir do leste. Segundo a outra, Israel descende de um pequeno grupo de "hebreus" fugidos da corveia egípcia. Ainda em Oseias no século VIII estas duas narrativas de origem estão lado a lado (ver especialmente em Os 12 o paralelismo entre a tradição de Jacó e a do êxodo).

Inicialmente a imagem bíblica é interessante porque aponta para o fato de que o futuro povo de Israel não pode ser derivado de uma única linha de ascendência. Por um lado existe a narrativa de que os israelitas descendem de um grupo de "hebreus" fugidos do Egito. Segundo Ex 1,11, eles foram forçados a construir para o faraó as cidades de "Pitom" e "Ramsés". Isso naturalmente evoca a supracitada carta-modelo da época de Ramsés II.[56] A conexão entre o papiro e a notícia de Ex 1,11 também permite entender por que o equivalente hebraico *'ibri* ("hebreus") não aparece de forma tão densa quanto na narrativa sobre a estada no Egito em Ex 1–15 (Ex 1,15s.19; 2,6s.11.13; 3,18; 5,3; 7,16; 9,1.13; 10,3). Ao lado disso há uma condensação comparável na história de José e de seus irmãos, a qual sabidamente também está ambientada no Egito (Gn 39,14.17; 40,15; 41,12; 43,32).[57]

Assim como nas fontes extrabíblicas ao lado dos *hapiru* são mencionados os *shasu*, na apresentação bíblica constam desde o início ao lado dos "hebreus" as famílias dos hebreus em processo de sedentarização. Assim como segundo as fontes egípcias tais nômades criadores de gado pequeno recebem acolhida — sem serem obrigados à execução de trabalhos forçados —, assim também se conta acerca das famílias patriarcais que elas encontram guarida no Egito em tempos de necessidade — e isso de tal forma que nem sequer existe o perigo de serem escravizados (Gn 12,10-20; 42–46; cf. 26,2).

---

[56] Ver p. 55-56. Lemche, 1996a, p. 62-65, vê em Ex 1,11 e no mencionado papiro as indicações que "de forma mais concreta podem ser relacionadas com uma estada israelita no Egito", mas acrescenta então "que estas devem ser usadas de forma parcimoniosa" (p. 63). A sua própria sugestão de interpretar a nota de Ex 1,11 como retroprojeção a partir de época posterior, contudo, funciona como mera especulação: "Neste período (a época saítica), o faraó Necao provavelmente empregou prisioneiros de guerra israelitas após a sua campanha militar do ano de 609 [...] como trabalhadores forçados. Se esta teoria não for plenamente satisfatória, então também podem ser cogitadas outras possibilidades" (p. 63).

[57] Acerca dos comprovantes em Ex 1–15 e da história de José, ver Kessler, 2002, p. 110.143. O terceiro bloco com aparição maciça da designação "hebreus" nas narrativas dos filisteus em 1 Samuel é tratado na p. 120.

Contudo, a comparação entre as narrativas do êxodo e dos patriarcas, por um lado, e as fontes extrabíblicas, por outro, mostra o quanto a construção do texto final é artificial. Nos textos extrabíblicos, os *shasu* e os *hapiru* sempre são grandezas estritamente separadas. Em termos históricos está praticamente excluído que nômades que em tempos de necessidade vão ao Egito se transmutem em *hapiru*. Contudo, com a necessária desconstrução da apresentação geral da Bíblia, nem todos os elementos isolados podem ser considerados como sendo a-históricos. Mesmo que não haja uma "época dos patriarcas", como fase anterior à estada no Egito e à tomada da terra,[58] isso não exclui que partes do futuro Israel tenham surgido em um ambiente similar ao retratado nas narrativas do Gênesis.

Segundo a apresentação bíblica, o futuro Israel se alimenta de várias fontes. Ao lado da linha dos *hapiru* e dos *shasu*, há a indicação de que a origem dos israelitas tenha algo a ver com os arameus (Gn 11,10-32; 24; 29–31; Dt 26,5-9). A imagem de uma descendência variada é totalmente plausível. Segundo a versão bíblica, a origem de Israel de modo algum é não autóctone. A Bíblia pressupõe clara sequência: primeiro existem diversos povos como moradores originários na terra, depois se acrescenta Israel. Essa visão é ambivalente segundo a avaliação histórica. A isso já se opõe com grande certeza a menção de um grupo "Israel" na estela de Merneptá, que não pode ser harmonizada com a imagem bíblica da migração dos povos para o Egito e a consequente tomada da terra. Por outro lado, a insistência dos textos na origem não autóctone dificilmente pode ter sido totalmente inventada.[59] Por fim, também outros povos afirmam com a mesma insistência que desde sempre viveram no lugar em que se encontram — desde os primórdios da criação do mundo. Com certeza, determinada reivindicação pode ser mais bem fundamentada do que a afirmação de que algum dia teriam se assentado no referido lugar.

Enquanto a narração bíblica busca integrar as diferentes tradições sobre a origem de Israel em uma história contínua, as *teorias sobre a cha-*

---

[58] Ver a pergunta retórica em Lemche, 1996a, p. 34: "Existiu alguma vez uma época dos patriarcas?". Além disso, ver Kamp/Yoffee, 1980. Em contraposição, Malamat, 1983, em seguimento à visão tradicional da Bíblia, continua afirmando a existência de uma época dos patriarcas como "proto-história" de Israel. Nisso, memórias que se estendem por séculos são, segundo ele, reduzidas a três gerações no relato bíblico por meio do processo de "telescoping" (p. 307). Malamat, contudo, em lugar algum indica como funciona tal memória cultural, que em tempos anteriores à escrita transporta tais memórias.

[59] Weinfeld, 1988, remete para o assentamento paralelo dos povos do mar na costa mediterrânea, os quais também não têm origem autóctone.

Introdução às épocas da história social de Israel

mada tomada da terra desenvolvidas ao longo do século XX buscam enquadrar o evento "propriamente dito" em um modelo, seja da conquista guerreira,[60] da gradual infiltração de nômades criadores de gado pequeno[61] ou da revolução intracananeia.[62] Como resultado da discussão dos três modelos, pode-se dizer que em todo caso a concepção de uma conquista da terra por meio de um povo vindo a partir de fora é insustentável.[63] No mais, todos os três modelos padecem de sua monocausalidade. Na verdade, é até improvável que o evento que neste sentido pode ser designado em sentido lato como repovoamento ou tomada da terra tenha ocorrido nas diferentes partes da terra em tempos distintos entre 1200 e 1000 a.C. segundo um único modelo.[64] Mais ainda: em termos histórico-sociais, tal evento dificilmente se dá em "conformidade a um modelo", mas é um evento multifacetado, para o qual, obviamente, podem confluir todos os elementos que são absolutizados nos modelos.[65]

A partir daí parece ser adequado descrever a formação de Israel na terra como um processo evolucionário.[66] Ele se dá diversamente em regiões diferentes em tempos distintos. O que acontece ali na época do Ferro I paralelamente à dissolução do sistema das cidades-estados é uma mistura de elementos do antigo sistema de cidades-estados, de nômades criadores de gado pequeno e de *hapiru* e talvez também de imigrantes do ambiente arameu. Não temos mais fontes sobre a identidade étnica e religiosa dessas pessoas. Mas sabemos que já no final do século XIII na estela de Mernep-

---

[60] Albright, 1939. M. Weippert, 1967, p. 51, designa este modelo de "solução arqueológica"; Fritz, 1990, fala de "hipótese de invasão". Acerca da apresentação e da crítica, ver também Engel, 1979b, p. 135-146; Fritz, 1987.

[61] Alt, ⁴1968a; id., ⁴1968b; Noth, ⁹1981, p. 67-82. Sobre a apresentação e a crítica, ver Engel, 1979b, p. 146-151.

[62] Mendenhall, 1962; id., 1970; Gottwald, 1975; id., 1979; id., 1985.

[63] Mesmo no caso de destruições por eventos bélicos, não há como documentar que os autores tenham sido "israelitas"; ver M. Weippert, 1967, p. 125: "A comprovação seria mais fácil se os conquistadores tivessem deixado placas comemorativas da ocupação sobre os escombros das cidades cananeias da época do Bronze Tardio".

[64] Ver Herrmann, 1985, p. 48, acerca dos três modelos: "Um dos primeiros erros cometidos é a generalização de um modelo, bem como a tese de que o processo de povoamento foi caracterizado pelos mesmos pressupostos e condições em todas as regiões".

[65] Ver Coote, 1990, p. 1s: "Agora está claro que não houve conquista da região montanhosa da Palestina realizada por invasores externos, conforme é narrado na Bíblia; também não houve a infiltração disparatada de nômades para dentro da Palestina, dando gradualmente origem a uma liga de tribos conforme foi proposto por Alt e Noth; também não houve uma revolução camponesa conforme proposto por Mendenhall e Gottwald. Estas perspectivas como tais não se aplicam mais, embora ingredientes de todos os três modelos continuem a desempenhar um papel importante para a compreensão dos inícios de Israel".

[66] Ver o conceito "emergence" em Halpern, 1983; Coote/Whitelam, 1986; id., 1987, bem como o de "Entstehung" em Fritz, 1996; ver também Lemche, 1985, p. 411-435.

tá, ao lado das cidades, é mencionado um grupo populacional "Israel" e a partir do século IX "Israel" também está documentado em termos epigráficos. Com isso está claro que aquilo que nos séculos XII e XI acontece fora do âmbito das cidades-estados em todo caso faz parte de uma apresentação da história social de Israel.

Mas como devemos conceber esta grandeza social em processo de formação?

2. Estruturas da sociedade baseada em parentesco

a) A designação da época

Na tentativa de designar o período aqui em questão, fica claro quanto a descrição histórico-social de uma época passada é marcada pela experiência do próprio presente. Usualmente, fala-se aqui de "época pré-estatal".[67] Isso se pode entender puramente em termos temporais, na medida em que a época em questão em todo caso situa-se antes do surgimento dos estados de Israel e de Judá. Mas mesmo aí vale de forma relativa, pois em comparação com o Egito ou com os estados cananeus a sociedade emergente é pós-estatal ou coexistente com a forma de estado. No fundo, cada uma destas designações pressupõe a existência estatal como caso normal de uma sociedade e promove a definição pela ausência desta suposta característica.

A dificuldade não fica menor quando se tenta compreender o Israel da época em questão não a partir da existência estatal posterior mas sim em contraposição à existência dos estados cananeus do período. Aí se fala de "liberated Israel",[68] ou se o designa de "sociedade acéfala",[69] classificando sua forma de dominação como "anarquia regulada".[70] Mas também estas formulações estão orientadas pela *kefale* [cabeça] e pela *arché* [domínio], vendo sua falta como característica.

Somente um olhar mais atento à estrutura social, forma de economia e relações de dominação tornará possível analisar propostas para a apreensão da figura de Israel nesta época de sua história social. Uso a desig-

---

[67] Assim Thiel, ²1985.
[68] Assim o subtítulo de Gottwald, 1979.
[69] Crüsemann, 1978, p. 203.
[70] Ver o título em Neu, 1992.

nação mais comum de *sociedade baseada em parentesco*.[71] Com isso se pretende destacar a contraposição à existência estatal cananeia. Em termos temporais, falo sobretudo de *época pré-estatal*, sabendo que isso se refere somente à história interna da grandeza parcial Israel dentro da sociedade maior de Canaã. A partir do conceito já se evidencia a orientação segundo a existência estatal.

Em termos bíblicos, a época é chamada de época dos juízes, com o que se designa uma época bem delimitada entre a tomada da terra e a monarquia. Esta imagem é de pouca utilidade para a reconstrução científica. O Livro de Juízes com suas figuras salvadoras militares e seus relatos sobre os inícios da constituição do estado certamente contém informações historicamente aproveitáveis. Mas a imagem geral de uma época na qual continuadamente juízes teriam julgado todo o Israel está claramente orientada segundo o modelo da monarquia posterior, na medida em que se retroprojetam elementos de dominação central e continuada para o período pré-estatal.

b) A situação das fontes

O que foi dito por último mostra quão escassa é a situação das fontes para a época antes da formação do estado. O próprio Livro de Juízes não apresenta somente os já mencionados elementos de dominação central e continuada. Apresenta também a época de tal forma a culminar necessariamente na monarquia. Por isso, a alocação dos episódios isolados não pode ser analisada de forma cronológica. Com certeza pode-se partir do fato de que estes textos do Livro de Juízes foram formulados o mais cedo na época da monarquia. Eles, portanto, refletem a imagem que se faz do período desde a perspectiva da época da monarquia. Deve-se avaliar caso a caso em que medida foram preservadas memórias confiáveis em termos históricos.

Como aqui se trata de estruturas sociais, também tem validade até certo grau material posterior. Será preciso mostrar que estruturas de parentesco, que constituem a base da sociedade pré-estatal, em princípio continuam a existir nas épocas posteriores. Isso possibilita um processo de retroprojeção, que, contudo, deve ser realizado de forma cuidadosa, uma vez que também existem transformações.

---

[71] Schäfer-Lichtenberger, 2000, p. 186, fala de uma "comunidade organizada com base em relações de parentesco".

Além do material bíblico, que pode ser utilizado de forma muito restrita,[72] acrescenta-se o dado da quase absoluta falta de fontes epigráficas extrabíblicas. Isso é assim não porque não houvesse nada digno de ser relatado. Antes — ao lado da casualidade de achados arqueológicos, que sempre deve ser considerada —, o desmantelamento do antigo sistema de cidades-estados e a passageira fragilidade dos impérios orientais levam ao fato de haver ao menos dois portadores da cultura escrita, dos quais eventualmente se poderiam esperar eventuais documentos. Somente depois da constituição de estados territoriais no sul do Levante e do avanço dos assírios há, a partir do século IX, novamente documentos escritos — e estes em certa profusão.

Assim, em termos de fontes primárias restam os achados arqueológicos. Eles devem ser interpretados em termos histórico-sociais. A isso se agrega a etnologia como meio heurístico auxiliar. A partir de suas descrições e de suas teorizações, deve-se perguntar se aqui se oferecem modelos que ajudam a interpretar os achados da arqueologia e o material bíblico criticamente assegurado.

c) A estrutura social da sociedade baseada em parentesco

Na tentativa de descrever a estrutura social da sociedade baseada em parentesco, podemos fazer conexão com as observações feitas por último sobre o repovoamento da região no capítulo sobre o surgimento desta sociedade.[73] A característica mais evidente dos *novos assentamentos* em contraposição tanto às cidades cananeias mais antigas quanto às posteriores cidades da época da monarquia em Judá e Israel é a falta de fortificação com o portão e as construções representativas.[74] Em regra — ainda haveremos de tratar das exceções[75] —, as casas de tais povoados evidenciam mais ou menos a mesma grandeza. Disso se pode deduzir que as famílias individuais que habitam as casas e cultivam os campos ao redor não se

---

[72] Para Soggin, 1988b, "os textos que falam sobre 'Israel' na época pré-estatal [...] em sua maioria são qualitativamente inadequados para nos transmitir uma imagem histórica da formação de Israel e de Judá como povos e nações" (p. 261). Mas esta descrição certeira da situação das fontes dificilmente pode fundamentar a conclusão: "Minha apresentação da história anterior e primitiva de Israel começa, portanto, com o império davídico-salomônico" (p. 259). Sobre a posição de Soggin, ver p. 51.

[73] Ver p. 66s

[74] I. Finkelstein, 1988, p. 30.

[75] Ver p. 79.

Introdução às épocas da história social de Israel

encontram em relações de sobreposição ou subjugação hierárquica, mas estão numa relação relativamente igualitária.

Além disso, chama a atenção o fato de que os novos assentamentos são relativamente pequenos.[76] No caso particular, isso pode significar que os moradores de tais povoados de forma geral estão numa relação de parentesco. Relação clânica e povoado poderiam até ser idênticos. Mas deve-se contar com o fato de que os moradores de um povoado — especialmente se é relativamente grande — podem pertencer a vários clãs. Neste caso, tanto relações de parentesco quanto as de vizinhança podem ter tido papel importante para a identidade e a relações sociais.

Em dois textos que descrevem um procedimento de sorteio (Js 7,14-18 e 1Sm 10,18-21), pressupõe-se — como óbvia — a seguinte estruturação da grandeza geral Israel: Israel — tribo (*shebet*) — clã (*mishpahah* ou *'elef*) — casa (*bayit*) — homem (*geber*). Com essa divisão é indicada a *família* como a unidade básica da sociedade.[77] Como a palavra hebraica *bayit* tem muitos sentidos (casa de moradia, família, dinastia, estado etc.), em geral é traduzida por "casa do pai" (*bet 'ab*) ou como "minha casa" — quando se fala a partir da perspectiva do chefe da família.[78] A partir deste tipo de designação se deduz, por um lado, que ela é formulada a partir da vida sedentária, pois do contrário dificilmente a "casa" poderia ser escolhida como ponto de referência. Por outro lado, evidencia-se que a família é definida a partir do chefe masculino.

Contudo, seria apressado querer, a partir da construção patrilinear da genealogia, tirar conclusões sobre uma eventual posição inferior da mulher em tal sociedade. Observações etnológicas em povos não organizados em termos estatais indicam antes para uma simetria nas relações de gênero. A economia predominantemente agrária sob condições simples[79] exige o trabalho conjunto de homens e mulheres (e crianças). O cultivo de hortas e campos nas proximidades das casas faz parte das tarefas de mulheres casadas e com filhos; mulheres não casadas são mencionadas também na função de pastoras (Gn 26,6-9; Ex 2,16). No todo, nas narrativas bíblicas, as mulheres da época pré-estatal são imaginadas como sendo figuras muito

---

[76] I. Finkelstein, 1988, p. 30.
[77] Acerca da família, ver Bendor, 1996; Fohrer, 1981; C. Meyers, 1988; Perdue/Blenkinsopp/Collins/C. Meyers, 1997.
[78] Bendor, 1996, p. 54-56, indica o uso linguístico mais fluente.
[79] Sobre isso, ver p. 75.

conscientes — pensemos somente nas matriarcas Sara, Rebeca, Lia e Raquel ou em mulheres como Débora, a mãe de Sansão, Rute ou Ana, que até decidem autonomamente sobre a sexualidade de seus homens (Gn 30,14-16) e sobre o caminho de vida de seus filhos (1Sm 1).

Enquanto a família é definida a partir do seu chefe vivo, no *clã* as coisas são diferentes. Sua inter-relação é constituída por meio de um ancestral. A estes todo se consideram ligados, embora já não seja mais o chefe real vivo. Quanto mais as relações de parentesco estão fragmentadas, tanto mais no passado o ancestral comum, até se perder em distância mítica.[80]

Segundo o esquema de Js 7,14-18, acima do clã está a *tribo*. Arqueologicamente, porém, esta não pode ser demonstrada. Em termos etnológicos é muito difícil definir o que uma tribo é. Mas também as passagens bíblicas mostram uma imagem bem diversificada, ainda que permitam reconhecer muito claramente a existência de tribos. A questão é somente saber qual é o seu real significado para as estruturas sociais.[81]

A partir desta imagem pode-se concluir que *quanto mais distante a estrutura social estiver da unidade da família vivida no cotidiano tanto menos importância social ela terá*. O que resulta disso para *a grandeza Israel*? Nos textos que falam da época pré-estatal é claro que somente nas camadas traditivas mais recentes Israel é tratado como uma grandeza unitária. No mais, aparecem somente tribos isoladas ou coalizões de tribos. Isso vale também para o cântico de Débora. Nele são mencionadas dez tribos, das quais sete tomam parte da coalizão anticananeia, enquanto outras três permanecem distanciadas (Jz 5,14-18). Assim como nas narrativas sobre a época dos juízes também no cântico de Débora Israel é pressuposto como uma grandeza geral. Mas Israel só é mencionado na moldura dos versículos introdutórios (v. 2.7-9.11). Tanto se atribuirmos estes versículos a uma redação posterior que pressupõe relações estatais[82] quanto se afirmarmos a origem do cântico como um todo nos tempos iniciais da existência estatal,[83] em ambos os casos os reais sujeitos atuantes para o período

---

[80] Gottwald, 1979, p. 334: "Somente a família extensa podia de fato traçar sua linhagem até um ancestral comum conhecido. Em todos os outros níveis, as ligações de parentesco eram projetadas ficticiamente por meio de ascendência mítica ou patrilinear".

[81] Sobre a problemática bíblica e etnológica da categoria "tribo", ver Martin, 1989. Por causa da problemática da categoria, evito designar o Israel pré-estatal como "sociedade tribal" (assim B. Lemche, 1988, p. 88).

[82] Assim Fritz, 1996, p. 121s.179-184.

[83] Assim Neu, 1992, p. 165-167.

anterior à monarquia somente podem ser as tribos. Mas com isso "Israel" é totalmente irrelevante como grandeza de referência?

d) A unidade da sociedade baseada em parentesco

Estamos diante da pergunta sobre o que interliga as tribos, a unidade social mais elevada. *Primeiramente parece ser muito provável que o que interliga as tribos está simbolizado no nome "Israel".* A favor disso depõe inicialmente a menção de uma grandeza Israel na estela de Merneptá. Mesmo que não possamos dizer quase nada sobre a sua forma, esta é a única unidade social mencionada ao lado das cidades cananeias. Com isso relaciona-se o segundo argumento. Uma vez que existe um estado, há também uma grandeza Israel. Em conexão com a estela de Merneptá não há motivos para considerar que a designação do novo estado como Israel seja uma invenção do século X. Em terceiro lugar, o cântico de Débora, mesmo que originalmente não tivesse mencionado o nome Israel, mostra que é pressuposta uma unidade que se estende para além de uma coalizão circunstancial de tribos. O fato de Galaad, Dã e Aser serem censurados por não participarem da batalha (Jz 5,17) pressupõe que se esperaria por sua participação. Isso, porém, implica um sentimento de pertença de todas as dez tribos mencionadas no cântico. Este sentimento pode estar simbolizado somente no nome Israel mencionado na estela de Merneptá, nome este dado também ao futuro estado.

Não se pode mais reconstruir qual é a realidade social deste Israel. Em todo caso, devemos nos precaver de retroprojetar as posteriores concepções sobre este período para dentro do próprio período. Assim, deve-se observar que no cântico de Débora não são mencionadas doze tribos, mas somente dez. Entre elas, com Maquir e Galaad, se encontram duas, que não aparecem em nenhum dos sistemas tribais posteriores. Inversamente, dos sistemas posteriores faltam Judá, Simeão, Gad, Manassés e Levi. Se antec333iparmos as relações para a época da formação do estado como a coexistência paralela de Judá e Israel, então há indícios no sentido de que originalmente Judá nem sequer fazia parte desta grandeza Israel.[84]

---

[84] Em sua extensa análise da "All-Israelite Tradition" (cap. 5) e da "Israelite Historical Tradition" (cap. 6), Lemche, 1985, p. 384, chega à seguinte conclusão: "Em nenhum relato existe a precondição básica para a emergência do conceito de Israel como uma unidade antes do período da monarquia. Além disso, em nenhum relato este conceito de um Israel unido poderia ter resultado numa escrita histórica pan-israelita antes da época do exílio". Contudo, também Lemche vê que a estela de Merneptá "leva a concluir que o Israel em

A esparsa documentação desaconselha transpor analogias muito extensas de sociedade extraisraelitas para o Israel pré-estatal. De Max Weber provém a proposta de falar de *cooperativa de juramento*.[85] Martin Noth tomou o modelo da liga sacral das tribos da Grécia antiga e falava de *anfictionia*.[86] Contudo, não se pode retrodatar a concepção de cooperativa de juramento no sentido de Weber para a época pré-estatal. Da mesma forma, não é possível comprovar a existência de uma anfictionia com culto central no sentido de Martin Noth. Ambas as analogia evidenciaram-se como insustentáveis.

Na pesquisa mais recente há um discurso mais modesto. Fala-se de uma "emergente consciência de pertença da grandeza 'Israel'" ou de uma "consciência de pertença das tribos"[87] ou também se formula: "O fundamento para a ação conjunta *somente* pode ter sido a consciência da pertença, que estava fundamentada em termos sociais e religiosos" (Destaque R. K.).[88] Esta consciência vive especialmente da delimitação. Rainer Neu afirma: "Proponho entender o nome 'Israel' como um coletivo para a época pré-estatal, que recebe seu conteúdo somente da contraposição 'Israel' = não outros', portanto em delimitação aos vizinhos entendidos como 'estrangeiros'".[89]

É provável que com a consciência da pertença da grandeza Israel originalmente tenha estado relacionada a adoração ao Deus YHWH. Isso não precisa significar que a adoração a outras divindades no contexto da religião familiar estivesse excluída. No entanto, a função de YHWH como Deus estatal de Israel durante o período monárquico, atestada em termos epigráficos — assim na estela de Mesa —, depõe a favor de que este Deus já antes era o símbolo da unidade das tribos. Com isso, contudo, não está sendo dito que a adoração deste Deus seja o único elo — no sentido de *Tribes of Yahweh* [As tribos de Iahweh] de Norman Gottwald; especialmente a concepção de conversão para YHWH deve ser um anacronismo.[90]

---

questão era uma sociedade tribal", "uma coalizão de tribos" (p. 430). A única coisa que se agrega durante a época da monarquia é a tribo de Judá e sua integração no quadro pan-israelita.

[85] Weber, 2005; ver Schäfer-Lichtenberger, 1983.

[86] Noth, 1930; ver C. H. J. de Geus, 1976; Bächli, 1977.

[87] Assim Herrmann, ²1980, p. 157, e Thiel, ²1985, p. 136s. Ambos ainda partem da compreensão de que esta consciência também se expressa em outras formas de ligas tribais.

[88] Fritz, 2005, p. 122.

[89] Neu, 1986, p. 215.

[90] Milgrom, 1982, indica isso.

Introdução às épocas da história social de Israel

Mesmo que a consciência política da pertença não tenha se refletido em instituições políticas ou religiosas — como no modelo da cooperativa de juramento ou da anfictionia, que tomam suas analogias em diferentes épocas históricas da história europeia —, ainda assim deve ter tido uma base material. Partindo das observações sobre a importância da família, clã e tribo, novas propostas referem-se à pesquisa etnológica que descreve sociedades recentes de fora da Europa, não estando primariamente interessada em instâncias centrais mas perguntando por relações de parentesco, as quais dão coesão à sociedade. Em seguimento à análise especialmente de tribos africanas e à subsequente teorização,[91] Frank Crüsemann propôs designar o Israel pré-estatal como "sociedade segmentária".[92] De uma forma mais precisa, Rainer Neu falou de *"sociedade segmentária de linhagem"*.[93]

A designação de sociedade segmentária de linhagem se orienta pelas relações de parentesco e descreve a fragmentação social tanto na verticalidade quanto na horizontalidade. A linhagem indica a estrutura de profundidade: todas as partes da sociedade conduzem-se segundo uma descendência agnática, isto é, a descendência é concebida por meio de uma linha masculina, um ancestral comum, seu filho, os filhos deste etc. No nível sincrônico, a sociedade é dividida em segmentos: todos os segmentos conduzem ao mesmo ancestral comum, na mesma proporção dos graus, estando, assim, todos igualmente legitimados, ainda que nas sociedades africanas analisadas haja diferenças de extensão.[94]

Se a unidade do Israel pré-estatal está simbolizada no nome "Israel", é justamente porque no sistema genealógico Israel é o nome do mais antigo ancestral comum, a partir do qual a genealogia se divide em linhas. Os patriarcas das tribos isoladas valem como filhos dele; os chefes dos clãs e das famílias, como seus descendentes.[95]

---

[91] Sobre isso, ver Sigrist, 1979; id., 1989. Acerca da crítica a este modelo, ver também Fiensy, 1987, esp. p. 76-80.

[92] Crüsemann, 1978, p. 194-222. Ver propostas similares em Gottwald, 1979, esp. p. 293-341, e Wilson, 1977, esp. p. 18-37; em ambos não há indicação para Sigrist.

[93] Neu, 1992, p. 179-189.

[94] Exemplo ilustrativo encontra-se na descrição dos africanos Tiv em Bohanan, 1989.

[95] Rogerson, 1986, p. 18, questiona que o posterior estado de Israel seja derivado de uma sociedade de linhagem. Ele entende a sociedade do período pré-estatal como coexistência de diversos *chiefdoms* e a emergência do estado como um a dominação "de um *chiefdom* sobre os demais". Contudo, tais *chiefdoms* não estão atestados para o Israel pré-estatal; ver p. 76. Além disso, ainda deveria ser mostrado como a partir da coexistência concorrente de domínios surge a consciência de pertença conjunta. Acerca da crítica a outras formas de *chiefdom*, ver p. 93.

Esta unidade constituída por meio de genealogia também pode ser chamada de unidade étnica. Isso pressupõe obviamente deixar para trás modelos de etnicidade que se orientam segundo língua e cultura comuns, segundo território comum ou até segundo raça comum. É a linha dos próprios textos bíblicos se definimos com Kathryn Kamp e Norman Yoffee etnicidade unicamente a partir da genealogia: "Sociólogos e antropólogos culturais definem um grupo étnico como um número de indivíduos que se veem a si mesmos 'como ligados por um ancestral comum, real ou fictício, e que são assim considerados por outros'".[96]

Com a designação do Israel pré-estatal como unidade étnica neste sentido genealógico não se pretende de modo algum retomar conceitos que pressupõem um dualismo entre Israel e Canaã e que veem Israel como imagem positiva em relação a Canaã valorada negativamente. Canaã é uma multiplicidade étnica, e o Israel emergente é parte dela. Mas é justamente parte dela, e como tal uma parte autônoma e reconhecível. É isso que está sendo dito aqui, e nada mais.[97]

O conceito de etnicidade constituído genealogicamente não pode ser pensado de forma rígida. Se no primeiro capítulo sobre a sociedade baseada em parentesco foi colocada toda ênfase no fato de que esta sociedade surgiu a partir de diferentes grupos de origem e que sua forma é uma forma em emergência, então isso não contradiz este conceito.[98] Pois por um lado permanece totalmente obscuro a partir de qual momento os diferentes grupos a partir dos quais "Israel" veio a se formar passaram a se entender como "filhos de Israel". Por outro lado, a pertença a esta grandeza é fluida. Isso é evidenciado não somente pelos diferentes sistemas de tribos, um divergente do outro. Também a frágil agregação de grupos como, por exemplo, o grupo dos quenitas aponta para isso. Os quenitas são vistos inicialmente como povo estranho (Gn 15,19; Nm 24,21), o qual, por sua vez, está ligado amigavelmente aos israelitas (1Sm 15,6); depois como "filhos de Hobab, o sogro de Moisés" (Jz 1,16; 4,11); até

---

[96] Kamp/Yoffee, 1980, p. 88. Acerca da categoria de etnicidade, ver também Brett, 2003.

[97] Para uma crítica do dualismo entre Canaã e Israel, ver Thompson, 1992, p. 310-316. Sobre isso, ver também Rösel, 1992, p. 52: "É importante que este Israel viva na 'terra de Canaã' (= Palestina), mas que esteja separado de Canaã, isto é, destas cidades-estados. Também segundo a estela de Merneptá, Israel é uma grandeza autônoma que não pode simplesmente ser equiparada a Canaã".

[98] Isso dificilmente se aplicaria a conceitos modernos de etnicidade. O povo francês, por exemplo, é constituído de elementos celtas, romanos, francos, normânicos, além de elementos bascos e alemânicos e outros grupos de origem, sendo constantemente transformado por meio de imigração.

Introdução às épocas da história social de Israel

que são completamente agregados, nas Crônicas (1Cr 2,55), e integrados à genealogia judaica.[99]

O fato de a sociedade segmentária de linhagem também ser chamada de *sociedade igualitária*[100] fez com que aos representantes desta concepção fosse feita a acusação de romantismo social.[101] Deve-se, contudo, ressaltar que na sociedade segmentária o momento da igualdade sempre se refere à posição nos segmentos que estão equidistantes do ancestral, ou entre os segmentos e suas diferentes visões entre si.[102] Isso não significa que estes segmentos isoladamente — portanto tribo, clã ou família — tenham a mesma dimensão ou que sejam economicamente iguais; também não se quer com isso afirmar a igualdade dos indivíduos.[103] Pode-se perfeitamente concordar com a precavida formulação de Niels Peter Lemche: "Em vez de falar de sociedades igualitárias, seria mais apropriado falar de sociedades que são dominadas por uma ideologia igualitária".[104]

O conceito da sociedade segmentária de linhagem também possibilita interpretar as poucas fontes sobre as relações econômicas da sociedade do Israel pré-estatal.

e) Modo de produção

Aqui não precisamos discorrer sobre o fato de que o modo de produção dominante do Israel pré-estatal é a agricultura em conexão com a criação de gado em âmbito doméstico. Isso de certa forma vale para todas as sociedades pré-modernas. Isso está documentado por meio da arqueologia, pois os novos assentamentos vivem todos do cultivo dos campos e hortas na circunvizinhança. Achados de ossos apontam especialmente para a existência da criação de gado pequeno. Também a ima-

---

[99] Acerca disso, ver Japhet, 2002, p. 116s; além disso, ver p. 58 a reflexão sobre a pertença étnica dos novos povoadores. O título da obra clássica de Antonin Causse *Du groupé ethnique à la communauté religieuse* (ver p. 16) é dúbio em duplo sentido. Em primeiro lugar, o grupo étnico não está no início, mas é ele mesmo já um resultado de um processo dinâmico. Em segundo lugar, este processo nunca chega à conclusão no sentido de que o grupo étnico se transforma num grupo diferente disso.

[100] Ver a definição de sociedade segmentária em Gottwald, 1979, p. 322: "Tribos segmentadas são compostas por dois ou mais segmentos básicos, que são estrutural e funcionalmente equivalentes e, portanto, politicamente iguais".

[101] Assim em Knauf, 1994, p. 69.

[102] Sobre isso, ver na citação de Gottwald, 1979, p. 322, que o sujeito da igualdade claramente é constituído pelos segmentos.

[103] Observar em Crüsemann, 1979, p. 206, a indicação: "Também nem todos os membros são iguais de modo abstrato".

[104] Lemche, 1985, p. 223.

gem bíblica da chamada época dos juízes projeta a imagem de um modo de produção agrário.

Ao lado disso, contudo, consta no cântico de Débora que Dã "se detém como estrangeiro junto aos navios" ou "que realiza serviços em navios" (em vez de participar da batalha) (Jz 5,17). Aqui se diz que os membros desta tribo assentada no norte obviamente ganham a vida em atividades marítimas junto aos vizinhos fenícios. A isso se agrega a indicação de que Aser é acusado de permanecer junto aos navios. Aqueles do grupo de Zabulon que participaram na batalha são chamados de *moshkim beshebet soper* (v. 14). Literalmente isso significa "os que carregam sob o cetro do escriba". É bem possível que isso seja uma indicação para a corveia em cidades cananeias.[105] Em todo caso, nos ditos tribais de Gn 49, a tribo de Issacar, que é próxima de Zabulon, é afirmada como serva em serviços forçados (v. 15).

O fato de na sociedade cananeia da época do Ferro I, ao lado dos moradores de cidades que continuam a existir e ao lado de camponeses do interior, haver também elementos que realizam serviços em cidades cananeias e fenícias não contradiz as perspectivas tomadas a partir da descrição geral de etnicidade. Podemos citar novamente Kamps e Yoffee: "Importante na análise do sistema social do antigo oeste asiático, o termo 'grupo étnico' aponta para a existência de mais do que um tipo de organização social dentro da unidade individual".[106] Assim não há motivo para duvidar da imagem projetada pela Bíblia de que o Israel pré-estatal se entende como sociedade segmentária, cujos segmentos vivem preponderantemente, mas não exclusivamente, da agricultura.

f) Estruturas de liderança

Se partirmos dos *pequenos povoados* surgidos na época do Ferro I na região montanhosa no sul do Levante, nos quais convivem poucas famílias camponesas provavelmente ligadas por laços de parentesco, então não se pode esperar por estruturas diferenciadas de domínio. A falta de lugares e símbolos de domínio hierarquicamente organizados como palácio e portão da cidade justamente é a característica das novas estruturas. Os moradores de tais povoados provavelmente resolviam suas questões comuns em

---

[105] Assim a interpretação em Kegler, 1980, esp. p. 49s.
[106] Kamp/Yoffee, 1980, p. 88.

Introdução às épocas da história social de Israel

formas que os europeus acostumados com estruturas hierárquicas de comando e obediência chamam pejorativamente de "palavrear". Casos de conflitos eram regulados por meio de negociação direta sem a intervenção autorizada de uma terceira instância.[107]

Ao lado dos pequenos povoados, existem comunidades que são chamadas de *cidades*. A partir das tradições sobre a época pré-estatal podem ser mencionadas Sucot e Fanuel (Jz 8,4-21), Siquém (Jz 9), que aqui deve ser entendida como a cidade de Galaad (Jz 11),[108] Gabaá (Jz 19s) e Jabes de Galaad (1Sm 11). Todos estes textos obviamente são formulados a partir de perspectiva posterior, e certamente relações posteriores são introduzidas nos textos. Interessantemente — para uma perspectiva que aposta em forte oposição entre "Israel" e "Canaã" isso chama muito a atenção —, todos estes textos deixam em aberto a identidade étnica dos moradores destas cidades. Assim, os siquemitas em Jz 9 são chamados fortemente de não israelitas (embora o domínio de Abimelec de Siquém segundo o v. 22 seja chamado de domínio "sobre Israel"),[109] enquanto para os moradores de Jabes de Galaad (1Sm 11) é essencial que eles sejam "israelitas". Portanto, não é tão certo se estes textos contam com o fato de que existe somente uma coexistência de cidades israelitas e cananeias[110] ou se eles partem do fato de que nas cidades existem populações mistas.[111]

Tudo isso justamente não facilita a pergunta pelas estruturas de domínio. Se partirmos de reflexões gerais, então parece óbvio que dentro de determinada comunidade de certas proporções, chamada de cidade, nem todos os moradores estão ligados entre si por laços de parentesco. Questões públicas como conflitos não podem mais ser resolvidas de modo intrafamiliar. As famílias precisam ser representadas. Estas reflexões gerais tocam, nos textos, no fenômeno de que neles emergem duas grandezas, que em questões públicas tomam a palavra. São os homens de uma cidade (Jz 8,5.8s etc.) bem como os anciãos (Jz 8,14.16; Jz 11,5 etc.). Prova-

---

[107] Sobre isso, ver Crüsemann, 1992b, p. 80-95.

[108] Sobre a pergunta se Gilead em Jz 11 é a região, como no geral, ou se é a cidade, como é o caso em 2Sm 24,6; Os 6,8; 12,12, ver Schäfer-Lichtenberger, 1983, p. 255s; Neu, 1992, p. 169s.

[109] Sobre a questão, ver também p. 88.

[110] Como na pressuposição de Schäfer-Lichtenberger, 1983, p. 196, de que "povoados puramente israelitas podem ser diferenciados daqueles que têm origem cananeia". Acerca da tentativa de identificar arqueologicamente povoados israelitas, ver I. Finkelstein, 1988, p. 27-33.

[111] I. Finkelstein, 1988, p. 81, supõe isso para o caso de Siquém: "A população da época do Ferro I aparentemente era de natureza mista, isto é, composta de diferentes elementos étnicos".

velmcntc dcvemos conceber a relação entre estas duas grandezas de tal forma que os anciãos constituem novamente um recorte da totalidade dos homens. Nos textos, contudo, as relações permanecem fluidas, de modo a não haver fortes demarcações.[112]

A partir dessas observações podemos tirar algumas conclusões, que expressas de forma negativa significam: "Não existe uma instância central pública com poder coercitivo. Isso é característica comum de povoados como Sucot, Galaad e Gabaá na época dos juízes. Simultaneamente, todos estes povoados são caracterizados pelo fato de terem baixa diferenciação das instalações sociais".[113] Positivamente, isso significa: "Na época pré-estatal os anciãos funcionam como os representantes de uma localidade".[114] Nas categorias de Max Weber, pode-se designar o domínio exercido como *domínio tradicional*.[115]

Não está claro se além da forma familiar de exercício de autoridade nos pequenos povoados e da autoridade dos homens e dos anciãos nos povoados maiores havia uma forma de autoridade tradicional em nível tribal. O silêncio dos textos parece indicar consentimento. Ocasionalmente tem se pensado na figura do *nasi'*, entendendo-o como uma forma de líder tribal.[116] De fato, um *nasi'* é apresentado em textos tardios no contexto com a divisão do povo em tribos (Nm 1,16; 2,3.5 etc.). Mas esses são textos efetivamente tardios. O termo *nasi'* parece indicar para um título genérico como no vernáculo "príncipe", "autoridade", e em Ezequiel é aplicado ao rei judaico (Ez 12,10; 19,1; 21,17 etc.). Não há nenhuma evidência para o fato de que em época pré-estatal tenha havido uma função institucional similar a cacique ou xeique. Então somente resta a possibilidade de que em nível tribal os anciãos das cidades atuassem como seus representantes.

Com os textos do Livro de Juízes (e 1Sm 11) mencionados até agora ainda não atingimos o cerne das narrativas. Elas sabidamente tratam dos

---

[112] No caso dos *sarim*, que aparecem em alguns textos como sujeitos atuantes ao lado dos anciãos e dos homens (Jz 8,6.14; 9,30; 10,18), trata-se de retroprojeções a partir da época da monarquia. A respeito disso, ver Schäfer-Lichtenberger, 1983, p. 253.

[113] Id., p. 275.

[114] Id., p. 242. Isso não é questionado pela análise de Wagner, 2002. Wagner destaca com razão que a função de ancião está alocada fundamentalmente na época da monarquia (p. 396-403 e sobre isso ver p. 107). Como esta função está relacionada essencialmente com a cidade, como acentua Wagner (p. 403-411), "seus inícios na época pré-estatal" (p. 40) podem ser pressupostos onde nesta época existiam cidades.

[115] Acerca da tipologia de domínio em Weber, ver Weber, ⁵1972, p. 122-176 (Futuramente em MWG I,22-4).

[116] Schäfer-Lichtenberger, 1983, p. 356-367.

Introdução às épocas da história social de Israel

"juízes".[117] Em hebraico, eles são chamados de *shofetim*. A raiz *shft*, porém, não significa somente "julgar" mas também de forma geral "reinar". E efetivamente os juízes bíblicos são apresentados como precursores dos reis, na medida em que há uma sucessão de juízes e estes, assim como os reis, exerciam a tarefa de julgar e conduzir a guerra (assim a função do domínio real segundo 1Sm 8,20). Isso obviamente é uma imagem totalmente esboçada a partir da época da monarquia.

Por baixo dela, contudo, aparece outra imagem. Em situações de crise militar são designados líderes, cuja única tarefa consiste em resolver a situação. Sua origem pode ser muito diferenciada. Gedeão provém de uma família pequena (Jz 6,15); Jefté é apresentado como "filho de prostituta" (Jz 11,1) e Débora (Jz 4s) é uma mulher. Eles não podem obrigar ninguém ao seguimento, e o exercício do seu poder se restringe ao tempo da crise e sua solução. O âmbito do exercício do seu poder é geograficamente muito limitado; a "israelitização" se evidencia muitas vezes como retoque redacional. Nos textos, estas figuras em geral são apresentadas como "salvadores" (*moshia'*) (Jz 3,9.15; 12,3). Diversas vezes é acentuado que o "espírito" divino vem sobre eles (Jz 3,10; 6,34; 11,29; 13,25; 14,6.19; 15,14; cf. 1Sm 11,6). Novamente, com Max Weber, se poderia falar aqui de "domínio carismático".[118]

g) Diferenciações sociais

A imagem que esboçamos até agora das relações sociais na época pré-estatal é bem multicor. Ao lado da maioria das tribos que vivem da agricultura, existem algumas que estão a serviço das cidades cananeias ou fenícias. Ao lado de moradores de pequenos povoados, há aqueles que vivem em povoados grandes, chamados de cidades. E naturalmente existem velhos e jovens, homens e mulheres, e segmentos mais e outros menos fracos. Mas de uma forma geral temos diante de nós o retrato de uma sociedade relativamente homogênea, a partir da qual surgem os estados de Israel e de Judá.

Esta constituição do estado, contudo, dificilmente teria sido possível se a sociedade chamada idealizadamente como sociedade segmentária de

---

[117] Sobre isso, ver Malamat, 1981; Niehr, 1986; Weisman, 1977.
[118] Acerca das figuras bíblicas dos juízes como expressão de domínio carismático, ver Weber, 2005, p. 297s. Sobre a discussão, ver Malamat, 1981; Neu, 1992, p. 221-223; Weisman, 1977.

linhagem tendencialmente igualitária não tivesse tido extrapolações. Tais extrapolações podem ser observadas tanto na borda superior quanto na inferior da sociedade.

Uma primeira indicação é fornecida pela arqueologia. Ao lado dos pequenos povoados existem formações que podem ser interpretadas como grandes pátios.[119] Eles estão isolados, têm uma ou mais casas, sendo cercados por um muro num círculo mais amplo. Este muro obviamente não servia a fins defensivos, mas para a criação de animais. No campo das narrativas bíblicas pode-se pensar logo no rico Nabal de 1Sm 25. Ele é chamado de "muito grande" e supostamente possuía 3 mil ovelhas e mil cabras (v. 2). Estas são pastoreadas por pastores a serviço dele (v. 7s). Ao tempo da tosquia, ele também emprega tosquiadores (v. 11). Sua mulher, Abigail, tem condições de ir ao encontro de Davi com generosa oferta em produtos naturais, e ela mesma tem seus subordinados (v. 18s).[120]

O que observamos aqui é uma *diferenciação "para cima"*. De forma semelhante a Nabal, que é caracterizado como forte, também Saul é apresentado como "grande homem". Possivelmente, também Jz 5,10 faz parte deste contexto. O versículo fala de homens que montam em mulas e sentam em tapetes. Eles podem ser entendidos como o início de uma emergente camada bem situada.

Mais claramente do que a diferenciação para cima, os textos falam da *extrapolação "para baixo"*. Naturalmente faltam aqui as indicações arqueológicas. Mas os textos são muito claros. Em dois casos se relata como conflitos familiares conduzem a fenômenos de dissolução. Um é o caso de Abimelec, o filho de uma concubina de seu pai (Jz 8,31), que por isso entra em conflito com seus (meio) irmãos (9,1.5). De forma polêmica, ele é chamado de "filho de escrava" (9,18). No conflito, Abimelec bate de frente não somente com a família materna mas também com um grupo de homens chamados de "ociosos e aventureiros" (9,4). Não há informações sobre a origem desses homens.

Similar ao caso de Abimelec é o de Jefté. Sua mãe é chamada de *ishah zonah* (11,1), o que não remete a uma prostituta profissional, mas designa

---

[119] Ver em Fritz, 1996, as figuras 8 e 9 nas p. 83s, bem como na p. 92.
[120] Acerca de 1Sm 25, ver Staubli, 1991, p. 238-244.

uma mulher não casada que vive sozinha.[121] Ele é expulso por seus irmãos, os filhos da mulher legítima de seu pai, para não participar da herança (11,2). Jefté reúne "homens amargurados de espírito" em torno de si; no seu caso também não se diz nada sobre a origem desses homens.

Aqui pode ajudar uma nota proveniente da narrativa sobre a ascensão de Davi, mas que em termos de conteúdo ainda pertence à época pré-estatal na medida em que se está na transição para uma existência estatal subdesenvolvida. Segundo 1Sm 22,2, Davi reúne um grupo de homens em torno de si, que são triplamente caracterizados: como "oprimidos", como "perseguidos" por um credor e como "amargurados". Disso se podem reconstruir três motivos que conduziam à formação de bandos: conflitos familiares como no caso de Abimelec e Jefté, dificuldades econômicas e talvez como terceiro motivo algum crime (assassinato ou homicídio premeditado), obrigando à fuga.

Assim a sociedade pré-estatal na transição para a existência estatal surge como uma formação com um centro amplo que perfaz o centro da sociedade segmentária e que é tão forte a ponto de se poderem designar os emergentes estados de Israel e Judá como estados segmentários. O estado, porém, não surge a partir deste centro. Haveremos de ver como existirá a tentativa da formação do estado por meio de um "grande homem" (Saul), o qual, contudo, fracassa enquanto o outro tenta se apoiar nos *outcasts* [excluídos] da antiga sociedade (por meio de Davi), sendo coroado de sucesso.

II. Do estado primitivo ao estado desenvolvido em Israel e Judá

Bibliografia: Claessen/Sklaník, 1978; Clauss, 1985; Crüsemann, 1978; Dietrich, 1997; Feinman/Marcus (ed.), 1998; Frick, 1985; Fritz/Ph. R. Davies (ed.), 1996; Niemann, 1993; Yoffee, 2005.

Com a transição para a existência estatal ao final do século XI e início do século X a.C., torna-se *possível* escrever pela primeira vez uma *história dos eventos* da grandeza com a qual está vinculado o nome Israel. Começam a surgir figuras de governantes. Os estados promovem guerras e

---

[121] Ver Schulte, 1992; Friedl, 2000, p. 168-170.

fazem acordos. Com a existência estatal aumenta a necessidade da escrita. A consequência é o aumento dos documentos por escrito.

Ao mesmo, após a virada do milênio o vácuo em termos de política mundial se enche aos poucos. Desde a derrocada do domínio egípcio na transição da época do Bronze para a época do Ferro, a região de Canaã estava isenta de domínio externo.[122] A campanha militar do faraó Sheshonq no final do século X foi apenas um episódio. Mas a partir do século IX o império neoassírio que se fortalecia gradativamente entra no horizonte político do Levante e domina toda a região nos séculos VIII e VII. O domínio é herdado, nas últimas décadas do século VII, pelos egípcios da XXVI dinastia e pelos neobabilônios. Tudo isso leva ao fato de que as fontes para a história dos eventos nesta região brotam de forma mais intensa do que nos séculos anteriores.

Esta fonte documental melhorada, porém, não significa de modo algum que os eventos, suas proporções e suas consequências sejam menos discutidos do que a questão da forma da sociedade do Israel pré-estatal. Por esse motivo é *necessário*, antes da apresentação da forma social de Israel e Judá desde o surgimento do estado, fazer um *esboço* da história dos eventos para deixar claro o que está sendo pressuposto. Isso vale para todas as épocas posteriores. Devemos, porém, nos restringir a um esboço, porque não há espaço para uma discussão mais detalhada e porque muito daquilo que será dito sobre a formação social é relativamente independente do transcorrer dos eventos.

1. Da formação do estado até a metade do século VIII

Aproximadamente na virada do segundo para o primeiro milênio formam-se na parte sul do Levante os dois estados de Israel e Judá, que existem até o final do século VIII e século VI. Após antecedentes na época do Ferro I, Saul organiza uma primeira monarquia, que se estende sobre o território tribal de Benjamim e algumas áreas limítrofes ao norte e a leste.[123] Inicialmente, a formação destes estados é fomentada pelos filisteus, que ocupam a região costeira até as montanhas e que estão em posição superior aos israelitas em todos os sentidos. Os filisteus viam

---

[122] Sobre isso ver p. 27.
[123] Sobre a expansão da área de domínio de Saul, ver Dietrich/Münger, 2003.

Introdução às épocas da história social de Israel

nestes estados uma forma de amortizar a influência dos concorrentes do leste. Assim, a constituição do estado de Saul acontece praticamente sob o olhos do vigia militar filisteu (1Sm 10,5; 13,3.23; 14,1) e sua primeira campanha se dirige contra os amonitas na Transjordânia (1Sm 11).[124] Mas, quando Saul se dirige contra os próprios filisteus, o seu domínio logo chega ao fim (1Sm 13,1).[125]

O fato de o reino de Saul não ter prosperado, ainda que seu filho Isbaal tenha iniciado a sucessão (2Sm 2,8s), tem a ver com o fato de que com Davi surgiu um concorrente, que na parte sul do território de Benjamim conseguiu um domínio próprio. Ele logra trazer para seu lado o comandante militar de Saul e Isbaal e, mediante o casamento com a filha de Saul, Micol, expressar aspirações ao reinado de Saul.[126] Quando Isbaal é assassinado (2Sm 4), Davi consegue assumir também o poder sobre as regiões do domínio de Saul (2Sm 5).

Davi governa agora sobre Judá, que provavelmente somente nesta época se desenvolve como sendo uma grandeza própria (uma "tribo"); ele governa também sobre as tribos do norte. Quando ele consegue acrescentar sob seu domínio a antiga cidade jebusita de Jerusalém (2Sm 5,6-11),[127] logra obter uma capital independente dos territórios das tribos. A partir dela ele almeja a expansão do território do seu estado. Esta se dirige a três direções. Primeiramente trata-se da inclusão das tribos do norte ainda não governadas por Saul. Em segundo lugar, trata-se de subjugação e integração dos antigos grupos cananeus, que não haviam desaparecido graças à forma de povoamento dos israelitas na época pré-estatal. E, finalmente, ele almeja a expansão sobre povos vizinhos (2Sm 5,17-25; 8; 10–12).

---

[124] Com esta perspectiva assumo a posição de Kreuzer, 2001; ver p. 71: "O domínio de Saul cresceu, portanto, sob os olhos dos filisteus". De forma similar a Kreuzer, ver também Hentschel, 2003, p. 22-24. Sobre a dependência de Saul (e Davi) em relação aos filisteus e sobre a relação tensa para com eles, ver também Knauf, 2001.

[125] Possivelmente o número de anos "dois" em 1Sm 13,1 não designa a duração total do governo de Saul, o que em termos de conteúdo seria pouco, mas indica somente o resto de seu período de governo após a irrupção do conflito aberto com os filisteus; ver Kreuzer, 1996.

[126] A indicação de que já antes ele teria estado casado com Micol (1Sm 18) é uma ornamentação para ressaltar as pretensões davididas; sobre isso, ver Schäfer-Lichtenberger, 2003. O mesmo vale para a suposta amizade com Jônatas, o filho de Saul, que praticamente coloca a monarquia aos pés de Davi. Mesmo que a carreira de Davi de fato tivesse começado na corte de Saul, as respectivas informações em 1Sm 16–31 estão tão marcadas no sentido de propaganda davidida que não é mais possível reconstruir algo que seja historicamente confiável.

[127] Aqui não precisamos decidir se isto acontece por meio de uma lista de guerra, como afirma a Bíblia, ou se acontece de forma pacífica, como propõe Schäfer-Lichtenberger, 1983, p. 385-390.

Hoje não há certeza sobre nenhum destes pontos. As posições extremas da historiografia são marcadas por um lado pela aceitação de um império davídico-salomônico que se estendia da divisa do Egito até o Líbano e do Mar Mediterrâneo até o Eufrates (assim orientando-se por Js 1,4).[128] Por outro lado há a tese de que a existência de um reino unido é resultado de invenção judaica tardia, que após o declínio do Reino do Norte expressa aspirações sobre o território do norte.[129]

Ambas as posições extremas são de difícil sustentação. Em relação à posição maximalista, podemos nos admirar de que — mesmo quando não se coloca grande valor nos documentos arqueológicos e etnológicos — um império daquelas proporções não tenha deixado vestígios. Mesmo a datação de obras de construção no norte da época de Salomão — isso vale de forma exemplar para Meguido — levanta a suspeita de estar baseada num círculo vicioso: pelo fato de a Bíblia falar de tais construções (para Meguido, ver 1Rs 9,15), os achados arqueológicos são datados da época de Salomão, o que por sua vez certifica a confiabilidade das tradições bíblicas.[130] E a concepção de que tal império tivesse sido governado a partir de Jerusalém, que na época "não era mais do que uma típica aldeia montanhesa", justamente não ajuda a tornar mais crível este conjunto de ideias.[131]

Por outro lado, a posição minimalista como a negação taxativa de qualquer expansão de Davi em direção ao norte leva a dificuldades insuperáveis com as tradições bíblicas. Justamente a tradição sobre Saul em 1 Samuel está totalmente perpassada pela ideia de limpar a imagem de Davi de qualquer acusação que lhe tenha sido feita pelos adeptos de Saul. Não haveria necessidade disso se Davi fosse somente um cacique local, que nem sequer tivesse estendido a sua mão em direção a Benjamim. Ao lado disso há no Reino do Norte a concepção de que a sua fundação teria sido um ato de libertação a partir de domínio estrangeiro, motivo pelo qual a

---

[128] Ver Donner, ³2000, p. 220: "O império de Davi"; além disso, Dietrich, 1997, p. 148-201.

[129] Ph. R. Davies, 1995, p. 65: "Não somos capazes de incluir em nossa reconstrução nenhum reinado unindo os territórios de Israel e Judá".

[130] A literatura arqueológica sobre a datação da arquitetura "salomônica" é imensa. Como exemplo para a datação antiga, ver I. Finkelstein, 1996; para a defesa da perspectiva tradicional, ver Halpern, 2000. Sobre o debate em torno da "High Chronology" (HC = datação antiga dos achados arqueológicos) e "Low Chronology" (LC), ver Ortiz, 2002, bem como a avaliação crítica dos trabalhos de Israel Finkelstein feita por Kletter, 2004. Ele chega à conclusão reticente: "Ainda que a LC seja possível, ela não é superior à HC" (p. 44).

[131] Citado em I. Finkelstein/Silbermann, ²2003, p. 150. Halpern, 1996, p. 72-74, aponta para o fato de que as capitais daquela época tinham exclusivamente o caráter de centros administrativos, sendo em geral muito pequenas.

tradição do êxodo ter-se-ia transformado em religião estatal do norte.[132] É difícil explicar a formação de tal tradição a partir de época posterior, na qual a tradição do êxodo é recepcionada em Judá como sendo óbvia — a saber, a época após a destruição do Reino do Norte.[133] Tal explicação também contradiria o postulado de que hipóteses devem ser preferencialmente simples.

Assim impõe-se uma posição intermediária.[134] Segundo esta, deve-se partir do fato de que, sob Davi, Judá efetivamente se expandiu em direção ao norte, unindo todas as tribos israelitas e incluindo regiões de povoamento até então cananeu no novo estado; além disso, colocou outros povos em dependência para com este novo estado. Esta lembrança teria sido, então, estendida para a ideia de um grande império abarcando todo o Levante quando as memórias sobre Davi e seu sucessor Salomão foram retrabalhadas.

Após a morte do sucessor de Davi, isto é, Salomão,[135] o reino se desmantela no tempo logo após 930 a.C. Logo depois, o faraó Sheshonq I organiza uma expedição militar para a Palestina. Essa informação está em uma lista de nomes em Karnak.[136] Como esta lista não contém nenhum nome da região de Judá e Jerusalém, a informação de 1Rs 14,25s deveria ser acertada na medida em que ela informa que Sheshonq para às portas de Jerusalém em face do pagamento voluntário de tributo.[137] Em contraposição, o norte entra em dificuldades por causa desta campanha, como o demonstra o fragmento de uma estela encontrado em Meguido que mostra parte do nome de Sheshonq.[138] A campanha de Sheshonq, contudo, permanece sendo um episódio, não impedindo o ulterior desenvolvimento nem de Israel nem de Judá.

O tempo após a constituição de dois reinos independentes em Israel e Judá é marcado pelo fato de ambos os reinos estarem em constante rivalidade, sendo Israel a parte mais desenvolvida e mais forte. Especialmente

---

[132] Sobre isso, ver p. 120.

[133] Sobre o desenvolvimento da tradição do êxodo a partir de uma tradição norte-israelita para uma tradição pan-israelita, ver Kessler, 2002, p. 91-115.

[134] Sobre isso, ver a citação de Grabbe, 2000, o qual, após uma panorâmica da pesquisa, afirma um ponto de observação: "Nem os 'minimalistas' nem os 'maximalistas' vencerão" (p. 215).

[135] Handy (ed.), 1997.

[136] Sobre a campanha militar de Shoshenq, ver Ahlström, 1993; Ash, 1999, esp. p. 50-56; Clancy, 1999; I. Finkelstein, 2002; Schipper, 1999a, esp. p. 119-132.

[137] I. Finkelstein, 2002, p. 124, chama isso de "um negócio entre a entidade Jerusalém e Shoshenq".

[138] Ussishkin, 1990, p. 71-74.

depois que a dinastia de Omri assume o poder (aproximadamente a partir de 880 a.c.) e organiza na Samaria uma capital própria para o reino (1Rs 16,24), Israel se torna uma potência de médio porte, que desempenha um papel significativo no jogo de forças dos estados do Levante.

Como a partir do século IX o império assírio começa a se expandir em direção ao oeste, a partir daí também reis de Israel começam a aparecer nos documentos epigráficos. O primeiro é o filho de Omri, Acab, que numa inscrição do rei assírio Salmanassar III é chamado de "Acab de Israel", um dos reis coalizados na batalha de Carcar (853).[139] Aqui, trezentos anos após a menção do nome "Israel" na estela do faraó Merneptá do final do século XIII,[140] este nome aparece novamente em documentos epigráficos e agora claramente como nome de um estado. Pouco mais tarde surge a estela do rei moabita Mesa, que menciona Omri como rei sobre Israel e um filho deste, provavelmente Acab.[141] A importância dos omridas para a percepção da existência do Reino do Norte pelos assírios se mostra no fato de que o nome do seu estado permanece preservado mesmo após a queda da dinastia. Assim, o próprio Salmanassar III — o mesmo que já havia eternizado o nome de "Acab de Israel" — menciona Jeú, justamente aquele que havia eliminado os omridas de forma sangrenta, como sendo "Jeú, filho da [dinastia de bit] Humria".[142] Esse epíteto "Humri" ou "Omri" continua a ser mantido em outras inscrições assírias.[143]

Mesmo que na batalha de Carcar israelitas e arameus tenham estado em coalizão com os assírios, para o século IX e início do século VIII é característica a forte rivalidade entre Israel e os diversos estados arameus, especialmente contra os arameus de Damasco. Essa rivalidade marca o pano de fundo para a inscrição encontrada em Tell Dã, datada da metade do século IX, na qual o governante arameu afirma haver matado o "rei de Israel".[144]

Estas inscrições desencadearam discussões entre os estudiosos. Mas, depois da menção de Israel nas inscrições assírias e na estela de Mesa, o

---

[139] TGI, n. 19; Context II, p. 261-264.

[140] Ver p. 56s.

[141] KAI, n. 181; TGI, n. 21; TUAT I, p. 646-650; Context II, p. 137s. Sobre a confiabilidade histórica da estela — contra seu questionamento por Thompson, 2000 —, ver Emerton, 2002.

[142] TGI, n. 20; Context II, p. 266s.267s.268s.269s.

[143] Ver TGI, n. 22.26.27; Context II, p. 267s.286-289.291s.298.

[144] A primeira publicação encontra-se em Biran/Naveh, 1993, e id., 1995. Ver Context II, p. 161s.

Introdução às épocas da história social de Israel

que mais chamou a atenção foi a sequência das letras *bytdwd* encontradas num artefato no mesmo Tell Dã.[145] Ela só pode ser entendida como "casa de Davi". Enquanto somente existia o fragmento A com esta sequência de letras *bydwd* essa interpretação era discutível, na medida em que se entendia *bytdwd* como indicação para um epíteto divino *dwd*[146] ou para o nome desconhecido de alguma cidade analogamente a *Betel*, *Bet-Sames*[147] ou *Asdod*.[148] Depois do fragmento B, segundo o qual o respectivo governante provavelmente é portador de um nome que termina em *yahu*, negar a referência à "casa de Davi" mencionada na Bíblia se tornou praticamente impossível.[149]

Se, na batalha de Carcar, arameus e israelitas ainda apareciam como aliados contra os assírios, nos fragmentos de estelas de Dã os governantes de Israel e da casa de Davi aparecem como adversários comuns dos arameus. Assim, não se deve pressupor a existência de circunstâncias muito definidas. Antes, os pequenos e os médios estados da região siro-palestinense devem ter formado alianças diferentes conforme interesses momentâneos.

Como a partir do século VIII a pressão assíria sobre o oeste tende a aumentar e os arameus são os primeiros a sentir isso, a pressão dos arameus sobre Israel começa a diminuir. Sob Jeroboão II (784-732), o Reino do Norte experimenta um florescimento em autonomia. Porém, com as campanhas militares de Teglat-Falasar III (745-727) e seus sucessores, esta época termina logo. Na chamada guerra siro-efraimita (734-732), acaba se frustrando a tentativa de arameus e israelitas de inserir Judá numa coalizão antiassíria. As consequências para os estados envolvidos são profundas. O estado arameu some do mapa político. O Reino do Norte tem seu território diminuído por meio de anexações assírias e se desmantela por completo após a conquista da Samaria em 722 e depois de haver passado por vários golpes de estado nos últimos dez anos de sua existência. Do Reino do Norte outrora independente surgem quatro províncias assírias. Judá, que a partir desta época aparece sempre sob este nome em fontes assírias,[150]

---

[145] A grande quantidade de literatura dos últimos dez anos desde que foi encontrado o primeiro fragmento é discutida em Athas, 2003.

[146] Knauf/de Pury/Römer, 1994; Lehmann/Reichel, 1995.

[147] Ver Ben Zvi, 1994; Cryer, 1994; Lemche/Thompson, 1994.

[148] A comparação com Asdod é insustentável, porque o nome é derivado da raiz *shdd** com alef preformativo; ver Cross Jr./Freedman, 1964.

[149] Assim também Knauf, 1996. Para uma extensa discussão, ver Dietrich, 1997, p. 136-141.

[150] TGI, n. 23.28.29; Context II, p. 289s.302s.304s.

continua existindo mediante sua dependência voluntária em relação aos assírios (2Rs 16,5-10).

Obviamente, a história dos eventos da época da monarquia continua até o final da existência de Judá no início do século VI. Porém, em termos de uma história social, é significativo fazer uma parada aqui no final do século VIII. Por um lado, no século VIII os estados primitivos que se constituíram no século X vieram a se tornar estados desenvolvidos; isso será evidenciado a seguir. Por outro lado, inicia-se na metade do século VIII um desenvolvimento interno que pode ser chamado de o surgimento de uma antiga sociedade de classes. Veremos isso no capítulo seguinte, quando também trataremos de seguir os fios da história dos eventos.[151]

2. O surgimento do estado

Após uma rápida passada por quase trezentos anos de história, retornaremos agora ao início da época. Como veio a surgir um estado em Israel e Judá?

Na apresentação da fase anterior havíamos visto que a imagem tradicional da conquista da terra num tempo relativamente curto não é historicamente sustentável. Em vez disso, é melhor falar da formação ou do surgimento do estado de Israel em meio ao seu contexto cananeu. Em contraposição a isso, a transição para a existência estatal marca uma ruptura claramente definida. Mesmo assim seria falso seguir a imagem biblicamente fundamentada e fazer remontar o surgimento da monarquia a um ato de vontade de uma assembleia popular em Ramá (assim 1Sm 8). Primeiro porque há diversas tentativas de estabelecimento de um estado. Segundo porque as consequências modificadoras da sociedade derivadas da existência estatal só aparecem gradativamente após a estabilização da monarquia.

Para a pesquisa antropológica, a transição de comunidades aldeãs autônomas para sociedades com instâncias centralizadas constitui uma profunda ruptura em termos de história da humanidade. Nisso costuma-se diferenciar entre formações estatais primárias e secundárias. Formações estatais primárias acontecem ali onde primariamente, sem a influência de outros estados já existentes no contexto, se dá o desenvolvimento de ins-

---

[151] Ver p. 36s.

tâncias centralizadas nas respectivas comunidades. Os casos são poucos e se restringem à antiga Mesopotâmia, ao Egito, à Índia, à China e à América. Muito mais comum é fenômeno da criação de formações estatais secundárias no contexto de estados já existentes.

A partir do exposto fica claro que o surgimento de estados em Israel e Judá faz parte do tipo de formações estatais secundárias. Pois na parte sul do Levante havia muito já existiam cidades-estados autônomas, bem como a presença estatal do Egito. Mesmo assim, ambas as formas de estudo não constituem precedentes diretos para a formação estatal das tribos israelitas, e ela também não segue aquele modelo. E mesmo assim ela não é sem *precedentes*.

Das cartas de Amarna do século XIV se deduz que na parte norte e na parte sul da região montanhosa em torno de Siquém e de Jerusalém já havia estados que visivelmente ultrapassam os limites de suas respectivas cidades. Tanto *Labaya de Siquém* quanto *Abdihepa de Jerusalém* governam sobre estados territorialmente delimitados.[152] Essas duas formações, contudo, só fazem parte da pré-história dos futuros estados de Israel e Judá porque eles se localizam ali onde futuramente os dois estados se constituirão. Continuidade em termos populacionais somente se pode pressupor para o período após a conquista da cidade por Davi. Em Siquém, contudo, as coisas são mais complexas.

Segundo a narração de *Jz 9*, em Siquém acontece uma tentativa de fundar um estado monárquico territorial.[153] Mesmo que os eventos mencionados no texto não possam ser exatamente datados,[154] trata-se em todo caso de um sucessor do estado de Labaya.[155] A partir da aldeia de Aruma, certo *Abimelec* organiza uma monarquia que abrange também o território da cidade de Siquém, bem como o povoado Tebes nas imediações de Siquém.

---

[152] Ver em Knudtzon, 1915, as cartas de Labaya (n. 252-254) e de Abdihepa (285-290), bem como a carta de Shuvardata, que menciona os dois (n. 280); ver, além disso, uma carta (n. 250) que trata dos filhos de Labaya. A carta n. 286 também se encontra em TUAT I, p. 512-516.

[153] A partir da literatura sobre Jz 9, ver Bogaart, 1985; Campbell Jr., 1983; Fritz, 1982; Levin, 2003a; Reviv, 1966; Rösel, 1983; Schmid, 1970; Soggin, 1967; Würthwein, 1994a.

[154] Fritz, 1996, p. 43-45, data o surgimento da tradição de Abimelec somente da época da monarquia, "pelo fato de que Siquém, entre os anos de 1150 e 975, não era povoada" (p. 44). A narração seria, pois, desprovida de "qualquer valor histórico" (id., 1982, p. 143). Sobre as problemáticas premissas da análise de Fritz, ver p. ex. Bogaart, 1985, e Campbell Jr., 1983. É duvidoso se a partir do achado arqueológico já se podem tirar consequências de longo alcance como o faz Fritz; ver Levin, 2003a, p. 155: "As dificuldade de fixar em termos arqueológicos a cidade de Siquém na época do Ferro pesam pouco em face da à documentação histórica".

[155] Sobre o paralelismo dos governos de Labaya e Abimelec, ver Reviv, 1966.

No que tange à população de Siquém, o texto permanece ambíguo.[156] Por um lado ele descreve os siquemitas como não israelitas que adoram o seu Baal (v. 4.27.46). Abimelec é considerado filho de um israelita e de uma siquemita não israelita (8,31), e, segundo o texto, Abimelec faz uso desta diferença para construir seu domínio (9,1-6; cf. v. 18). Por outro lado, o governo de Abimelec é chamado de domínio sobre Israel (v. 22.25). Mas, mesmo independente destes versículos tardios, esta tradição sobre o episódio de Abimelec no Livro de Juízes somente faz sentido se ela é entendida como parte do posterior reinado em Israel.[157]

De certa forma pode-se comparar o reinado efêmero de Abimelec com o caso de *Jefté*, conforme *Jz 11*. O ponto de partida é inicialmente outro, a saber, uma situação de necessidade militar em que se encontra "Galaad".[158] Primeiramente, Jefté faz parte dos líderes que atuam em tais situações, a saber, as figuras bíblicas dos salvadores.[159] Assim como Abimelec, Jefté reclama domínio duradouro, para o qual contudo é utilizado o título não de "rei" (Jz 9,6) mas sim de "cabeça" (Jz 10,18; 11,8-11). Assim como no caso dos "senhores de Siquém" em relação a Abimelec (9,2s.6), os "anciãos de Galaad" (11,5-11) desempenham o papel decisivo na ascensão de Jefté. Assim como Abimelec, Jefté tem origem mista (8,31 e 11,1s.7), e ambos têm o apoio de uma tropa de "homens sem condução" (9,4; 11,3).

Tanto o domínio de Abimelec quanto o de Jefté estão restritos a uma área geográfica delimitada. E ambas as governanças são transitórias. Não se chega à formação de uma dinastia. A primeira monarquia que em Israel tem duração mais longa, que tem um princípio de dinastia e que geograficamente é um pouco mais ampla é o reinado do benjaminita Saul.

---

[156] Ver a datação de Soggin, 1967, p. 184, acerca do episódio narrado em Jz 9: "Ela também é importante por causa da situação étnica nela descrita: há uma convivência pacífica, embora não sem tensões, entre a população israelita e a população autóctone cananeia". Podemos remeter para a citação de I. Finkelstein, 1988, p. 81, acerca de Siquém mencionada acima: "A população do Ferro I aparentemente era mista, composta por diferentes elementos étnicos".

[157] Sobre as tentativas de querer encontrar na tradição de Abimelec uma "israelitização" de uma narrativa originalmente cananeia, ver Würthwein, 1994a, p. 22, o qual afirma que "Abimelec faz parte da história cananeia e não israelita", Schmid, 1970, p. 2, n. 3, pergunta com razão: "Por que tal crápula haveria de se tornar israelita?". Levin, 2003a, p. 153-156, ressalta enfaticamente que a tradição de Abimelec e sua frustrada tentativa de fundação de um estado em Siquém faz parte da história anterior da constituição do estado israelita. Se com isso já é feita uma desvalorização de todas as outras narrativas sobre o tempo de Saul e Davi, como propõe Levin, já é outra história.

[158] Se se trata da região ou, o que é mais provável, da cidade de Galaad, é uma questão irrelevante para a pergunta pela estrutura de domínio; sobre o problema, ver p. 75.

[159] Ver p. 76s.

a) Causas para surgimento da monarquia

A tradição bíblica que fala do surgimento do estado em retrospectiva indica duas linhas de fundamentação e um motivo objetivo para esta importante ruptura histórica. Segundo esta apresentação historiográfica, após os cíclicos assaltos de povos estrangeiros durante a chamada época tribal, segue-se em 1Sm 4–7 o relato sobre batalhas contra os filisteus, e em 1Sm 11 a comunicação de uma guerra com os amonitas, de cujo término vitorioso emerge por fim Saul como rei.

Segundo a outra linha, dificuldades internas levaram ao estabelecimento de uma monarquia. O Livro de Juízes encerra-se, nos capítulos de 17 a 21, com uma série de narrativas horrendas perpassadas pelo refrão de que no tempo destes eventos ainda não havia rei em Israel (Jz 17,6; 18,1; 19,1; 21,25). Segundo 1Sm 2,11-17.22-25, os sacerdotes de Eli tomam ofertas cultuais do templo de YHWH em Silo e dormem com mulheres "que faziam serviços na entrada da tenda da reunião" (v. 22). Também os filhos de Samuel, que deveriam zelar pelo direito, fazem isso somente em troca de presentes de agrado, prevaricando (1Sm 8,1-3). Assim, segundo esse arranjo dos textos, tudo impulsiona em direção a um ordenamento estatal. Estas duas linhas são, por fim, conectadas na fala dos israelitas: "Nosso rei deve falar o direito e deve conduzir a guerra diante de nós" (1Sm 8,20b). Como elemento subjetivo se indica: "Também nós queremos ser como todos os povos" (1Sm 8,20a).

Provavelmente essa visão diferenciada se aproxima mais da verdade histórica do que a explicação monocausal constante nas "Histórias de Israel" até a atualidade, nas quais o surgimento da monarquia é explicado unicamente a partir das ameaças dos filisteus.[160] Como quase sempre na história, grandes transformações não têm somente *uma* causa, mas são *multicausais*. Para o surgimento de um estado em Israel e Judá devem-se, por conseguinte, considerar os seguintes fatores.

Como já foi visto antes, ao lado das pequenas povoações, nas quais os habitantes fazem parte de uma grande família, existem também grandezas maiores ("cidades"), nas quais convivem os membros de várias famílias.

---

[160] Ver p. ex. Donner, ³2000, p. 197: "Se é certo que a formação do estado nacional israelita não surgiu a partir da necessidade de formas de vida das tribos da época pré-estatal, então pressões externas devem ter se tornado influentes [...]. A pressão veio dos filisteus".

Nelas, os anciãos representam as famílias.[161] Com isso as estruturas familiares não estão suprimidas. Mas, por meio da superação das fronteiras familiares e da instituição dos anciãos, já estão dados os pressupostos para uma forma de domínio que, por fim, pode se estabelecer como estado independentemente da estrutura familiar. Assim como no caso de Abimelec e de Jefté, na estruturação do estado por meio de Davi os anciãos desempenham um papel importante (2Sm 5,3).

Já assinalei anteriormente outro desenvolvimento das sociedades pré-estatais como sendo um "expandir-se 'para baixo'".[162] Isso tem duas consequências. Por um lado, o aparecimento de bandos armados promove uma instabilidade da ordem pública. A narração de 1Sm 25 mostra de forma plástica como esse bando faz exigências aos senhores em determinada região mediante cobranças e como o grupo ameaça com a morte quem não cede à exigência. Por outro lado, tais grupos constituem uma base de poder para a construção do poder estatal, como o mostram os exemplos de Abimelec, Jefté e Davi.

Por fim, ainda que não como fundamento único, ameaças externas desempenham papel importante no surgimento da monarquia. Como no caso de Jefté, no qual liderança transitória se transforma em dominação duradoura, também Saul é elevado a rei após uma vitória sobre os amonitas (1Sm 11,15).[163]

Quanto ao motivo subjetivo de querer ser "como todos os povos", o texto bíblico faz um acerto. Não se pode afirmar isso quanto à forma do motivo realizado expressamente, pois tal afirmação já pressupõe reflexão histórica. Mas certo é que em Israel não é necessário primeiramente descobrir a existência da forma estatal. Já existem estados no entorno de Israel. A formação do estado em Israel não é primária, mas secundária.[164]

Nenhum dos fatores indicados é suficiente em si mesmo para a formação do estado. Isso é evidenciado no fato de que nas governanças de Abimelec, Jefté — e provavelmente também de outras, das quais não há nenhuma notícia — e de certa forma também na de Saul existem tendências que acabam não dando certo. Logo Davi conseguirá estabelecer uma dinastia duradoura.

---

[161] Ver p. 75s.

[162] Ver p. 79.

[163] Kreuzer, 2001, acentua com razão que Saul não emerge como rei a partir da batalha contra os filisteus.

[164] Gottwald, 2001, p. 120, acentua com razão que a constatação do caráter secundário da formação do estado israelita não permite tirar conclusões sobre e em que medida Israel assume concretamente instituições estatais de seu contexto.

Introdução às épocas da história social de Israel

b) "Estados primitivos"

Em época recente contestou-se a afirmação corrente de que, no caso da monarquia relativamente estável de Saul em Israel assim como nos inícios da monarquia sob Davi, se tratasse de fato de formação de estado. Partindo de teorias de desenvolvimento etnologicamente fundamentadas, que inserem entre a época pré-estatal e a época estatal uma fase chamada de *chiefdom* [caciquismo], tem-se designado o domínio de Saul e do jovem Davi como *chiefdom*.[165] Mais tarde até se procurou expandir a época do *chiefdom*, no caso de Israel até o século IX e de Judá para o século VIII.[166]

Deve-se, contudo, ver que as teorias tomadas como modelo originalmente foram desenvolvidas em referência a formações primárias de estados. E mesmo ali não gozam de consenso no âmbito das discussões etnológicas. Citações isoladas[167] e contraditórias são bastante representativas da situação atual da questão.[168] Remeter para "análises sociológicas, antropológico-culturais e etnográficas atuais" aparentemente unívocas não é possível.[169] A teorização sociológica é necessária para descrever o desenvolvimento na transição para o domínio monárquico, mas não se pode prender demais a uma só teoria.

Toda uma série de exemplos surgidos na discussão sobre a teoria do *chiefdom* não pode ser colocada na balança porque os exemplos são ambíguos na alternativa entre *chiefdom* ou estado.[170] Há, porém, alguns indícios que apontam claramente para a formação de um estado. Digno de menção

---

[165] Assim segundo o procedimento de Flanagan, 1981, talvez em Frick, 1985; Dietrich, 2001. Ver também o conceito da "patronage society" [sociedade de patronagem] em Lemche, 1996b.

[166] Assim Knauf, 1991; Niemann, 1993. Sobre a discussão acerca da teoria do *chiefdom*, ver Kessler, 2003a.

[167] Southall, 1997, p. 76, que designa o "cacique dos primórdios" como "precursor da monarquia", em contraposição a Clastres, 1997, p. 52s: "A figura do 'cacique' [...] de modo algum é exemplo de um futuro déspota. Em geral não se pode construir o aparato estatal a partir do caciquismo primitivo".

[168] Marcus/Feinman, 1998, p. 5, resumem da seguinte forma o debate numa conferência sobre *archaic states* [estados primitivos]: "Uma fonte de desentendimento era sobre tais termos como *chiefdom* [caciquismo] e *state* [estado], que os arqueólogos tomaram emprestados da etnologia e da ciência política". Ver também em Yoffee, 2005, a problematização não evolucionista de teorias e a defesa de uma observação mais específica para o respectivo caso individual.

[169] Niemann, 1993, p. 282.

[170] Assim escreve Niemann, 1993 no contexto de uma passagem comprobatória para sua extensiva tese sobre o *chiefdom*: "*big man, chief,* König" (p. 129, n. 600) e mostra com isso que os traços indicados para o domínio arcaico não permitem diferenciar muito claramente entre *chiefdom* e estado. Para o campo da arqueologia, deve-se indicar o fato de que aqui tudo depende da interpretação dos achados; Schäfer-Lichtenberger, 1996, p. 82: "Em minha opinião, não é da competência da arqueologia decidir um debate essencialmente teórico, cujo curso até agora somente demonstrou que os chamados dados concretos [*hard facts*] são determinados por perspectivas discutíveis".

é o fato de que, após a derrota de Saul, é seu filho Isbaal que o sucede (2Sm 2,8s). Se Saul tivesse sido um *chief* [cacique], então após a sua derrota pelos filisteus teria ficado claro que a autoridade e o carisma estão apagados. É bem improvável que justamente o filho de um *chief* fracassado seja escolhido para ser seu sucessor, ainda mais se este filho até aquele momento não apareceu publicamente e, mais tarde, também virá a se comportar de forma desastrosa. O chamado de um filho desastrado para ser o sucessor é um sinal típico de uma forma estatal monárquica. O fato de que só se poderia livrar-se dele por meio de assassinato (2Sm 4) — um *chief* poderia ser simplesmente deposto— também aponta nessa direção.

As tradições sobre Davi também apontam para o fato de que desde o início ele estava interessado em formar uma dinastia. Aqui agora também é de serventia a estela de Tell Dã com as letras *bytdwd*, que antes havíamos entendido como significando "casa de Davi".[171] Ela mostra que o autor aramaico desta estela conhece uma grandeza coletiva que ele chama de "casa" e esta é conhecida segundo o nome do fundador da dinastia como "casa de Davi". Isso, contudo, aponta não para algo como um *chiefdom* mas sim para um estado dinástico.

As teorias acerca do *chiefdom* suscitam a impressão de que este Israel ou Judá das origens teria podido ter uma existência de *chiefdom* em um contexto marcado por entidades estatais. Se hoje com razão se acentua o quanto este Israel está emaranhado em seu contexto cananeu, então fica difícil — na forma extensa da tese do *chiefdom* — sustentar uma existência secular isolada em meio a um mar de grandezas estatais.

Apesar desta crítica, a teoria do *chiefdom* tem dois méritos que não devem ser negados. Por um lado ela está inserida em uma série de trabalhos que tanto forte quanto justamente atuam na destruição da imagem de um império sob Davi e Salomão.[172] Seu outro mérito consiste em que ela mostra que Israel a partir do século IX e Judá a partir do século VIII constituem estados plenamente desenvolvidos, nos quais a monarquia está contraposta a uma sociedade que cada vez mais se estratifica como classe superior e classe inferior. Na medida em que a tese do *chiefdom* qualifica como *chiefdom* tudo o que é anterior a este estado desenvolvido, ela lança fora a criança junto com a água do banho.

---

[171] Ver p. 84s.

[172] Para o caso de Salomão, menciono somente a coletânea de Handy (ed.), 1997.

Introdução às épocas da história social de Israel

Isso é evitado por uma teoria que igualmente provém do debate socio-etnográfico; trata-se daquela que fala dos "estados primitivos" conforme formulação de Henri J. M. Claessen e Peter Skalník.[173] Na medida em que falam de "estados primitivos", esclarecem que se trata de uma forma social que deve ser situada entre a fase pré-estatal e o "estado desenvolvido ou maduro".[174] Aqui há uma convergência justamente com a teoria expandida acerca do *chiefdom*: de um estado plenamente desenvolvido, cujo critério principal é a diferenciação de classes dentro da sociedade sob o aparato estatal, efetivamente só se pode falar a partir do século IX para o caso de Israel e do século VII para Judá.

A transição da fase pré-estatal para um estado plenamente desenvolvido realiza-se em várias etapas. O "estado primitivo incompleto"[175] corresponde quase exatamente às condições sob Saul e os tempos iniciais de Davi. No governo só existe um *full-time specialist* [especialista em tempo integral], que ainda por cima é parente do rei (1Sm 14,50s). A tribo do rei é a base de seu domínio (22,7s). Tributos consistem em entregas feitas *ad hoc*; em caso de negação, o rei não dispõe de meios de sanção (10,27), e o próprio rei participa na produção agrícola (11,5). Isso se modifica na transição para o "típico estado primitivo",[176] que corresponde bem ao quadro esboçado pela tradição sobre o reinado de Davi. Ao lado da relação de parentesco, aparece o princípio territorial (2Sm 2,4 e 5,1-5 — domínio sobre Judá e Israel; 2Sm 8,1-15 — conquista de território não israelita). No governo, parentes do rei passam para segundo plano (8,16-18; 20,23-26) e a estratificação se desenvolve a tal ponto que o rei e a corte não mais participam da produção. Ao que parece, esta circunstância se mantém até os séculos IX e VIII, quando se inicia a transição para o estado plenamente desenvolvido.

---

[173] Para uma indicação aos dois autores, ver Kessler, 1992, esp. p. 157-160, bem como Schäfer-Lichtenberger, 1996. Ver também o relatório em Frick, 1986, p. 17-26. Em contraposição a isso, Kletter, 2004, reivindica que se deve renunciar a conceitos como "tribo" ou *chiefdom*, mas também "estado" (p. 21-28). "A Bíblia não tem 'estados', ela tem reinados e reis" (p. 28). Mas descrever os anseios de uma antiga cultura em seus próprios conceitos não pode ser usado como contraexemplo para tentativas de compreensão atual. Se renunciarmos a isso, para o período pré-estatal dificilmente passaríamos do termo "época dos juízes", que sociologicamente é inadequado. Em termos metodológicos, trata-se da diferença entre descrição e formação teórica de conceitos. O primeiro é necessário para permanecer próximo da realidade de então; o último é necessário para poder comparar sociedades e épocas sociais entre si.

[174] Claessen/Skalník, 1978, p. 22: "Full blown or mature state". Terminologia semelhante é usada por Gottwald, 2001, p. 183, o qual fala de "incipient state" e "full-scale state".

[175] Claessen/Skalník, 1978, p. 23.

[176] Ibid.

A historiografia bíblica tende totalmente para o fato de acentuar fortemente a transição das épocas. Entre Moisés e Josué é colocada uma ruptura profunda, que mostra aquilo que chamamos de surgimento gradativo de Israel na terra como uma conquista transitória. Da mesma forma, ela marca acentuadamente a transição da época dos juízes para a monarquia, na medida em que a insere no complexo de 1Sm 8–12 como um evento que em poucas semanas chega ao seu fim por meio de uma assembleia popular. Também na imagem do império davídico-salomônico ela trabalha com o pressuposto de grande pompa na corte, com grandes obras de construção e intensas relações internacionais, de modo a dar a impressão de que o estado chega rapidamente à sua plena florescência. Na pesquisa, por outro lado, trabalha-se antes com o pressuposto do vir a ser gradual do estado, que somente no século IX ou no século VIII chega a seu pleno desenvolvimento.

O modelo do estado primitivo com suas fases de desdobramento procura ser condizente com esta imagem. De qualquer forma é necessário sublinhar que a ruptura mais profunda localiza-se entre a época pré-estatal e a época da monarquia — contra uma tendência verificável em alguns defensores da teoria do *chiefdom* em querer nivelar esta ruptura. A respeito disso, James D. Martin escreve assim: "Há [...] claramente uma tendência no sentido de ver o advento da dimensão estatal e da monarquia no antigo Israel como um desenvolvimento natural, como sendo um *continuum* histórico desde o período anterior; isso se opõe à perspectiva amplamente aceita de descontinuidade na natureza destes dois estágios do desenvolvimento social".[177] Esta perspectiva percebe com razão que o surgimento de estados estáveis não é uma ação de poucas semanas. Mas ela nivela a ruptura qualitativa entre as épocas. Pode-se reconhecer que as tentativas de criação de domínios centralizados antes de Saul e Davi fracassam, logrando alcançar sucesso somente o domínio destes líderes. A ruptura também é perceptível no fato de que após o estabelecimento dos estados primitivos, que aparecem como duradouros, chega-se a resistências contra a monarquia.

c) Resistência contra a monarquia

Se levarmos em consideração os fatores que conduzem à monarquia e as transformações que a monarquia traz consigo — elas deverão ser eluci-

---

[177] Martin, 1989, p. 113.

dadas mais de perto no próximo capítulo —, então não deve admirar que o estabelecimento de uma monarquia não poderia acontecer sem conflitos.[178]

Como se poderia esperar, tal resistência não pode ser demonstrada se na formação da teoria nos concentrarmos somente em achados arqueológicos. Devem-se levar em conta os textos bíblicos. A dificuldade de identificar a resistência contra o estabelecimento do estado reside no fato de que o Livro de Juízes e o Livro de 1 Samuel têm sua redação final em uma época na qual se olha retrospectivamente a história da monarquia até o final em Israel e Judá. Por isso devem-se verificar em cada caso quais são as afirmações que remontam a uma avaliação retrospectiva e quando estamos diante de material mais antigo. Ao lado das análises linguísticas, que não podem ser realizadas no âmbito desta obra,[179] é de grande ajuda a pergunta pelos interesses sociais e pelos critérios para a crítica à monarquia. Nos textos posteriores aparecem dois modelos de argumentação. Por um lado critica-se a monarquia — especialmente nos textos dos profetas anteriores ou dos profetas literários — pelo fato de ela não realizar sua função de proteção aos mais fracos da sociedade, conforme está expresso em sua própria ideologia régia. A outra linha da crítica, que domina a redação final dos textos deuteronômicos nos profetas anteriores, critica a monarquia quase exclusivamente por causa de seus erros, que são medidos segundo os critérios das leis de centralização do culto do Deuteronômio.

Destas linhas claramente reconhecíveis da crítica à monarquia destacam-se alguns textos que supõem outra base de conflito. A *fábula de Joatão*, Jz 9,7-15, claramente inserida num segundo momento no contexto da narração do fracassado reinado de Abimelec em Siquém, narra como as árvores oferecem o domínio a outras árvores, primeiramente as nobres — oliveira, figueira e videira. Estas rejeitam-no porque elas se consideram nobres o suficiente, não tendo necessidade de reinar sobre outras. Depois disso, o espinheiro, o mais inútil de todos os arbustos, assume a função. Aqui não se utilizam critérios religiosos para o julgamento da monarquia nem acontece uma crítica social a partir de baixo. Sãos os membros nobres da sociedade que rejeitam o domínio monárquico e são as membros periféricos que a desejam.

---

[178] Sobre a resistência à monarquia, ver Crüsemann, 1978; Moelnikes, 1995; Müller, 2004; Veijola, 1977; Whitelam, 1989.

[179] Sobre isso, ver Veijola, 1977, p. 13, para o qual "o uso linguístico [...] continua sendo o critério mais seguro para a definir que determinadas passagens pertencem à redação deuteronomista".

Também o chamado *direito do rei* (1Sm 8,10-17), que é colocado na composição marcadamente deuteronomista de 1Sm 8 no contexto do desejo por um rei, mostra uma circunstância social que não reaparece desta forma nos textos posteriores. Assim como na fábula de Joatão, não é uma camada inferior que sofre as consequências do domínio monárquico, mas a bem situada camada dos proprietários. Os filhos destes são requisitados — mas logo para funções de comando no exército (v. 11s). Ela deverá fazer entregas a partir de seu suposto patrimônio (v. 14). As pessoas que o texto tem em vista possuem escravas e escravos (v. 16).

Devem ser tais proprietários bem situados que a breve notícia em 1Sm 10,27 tem em vista. Nela se diz que, após a ascensão de Saul à função de rei, algumas pessoas se negam a trazer-lhe uma *oferta*, duvidando também de que ele possa "ajudá-las". Saul supera isso com silêncio. Ambas as coisas mostram que os oponentes não são "gente simples": elas não necessitam de tais "ajudas" e podem negar o seguimento sem ter que esperar sanções sérias.

Como protótipo desta perspectiva, é esboçada em 1Sm 25 a figura de *Nabal*, cujo nome significa "idiota, tolo". Ele é bem situado (v. 2), não precisa da proteção de Davi e se nega a fazer ofertas ao futuro rei (v. 10s). Segundo a lógica da narrativa, ele pagará isso com sua própria vida (v. 38), enquanto a sua sábia esposa casará com o futuro rei (v. 42). Em 22,2 somos informados de que as tropas de Davi eram recrutadas a partir de gente endividada, que por causa das dívidas fugia de pessoas como Nabal.

O que todos estes textos têm em comum é o fato de que lhes falta qualquer motivo religioso na crítica à monarquia. Isso torna impossível atribuí-los à redação "deuteronomista", que é típica para época tardia.[180] Simultaneamente eles mostram uma circunstância que é atípica para a época tardia, mas que pode ser explicada a partir da ruptura representada pela passagem da sociedade pré-estatal para a estatal.[181] Se levarmos

---

[180] Veijola, 1977, p. 112, vê em 1Sm 8,10-17 e Jz 9,7-15 "uma tendência tradicional pré-deuteronômica 'antimonárquica' [...], na medida em que a monarquia é agredida com meios muito intelectuais e *profanos*". Segundo Moenikes, 1995, somente esta crítica à monarquia que se dirige contra as intervenções sociais nos inícios da monarquia, isto é, a crítica à monarquia social e economicamente motivada", pertence aos tempos iniciais da monarquia, na medida em que ele atribui "a rejeição da monarquia teologicamente motivada" às camadas tardias (citação da p. 212).

[181] Sob este pano de fundo, Crüsemann, 1978, p. 124, formula sua principal tese de trabalho: "Justamente este meio século, no qual se pode buscar a luta contra a monarquia existente, é a época em que surgiram os textos antimonárquicos, e eles são formulados por círculos que davam sustentação a esta luta".

Introdução às épocas da história social de Israel

em conta os inícios da diferenciação social, cujos sinais cremos haver reconstruído para a sociedade pré-estatal,[182] então se torna elucidativa a perspectiva de que aqueles que podiam considerar um grande patrimônio como seu não tinham interesse no estabelecimento de um poder central. A sua pergunta a um rei efetivamente era: "O que ele pode nos ajudar?" (1Sm 10,27). Aquelas pessoas, contudo, que caíam fora do sistema da sociedade baseada em relações de parentesco têm com a monarquia a chance única de chegar elas mesmas ao poder, que é narrado de forma exemplar na história de Davi e de seu bando. E a massa das famílias camponesas autônomas pode esperar da monarquia pelo menos maior segurança interna e externa, não tendo, portanto, motivos para a resistência.

Essa situação de interesses bastante instável se expressa não somente nos textos discutidos antes mas também nas informações acerca de diversos levantes com os quais os primeiros reis tiveram que lidar. Saul é confrontado com as tropas de mercenários de Davi (a partir de 1Sm 22). Contra Davi se levanta o seu próprio filho Absalão (2Sm 15–18). No relato sobre a revolta de Absalão foram inseridas algumas notícias que permitem deduzir uma oposição mais duradoura de parte dos simpatizantes de Saul (2Sm 16,5-15; 19,17-31). Sob o comando de certo Seba ajuntam-se as tribos do norte em busca de livramento da parte de Davi (2Sm 20). Sob Salomão relata-se o levante do efraimita Jeroboão (1Rs 11,16-28.40). Finalmente, segundo 1Rs 12, as tribos do norte se separam dos davidas liderados por Roboão, sucessor de Salomão.

Obviamente, a história mostra que nenhuma destas tentativas revolucionárias conduziu à reconstrução de relações pré-estatais. A resistência dos proprietários ricos contra a nova instituição da monarquia também não dura muito tempo. Rapidamente eles se arranjam com ela e aproveitam a chance de participar do novo poder, como é expresso de forma paradigmática na história da mulher de Nabal: é tolo resistir ao rei; é melhor se aliar a ele. Como alguns integrantes da camada inferior conseguem chegar diretamente a posições de mando e como para a massa das famílias camponesas aparentemente pouco mudava,[183] a monarquia rapidamente consegue alcançar alto grau de estabilidade.

---

[182] Ver p. 79.
[183] Sobre isso, ver p. 100.

Mesmo que a monarquia como forma de estado não surja de uma vez e, portanto, as consequências só gradativamente se tornam perceptíveis, o surgimento de estados constitui ruptura epocal. No próximo tópico vamos tratar de suas consequências de forma bem genérica para logo depois tratar de forma separada o perfil do Reino do Norte e do Reino do Sul.

3. *Sociedade e estado sob domínio monárquico*

Com o estabelecimento da monarquia sob Saul e Davi e, consequentemente, com o passo epocal da sociedade baseada em relações de parentesco sem estado central rumo à forma estatal, estamos diante da pergunta: o que modifica para a sociedade da região na qual surgem os estados de Israel e de Judá com o estabelecimento do estado? E como se desenvolve o aparato ainda pouco desenvolvido dos "estados primitivos"?

a) A continuação da sociedade baseada em parentesco

Na transição da sociedade baseada em relações de parentesco para a sociedade estatal, podemos observar um fenômeno que será marcante para o restante da história social de Israel: com a transição para a nova época continuam a existir elementos fundamentais da época anterior, os quais só gradativamente são transformados e somente nas suas exterioridades.

No caso concreto, isso significa que a sociedade estatal baseada em relações de parentesco forma a estrutura básica sobre a qual se sobrepõe o aparato estatal sem, contudo, transformá-la em profundidade. Famílias e clãs continuam a ser as unidades básicas da sociedade. No fundamental, elas permanecem sendo autônomas e autossuficientes em termos produtivos; grandezas diferenciadas, que já se mostram ao final da época pré-estatal, ainda não conduzem a contradições antagônicas. No que tange à massa do povo, não há indicações de uma transformação fundamental das relações de gênero — para o caso das hierarquias estatais as coisas se colocam de outra forma.[184]

O aparato estatal inicialmente se sobrepõe como uma camada fina sobre a sociedade. Isso se mostra no fato de que não há intervenções do estado na economia. Isso, porém, não significa que os reis não atuem de forma

---

[184] Sobre isso, ver p. 101-102.

Introdução às épocas da história social de Israel

econômica. A economia régia está organizada como economia familiar. Na economia familiar há um "mordomo" (hebraico: *'asher 'al-habbayit*).[185] Mas a monarquia não intervém nas economias da população.[186] Em terminologia moderna se poderia dizer: a monarquia atua no âmbito da economia de produção e não em termos de economia popular ou nacional.[187]

O estado primitivo está caracterizado por uma simples dupla divisão. De um lado estão os governantes, uma "elite governante de provavelmente não mais do que dois por cento da população";[188] do outro lado há os governados, que perfazem a grande massa do povo. Para ela, a vida econômica ou social inicialmente seguia nos mesmos moldes que no tempo em que não havia governo central. Tem-se a situação de que, por um lado, o estado se estabelece e, por outro, ao lado ou sob as estruturas estatais, continuam a existir estruturas pré-estatais, chamadas de "paradoxo tribal-estatal".[189]

Mesmo que a base social com suas relações definidas em bases de parentesco continue a existir após o estabelecimento da monarquia, a existência de um estado possibilita transformações que atuam gradativamente. Antes de enfocar atividades isoladas do estado, que por fim condicionam uma profunda mudança social, devemos analisar mais de perto o próprio aparato estatal.

b) O aparato estatal

A descrição do aparato estatal monárquico constitui uma abstração sob duas perspectivas. A primeira é espacial; a segunda, temporal. Em termos espaciais não se faz diferença fundamental entre Reino do Norte e Reino do Sul. Mais adiante comunicaremos algumas diferenças.[190] Aqui interessa destacar o que é comum. Em termos temporais deve-se trabalhar com o dado de que também o aparato estatal se desenvolve. Justamente o modelo do estado primitivo pressupõe isso. Aqui queremos destacar o que é novo na realidade social com o estabelecimento do estado ainda que tudo o que é novo não necessariamente deve estar presente desde o início, podendo também estar sujeito a transformações.

---

[185] Sobre os comprovantes, ver p. 102-103.
[186] Sobre isso, ver Hopkins, 1996, esp. p. 125s.
[187] Sobre isso, ver p. 113 o resumo sobre as reflexões acerca da economia real.
[188] Assim Chaney, 1986, p. 55.
[189] Lambert, 1994.
[190] Ver p. 120-136.

É uma tautologia dizer que na ponta da monarquia está um *rei*. Todos os relatos e narrativas bíblicas sobre a época da monarquia pressupõem isso como sendo um dado óbvio. Os textos da chamada "ideologia régia" mostram que o papel dominante é atribuído ao monarca em termos *ideais*. Segundo ela, da pessoa do rei depende o bem-estar do estado e da sociedade, a defesa diante de inimigos externos e parcialmente também o florescimento da natureza (cf. Sl 2; 45; 72 etc.). Como de certa forma no rei se corporifica o estado, escreve-se, no final do século VIII, na época de Ezequias, a expressão "pertencente ao rei" (*lmlk*) sobre os vasilhames para depósito dos suprimentos régios.[191]

Do rei faz parte a corte. Ela é constituída pelos dependentes da família, em primeiro lugar a mãe do rei, depois suas mulheres, filhos e filhas (ver a listagem em 2Rs 24,12.15; Jr 29,2). Dos filhos e das filhas também existem carimbos, nos quais ao nome se acrescenta a expressão *bn hmlk*[192] ou *bt hmlk*.[193] A designação como "filho do rei" também é usual em termos bíblicos (1Rs 22,26; Jr 36,26;[194] 38,6; Sf 1,8; 2Cr 18,25; 28,7). O fato de filhos do rei sempre aparecerem em funções oficiais não torna os *bn hmlk* simples portadores de títulos — como usualmente se tem afirmado —, mas somente indica que "no antigo Israel se podiam atribuir funções administrativas aos filhos do rei".[195]

No caso dos parentes do rei, pode-se mostrar como os papéis de gênero se transformam numa sociedade hierarquizada. É adequado dizer que numa sociedade baseada em relações de parentesco há certa simetria nas relações de gênero[196] — e para a massa da população provavelmente não houve grandes modificações sob as novas condições. Nas sociedades hierarquizadas as relações se tornam assimétricas. Mulheres podem individualmente assumir posições de destaque. Primeiramente deve-se mencionar o papel influente da mãe da rainha mãe, como está atestado para Judá (1Rs 2,19; 15,13 = 2Cr 15,16; 2Rs 10,13; Jr 13,18; 29,2 etc.). O fato de as filhas do rei possuírem carimbos de selar mostra que também ocupam posição de destaque. Simultaneamente, o enquadramento em uma hierarquia implica subordinação e sobreposição. Apesar de todas as honras protocolares

---

[191] Ver p. 114.
[192] WSS, n. 11-19.412-415; HAE II,2, 111.
[193] WSS, n. 30; HAE II,2, 111s.
[194] Acerca do Jerachmeel aqui mencionado, ver a impressão do carimbo WSS, n. 414; HAE II,2, 10.74.
[195] Görg, 1991, p. 195; sobre o "filho do rei", além disso, ver Avigad, 1963; id., 1978; id., 1979.
[196] Ver p. 69.

Introdução às épocas da história social de Israel

(1Rs 2,19), o rei pode depor a sua mãe (1Rs 15,13). Não é certo se a filha do rei de fato usou o seu carimbo em atividades comercial ou oficiais; faltam-nos as respectivas impressões de carimbos. O único caso de que uma mulher chamada Atalia se torna rainha é descrito pelos historiadores bíblicos como uma grande catástrofe (2Rs 11).[197]

Não somente parentes fazem parte da corte. Analogamente aos carimbos com a inscrição *"NN 'bn lmlk"* existem os carimbos *"NN 'bd hmlk"*.[198] Seus possuidores são chamados de "escravo" ou "servo" ou "servidor" do rei. Uma vez que o uso de carimbos, os quais muitas vezes eram artisticamente trabalhados, e a frequente menção de tais *'abadim* nos textos bíblicos (de 1Sm 8,14s até 2Rs 24,12) apontam para as proximidades do rei, tais pessoas muito provavelmente fazem parte do centro do poder. Elas não possuem títulos que indiquem a sua função, mas estão definidas unicamente por meio de sua vinculação com a pessoa do rei. Esta relação pessoal fica muito clara naqueles carimbos que em vez de *'bd hmlk* trazem o nome do rei. Nesta forma estão documentados "escravos" do rei Jeroboão II e Oseias, ambos do Reino do Norte, e Ozias, Acaz e Ezequias, de Judá.[199]

Junto com os *'abadim* são mencionados algumas vezes nos textos bíblicos os *sarisim* (1Sm 8,14s; 2Rs 24,12), o que pode ser traduzido por "eunuco" ou "cortesão". Estão estreitamente ligados à corte (2Rs 9,32, cf. também 2Rs 20,18 = Is 39,7) e à pessoa do rei (1Rs 22,9 = 2Cr 18,8; 2Rs 8,6). O *sarix* de Sedecias, chamado Ebed-Melec (Jr 38,7.10.12; 39,16), como estrangeiro (cuxita), é muito dependente da pessoa do rei.

Dos membros da corte, que são caracterizados por sua ligação ao rei, devem ser distinguidos os funcionários reais.[200] Eles atuam para fora, mesmo que como funcionários de ponta atuem no centro do poder. Frequentemente seu campo de ação também é expresso por meio de um determinado título.

Os altos funcionários, que constituem o governo monárquico, são mencionados juntos e de forma paradigmática nas quatro listas de funcionários em 1Sm 14,50; 2Sm 8,16-18; 20,23-26; 1Rs 4,2-6. Na sua sequência e tendência, elas espelham justamente o desenvolvimento de um estado

---

[197] Sobre as mulheres na corte judaica, ver Kiesow, 2000.
[198] WSS, n. 6-10.408-411; HAE II,2, 112. Ver também *ostrakon* de Laquis n. 3, linha 18 (HAE I, 419).
[199] WSS, n. 2-4.407; HAE II,2, 112s.
[200] Sobre os funcionários, ver Malamat, 1965; Mettinger, 1971; Ruterwörden, 1985.

104 História social do antigo Israel

primitivo. Saul tem somente um funcionário, o comandante do exército (1Sm 14,50). A função de comandante militar ainda consta em primeiro no tempo de Davi, mas já é complementada por outras funções civis ou religiosas. A partir da segunda lista de Davi acrescenta-se ainda o cargo de supervisor dos trabalhos forçados. Sob Salomão acrescenta-se como novidade o cargo de supervisor do palácio, que é chamado de "aquele sobre a casa" (*'al-habbayit* — 1Rs 4,6).

A maioria dos títulos de funcionários mencionada nas listas aparece tanto em documentos bíblicos quanto epigráficos da época da monarquia. Sobre o comandante do exército e do ministro da corveia falaremos quando tratarmos do exército e da corveia.[201] A única função elevada da lista de funcionários que até agora não foi atestada epigraficamente para o caso de Israel é a de *mazkir*, que desempenha a função similar a de um secretário ou chanceler.[202] No caso do escriba (*sofer*)[203] não mais está claro em que escala da hierarquia o possuidor da função deve ser alocado, pois assim como no vernáculo o termo "secretário" pode ser usado tanto para funções subalternas quanto elevadas. Em todo caso, um cargo elevado é o do *'axer 'al-habayyit*, "o que está sobre a casa".[204] Segundo Is 22,21s, este cargo está muito próximo da função do rei, e segundo 2Rs 15,5 um filho do rei, que simultaneamente é o *'axer 'al-habayyit*, assume a regência em lugar do rei enfermo. Um portador desta função foi imortalizado na inscrição em um túmulo no Silwan, perto de Jerusalém.[205] Já a capacidade de poder mandar fazer tal túmulo dentro da rocha indica a elevada posição do proprietário, para o qual se deve observar o texto de Is 22,16.

Os cargos até agora discutidos são aqueles diretamente relacionados com a corte e com o governo central. Resumidamente, os portadores des-

---

[201] Ver p. 107.

[202] Ver Mettinger, 1971, p. 19-24.52-62; Rüterswörden, 1985, p. 89-91. Comprovantes bíblicos são 2Sm 8,16; 20,24; 1Rs 4,3; 2Rs 18,18.37 = Is 36,3.22. Além de Israel e de Judá, o título *mzkr* está documentado em carimbo moabita do século VIII; WSS, n. 1011.

[203] Documentação bíblica em 2Sm 8,17; 20,25; 1Rs 4,3; 2Rs 12,11; 2Rs 18,18.37; 19,2 = Is 36,3.22; 37,2; 2Rs 22,3.8-10.12; Jr 36,10.12.20s; 37,15.20; em termos epigráficos, ver WSS, n. 21-23; HAE II,2, 115. Um representante prominente é "Berequiyahu ben Neriyahu, o escriba", que está atestado tanto biblicamente (Jr 32,12s.16; 36,4s.8.10.13-19.26s.32; 43,3.6; 45,1s) quanto em bulas (WSS, n. 417; HAE II, 2.30).

[204] Mencionado na Bíblia sob Salomão (1Rs 4,6) e isso tanto para o Reino do Norte (1Rs 16,9; 18,3; 2Rs 10,5) quanto também para Judá (2Rs 15,5; 18,18.37; 19,2 = Is 36,3.22; 37,2; Is 22,15-25). Além disso há cinco impressões de selos que consistem na combinação de nome + *ashr 'l hbyt* (WSS, n. 1.403-406; HAE II, 113s).

[205] HAE I, 263-265.

Introdução às épocas da história social de Israel

tas funções são chamados de "os funcionários" (*sarim* — 1Rs 4,2; ver 2Rs 24,12; Jr 29,2; 34,19; 36,12.14.19; 37,14s; 38,4.25.27). Se o caco de cerâmica (*ostrakon*) n. 6[206] coloca lado a lado a "carta do rei" e as "cartas dos funcionários" (assim na linha 3s), então isso aponta para o fato de que estes altos funcionários devem ser localizados nas imediações do rei.

Mas também pessoas que não estão na central do poder e não atuam em posições centrais podem atuar como funcionários. Posição destacada é ocupada pelo portador da função de "comandante da cidade", "dirigente citadino", "prefeito", responsável pela administração das respectivas capitais Samaria (1Rs 22,26; 2Rs 10,5) e Jerusalém (2Rs 23,8).[207] As menções epigráficas dos carimbos e das impressões com a inscrição *Sr h'r*[208] chamam a atenção, pois não consta nenhum nome de pessoa como costuma acontecer no caso dos carimbos de funcionários. Trata-se não do carimbo pessoal de um alto funcionário mas sim de um carimbo funcional. A existência de um carimbo funcional e a documentação de um cargo somente para as capitais apontam para o fato de que este cargo está no ponto de encontro entre a administração central e a local.

A ele se dirige um escrito com uma petição de Mesad Hashavyahu, situado na província.[209] "Queira meu senhor, o comandante, ouvir a situação de seu servo."[210] Um trabalhador da corveia deve se dirigir ao comandante militar e civil como *'dny hsr*. O mesmo título aparece também em um *ostrakon* por meio do qual uma viúva se dirige a um funcionário.[211] A sequência de letras *'dny sr* encontra-se também num *ostrakon* de Arad,[212] mas este é tão fragmentário que nada se pode dizer sobre o contexto desta designação.

A perspectiva de baixo para cima, como é comum nas petições registradas nos *ostraka*, caracteriza também o modo de falar dos profetas em textos de crítica social. O objeto de suas críticas são muitas vezes "os funcionários" (Is 1,23; 3,14; Jr 34,8-22; Ez 22,27; Sf 1,8s; 3,3; utilizando

---

[206] HAE I, 425-427.
[207] Ver além disso Rüterwörden, 1985, p. 35-40.
[208] WSS, n. 402; HAE II,2, 30.9 e 30.10. Ver além disso um selo com a inscrição *lsr* = "petencente ao comandante, governador, funcionário" (WSS, n. 401; HAE II, n. 30.7), bem como a designação de propriedade *lsr 'ir* = "pertencente ao superior da cidade" constante num jarro de Kuntillet Ajrud (HAE I, 55).
[209] Sobre os documentos, ver p. 107s. Ali também há indicação de literatura complementar.
[210] Assim HAE I, 323s.
[211] Bordreuil/Israel/Pardee, 1996, texto p. 61. Ver também Wagenaar, 1999.
[212] HAE I, 395.

também outros termos, devem ser considerados os textos de Jr 5,5; Mq 3,1.9.11). Exceto no caso de Sf 1,8s, em geral não se deve pensar nos altos ministros nas imediações do rei. Pois a ação dos funcionários criticados tem influências diretas sobre as pessoas simples. Em alguns casos são mencionados em paralelismo direto com pessoas civis que igualmente tomam parte na opressão dos mais fracos (Is 3,14; Jr 34,8-22; Ez 22,23-31). Para as pessoas do povo — e os profetas tomam esta perspectiva —, os portadores dessas funções constituem em geral os opositores verdadeiros, e desse modo eles aparecem como "os funcionários" (ou "cabeças" ou "dirigentes").

Isso chama a atenção porque a troca interna de correspondência entre os funcionários, como é atestado pelos *ostraka* de Laquis e Arad, mostra outro quadro. Os portadores de cargos inferiores e médios só se chamam pelo nome sem nenhuma menção ao título. A pertença hierárquica é expressa por "senhor" ou "escravo" ou "filho" no caso de subordinação ou sobreposição ou, então, por "irmão", quando se trata de gente na mesma posição. Somente os altos funcionários são mencionados nestes escritos junto com o seu título (*sar* — *ostraka* de Laquis n. 3 e 6).[213]

No conjunto, estas afirmações sobre os funcionários evidenciam claramente uma escala hierárquica. No topo está um grupo de funcionários nas imediações do rei. Essas pessoas podem ser subsumidas sob o nome de "os funcionários". Abaixo destes está um grupo de funcionários inferiores ou médios, que se conhece tão bem entre si que é possível chamar-se somente pelo nome mesmo no exercício do cargo. Mesmo assim, a partir da perspectiva do povo, também essas pessoas são "os funcionários" e em casos isolados também devem ser chamados de "meu senhor, o *sar*".

Se Is 3,12-15, em uma virulenta polêmica, anuncia que YHWH virá para executar juízo em desfavor "dos anciãos de seu povo e seus funcionários" (v. 14), então o texto coloca na frente dos funcionários um segundo grupo, os *anciãos*.[214] O que estes fazem em um trecho em que se fala da administração na época da monarquia?

Até agora somente deparamos com anciãos no contexto de estruturas de dominação nas cidades em época pré-estatal.[215] De fato, a função dos

---

[213] HAE I, 412-419.425-427. Sobre a análise das cartas, ver Kessler, 1992, p. 178-182.
[214] Sobre os anciãos, ver Buchholz, 1988; Crüsemann, 1992a; Gertz, 1994; Reviv, 1989; Wagner, 2002.
[215] Ver p. 76s.

Introdução às épocas da história social de Israel

anciãos está bastante ligada com a cidade.[216] *Se na época pré-estatal os anciãos aparecem como representantes de suas cidades, eles mantêm esta função na época monárquica e com isso são imediatamente inseridos no sistema de administração estatal.* Em relação à sua respectiva cidade, eles assumem funções jurídicas, representativas, notariais e cúlticas.[217] A proximidade deles com o domínio monárquico é mostrada de forma narrativa no assassinato jurídico de Nabot (1Rs 21).[218] A mesma imagem é projetada pelas leis no Deuteronômio: ao lado dos anciãos na cidade aparecem juízes estatais e supervisores, e somente nesta combinação funciona o sistema jurídico.[219]

Com a menção dos anciãos já extrapolamos em si o aparato estatal em sentido estrito da corte e dos funcionários. É óbvio que a inserção das elites citadinas na administração estatal tem consequências para as relações sociais. Antes de nos dedicarmos a elas, é necessário enfocar ainda algumas atividades do estado monárquico. Pois não tanto a simples existência de um aparato estatal mas muito mais as suas atividades influenciam a vida social.

c) Atividades estatais

Segundo 1Sm 8,20, uma das funções centrais do rei é a condução da guerra. Por isso a exposição sobre as atividades estatais deverá começar com o *exército*.[220]

Numa sociedade organizada não estatal, em caso de ameaça de guerra, todas as pessoas que o puderem pegam em armas. A condução de tal tropa é feita por quem se julga apto a fazê-lo e quem a tropa seguir. Logo que a situação de ameaça estiver superada, o contingente dissolve-se novamen-

---

[216] Wagner, 2002, comprova isso em um estudo exaustivo, cujo progresso metodológico consiste no fato de que não somente diferencia as passagens que citam os anciãos segundo as grandezas sociais, das quais fazem parte (p. 404s), mas correlaciona isso com as tarefas atribuídas aos anciãos (p. 396-399). O resultado é evidente: "Os anciãos de Israel sobre os quais o Antigo Testamento fala de modo confiável não estavam em momento algum relacionados com tribos, clãs ou famílias, mas exclusivamente com cidades e sua população" (p. 411). Ver também Willis, 2001, bem como Buchholz, 1988, p. 81, o qual, além dos "anciãos da cidade", ainda conta com os "anciãos da tribo". Para isso, contudo, pode remeter exclusivamente a Ex 12,21*.

[217] Assim o resumo em Willis, 2001, p. 307: "Esses líderes desempenham uma variedade de funções: judicial [...], notarial [...], representativa [...] e cúltica". Wagner, 2002, pretende restringir à "função executiva" e à "função notarial" (acerca dos termos, ver p. 561). Isso tem sua justificativa no fato de que aqui residem as funções principais dos anciãos.

[218] Sobre isso ver p. 125.

[219] Sobre o sistema jurídico, ver p. 116.

[220] Ver Junge, 1937; von Rad, [5]1969; M. Weippert, 1972.

te. Também os dirigentes em geral não assumem funções duradouras de domínio. Ao lado disso há grupos armados, como o demonstram várias passagens que mencionam os *hapiru* do segundo milênio,[221] bem como informações bíblicas sobre "homens sem comando" (Jz 9,4; 11,3). Quem almeja domínio duradouro necessita de tal grupo.

Com o estabelecimento do estado, a coexistência de milícias esporádicas e tropas armadas regulares acaba criando uma estrutura dupla de exército profissional e milícia. Sobre Saul há a notícia de ter constituído uma tropa constante, tendo seu parente Abner como "comandante" (1Sm 14,50-52). Com Davi as coisas se modificam, na medida em que ele traz a sua tropa consigo. Depois de alcançar o reinado, ela se transforma em exército oficial.[222] O chefe do bando mercenário torna-se o ministro mais importante, como o mostra a lista de funcionários (2Sm 8,16; 20,23).

O novo estado, contudo, também não renuncia à força de defesa de sua população. Surge, assim, a *duplicidade de exército profissional e milícia*. A partir de alguns relatos de guerra, depreende-se que um pequeno exército profissional assume a tarefa de fazer a frente da batalha ou de romper um muro enquanto as tropas de milícias, certamente não tão bem munidas de armas, intervêm na fase final da batalha (ver o relato da batalha da guerra dos amonitas, especialmente os versículos 2Sm 11,11.14-17; 12,26-29, bem como o relato sobre uma guerra israelita-aramaica em 1Rs 20,14-20).[223]

O comando sobre as tropas é feito por oficiais que em hebraico levam o título de *sar*, sendo atribuído tanto ao "comandante militar" (*sar [has-] saba'* ou algo similar) (1Sm 14,50; 17,55; 2Sm 2,8 etc.)[224] quanto ao comandante de unidades menores. Inscrições feitas em cacos de cerâmica en-

---

[221] Sobre os *hapiru*, ver p. 53.

[222] É difícil aqui não pensar na famosa descrição do surgimento dos dois reinos em Agostinho (Aug. Civ. IV,4): "O que de outro modo são reinos se lhes falta a justiça a não ser grandes bandos de ladrões? Também bandos de ladrões não são outra coisa do que pequenos reinos [...]. Se esta miserável formação, por meio de acréscimo de pessoas perdidas" (1Sm 22,2), "se torna algo maior, de modo a ocupar localidades, fundar povoados, conquistar cidades, subjugar povos" (1Sm 27,6.8s; 30; 2Sm 5,6-12; 8,1-15), "assume sem mais o nome de reino" (p. 173). No original consta: "*Remota itaque iustitia quid sunt regna magna latrocinia? quia et latrocinia quid sunt nisi parua regna? [...] Hoc malum si in tantum perditorum hominum accessibus crescit, ut et loca teneat sedes constituat, ciuitates occupet populos subiuget, euidentius regni nomen adsumit*" (p. 101).

[223] Ambas as narrações são exemplo para o fato de que, assim como o caráter ficcional das narrações é impeditivo, nelas são pressupostas relações conhecidas pelos endereçados de tais narrações; sobre isso, ver p. 35-37.

[224] Nos *ostraka* de Laquis dos últimos dias do reinado judaíta pouco antes da conquista de Jerusalém pelos babilônios reconhece-se epigraficamente um *sr hsb'* com o nome de Konyahu ben Elnatan (HAE I, 412-419).

Introdução às épocas da história social de Israel 109

contrados em Arad e relativos ao século VI[225] atestam que na época tardia da monarquia também soldados simples podiam ser soldados profissionais. Menciona-se aí uma tropa de ceteus, portanto de soldados gregos.[226] Mas os seus comandantes são judeus, como é atestado pelos finais dos nomes com a partícula *yahu* mencionados na correspondência. Em caso de guerra, contudo, toda a população masculina pode ser recrutada para o serviço militar, como o mostra a menção do "escriba do comandante militar, que recruta a população camponesa" (2Rs 25,19 = Jr 52,25), que está relacionada com a segunda deportação após a derradeira ocupação da cidade de Jerusalém. Com isso está certificado que até o final da monarquia continuou a existir a estrutura dupla de exército profissional e milícia popular.[227]

Na estrutura do exército, que desde o início perpassa todo o tempo da monarquia, pode-se observar como, apesar de certa continuidade em relação à estrutura do tempo pré-estatal, iniciam profundas transformações. Assim como antes também agora os homens aptos seguem para a guerra. Mas eles constituem somente uma tropa auxiliar para o exército profissional. Deixam de ser guerreiros livres para ser recrutas do exército, subordinados ao comando de oficiais do exército. O poder militar, que em tempos pré-estatais era realizado por quem tinha condições, agora é monopolizado pelo estado.

Ao lado da condução da guerra existem outras tarefas comunitárias, especialmente na construção. Em tempos pré-estatais empreendimentos assim devem ter se mantido dentro de limites mais estreitos (construção de estradas, fortificações simples, santuários locais). Com o surgimento de um estado, essas atividades assumem outras proporções. Tanto na literatura bíblica quanto na extrabíblica existem muitas passagens nas quais reis aparecem como sujeitos do verbo "construir" (*bnh*) (ver a estela de Mesa[228] e 1Rs 9,17-19; 12,25 etc.). A arqueologia também demonstra que o período monárquico de Israel e de Judá é um tempo com muitas atividades de

---

[225] HAE I, 347-403.

[226] Sobre a ampliação do significado de "ceteus", que originalmente designava os moradores da cidade de Kition em Chipre, passando a designar todos os moradores de Chipre e depois todos os gregos e, finalmente, todos os moradores da área oriental do Mar Mediterrâneo, ver Dion, 1992.

[227] Segundo von Rad, ⁵1969, p. 33-38.76-78, a milícia teria tido o seu fim com a monarquia; segundo Junge, 1937, somente sob Josias teria havido uma restauração dessa unidade guerreira. M. Weippert, 1972, p. 469, contudo, mostrou que mesmo em um império como o assírio no tempo neoassírio havia a coexistência de milícia e exército regular. Para estados pequenos como Israel e Judá tal coexistência é totalmente provável.

[228] KAI n. 181.

construção. Para todas as atividades de construção necessita-se de mão de obra humana. Ela só não é mais organizada em parâmetros locais e na base da auto-organização, mas exigida pelo estado. Há um costume de se referir a esse tipo de prática usando um termo derivado do feudalismo medieval: corveia.[229] Sua utilização está documentada ao longo de todo o período monárquico, iniciando com as listas de funcionários de Davi e Salomão (o ministro da corveia ['al-hammas] — 2Sm 20,24; 1Rs 4,6; ver 1Rs 5,28; 12,18), passando pelas impressões de carimbos de "Pelayahu 'shr 'l hms", do século VII,[230] até as denúncias proféticas em Mq 3,10; Hb 2,12 e Jr 22,13-19.

Desde o início, a prática do trabalho forçado é apresentada como sendo *não conflituosa*. Já o chamado direito do rei em 1Sm 8,10-17, que foi retro-projetado pela redação deuteronomista para dentro da discussão em torno do surgimento da monarquia, adverte que o rei poderá recrutar os filhos e as filhas dos livres para o serviço.[231] Sob o governo de Salomão, o recrutamento dos habitantes do Reino do Norte conduz à secessão das tribos do norte quando o filho daquele assume o poder (1Rs 12). As denúncias de Mq 3,10, Hb 2,12 e Jr 22,13-19 remetem para a situação em Judá no final do século VIII e no início do século VI. Com o *ostrakon* de Mesad Hashavyahu[232] temos um documento epigráfico da época tardia de Judá,[233] que trata de um conflito da exigência estatal de prestação de serviço. Esta se dá em contexto não de construção mas sim de colheita, porém isso mostra o amplo espectro em que tais exigências de mão de obra poderiam ser feitas pelo estado.

Em todos estes textos bíblicos e epigráficos é importante verificar que eles nunca questionam em si a existência da corveia como tal. Nas descrições exemplares relativas aos tempos iniciais trata-se exclusivamente da extensão de tais realizações de trabalho; da mesma forma, no *ostrakon* de Mesad Hashavyahu. Mq 3,10 e Hb 2,12 conectam atividades de construção com derramamento de sangue. E no centro da crítica de Jr 22,13-19 consta que o objeto da atividade de construção constitui um luxo do rei.

---

[229] Sobre a corveia, ver Nurmi, 2004, p. 118-122.

[230] WSS, n. 20.

[231] Mesmo que aqui não sejam mencionadas atividades de construção. Sobre a corveia das filhas, ver Schottroff, 1999c.

[232] Texto e tradução em KAI, n. 200; HAE I, 315-329; TUAT I, p. 249s; Lemaire, p. 259-269; Jaroš, n. 55; Smelik, p. 87-93. Sobre a discussão, ver Amusin/Heltzer, 1964; Crüsemann, 1983; Dobbs-Allsopp, 1994; Fantalkin, 2001; Lemaire, 1971; Talmon, 1986c; Wenning, 1989.

[233] Pensa-se em geral na época de governo de Josias ou de Joaquim; ver a discussão em HAE I, 316.

Ao lado da exigência de realização de trabalhos, o novo estado exige também tributos.[234] *Tanto documentos bíblicos quanto epigráficos mostram que o sistema de tributos tinha importância menor que a corveia.* Isso aparentemente é contradito pela mais antiga indicação para a existência de um sistema de abastecimento organizado e planejado em prol da corte, mencionado no texto de *1Rs 4,7-19*.[235] Segundo este texto, Salomão dispõe de doze "administradores" ou "encarregados" em doze diferentes regiões do norte, que são responsáveis pelo abastecimento da corte. Disso, contudo, dificilmente podemos concluir pela existência de um sistema totalmente organizado de "províncias", "distritos" ou "regiões".[236] Pois tanto os encarregados quanto as regiões administradas são designados de forma muito diferente, dificultando, pois, derivar daí uma tendência para a uniformidade. No caso dos "encarregados", trata-se, provavelmente, de grandezas locais "que têm certa influência nos lugares e regiões indicados".[237] Devem providenciar a lealdade local em relação ao rei e simultaneamente representar localmente o rei. Em dois casos, a lealdade em relação ao rei é assegurada pelo fato de estarem casados com filhas do rei (v. 11.15).[238] Provavelmente a sua tarefa consistia, além da representação política, na remessa de produtos naturais para a corte, embora não na forma irrealista de um rodízio mensal, como é sugerido pelo v. 7. Em todo caso, não se trata de um sistema de tributos desenvolvido.[239]

Ao lado disso menciona-se esporadicamente um *dízimo*, e as menções não permitem concluir pela existência de um sistema unificado.[240] Assim,

---

[234] Sobre as ofertas, ver Crüsemann, 1985; Jagersma, 1981; Kessler, 1996b; Nurmi, 2004, p. 113-118.

[235] Sobre 1Rs 4,7-19, ver Ash, 1995; Fritz, 1995; Kamlah, 2001; Na'aman, 2001; Niemann, 1993, p. 246-251.

[236] Assim por exemplo a concepção em Alt, ³1964a.

[237] Interessantemente, a maioria das designações de localidades (assim no v. 8-10.13.15-19) é introduzida com "em" (hebraico: *be*) e não com "sobre" ('*al*), o que seria de esperar se se tratasse de governadores; sobre isso, ver 2Sm 5,5: "Em" Hebron e Jerusalém, Davi é rei "sobre" Judá e depois sobre Israel e Judá. As localidades da lista de 1Rs 4,7-19, portanto, somente indicam onde os responsáveis se encontram, não indicando as regiões nas quais eles dominam. Somente o título secundário no v. 7 faz disso um domínio "sobre todo o Israel".

[238] De forma correspondente, no decorrer da monarquia judaica, sempre filhas da nobreza agrária são casadas com filhos de reis; sobre isso, ver p. 132.

[239] Sobre a perspectiva aqui defendida acerca de 1Rs 4,7-19, ver Niemann, 1993, p. 246-251; id., 2002; Kamlhah, 2001. Para Fritz, 1995, p. 19, o texto faz parte dos "poucos documentos originais assumidos na Obra Historiográfica Deuteronomista". Segundo Ash, 1995, a lista contém material pré-deuteronomista (p. 79-85), que até a destruição do Reino do Norte teria sido transmitido de forma oral (p. 84). "Somente os nomes [...] sugerem uma data antiga" (p. 85). Ainda que a glosa do texto pressuposta por Ash (p. 73-79) indique mais para um processo de transmissão escrita, o resultado é similar ao aqui defendido: a lista reflete não um sistema administrativo elaborado mas sim a mutualidade de relações entre a autoridade local e a corte.

[240] Ver Crüsemann, 1985.

1Sm 8,15.17 fala de um dízimo real sobre as produções agrícolas, enquanto de Gn 28,22 e Am 4,4 pode-se deduzir um dízimo sacral, o qual, contudo, deve ser dirigido para os santuários *reais* do Reino do Norte. Um dízimo a ser pago ao templo é pressuposto para a época tardia de Judá e mencionado em Dt 12,6.11.17. De Jerusalém, em todo caso, provém o único comprovante epigráfico seguro. Em um *ostrakon* do final do século VIII e início do século VII encontram-se os números 200 e 18, devendo ser relacionados com o evento da dizimação (*l'sr*).[241] A partir do contexto em que o artefato foi encontrado não dá para deduzir se o documento faz parte da administração do estado ou do templo. Mas talvez também nem se deva fazer diferenças.[242]

Para a época tardia dos dois estados de Israel e de Judá está documentado ainda um *tributo especial* que deve ser recolhido a fim de cumprir com as exigências tributárias dos assírios e egípcios (2Rs 15,19s e 2Rs 23,35). Apesar do caráter único desta tributação, deve-se supor a regularidade de seu recolhimento, uma vez que a partir da metade do século VIII os dois estados estão em constante dependência em relação aos assírios e, posteriormente, no caso de Judá, em relação à Babilônia e ao Egito.[243] Afora isso, deve-se contar com elevadas necessidades financeiras dos reis. Por isso, embora não havendo comprovações para todo o período, pode-se concluir: "O mais tardar com a dependência em relação aos assírios e a obrigação de pagamento regular de tributos, também em Judá se tornou necessário um sistema de tributação próprio".[244]

Para a manutenção de seu aparato estatal — incluindo-se aí a corte, os funcionários civis e especialmente o exército —, o estado necessita de entradas. Ao lado dos serviços pessoais e de um sistema de tributos, cuja extensão não é bem definida, *os reis de Israel e de Judá também se podem apoiar em um setor econômico próprio*.[245]

---

[241] HAE I, 195s.

[242] Sobre uma possível fundamentação da inter-relação entre tributos estatais e religiosos, ver Kessler, 1996b, esp. p. 230s.

[243] Sobre a obrigação de tributo, ver somente 2Rs 16,8; 17,4 ("ano a ano"); 18,14, bem como os documentos epigráficos em TGI, n. 24.27.28.36.39.41.44; sobre a obrigação de tributos por parte de Judá na época de Manassés, ver as comprovações em Begrich, 1975, esp. p. 201.214-216.

[244] Crüsemann, 1985, p. 44s. Heltzer, 2000, discute uma série de bulas da época de Josias que podem muito bem ser interpretadas sob o pano de fundo de um sistema de tributos (em espécie).

[245] Sobre a economia real, ver Alt, ²1968c; id., 1964a; id., 1964c; id., 1964d; Avishur/Heltzer, 2000; Ben-Barak, 1981; Kallai, 2003; Kessler, 1996b; Kletter, 1999; Lowery, 1991; Na'aman, 1991; Noth, 1971; Nurmi, 2004, p. 122-132.

A propriedade real da terra consiste por um lado na propriedade familiar dos reis (para Saul, cf. 1Sm 9,1s; 11,4s etc.; para Davi, 1Sm 16,11.19; 17,15 etc.; para Absalão, filho de Davi, 2Sm 13,23). A isso se agregam, por força de atividades políticas, propriedades adquiridas, como é o caso da cidade de Siceleg ("Por isso Siceleg pertence aos reis de Judá até os dias de hoje" — 1Sm 27,6) ou da Jerusalém conquistada por Davi (a "cidade de Davi" — 2Sm 5,9). Além disso, existe a possibilidade de comprar terras (2Sm 24,18-24 para Davi; 1Rs 16,24 para Omri; cf. também 1Rs 21,1s). Possivelmente, os reis também podiam dispor de terras de pessoas condenadas por motivos de traição, como o faz Davi no caso das posses do filho de Saul Meribaal (2Sm 16,1-4) ou Acab no caso da vinha de Nabot (1Rs 21). Por fim, deve-se trabalhar com a hipótese de que terras abandonadas caiam automaticamente nas mãos do rei, como no caso de Meribaal, antes que este possa ser identificado como o proprietário (2Sm 9), ou no caso da rica sunamita que abandona a terra por causa de uma crise de fome (2Rs 8,1-6).

Todas estas notícias apontam para o fato de que os reis possuem terras. Elas, porém, dificilmente podem comprovar que os reis dispunham de amplas "terras reais" [*Krongut*], cuja existência inclusive é tomada por alguns como sendo a responsável pela crise social a partir do século VIII.[246] Além disso, a concepção de "terras reais" é onerada pelo fato de o conceito ser tomado do feudalismo medieval, estando inextricavelmente relacionado com ideias como feudo e vassalagem.[247] Para isso, no entanto, os textos não dão suporte. Por isso é recomendável abandonar por completo a ideia de "terras reais" e em lugar disso falar simplesmente de posses do rei.

Ao lado dos textos bíblicos, também documentos epigráficos apontam para a existência de posses do rei. Nos *ostraka* da Samaria, da segunda metade do século VIII, que foram interpretados especialmente por Martin Noth[248]como indicativos para o registro de entregas de produtos naturais relativos à corte, isso não acontece na maioria dos casos.[249] Somente alguns *ostraka* podem ser interpretados no sentido de posses do rei — no

---

[246] Sobre as propriedades reais [*Krongut*], ver Noth, 1971; sobre o papel das supostas terras reais para o desenvolvimento social, ver Alt, ²1968c.

[247] Assim o conceito é preenchido em termos de conteúdo em Noth e em Alt.

[248] Noth, 1971.

[249] Sobre isso, ver p. 125-127.

caso daqueles que como origem indicam "da vinha X" ou só indicam o tipo de mercadoria.[250]

Isso é diferente no caso das *asas de jarros carimbadas* que trazem a inscrição "pertence ao rei" (*lmlk*).[251] Elas aparecem em grande quantidade[252] meio século mais tarde no Reino do Sul — portanto nas últimas décadas do século VIII, durante o governo de Ezequias. Todos os jarros de armazenagem provêm da mesma cerâmica ou de alguma cerâmica da mesma região.[253] No caso dos quatro nomes de lugar mencionados nos carimbos, a saber, Soco, Hebron, Zip ou *mmsht*, que devem estar localizadas nas imediações da conhecida cidade de Hebron, trata-se de posses do rei. Eles apontam para a origem do vinho ou do óleo que é consumido em Jerusalém ou em fortalezas, sendo que a maioria dos jarros foi encontrada nestes lugares. O fato de a maioria dos jarros haver sido encontrada nestes lugares tem a ver com os preparativos de Ezequias por ocasião do levante antiassírio que no ano de 701 quase levou à conquista da cidade de Jerusalém.

Com grande probabilidade, devem-se datar da época de Josias as chamadas bulas fiscais — isso por motivos epigráficos em relação aos muitos anos de governo do rei não nomeado.[254] Elas comprovam remessas feitas a partir de diversas cidades judaítas "para o rei" (*lmlk*): Laquis, Gabim, Nesib, Eltolad e Arubot.[255] A partir das bulas não se pode deduzir se se trata de remessas derivadas de um sistema de tributos comum[256] ou se eram provenientes de posses do rei. Contra a interpretação no sentido de pagamento de tributos fala o dado de que, em comparação com as listas de Js 15; 18s,[257] são mencionados apenas alguns poucos nomes de lugares. Pelo fato de um sistema de tributos abarcar toda uma região geográfica, as bulas fiscais — assim como os carimbos *lmlk* — devem ser interpretadas como referência a posses do rei.

---

[250] N. 20.44.53.54.61.72.73 (HAE I, 95.101.103-105.107).

[251] Sobre as impressões *lmlk,* ver Kletter, 2002; Lance, 1979; Lemaire, 1975; id., 1981; Na'aman, 1979; Nurmi, 2004, p. 317-332; Rainey, 1982; Ussishkin, 1976; Welten, 1969.

[252] HAE II,2 menciona "muito mais do que mil impressões *lmlk*" (p. 81); mas sempre surgem novos achados.

[253] Ver as análises químicas em Mommsen/Perlman/Yelin, 1984.

[254] Sobre este estado da questão, ver Kessler, 1992, p. 144-148; Niemann, 1993, p. 157-160; Kletter, 2002; HAE II,2, 102-106.

[255] HAE II,2, 102 e n. 30.11-30.17; WSS, n. 421+422.

[256] WSS, 177 fala de "tax".

[257] Sobre as listas em Js 15,21-44.48-62; 18,21-28 e 19,2-8.41-46, que permitem deduzir a existência de um sistema de tributos para Judá somente a partir do século VIII; ver entre outros Niemann, 1993, p. 251-272.

Por fim, os *ostraka de Arad* encontrados justamente nesta fortaleza militar no sul remetem para os últimos tempos da existência autônoma de Judá.[258] Juntamente com o armazém escavado arqueologicamente, eles comprovam que a fortaleza era lugar de junção e de entreposto de grandes quantidades de produtos agrícolas. Mas de onde provêm estes produtos? Somente o *ostrakon* n. 25 poderia dar informação sobre isso, pois este contém uma lista de três nomes de localidades ligados com a preposição *min* ["de"], indicando depois disso a quantidade de cereal.[259] Estas localidades poderiam ser posses do rei — tal como no caso dos carimbos *lmlk*. Mas também não se pode excluir por completo a hipótese de que se trate de entrega de produtos naturais provenientes de aldeias sujeitas à tributação.

Se tomarmos as informações sobre as atividades agrícolas junto com o reinado, então talvez seja certo afirmar que no Israel e em Judá da época monárquica havia relevantes posses reais que tinham a finalidade precípua de abastecer tanto as fortalezas quanto a corte. No todo, contudo, não se tem a impressão de que as posses do rei tenham interferido de modo fundamental na vida econômica. Pois ao lado das posses do rei continuam a existir as propriedades familiares. A posse do rei é organizada como "casa" (*bayit*), tendo à frente o (*'asher*) *'al-habbayit*.[260] Este *bayit* real provavelmente era maior do que a casa dos mais ricos da terra. Mas ao lado dele continuam a existir as inúmeras "casas" das famílias israelitas e judaítas. *A economia real continua a ser economia familiar, ou, dito de forma moderna, ela permanece economia de repartição. Ela não se desenvolve para economia popular, de forma a determinar a vida econômica de toda a terra.*

Outro campo da atividade estatal é a jurisdição.[261] Aqui também se evidenciam traços de continuidade em relação à sociedade pré-estatal, os quais por fim redundam em uma profunda transformação. Para a época pré-estatal deve-se partir do fato de que eventuais conflitos eram regulados diretamente entre os grupos em conflito. Nisso pode haver, para além das negociações e das disputas, o recurso ao uso da violência. Importante,

---

[258] HAE I, 347-403. Ver também o significado dos *ostraka* para a organização militar; ver p. 110.

[259] HAE I, 393s.

[260] Sobre essa função, ver p. 104.

[261] Sobre o sistema jurídico, ver Bellefontaine, 1987; Ben-Barak, 1988; Crüsemann, 1992b; Gertz, 1994; Macholz, 1972a; id., 1972b; Niehr, 1987; Nurmi, 2004, p. 147-194; Whitelam, 1979; Willis, 2001; Wilson, 1983-84.

contudo, é observar que em geral não aparece uma instância mediadora.[262] No máximo, para o caso de povoados urbanos, pode-se contar com o fato de que anciãos desempenhavam uma função apaziguadora. Mas mesmo nestes casos não se pode supor que eles estivessem em condições de julgar de forma autoritativa, uma vez que eles eram motivados por interesses e com isso sempre eram parte.

Esta circunstância não se modifica fundamentalmente com o surgimento da monarquia, mas há deslocamento em determinada direção. A simples existência de um rei e, com ele, de pessoas importantes nas cidades do país (oficiais, funcionários) interfere no sistema jurídico. Muito provavelmente, nos conflitos locais as pessoas mais importantes eram atraídas para dentro dos conflitos. Pelo menos a parte mais fraca deve ter tido um interesse especial por isso. Assim, surge uma forma de jurisdição na qual aqueles que tinham o poder de persuasão também julgavam. Essa função poderia ser desempenhada pelo comandante militar no caso de uma fortaleza pequena, como mostra o *ostrakon* de Mesad Hashavyahu.[263] Em povoamentos maiores, os anciãos se reúnem para encontrar e julgar, tendo suporte de juízes e secretários oficiais. A narrativa da vinha de Nabot (1Rs 21) mostra quão direta podia ser a intervenção da autoridade real neste sistema.[264] É óbvio que este sistema não se desenvolveu de forma igual em todos os lugares. Para as relações que o Deuteronômio procura normatizar deve-se supor o período no final da época monárquica em Judá.

Com o papel do rei e do poder dele derivado na administração da justiça ainda não se falou sobre a importante função da monarquia para o sistema jurídico. Com a crescente divisão em classes sociais da sociedade israelita e judaica, como se pode verificar a partir do século VIII, chega-se, em movimento contrário, aos inícios da codificação do direito. Pode-se supor que a monarquia tenha desempenhado um papel importante neste processo.[265]

O exército, a exigência de trabalhos compulsórios e de entregas, a formação de propriedade administrativa real e a influência sobre o sistema jurídico constituem campos da atividade estatal cuja diferenciação marca a transição do estado primitivo para o estado desenvolvido. Quanto mais

---

[262] Sobre esta perspectiva, ver Crüsemann, 1992b, p. 80-95.
[263] Ver p. 105 e 110.
[264] Sobre o papel dos anciãos na administração da justiça local, ver p. 106.
[265] Sobre isso, ver p. 151.

Introdução às épocas da história social de Israel

fortemente o estado aparece nestes campos, mais fortemente ele intervém nas estruturas sociais da população. Se começam a aparecer diferenciações sociais — e já havíamos visto vestígios disso nos inícios da época monárquica —, então as exigências estatais por soldados e por forças de trabalho reforçam tais processos de diferenciação: uma administração doméstica pujante pode acompanhar facilmente tal processo sem se enfraquecer de modo significativo; no caso de uma economia doméstica enfraquecida, isso pode significar a ruína. Simultaneamente, a existência de um exército profissional e a influência estatal sobre a administração da justiça restringem a possibilidade de as classes inferiores se organizarem em bandos, como acontecia no tempo de Davi, para assim escapar do poder dos credores.

d) A função do templo

Antes de nos ocuparmos com o desenvolvimento parcialmente diferenciado nos estados de Israel e de Judá, vamos focar brevemente a importância social do templo.[266] Nos limites de uma história social, esta perspectiva pode ser feita de modo limitado. Ela se concentra na importância econômica do templo e nas consequências diretamente disso derivadas.

Maior do que a importância econômica é a *significação simbólica* da instituição religiosa. Dos poucos critérios relativamente seguros para dizer o que é um estado faz parte a existência de uma ideologia comum. Em sociedades pré-modernas, a unidade de um estado está simbolizada na unidade de sua religião. Esta pode em si ser bastante diversa e ter representações nos diversos níveis de família, aldeia, região e estado. Aqui não precisamos discutir se na época da monarquia havia em Israel e Judá o postulado da adoração exclusiva a YHWH ou se ainda vigora um politeísmo como nas demais partes do Levante. Também não precisamos discutir o papel que os diferentes níveis sociais desempenham neste processo. Decisivo é que a comunidade como um todo que se organiza a partir do surgimento do estado e se apresenta na figura do rei tem sua unidade simbolizada na adoração a YHWH. Quando o rei moabita espolia cidades israelitas, ele toma utensílios de *YHWH* e os coloca diante de Camos, o deus estatal e nacional, como está escrito na sua estela de vitória.[267]

---

[266] Acerca do templo, ver Delcor, 1962; Eissfeldt, 1963; Galling, 1951; Hurowitz, 1986; Levin, 2003b; Schaper, 2000; Will, 1977.

[267] KAI n. 181, linha 17s.

Mas também a estrita *significação econômica da instituição religiosa*, especialmente do templo, tem primeiramente um profundo caráter simbólico. "Não aparecerás de mãos vazias diante de sua face" (Ex 23,15; 34,20) — isso é uma exigência básica de toda religião, exigência esta que em Israel está relacionada com o aparecimento diante da face de YHWH (Dt 16,16). Os fiéis trazem à divindade a sua *dádiva* em forma de ofertas e primogênitos e entregas voluntárias, as quais a divindade aceita e retribui com a dádiva da fertilidade e da bênção, que por sua vez reforça a nova entrega por parte dos fiéis: é um círculo infinito de entregas e respostas que mantém o movimento do mundo.[268] O que pode ser reduzido em termos materiais ao fato de que pessoas entregam a uma instituição religiosa uma parte daquilo que produziram não abarca o sentido simbólico da ação.

A dádiva como forma básica do comportamento religioso não está restrita a determinada forma social. Obviamente já na época pré-estatal havia santuários aos quais eram levadas ofertas. Ainda assim, com a transição para a formação estatal dá-se uma transformação que por fim culmina em relações completamente diferentes daquelas da época pré-estatal. Pois ao lado dos santuários locais surgem a partir daí os *santuários reais*, para o sul em Jerusalém e para o norte em Betel e Dã. Também a eles são trazidas ofertas. Para o caso de Betel (e Guilgal?) está mencionado o dízimo em Am 4,4 e Gn 28,22.[269] Acerca de Jerusalém há a tradição de que ali haveria uma *caixa de coleta* para a qual poderiam ser feitas doações (2Rs 12,5-17 e 22,3-9).[270] Além do sacerdote, também um escriba dispõe dessas entradas (2Rs 12,11).

A partir das ofertas dos fiéis que visitam o templo e das "ofertas reais" (cf. 2Sm 8,11s; 1Rs 7,51; 15,15; 2Rs 12,19), forma-se o *tesouro do templo*. Três coisas podem-se deduzir das numerosas menções nos livros dos Reis

---

[268] Sobre a "dádiva" como figura fundamental nas relações religiosas entre pessoas e divindade, ver Mauss, 1990; Godelier, 1999. Com razão Godelier destaca a assimetria na relação entre dádiva divina e oferta humana.

[269] Ver p. 111.

[270] Controvertida é a pergunta pela relação literária entre os dois textos; mas isso não pode ser decidido aqui. Levin, 2003, nega toda possibilidade de avaliar o relato de 2Rs 12 em termos histórico-sociais: "O relato da inauguração do templo sob Joás, filho de Acazias, evidenciou-se em todas as suas partes como uma narração construída tardiamente". A imagem por ele esboçada dos davididas estaria mais próxima "em termos fundamentais das Crônicas do que da teologia deuteronomista, e mais distante ainda da história do Judá pré-exílico" (p. 197). O fato de 2Rs 12,5 ter sido retrabalhado para harmonizar-se com outras determinações da Torá (Ex 30,13; Lv 27,1-8) já mostra que um texto mais antigo deve ter servido de base. Na datação tardia do texto feita por Levin, fica incerto por que as Crônicas no texto de 2Cr 22–24 apresentam os fatos de forma diversa, sendo que o próprio texto já teria sido escrito totalmente no espírito delas.

(1Rs 14,25s; 15,18; 2Rs 12,19; 14,14; 16,8; 18,15; 24,13). Primeiramente, o tesouro do templo sempre é diferenciado em relação ao tesouro real. Em segundo lugar, o tesouro do templo sempre é mencionado em segundo lugar, o que pode ser atribuído ao interesse especial dos redatores deuteronomistas no templo. Em terceiro lugar, sempre se pressupõe que o rei pode dispor de ambos os tesouros. Este último detalhe evidencia o quanto os santuários, sobretudo os centrais, estavam inseridos na ordem estatal.

Ao final da época da monarquia, em Judá, inverte-se a relação entre santuário local e central. Se no período pré-estatal somente existem santuários locais, e durante a monarquia coexistem ambos, sob Josias, no final do século VII, os santuários locais são fechados e o culto é centralizado em Jerusalém (2Rs 23,5.8s.15.19s; cf. Dt 12). Aqui não podemos tratar das consequências histórico-religiosas da *centralização cultual*.[271] Mas o evento é importante sob o ponto de vista da história social.

Por meio da centralização das festas de peregrinação, surge o problema de que produtos alimentícios destinados a ofertas e sacrifícios, especialmente gado, devem ser transportados por extensões muito grandes, o que não é praticável. Por esse motivo é permitido converter estes produtos em prata e com esta novamente comprar vacas, ovelhas, vinho etc. (Dt 14,25s). É óbvio que deste modo tanto o *comércio interno* quanto a *economia monetária* sofrem grande incremento. Pois por um lado o templo deve comprar estes produtos no interior a fim de poder revender aos peregrinos. Por outro, estas ações de comércio não acontecem na forma da troca de produtos naturais, mas em troca de prata, a qual com isso claramente assume a função de dinheiro, mesmo que ainda não seja cunhado em forma de moedas, devendo ser pesado caso a caso (ver a descrição em Jr 32,9s e a proibição de ter duas pedras de pesar na sacola, em Dt 25,13). Coincide com observações referentes a outras culturas o fato de que é o templo, e mais precisamente o tempo real, que recebe as ofertas em prata que originalmente eram entregues na forma de produtos naturais.[272]

Com a indicação para a reforma cultual josiânica e suas consequências para a economia, já chegamos ao final da época da monarquia. Contudo,

---

[271] Acerca da discussão sobre a reforma josiânica, ver p. 136-138.

[272] Para o caso da Grécia, ver Will, 1977; sobre a relação entre dinheiro como meio de circulação e simultaneamente como critério de valor, retirado da circulação (para o que a instituição religiosa serve como garantia), ver Godelier, 1999, esp. p. 44-46; quanto à aplicação à reforma josiânica, ver Schaper, 2000, esp. p. 95-104.

120 História social do antigo Israel

devemos retornar novamente ao início e esboçar o perfil próprio dos dois estados de Israel e Judá.

4. Perfil do domínio real em Israel e em Judá

O estabelecimento da forma estatal monárquica em Israel e Judá tem consequências fundamentais para a estrutura do estado e da sociedade vigentes para ambos os reinos e que foram tratados nos tópicos anteriores. Como o desenvolvimento nos dois estados não corre de modo totalmente paralelo, nem em termos temporais nem em termos de estrutura, devemos agora verificar o perfil de cada um destes estados.

a) Israel em meio à luta por libertação, à revolução e à estabilidade

Sob a superfície deuteronomista da apresentação nos livros de Samuel e Reis, há duas características dos inícios do Reino do Norte que dificilmente podem ser negadas: o Reino do Norte é o mais antigo dos dois estados e, segundo sua autocompreensão, seu surgimento se deveu a um duplo impulso por libertação.

O reinado de Saul, que facilmente pode ser reconhecido como um domínio sobre Benjamim e áreas limítrofes, está inserido no contexto da *luta por libertação contra os filisteus*. Tanto na narrativa da arca quanto naquelas sobre a ascensão de Saul e sobre o seu declínio, os filisteus desempenham um papel decisivo. Eles são representados como muito poderosos. Numa flagrante repetição, é-lhes colocado na boca que chamam os israelitas de "hebreus" (1Sm 4,6.9; 13,19; 14,11; 29,3). Somente por duas vezes esta designação não se encontra na boca dos filisteus (13,3.7), e uma vez aparece até um grupo de hebreus que somente no desenrolar do conflito se liga a Israel (14,21). Aqui parece haver um uso linguístico documentado nas cartas de Amarna e em outros textos do segundo milênio: *hapiru* são rebeldes contra o domínio estatal ilegítimo; em caso de conflitos, eles podem estar tanto de um lado quanto do outro.[273]

Em 1 Samuel não se faz nenhuma vinculação com as repetidas menções dos "hebreus" tanto nas narrativas sobre a estada no Egito quanto

---

[273] Ver p. 53s.

Introdução às épocas da história social de Israel

na história de José.[274] Isso provavelmente indica um estágio primitivo e anterior da tradição, a qual está estreitamente vinculada com a figura de Saul. Pode-se perfeitamente chamá-la de "lenda fundamental da fundação do estado de Israel".[275]

Ao lado dessa, há obviamente ainda outra lenda de fundação, a qual tem sua formulação em 1Rs 12. Segundo essa narrativa, o Reino do Norte passou a existir graças a uma *secessão a partir do domínio dos davididas*. Sob o retoque da tradição, que faz da época de Salomão uma época de ouro, pode-se reconhecer que o Salomão residente em Jerusalém, em seguimento a seu antecessor Davi, estende seu governo em direção ao norte. Nisso ele obriga a população do norte a trabalhos forçados, ainda que somente se possam fazer especulações sobre seu caráter e extensão. Segundo 1Rs 5,27-31, tem-se a impressão de que o trabalho forçado no sentido de duro trabalho corporal é esperado de todos os israelitas em todo o território. Segundo 1Rs 9,20-22, há um quadro diferente afirmando que a população israelita teria sido colocada em posição de direção.[276] A polêmica de 1Sm 8,10-17 mostra que ambas as coisas podem ser interpretadas como "escravização" por uma população amante da liberdade.[277]

Segundo 1Rs 12, o conflito é desencadeado na transição do poder de Salomão para seu filho Roboão. Contudo, já nos conflitos anteriores sob o governo de Davi e de Salomão,[278] a busca por autonomia por parte das tribos do norte foi o ponto de partida do conflito. Já o filho de Davi, Absalão, dirige-se aos "homens de Israel" em sua tentativa de levante (2Sm 15,3.6). Davi é xingado durante sua fuga por um homem do clã de Saul (16,5-14; 19,17-24). Ainda sob Davi, o benjaminita Seba intenta uma secessão, mas é reprimido pela tropa de elite de Davi (2Sm 20). Sob Salomão há o levante do efraimita Jeroboão, que deve fugir para o exterior após a tentativa (1Rs 11,26-28.40).

Após a morte de Salomão, há uma divisão das tribos do norte, sem que os davididas pudessem fazer algo a respeito. Para um estado primitivo, tal

---

[274] Ver p. 62s.

[275] Ver Dietrich, 1997, p. 239. Esta relação também rechaça o mal-entendido de que isso significaria que os filisteus históricos teriam designado os homens em torno de Saul como "hebreus". Sobre isso nada se pode afirmar.

[276] Noth, 1968, p. 217s, mostra que esta perspectiva não é *ipso facto* provável.

[277] Sobre isso, ver p. 97.

[278] Sobre isso, ver p. 98.

secessão relativamente pouco problemática não é algo incomum, se é que não é óbvia, como mostram as tentativas frustradas anteriormente indicadas. Libertar-se sem guerra civil por consequência é relativamente fácil, porque o poder da instância central se baseia em grandezas locais, mas não sobre interesses de toda uma classe que se contrapõe a outra classe, como é o caso em estados plenamente desenvolvidos.[279] Se as instâncias locais negam lealdade em relação à instância central, encontrando nisso apoio por parte de sua população — em relação à qual não se encontram em contraposição de classe —, então o desenlace da instância central dificilmente pode ser evitado.

Em termos histórico-sociais, é interessante que a secessão das tribos do norte em relação aos davididas culmina não na dissolução de relações estatais mas sim em um *novo reinado*. Após a separação em relação aos davididas, o efraimita Jeroboão é declarado rei (1Rs 12,20). Contudo, não faria sentido separar-se do domínio dos davididas e logo a seguir constituir uma monarquia do mesmo tipo, mudando somente o governante na ponta. Igualmente, com a separação em relação à casa de Davi deixa de existir o ônus das obras de construção, não havendo, assim, motivo para um novo sistema de trabalho compulsório. Os novos reis do Reino do Norte moram inicialmente em residências alternantes, primeiro em Siquém, talvez também Fanuel (1Rs 12,25), depois em Tersa (14,17; 15,33; 16,6.8s.15.17.23). Nada sabemos sobre ampliações nesta cidade, e isso não por causa de escassez de fontes mas porque o passo rumo à construção de uma metrópole é dado por Omri com a construção da Samaria, cinquenta anos após a separação (16,24).

Programaticamente a *autocompreensão* do novo reinado no norte se expressa em sua política cultual. Os dois novos santuários reais em Betel e em Dã são expressamente dedicados ao Deus do êxodo (1Rs 12,26-33). O Deus do novo reino é o Deus que libertou Israel do trabalho forçado no Egito. Até o desmantelamento do reino, a tradição do êxodo continua sendo uma típica tradição do Reino do Norte — como o mostra sobretudo a sua total ausência na profecia de Isaías e Miqueias, que atuaram no sul —, enquanto no sul a adoração a YHWH no culto estatal está vinculada com a teologia de Sião. Em termos literários, a estilização de 1Rs 12 mostra quão estreitamente a fundação do reino no ato da secessão em relação aos

---

[279] Sobre isso, ver p. 136-152.

Introdução às épocas da história social de Israel

davididas é vinculada com a saída do Egito: Jeroboão aparece como um novo Moisés, que conduz seu povo para a liberdade.[280]

Assim, da mesma forma como a tradição de Saul, mais antiga, pode ser chamada de "lenda fundacional do estado de Israel",[281] a tradição do êxodo pode ser compreendida como o "mito de origem do Reino do Norte".[282]

A pergunta pela relação entre estas duas tradições de origem deve ser respondida no sentido de que a estilização do êxodo relacionada com o efraimita Jeroboão deve ser a ideologia estatal oficial do norte. No caso da tradição de Saul, provavelmente se trata de uma tradição benjaminita particular. Como Benjamim sempre tem afinidades com Judá, é perfeitamente plausível que a tradição de Saul foi transmitida em Benjamim como tradição autônoma, que se destaca em relação à linha principal benjaminita e simultaneamente constitui um contraponto em relação a tradições genuinamente judaítas.

Para a nova monarquia estabelecida no Reino do Norte e que leva o nome de Israel, é característica a constante troca de dinastias, diferindo nisso do estável domínio davídico em Judá.[283] No meio século entre a fundação do reino e o início do governo de Omri, chega-se a seis (com Omri) governantes e três golpes de estado. Omri é o primeiro rei que logra estabelecer uma dinastia com pelo menos quatro reis. Esta dinastia se mantém no poder por quase quarenta anos. O último omrida, Jorão, é deposto em 845 pela revolução de Jeú, que teve profundas consequências (2Rs 9s). Também Jeú destrói a dinastia anterior (2Rs 10,7.11.17). Ele funda uma dinastia que permanece quase cem anos no poder, sendo constituída por cinco reis. A partir do fim do último jeuida, no ano de 747, restam ao Reino do Norte ainda 25 anos. Nestes anos segue-se golpe de estado após golpe de estado, até que, em 722, o Reino do Norte sucumbe, sendo dividido em quatro províncias assírias.[284]

Chama a atenção que nas constantes trocas de dinastias em muitos casos elas partem do *exército*, o qual com isso alcança papel de destaque

---

[280] Contudo, inversamente também se deve contar com o fato de que a apresentação da história do êxodo assume elementos da representação de Jeroboão. Sobre a tradição do êxodo como tradição do norte, ver Kessler, 2002, esp. 91-101. Ver também Wißmann, 2001.

[281] Dietrich, 1997, p. 239.

[282] Kessler, 2002, p. 94.

[283] Ver Alt, ³1964b; Ishida, 1977; Timm, 1982.

[284] Acerca da matança de muitos reis nos últimos anos de Israel, ver também as interessantes alusões no profeta Oseias: Os 7,3-7; 8,4; 9,15; sobre isso, ver Jeremias, 1983, p. 31s.95-97.105s.124s.

na monarquia do Reino do Norte. *A consequência social da constante troca de poder é que as elites conseguem se estabelecer com maior dificuldade do que em um governo mais estável.* Com cada golpe de estado os membros da família do antecessor são mortos (1Rs 16,11 — "parentes e amigos"). De forma que dificilmente se pode estabelecer uma aristocracia de funcionários cujos membros durante gerações estejam vinculados com a corte, como é o caso posteriormente em Judá.[285] Entre a população camponesa, a constante ameaça de golpe de estado deve ter restringido a tendência de se vincular muito estreitamente com a casa real governante. Falta uma fidelidade incondicional da nobreza agrária para com a dinastia governante, como é típico para Judá.[286]

No entanto, seria um erro querer fazer da falta de estabilidade no Reino do Norte uma virtude. Não é possível interpretar a constante troca de poder como conceito de uma "monarquia carismática" e em relação à primeira fase até a fundação da dinastia de Omri afirmar que o "Reino de Israel até este estágio de sua monarquia carismática é um reino das revoluções pretendidas por Deus".[287] Isso porque, por um lado, exceto no caso de Jeú, o momento religioso não desempenha papel algum — e Jeú também só tem sucesso por estar baseado em força militar. Além disso, os reis do norte têm o objetivo de conduzir a relações estáveis, ainda que nisso tenham menos sucesso do que os davididas no pequeno reino de Judá. O fato de que a cada governante sucede pelo menos um filho mostra que o princípio dinástico é o caso normal.[288]

Um passo importante no caminho para o estabelecimento da primeira dinastia estável é a criação de uma *residência na Samaria.* Como fundação nova, ela é diretamente dependente do rei, estando além de qualquer pretensão de centros urbanos e de territórios tribais. Obviamente disso dificilmente se pode projetar um dualismo entre uma "cidade-estado Samaria"[289] e o restante do território do reino. Ainda assim, com o estabelecimento de uma metrópole governamental, está dado o passo rumo a um estado plenamente desenvolvido.

Ainda que o território do Reino do Norte seja consideravelmente maior do que o do sul, não temos nenhuma notícia acerca de divisões administrati-

---

[285] Sobre isso, ver p. 133-135.
[286] Sobre isso, ver p. 131-132.
[287] Alt, ³1964b, p. 122.
[288] Sobre isso, ver Ishida, 1977, p. 171-182.
[289] Assim a tese de Alt, ²1968b.

Introdução às épocas da história social de Israel

vas. Se é correto que, segundo 1Rs 4,7-19, sob Salomão havia não um "sistema de províncias" mas sim no máximo uma rede de dependências entre a corte e grandezas locais,[290] então há poucas razões para a continuação de sua existência após a separação dos davididas. Justamente a primeira metade de século do Reino do Norte, com as constantes e sangrentas trocas de poder, seria muito desfavorável à continuação ou ao surgimento de tal rede.

Certamente não é nenhuma casualidade que somente com os omridas — ao lado da fundação de uma capital — se torne visível uma *divisão administrativa*. Em 1Rs 20,14s.17.19 são mencionados os "administradores de regiões". A palavra para "região", *medinah*, provém do aramaico, o que se explica muito bem a partir dos contatos — pacíficos e guerreiros — dos omridas com os aramaeus. Segundo 1Rs 20, os administradores de regiões têm funções militares. Como suas designações como *sarim* pode indicar tanto para funções civis quanto para militares, havendo na prática uma passagem fluida entre ambas, podemos ver nisso um primeiro passo para uma divisão administrativa.[291]

No todo, pode-se observar com a tomada de poder dos omridas uma clara estabilização do sistema de poder no Reino do Norte, que também não é questionada pela revolução de Jeú. *A partir da época dos omridas pode-se falar da existência de um estado que está na transição de um estado primitivo para um estado plenamente desenvolvido.*[292] Um estado primitivo é caracterizado pelo fato de que nele a sociedade pode ser dividida em duas classes: os governantes e os governados. O estado plenamente desenvolvido é caracterizado pelo fato de que nele o próprio "povo" está dividido em duas classes com interesses contrapostos, e o governo se relaciona com estes interesses concorrentes. A fase de transição, como pode ser observada a partir da época dos omridas, caracteriza-se pelo fato de que a monarquia se coliga com partes da elite local, sem que se possa falar de contradição de classes no seio da população, ainda que as transições para uma sociedade de classes desenvolvidas sejam fluidas.[293]

Os primeiros indícios para o fato de que *o reinado se coliga com partes da elite local* encontram-se em textos, que só parcialmente podem ser

---

[290] Ver p. 111.

[291] Sobre a interpretação de 1Rs 20 no seu todo, ver Niemann, 1993, p. 67-69.

[292] Na terminologia de Claessen e Skalník, este seria o "transitional early state" na transição para o "mature state"; ver Claessen/Skalník, 1978, p. 23 bem como p. 93s.

[293] Sobre isso, ver p. 136-138.

aproveitados para a avaliação das relações sociais. Isso vale especialmente para as narrativas proféticas sobre Elias e Eliseu, mas também para o relato sobre a revolução de Jeú. Estes textos são valiosos na medida em que alocam suas ações narrativas para um ambiente, que perfeitamente pode ser entendido como reflexo da realidade social. A isso se agregam como fontes primárias os *ostraka* da Samaria, os quais obviamente padecem de problemas de interpretação.

A partir do ciclo de Eliseu, pode-se tomar a dupla narrativa da grande mulher de Suném (2Rs 4,8-37 e 8,1-6). Ela não somente pressupõe a formação de uma elite mas também parte do fato de que a mulher tem acesso direto ao rei. Isso certamente é mais do que um motivo lendário, segundo o qual todo homem e toda mulher podem se relacionar face a face com o governante. Pode-se deduzir isso da história sobre o conflito acerca da vinha de Nabot (1Rs 21). Também ela mostra a estreita ligação entre elite e casa real. Isso vale especialmente para o conflito inicial em torno da vinha — a circunstância clássica de um estado primitivo, no qual os interesses da monarquia colidem especialmente com os interesses dos camponeses livres bem situados.[294] Chega-se então também à solução do conflito. A monarquia pode se apoiar nos "anciãos e nobres" (1Rs 21,8), que sem escrúpulos e questionamentos realizam o assassinato jurídico desejado pela rainha. A narrativa mostra que existem ligações diretas entre membros locais da elite e a casa real, e que, em casos de um conflito, o rei pode se apoiar em uma parte da elite local.

A narrativa sobre o conflito entre Nabot e Acab aloca este conflito na época de governo dos omridas. Quando *Jeú* se rebela contra eles e liquida todo o clã real, ele se dirige à elite da Samaria, onde ainda se encontram setenta príncipes, os quais ele pretende matar. Em 2Rs 10,1.5, descreve-se neste contexto a camada dirigente. Dela fazem parte os funcionários (*sarim*), os anciãos e os pedagogos dos príncipes (v. 1.5), o administrador do palácio e o prefeito da cidade (v. 5). Interessante é a menção dos anciãos. Como a Samaria é uma fundação nova, trata-se provavelmente não dos representantes de clãs locais há muito ali residentes mas sim de anciãos do interior que vivem na corte. Tal estabilidade obviamente é o pressuposto para que parte da população camponesa se deixe integrar no aparato de

---

[294] Ver acima o tópico sobre a resistência contra o reinado, p. 96.

poder real. No mais, eles se submetem subservientes às novas relações de poder e matam os descendentes de Acab (2Rs 10,1-11).

A estreita ligação entre os membros da elite e a corte real é mostrada epigraficamente nos *ostraka* da Samaria da segunda metade do século VIII, os quais apresentam nomes de remetentes e destinatários de remessas de produtos.[295] A análise dos nomes tanto no lado dos destinatários quando dos remetentes leva a concluir que se "trata primordialmente de uma relação pessoal entre os remetentes e os destinatários, tratando-se de envios a membros da elite que temporária ou definitivamente vivem na Samaria e que recebiam ajudas de manutenção enviadas pessoalmente por familiares ou membros do clã a partir de suas propriedades, que lhes foram conferidas pela corte".[296] Nos quase cem anos de duração da dinastia de Jeú, de cujo período provém a maioria desses documentos epigráficos, é perfeitamente plausível a formação de tal elite estreitamente ligada à corte.

A crítica social do profeta Amós também mostra quão intimamente a elite estava relacionada com a monarquia. Este profeta enfoca as relações durante a estável época de governo de Jeroboão II. Ao lado das tensões sociais, às quais haveremos de voltar mais adiante,[297] estas palavras criticam a opressão política, esboçando nisso uma imagem da classe superior. De especial importância é a pequena coleção de palavras contra a Samaria (Am 3,9–4,3). Segundo estas, na Samaria residem pessoas em torres palacianas (3,10s), nas quais "se amontoam violência e injustiça" — isso como forma de linguagem abreviada para riqueza, que é conquistada por meio de opressão política e exploração econômica. Seu bem-estar manifesta-se na posse de casas de inverno e de verão, de "casas de marfim" — aqui provavelmente se pensa em móveis ornamentados com placas de marfim ("camas de marfim", 6,4), como estão documentadas em inúmeros achados arqueológicos[298] — ou simplesmente "muitas casas" (3,15). Como sinal de bem-estar, as casas não são de barro mas sim construídas com pedras cortadas (5,11). Ali, a elite realiza festivais e festas inebriantes (2,8; 4,1; 6,4-6).

---

[295] Sobre o texto, interpretação e literatura, ver HAE I, 79-109, bem como p. 112. Ver também a discussão em Aharoni, 1984, p. 371-385. Além disso, ver também Rainey, 1988.

[296] Niemann, 1993, p. 82.

[297] Sobre isso, ver p. 137.

[298] Sobre o marfim na Samaria — aproximadamente quinhentas peças, destas trezentas artisticamente trabalhadas —, ver H. Weippert, 1988, p. 654-660.

Naturalmente tais palavras não constituem uma descrição objetiva social-científica das relações na Samaria do século VIII; elas são palavras de polêmica partidária. Mas também polêmica partidária somente consegue realizar seu objetivo quando ela não inventa livremente as relações contra as quais polemiza em seus ataques. Em retrospectiva, as palavras de Amós aparecem como agitação contra o rei e contra a estabilidade da terra (Am 7,10). Mesmo que nas palavras atribuídas a Amós o rei não seja mencionado expressamente, o escrito de Amós mostra a situação de uma camada superior intimamente vinculada com a monarquia. Ao final do domínio de uma dinastia que reinou por mais de cem anos, tais relações são perfeitamente concebíveis.

Somente os últimos anos de Israel com as constantes trocas de poder desestabilizam as relações. O assassinato de reis, oficiais e juízes, mencionado em Os 7,3-7, mostra dramaticamente a dissolução (possivelmente trata-se dos *sarim*, nos v. 3.5, de militares; e no caso dos *shofetim* trata-se de funcionários civis). Um dos golpistas, Manaém, paga tributo de mil talentos em prata a Teglat-Falasar III da Assíria,[299] "a fim de que ele o apoie a fortalecer o domínio real em sua mão" (2Rs 25,19). Este tributo é arrecadado dos camponeses livres mediante um imposto por cabeça (v. 20). Mesmo que nos textos não seja explicitamente mencionado, tais eventos podem ter por consequência o rompimento da estreita relação da monarquia com a camada dirigente no campo e a disputa entre as elites nos respectivos golpes de estado.

Já as relações internas e externas no tempo de Jeroboão II, como são apresentadas no escrito de Amós, permitem reconhecer que não resta muito daquele impulso libertário dos inícios do Reino do Norte. Isso vale de modo especial para as turbulências nas últimas décadas, que constituem o pano de fundo do escrito de Oseias. Assim, não admira que nos dois escritos dos profetas que remontam a profetas que atuaram no Reino do Norte a tradição do êxodo é assumida e simultaneamente criticada (cf. Am 2,10; 3,1s; 9,7 e Os 8,13; 9,3; 11,1-5; 12,10.14; 13,4). A ideologia de libertação como mito originário do Reino do Norte foi superada pelas condições reais.

---

[299] Numa lista de tributos de Teglat-Falasar III, também é mencionado um pagamento de tributos por parte de Manaém; TGI, n. 24.

b) Judá como monarquia participativa

Se dirigimos agora o foco para Judá, devemos transpor o lapso temporal até o século VIII, que norteia este tópico. Pois faria pouco sentido fazer diferenciações mais precisas dentro dos textos, uma vez que aqui se trata de um perfil mais geral. Isso naturalmente não significa que não houve desenvolvimentos em Judá. Pode-se, contudo, dizer com certa precisão que o desenvolvimento dentro do pequeno estado de Judá ocorreu de forma mais lenta do que em Israel. Enquanto no norte a transição para o estado plenamente desenvolvido aconteceu durante o século IX, em Judá isso se dá somente durante o século VIII.

As relações em Judá são diferentes sob duas perspectivas. Por um lado há a *estabilidade da dinastia de Davi*. Se o autor da inscrição de Tell Dã chama o Reino do Sul de *bytdwd* — casa de Davi —[300] então essa designação mantém a sua validade até o final da monarquia, em 587/586 a.C. Apesar de todas as crises, também vivenciadas no sul, nunca se chegou a uma troca de dinastia. As conexões a seguir apresentadas entre a nobreza agrária e a casa de Davi e a formação de uma aristocracia de funcionários, cujos descendentes servem a casa de Davi durante gerações, são bem compreensíveis sob este pano de fundo.

Ao lado da estabilidade de sua dinastia, Judá é caracterizado por *fraqueza na política externa*. Já desde o período de relativa independência a partir do século X até o século VIII, os reis de Judá sempre devem esvaziar o tesouro do templo e do palácio a fim de se livrar de inimigos (1Rs 14,15s; 15,18-20; 2Rs 12,19). Depois Acaz se submete aos assírios para se defender do ataque conjunto dos israelitas e arameus e a partir daí todos os reis de Judá são tributários dos assírios e, depois do desmantelamento destes, dos egípcios e dos babilônios. Toda negativa temporária de pagamento de tributos é respondida pela respectiva força externa com subjugação cada vez mais brutal.

Os regulares esvaziamentos do tesouro do estado, que a partir da época dos assírios estão bem documentados em termos epigráficos,[301] somente são possíveis se o tesouro sempre é completado. A partir disso, pode-se deduzir a existência de consideráveis ônus sobre a população, apesar de

---

[300] Sobre isso, ver p. 87.
[301] Ver somente TGI, n. 28.36.39; ver n. 41.

haver poucas fontes sobre a prática de tributos e corveia.[302] A tentativa de Josafá (meados do século IX) de, com a ajuda de uma expedição marítima, buscar ouro da África oriental mostra o quanto os reis de Judá estavam preocupados com esta questão. Lamentavelmente ele falha enormemente (1Rs 22,49).[303]

Por um lado, a debilidade de Judá em termos de política externa leva a permanecer atrás do norte em termos puramente materiais. Um desdobramento das atividades de construção, como são verificáveis para o norte a partir do século IX sob o domínio dos omridas, no sul somente pode ser verificado uns cem anos mais tarde. E artefatos artísticos como os entalhados em marfim da Samaria nem sequer são conhecidos no sul. Por outro lado, Judá é menos suscetível a ataques externos, como costumava acontecer no Levante. Por meio de pagamento de tributos aos egípcios, assírios e babilônios, o pequeno estado consegue obter relativa paz, porque nenhuma grande potência se deixa afastar por completo de despojos lucrativos. Este é sem dúvida um fundamento objetivo para a estabilidade do domínio da dinastia davídica.

Somente ela, porém, não é capaz de explicar a estabilidade da dinastia. *Sua razão mais profunda está no fato de que os davididas logram aliar-se intimamente com o chamado "povo da terra", o* am-ha-arets, *e simultaneamente constituir uma aristocracia de funcionários que como grandeza própria participa do poder régio e o apoia. Em todas as situações de crise, a circunstância se mostra apta a suportar a continuação da dinastia.*

A primeira vez que se fala de uma intervenção do *am-ha-arets* é por ocasião da derrubada da rainha Atalia do poder (2Rs 11). A partir daí não há mais nenhuma crise na sucessão de poder davídico, na qual o *am-ha-arets* não intervém em favor da dinastia. Quando Amasias assume o poder isso só é possível porque ele precisa se impor contra uma revolta palaciana (2Rs 12,21s; 14,5). Quando Amasias morre em consequência do golpe, expressamente é "todo o povo de Judá" que coloca seu filho Azarias (Ozias) como rei (2Rs 14,19-21). Com estes acontecimentos estamos na virada do século VIII para o século VII. Quando em 639 Amon, o filho de Manassés, morre por causa de uma conjuração, o *am-ha-arets* coloca Josias, de 8

---

[302] Sobre isso, ver p. 107s.
[303] Provavelmente as supostas exitosas expedições de Salomão (1Rs 9,27s; 10,11s) constituem uma retroprojeção deste fracassado empreendimento para o passado glorioso.

Introdução às épocas da história social de Israel

131

anos, no poder como seu sucessor (2Rs 21,24). Após a morte de Josias, em 609, o povo da terra toma novamente a iniciativa e põe o seu filho Joás no trono; faz isso em rejeição ao filho mais velho, Joaquim (23,30s.36). O fato de que as medidas punitivas dos babilônios após a destruição de Jerusalém não se dirigirem somente contra o rei e sua família mas também "sessenta homens do povo da terra" são executados (2Rs 25,19-21 = Jr 52,25-27) mostra quão próxima era a ligação entre a casa real e o *am-ha-arets*.

A expressão hebraica *am-ha-arets* está bem documentada em termos semânticos.[304] Com ele não se designa o povo em termos estatísticos (com mulheres e crianças), mas originalmente faz-se referência aos chefes homens da famílias livres. Neste sentido, no contexto da assunção de Ozias ao poder, não se fala do "povo da terra", mas de "todo povo de Judá" (2Rs 14,21). Em consequência da crescente diferenciação social, a ser descrita a seguir, esta grandeza também se diferencia. Se em Ez 22,23-31, na retrospectiva sobre a destruição do Reino de Judá, entre os responsáveis pela catástrofe, após a menção dos reis,[305] sacerdotes, funcionários e profetas, também se menciona o *am-ha-arets*, o qual supostamente teria oprimido fracos, pobres e estrangeiros (v. 29), então fica claro que sob a expressão *am-ha-arets* não se deve entender a população como um todo, mas sua elite economicamente potente. A tradução por "nobreza agrária" é totalmente adequada.

Semanticamente, esta diferenciação do *am-ha-arets* se mostra em novas formações, que não eram concebíveis antes da ruptura da sociedade (israelita e) judaica e de fato não está assim documentada. Assim, por um lado, fala-se de *ele-ha-arets* ["notáveis da terra"] (2Rs 24,15; Ez 17,13) em textos que estão em conexão com os últimos anos de Judá. Certamente não é errôneo pensar que se trata das "cabeças pensantes do 'povo da terra'".[306] A eles se contrapõe, por outro lado, os *anve-ha-arets* ["pobres da terra"] (Am 8,4; Sf 2,3), portanto a camada inferior, que se diferenciou em relação ao *am-ha-arets*.

Tanto as notícias sobre as intervenções do *am-ha-arets* em diversos conflitos de sucessão quanto o campo semântico mostram que *am-ha-arets*

---

[304] Sobre o *am-ha-arets*, ver Daiches, 1929; Gilischewski, 1922; Gunneweg, 1983; Ihromi, 1974; McKenzie S. J., 1959; Soggin, 1963; Talmon, 1986b = 1988; Willi, 1995, excurso 11-17; Würthwein, 1936.

[305] "Príncipes" — hebraico: *nesi'eha* como a forma de leitura original mais provável no v. 25; ver BHS.

[306] Assim Lang, ²1981, citação da p. 56.

deve ser entendido como autônomo portador de poder no estado judaico, estando em estreita ligação com a casa real davídica. Um dos meios para selar tais relações obviamente é a *política de casamento* dos davididas. Desta política só temos conhecimento fragmentário na medida em que nas crônicas dos reis judaítas nos Livros dos Reis há notas marginais sobre as mães dos respectivos reis. Nestas notas chama inicialmente a atenção que somente em dois casos se fala de casamento com princesas estrangeiras, no caso de Salomão (1Rs 3,1; 11,1-8) — embora haja sérias dúvidas quanto à historicidade destas notícias, especialmente no que tange ao número de mulheres — e no caso de Jorão, que é casado com a princesa omrida Atalia (2Rs 8,26). Todas as outras futuras mães dos sucessores ao trono provêm de famílias judaicas. Se acrescentarmos o lugar de origem, então resulta a seguinte imagem: Jerusalém é mencionada três vezes (2Rs 14,2; 15,2; 24,8); menciona-se uma vez: Bersabeia (12,2), Jeteba (21,19), Besecat (22,1), Lebna (23,31; 24,18) e Ruma (23,36). Em cinco conhecidos casos, as mulheres dos príncipes provêm de famílias do interior, e certamente não de famílias pobres mas justamente da nobreza agrária, o *am-ha-arets*.

Ao lado das ligações da casa real com as famílias da nobreza agrária, há também casos de ligações matrimoniais com famílias de funcionários. Dois dos "administradores locais" em que Salomão se apoia na província estão casados com filhas do rei (1Rs 4,11.15).[307] E Joaquim é casado com uma filha de Elnatã, de Jerusalém (2Rs 24,8), o qual à época deste governante atua como alto funcionário (Jr 26,22; 36,12.25). Seu pai, Acobor, era um homem de confiança de Josias (2Rs 22,12.14), e seu filho Konyahu possivelmente ocupou o cargo de comandante geral do exército no tempo de Sedecias (ver *ostrakon* de Laquis, n. 3).[308]

No caso dos últimos, nós nos deparamos com o fenômeno de verdadeiras famílias de funcionários que por gerações serviam aos reis davídicos. Eles constituem uma *aristocracia de funcionários*, que, ao lado e junto com a nobreza agrária, constituía a base de apoio do domínio davídico. Tais famílias de funcionários estão documentadas com relação à época tardia de Judá e tudo indica que somente com a transição para o estado desenvolvido em consequência da crise social a partir do século VIII surgiu a necessidade da formação de tal aristocracia de funcionários.

---

[307] Sobre isso, ver p. 111.
[308] Sobre isso, ver p. 108, nota.

Introdução às épocas da história social de Israel

A mais importante *família de funcionários* é a família de Safã, a qual está bem documentada. Safã ocupou o cargo de "escriba" (2Rs 22,3.8-10.12.14). Está documentado que quatro de seus filhos eram ocupantes de altas funções: Aicam (2Rs 22,12.14; Jr 26,24; a respeito disso ver o selo WSS n. 431; HAE II,2 n. 1.52), Gamarias (Jr 36,10.12.25 com o selo WSS n. 470; HAE II,2 n. 3.28), Elasa (Jr 29,3) e Jezonias (Ez 8,11). Da terceira geração dos safanidas fazem parte Godolias, filho de Aicam (2Rs 25,22-25; Jr 39,14; 40,5-9.11-16; 41,1-4.6.10.16.18; 43,6) e Miqueias, filho de Gamarias (Jr 36,11.13). Se uma impressão de um selo de carimbar com a inscrição "Azalyahu bem Meshullam" (WSS n. 90; HAE II,2, n. 1.137) remontar a um original e o proprietário do selo for o pai de Safã (2Rs 22,3), então pode-se perseguir o destino desta família por mais duas gerações. Segundo o nosso estado de conhecimento, outras famílias não estão tão amplamente representadas. Podem-se mencionar Helcias (2Rs 22,4.8.10.12.14; 23,4.24) e seu filho Gamarias (Jr 29,3), Acobor, que já havia sido mencionado anteriormente quando tratamos dos casamentos, e seu filho Elnatã e provavelmente o filho deste, Conyahu, depois Selemias (Jr 36,26) com seu filho Jucal (Jr 37,3; 38,1) e seu filho Judi (Jr 36,14). Agregam-se os irmãos de Baruc, filho de Nerias, filho de Maasias (Jr 32,12s.16; 36,4s.8.10.13-19.26s.32; 43,3.6; 45,1s com WSS n. 417; HAE II,2 n. 2.30) e Saraías filho de Nerias, filho de Maasias (Jr 51,59.61 com WSS n. 390; HAE II,2 n. 21.103).

Mesmo que em casos isolados não seja possível fazer a identificação de todos os nomes, os dados permitem um quadro relativamente bem definido. Para o exercício do seu poder, o rei se apoia sobre famílias de funcionários com relativa presença social. Em caso de mudança de titular no trono, os altos funcionários não são simplesmente descartados ou trocados. Assim, por exemplo, ainda no quinto ano de Joaquim (Jr 36,9) importantes membros da família de Safã ocupam altas funções no estado, mesmo estando diretamente em conflito com o rei e em oposição a ele (Jr 26,24; 36). Por outro lado, o rei tem a última palavra. Assim, nenhum dos funcionários, que, segundo Jr 36, estão em oposição a Joaquim continua no cargo ao final do governo de Sedecias (Jr 38,1). Aparentemente, nos últimos anos de Judá, os safanidas se retiraram por completo da política ativa para, depois, estarem novamente prontos a apoiar Godolias a reconquistar a liderança após a conquista pelos babilônios.

Tal elevado grau de autonomia dos funcionários somente é possível se eles podem se apoiar sobre base econômica própria. Há de fato alguns indícios neste sentido. Os dois sacerdotes Abiatar e Amasias expressamente são mencionados como proprietários de terras (1Rs 2,26; Am 7,17). Todas as famílias cujos filhos o rei, conforme 1Sm 8,11-17, transforma em funcionários, são proprietárias de terra. Além disso, em Is 22,15-22, o proprietário Seba (v. 16) é expressamente colocado em contraste à família sem terra de Eliacim. Também o fato de que os funcionários são atacados, na crítica social dos profetas, por causa de sua atividade econômica pressupõe que eles mesmos tinham propriedades (Is 3,12-15; Jr 5,26-28; 34,8-22). Esta é a base que permite aos altos funcionários sua relativa autonomia frente ao rei.[309]

Por causa de suas propriedades rurais, os membros da aristocracia funcional está na proximidade do *am-ha-arets*, a nobreza agrária. *Tudo indica que os altos funcionários são recrutados a partir das famílias notáveis.* O texto de Is 22,15-22 mostra quão intimamente estão ligadas em tal caso as posições de nobreza e os interesses das famílias. Nos v. 20-23 deste oráculo é anunciada a instalação de Eliacim como *'asher 'al-ha-bayit*, como administrador do palácio. O oráculo termina com as palavras: "E ele será um trono de honra para a casa de seu pai" (v. 23), do mesmo modo como José, segundo Gn 45,13, como mais alto funcionário, está disposto a utilizar sua "honra" em favor de sua família. Isso é considerado como algo óbvio. Somente quando há abuso, quando — como o expressa um acréscimo em Is 22,24s em linguagem metafórica — deste membro da família que alcançou posição de honra dependem "todos os membros da família", então o prego é arrancado da parede, fazendo cair todos os instrumentos por ele suportados.

Pode-se designar a forma de domínio existente em Judá de *monarquia participativa*.[310] Este tipo pode ser delimitado em duas direções. Numa direção haveria um modelo despótico ou autocrático de monarquia. Este modelo não se instala em Judá, porque em contraposição ao poder do rei e do estado-corte diretamente dependente dele há um contrapoder na forma

---

[309] A contraposição de Rüterswörden, 1985, p. 125, de que a propriedade da terra não poderia ser a base da existência dos funcionários porque eles não poderiam trabalhar a terra durante seus serviços como funcionários não tem consistência por dois motivos. (1) Se se trata de propriedade familiar, outro membro da família poderia trabalhar a terra. (2) Existe também a possibilidade de um capataz administrar a propriedade, como o comprovam tanto textos bíblicos (2Sm 9,2; 19,18) quanto também selos como a designação *na'ar de NN* (WSS, n. 24-26.663; HAE II,2 n. 1.21; 1.81; 2.9; 13.37; 14.49); sobre isso, ver Stähli, 1978.

[310] Assim por motivação de Talmon, 1986a, p. 25 (= 1988, p. 29), em Kessler, 1992, p. 202-207. Sobre a forma do estado como um todo, ver Carreira, 1991; Fohrer, 1969; Galling, 1929; Halpern, 1981; Kessler, 1992; Talmon, 1986a = 1988.

da aristocracia funcional e de nobreza agrária. Estes, por conta da propriedade de terras, têm sua própria base econômica, assegurando-lhes autonomia. Mas simultaneamente mantêm estreita ligação com o poder real, do qual participam e ao qual dão suporte.[311]

O outro modelo idealizado seria a aristocracia, na qual, na melhor das hipóteses, o rei seria o representante supremo dos nobres. Apesar de toda autonomia dos funcionários e da população camponesa, não é possível demonstrar isso para o caso de Judá. O rei é autoridade última também em relação a seus funcionários, os quais ele escolhe e devem receber o aval dele para qualquer decisão. Esta indiscutível posição do monarca como chefe não transparece somente em textos com traços de ideologia régia cf. Sl 2; 45; 72 etc.). Ela também se mostra em listagens no Livro de Jeremias, nas quais o rei sempre consta no topo da lista (Jr 8,1: "Os reis de Judá — seus funcionários — os sacerdotes — os profetas — os moradores de Jerusalém"; cf. 1,18; 2,26; 4,9 etc.). Também na chamada "pregação dos estamentos" de Ez 22,25-29 os "nobres" estão em primeiro lugar.[312] Também no *ostrakon* de Arad n. 24, da época final da monarquia judaíta (início do século V), uma ordem militar ao destacamento em Arad é reforçada pelo autor da missiva com as palavras: "E a palavra do rei está junto a vós, sobre vossas almas ['vidas']".[313]

No entanto, seria totalmente errôneo entender a "monarquia participativa" como sendo uma espécie de monarquia constitucional em sentido moderno, na qual a monarquia é reduzida à tarefa da representação de uma democracia. Tal compreensão errônea parece existir quando do Shemaryahu Talmon fala de uma "coparticipação do povo e de seus representantes".[314]Também a distinção de Fohrer "entre o reinado popular israelita e o reinado absoluto vétero-oriental"[315] poderia ser entendida neste sentido. Mas Judá justamente não é "o povo" que participa do poder do rei mas sim a elite, que por sua vez está contraposta à massa do povo.

---

[311] Na história de José e de seus irmãos é tematizada a contraposição entre monarquia despótica e participativa. Em Gn 47,13-26, o Egito é representado como uma terra na qual todos os habitantes perdem as suas terras para o faraó, tornando-se "escravos do faraó" (v. 19.25). José, contudo, rejeita expressamente a oferta de submissão dos irmãos ("Vê, nós somos teus servos"). Israelitas e judeus não se tornam escravos do rei por causa da monarquia. Sobre esta interpretação da história de José, ver Blum, 1984, p. 234-244.

[312] Sobre isso, ver p. 130.

[313] HAE I, 392.

[314] Talmon, 1988, p. 29 (= 1986a, p. 16).

[315] Fohrer, 1969, p. 319.

Com estas reflexões sobre a nobreza agrária e a aristocracia funcional em Judá, já estamos no meio dos desenvolvimentos, que agora devem ser analisados de forma especial. Nas duas monarquias, tanto em Israel quanto em Judá, evidencia-se que no mais tardar até o final do século VIII o estado está plenamente desenvolvido. Aos governantes está contraposta uma sociedade dividida em classes. Com isso, porém, já inicia uma nova época na história social do antigo Israel.

III. A formação de uma antiga sociedade de classes

Bibliografia: Dearman, 1988; Kessler, 1992; Nurmi, 2004; Schoors, 1998; Sicre, 1979; id., 1984; Silver, 1983.

A história da monarquia em Israel e Judá estende-se desde o século X até o final dos dois estados no final do século VIII e o início do século VI. Especialmente para a descrição das estruturas do domínio real, sempre houve a necessidade de remissão para documentos da época tardia. Mesmo assim, o século VIII constitui uma ruptura nessa história de quatrocentos anos, abrindo uma nova época em termos de história social. Somente no século VIII deu-se o desenvolvimento do estado arcaico para um estado desenvolvido. Nisso a transição mais importante não é o fato de ter havido diferenciação de formas rudimentares de um aparato estatal e de campos restritos de atividades estatais rumo a uma maior complexização. Isso é somente o lado exterior do processo. *Em termos de história social, é decisivo que de uma contraposição entre regentes e regidos, que era característica para o estado primitivo, passou a haver uma divisão entre os regidos com a formação de classe com interesses sociais contrapostos. Os regidos são, por isso, colocados diante da tarefa de se posicionarem dentro desta contraposição.*

Antes de analisar melhor este evento, vamos novamente fazer uma breve recapitulação da história dos eventos. Com isso fazemos uma ponte com a exposição feita anteriormente e que se estendia até o século VIII.[316]

1. *O pano de fundo histórico-social do século VIII ao VI*

A constituição de estados plenamente desenvolvidos em Israel e Judá coincide em termos temporais com a crescente dominação da Assíria sobre

---

[316] Assim p. 82-87.

Introdução às épocas da história social de Israel

o ambiente do Levante. Esta dominação é causalmente responsável pelo desenvolvimento do estado e da sociedade de classes, que no norte já é verificável antes do avanço dos assírios; ela atuou de modo a fortalecer este desenvolvimento. No norte, contudo, este desenvolvimento chega logo a um termo quando o Reino do Norte é integrado no império assírio após a conquista da Samaria. No Reino do Sul, que se entregou voluntariamente, as coisas sucedem de forma diferente.

O rei judaíta Ezequias procura se libertar da dominação assíria. A tentativa, contudo, fracassa, apesar de o sítio a Jerusalém no ano de 701 não ter levado à conquista da cidade pelo fato de Ezequias pagar tributo e o próprio Senaquerib colocar outras prioridades (cf. 2Rs 18,13s e o relato da campanha militar de Senaquerib[317]). A consequência não é somente a devastação da paisagem de Judá mas também a vassalagem incondicional de Judá até o final do domínio assírio nas últimas décadas do século VII.

O início do reinado de Josias no ano de 639 a.C. coincide com o início do rápido desmantelamento da posição de mando dos assírios no ambiente do antigo Oriente Próximo. Ele está ligado, por um lado, com a assunção dos neobabilônios e, por outro, com a XXVI dinastia no Egito; ambos iniciam ferrenha rivalidade pela supremacia, na qual os egípcios fazem acordo com os restos de poder assírio contra os babilônios. Judá e sua pequena monarquia devem se posicionar de forma nova dentro desta circunstância de poder.

Com o fim do fortalecimento da unidade nacional, são empreendidas sob o governo de Josias, com a colaboração intensa do funcionário de alto escalão Safã e do sumo sacerdote Helcias, algumas reformas internas. Por um lado, elas tangem o culto, que é purificado de elementos não javistas e centralizado em Jerusalém. Por outro, é propagado um equilíbrio interno por conta das denúncias sociais cada vez mais intensas. Ambas as coisas se expressam na forma básica da lei deuteronômica, que é a base dessas medidas.

No Livro dos Reis, a reforma de Josias[318] é apresentada como um evento que marcou época, comparável somente com a época de governo de Davi. Durante muito tempo também foi tratada assim nas apresenta-

---

[317] TGI, n. 39; TUAT I, p. 388-393; Context II, p. 302s.
[318] Da ampla literatura sobre a questão, ver Albertz, 2005; Barrick, 2002; Niehr, 1995; Otto, 2001; Uehlinger, 1995; Würthwein, 1994b.

ções da história de Israel. Contra isso, contudo, houve contraposições que chegaram ao ponto de afirmar que tal reforma "nunca existiu".[319] Nisso, contudo, em geral se confunde a muito frequente apresentação legendária de fatos históricos com a pura invenção. Especialmente se deixa de perceber o dado característico de apresentações bíblicas de mudanças muito profundas. Esta em geral se serve do meio da personalização e do foco: mudanças são atribuídas a personagens importantes e concentradas em um período muito curto de tempo, enquanto na nossa consciência histórica elas teriam se dado em mais etapas, envolvendo também um número maior de pessoas e grupos. Exemplos de destaque são a tomada da terra sob Josué, a formação do estado por meio de Samuel ou a promulgação da Torá sob Esdras. Uma análise crítica do material sobre a reforma de Josias conduz com grande probabilidade para medidas de purificação do culto,[320] as quais estavam ligadas com uma centralização do culto no entorno de Jerusalém.[321]

A política de Josias pode se valer da fraqueza da Assíria, cuja capital já capitula no ano de 612. Quando Josias, contudo, busca expandir o seu território em direção ao norte avançando sobre o território das províncias assírias, ele se confronta com interesses egípcios. O faraó Necao manda executá-lo no ano de 609.[322]

Os últimos anos de Judá são marcados pelo fato de o território ser disputado pelos impérios da Babilônia e do Egito. Com a batalha de Carquemis em 605, a correlação de forças se dá de tal modo que o Egito se retrai permanecendo somente sobre o seu território de origem. Judá pertence agora à esfera de influência da Babilônia. Duas tentativas de levante sob a frustrada esperança por auxílio egípcio conduzem a uma primeira tomada de Jerusalém no ano de 598/597 pelos babilônios, resultando na chamada primeira deportação. Depois do último rei de Judá, Sedecias, novamente se rebelar contra os senhores imperiais, Jerusalém, após longo período de sítio, é tomada e destruída no ano de 587/586.

---

[319] Assim Würthwein, 1994b, p. 211. Da mesma forma Niehr, 1995, p. 51: "historicamente improvável".

[320] Assim Uehlinger, 1995.

[321] Após uma ampla análise do relato da reforma em 2Rs 23, Barrick, 2002, supõe uma purificação e centralização do culto dentro e em torno de Jerusalém (resumo da análise textual encontra-se nas p. 107s). Otto, 2001, p. 588, diferencia entre "uma purificação e centralização do culto restrita a Jerusalém e suas redondezas" e uma ampliação para toda a terra no "período imediatamente anterior ao final da monarquia", a qual, porém, permanece sendo "programa".

[322] Sobre esta perspectiva do fim de Josias que não conhece a chamada "batalha de Meguido", a qual é uma construção de 2Cr 35,20-24, ver Kessler, 2002, p. 42s.

Novamente significativos contingentes da elite são deportados. A monarquia autônoma é liquidada. Judá se tornou parte do sistema de províncias da Babilônia.

2. *Israel e Judá como antigas sociedades de classes*

Se para o estado primitivo deve-se partir de uma contraposição entre rei e povo, então com isso não se quer dizer que este povo é simplesmente uma massa cinzenta, na qual todos são iguais. Somente se quer dizer que as diferenças em termos de poder, influência e riqueza ainda não alcançaram tais proporções a ponto de se poder falar de contradições em termos de classe. Para expressá-lo de forma mais simples, a diferença reside no fato de, em certa região, ou haver a coexistência de economias agrárias mais pobres ao lado de outras mais ricas, ou haver a necessidade de os camponeses mais pobres irem para a escravidão forçada, perdendo gradativamente suas terras.

É óbvio que a transição de um estágio para o outro não aconteceu de uma hora para outra. As fontes a respeito são relativamente esparsas. Além disso, não se trata diretamente de fontes (como, por exemplo, documentos comerciais), mas de histórias de profetas moldadas de forma lendária, que olham para sua respectiva atuação. Mas essas histórias pressupõem determinado ambiente. E porque elas não são as relações que seguramente se podem pressupor para o século VIII, tais histórias podem ser — descontando aí eventuais falhas de foco, em que não importa a precisão de décadas — aproveitadas.

A isso se deve acrescentar a indicação para três anedotas do *ciclo de Elias*. O episódio retratado em 2Rs 4,1-7 descreve um caso clássico de sobre-endividamento. Uma família tem crédito até o momento em que morre o patriarca familiar. Após a sua morte, o credor vê ameaçado o pagamento do empréstimo e toma como penhor os filhos da família. Para o mesmo ambiente dos discípulos de Elias indica o episódio de 2Rs 6,1-7. Ele retrata um momento de empréstimo. O discípulo de um profeta, que havia emprestado um machado, sabe: se ele não devolver o machado, deverá pagar um valor correspondente e este consiste aparentemente em que ele deve tomar algo do seu patrimônio — que não deve ser grande, justamente pelo fato de ter que tomar emprestado um machado — ou então realizar serviços até o pagamento da dívida.

A contrapartida é constituída pelas duas narrativas em 2Rs 4,8-37 e 8,1-6. Ambas tratam de uma "grande mulher" (4,8). Ela tem impressionante iniciativa: sugere ao marido e trata de fazer passar esta sugestão para que ao homem de Deus Elias seja preparado um quarto no andar de cima da casa (4,9s). Com relação ao seu marido, somos informados de que ele emprega pessoas na colheita (v. 18). A própria mulher dispõe de *ne'arim* ["empregadas na casa"] (v. 22) e de "sua *na'ar*" (v. 24). Mais tarde ficamos sabendo que a mulher teve que passar sete anos no exterior por conta de período de fome. Quando ela regressa, exige do rei, que havia tomado a terra "sem dona", que este lhe devolva "sua casa e seu campo" (8,3.5) e efetivamente recebe "tudo o que lhe pertence" (v. 6).

Todas essas narrativas se desenvolvem em um ambiente em que se dá a diferenciação nas relações sociais. Há pobres, que devem tomar empréstimos e que estão ameaçados pela escravidão temporária; há ricos, que dispõem de casa grande, campos e forças de trabalho. É óbvio que essa diferenciação social pode se desenvolver em direção ao um direto conflito de interesses. E de fato pode se falar que a partir do século XVIII — para o Reino do Norte isso significa: no final de sua existência — começou a se formar uma *sociedade de classes*.

a) Formas da crise social

O primeiro, em cujos textos se pode perceber claramente o desenvolvimento de uma sociedade antagônica, é o profeta *Amós*, que atuou por pouco tempo ao final da época de governo de Jeroboão II na metade do século VIII.[323] Dos textos do Livro de Amós[324] depreende-se o quadro de uma sociedade dividida em duas classes. Am 2,6-8 descreve uma série de "tipos sociais", que aparecem como vítimas de atores não diretamente nomeados. Estes grupos aparecem novamente em 4,1; 5,10-12 e 8,4-6. As causas de sua miséria devem ser buscadas em processos de endividamento e na manipulação do direito. Para a primeira causa indica a fala de "entregar por dinheiro" e "por um par de sandálias" (2,6) e de "roupas de

---

[323] Sobre a crítica profética como um todo, ver Donner, 1979; K. Koch, 1991; Kraus, 1955; Lang, 1982; id., 1983; Simkins, 1999; Stolz, 1973; Zwickel, 1999. Especificamente sobre a crítica social em Amós, ver Fendler, 1973; Fleischer, 1989; Kessler, 1989b; Reimer, 1992.

[324] Deve-se ressaltar mais uma vez que para uma avaliação histórico-social é relativamente irrelevante se palavras proféticas isoladas remontam a formulações literais do profeta ou se são formuladas por discípulos ou seguidores — também sob o impacto da atuação do profeta. Quando nas páginas a seguir falaremos de Amós, Isaías, Miqueias e outros profetas, estamos nos referindo aos escritos atribuídos a estes personagens.

Introdução às épocas da história social de Israel

penhor" e "vinho tributado" (2,8), bem como a imagem de um sobre-endividamento provocado a fim de que pessoas sejam levadas à dependência dos credores (8,4-6).[325] As denúncias por causa da manipulação do direito em 2,7; 5,10-12; 6,12 mostram que o sistema de direito não atua em favor dos pobres, mas constitui um mecanismo de poder adicional nas mãos dos fortes.

Os que estão assim ameaçados na sua existência econômica obviamente não são as clássicas *personae miserae*; de viúvas, órfãos não se fala em todo o Livro de Amós. São antes pequenos camponeses, dos quais sempre há ainda algo a tirar, mas que, quando não têm mais nada, acabam indo para a escravidão por dívidas. E a "moça", à qual vão "o homem e seu pai", provavelmente é uma filha que já foi dada para a escravidão por dívidas, que é abusada sexualmente pelos homens de seu senhorio.

A elite é denunciada por explorar a classe inferior de forma inescrupulosa — na arquitetura (3,10s.15; 5,11), decoração (3,15; 6,4), festas (2,8; 4,1; 6,4-6). Sobre o fato de que esta elite está intimamente relacionada com o poder estatal, já havíamos falado antes no contexto da formação da elite no Reino do Norte.[326]

Decisivamente novo na imagem que o Livro de Amós esboça das relações na metade do século VIII, à diferença daquilo que é expresso nas narrações de Elias, é o seguinte: enquanto nas narrações de Elias há coexistência de riqueza e pobreza, havendo, pois, uma diferenciação social, em Amós riqueza e pobreza são colocadas numa relação de causalidade. Os ricos são ricos por causa de sua exploração dos pobres; os pobres são pobres porque são explorados pelos ricos. *Da coexistência de rico e pobre veio a surgir um contraposto antagônico.*

Amós não apresenta uma análise social científica, mas uma marcante polêmica, que fundamenta suas pesadas ameaças de fim. Isso mostra que não se devem ler as palavras de Amós na sua forma transmitida como espelho da realidade em Israel na metade do século VIII. Mas também seria falso desqualificá-las como simples construção da fantasia. Contra isso depõe por um lado a oposição contra a proclamação de Amós de parte da autoridade religiosa (e simultaneamente estatal), que se evidencia nas en-

---

[325] Acerca desta interpretação da passagem, ver Kessler, 1989b.
[326] Ver p. 127-128.

trelinhas da narrativa de Am 7,10-17 — naturalmente muito estilizada em termos teológicos. Por outro lado, se as palavras não tivessem base histórica, dificilmente se poderia entender por que as palavras de Amós teriam sido transmitidas por discípulos e mais tarde por outros transmissores no Reino do Sul. Pode-se comparar o conteúdo de realidade da crítica social de Amós com polêmicas modernas como "propriedade é roubo" ou "salário é morte"; ambas os slogans de modo algum descrevem a realidade de modo neutro, mas evidenciam problemas sociais reais.[327]

As palavras dos dois *profetas do sul, Isaías e Miqueias*, mostram que o desenvolvimento social no sul seguiu por caminhos similares aos do norte — mesmo que com certa distância histórica.[328] A relativa concordância na imagem esboçada das relações sociais, embora com perfil teológico diferenciado — para além daquilo que foi dito sobre Amós —, é um indício para a relação com a realidade de suas denúncias.

No centro da crítica social dos dois profetas do sul, que atuaram nas últimas décadas do século VIII, está a concentração de propriedade nas mãos de poucos (Is 5,8; Mq 2,1s). Nisso se trata de um processo dinâmico, que ainda não chegou a seu fim. A velha ordem, imaginada como ideal, de que cada casa possa trabalhar sobre terra própria está sendo destruída. O meio para isso é o endividamento.[329] O resultado é a perda de propriedade e liberdade dos antigos proprietários. Nisso Miqueias enfoca as mulheres e as crianças como vítimas deste desenvolvimento (2,9s). Diferentemente de Amós e Miqueias, em Isaías também "viúvas e órfãos" são enquadrados como *personae miserae*, que são destituídos de seu direito (Is 1,21-26) e passam para o poder de outros (10,1s).

Em ambos os profetas também se torna evidente o perfil da elite que é acusada pelos desmandos. Is 3,14s menciona anciãos e funcionários e indica com isso para uma elite constituída da aristocracia rural e aristocracia funcional, algo característico para Judá, conforme já foi indicado antes.[330]

---

[327] Em um artigo metodológico, Ph. R. Davies, 1994, apresenta a pergunta: "Quantas vezes a crítica social de Amós é tomada como uma descrição objetiva?". Com razão ele aponta para a diferença entre reflexão literária de relações sociais e as próprias relações. Contudo, em sua perspectiva, "a reflexão própria da literatura sobre um sistema social" se transforma na "invenção" dela mesma (citação da p. 29), incluindo a "invenção da profecia" (p. 32).

[328] Sobre Isaías e Miqueias, ver Bardtke, 1971; Dietrich, 1976; Porath, 1994; Premnath, 1988.

[329] Sobre isso, ver p. 144.

[330] Ver p. 129-135.

Introdução às épocas da história social de Israel 143

Também a construção do "memorial de Miqueias" nos capítulos 1–3*[331] com as denúncias contra os poderosos econômicos no capítulo 2 e os "cabeças e dirigentes" no capítulo 3 mostra o mesmo quadro. O quadro é completado com a denúncia de que esta elite leva uma vida de luxo (Is 5,11s).

Entre, de um lado, os profetas Isaías e Miqueias como profeta de antes do final do século VIII e, do outro, os *profetas sulistas Naum, Sofonias, Habacuc, Jeremias e Ezequiel* há um grande hiato. Uma breve análise de algumas palavras destes profetas, na medida em que expressam questões sociais, mostra que a realidade mudou pouco. O resumo da proclamação de *Sofonias,* em Sf 1, que expressa situações no início das últimas décadas do século VII, mostra que as realidades não eram exatamente iguais. Pois ao lado de coisas conhecidas há coisas novas. Conhecidas são, por um lado, as denúncias contra funcionários na corte (Sf 1,8) e, por outro, as denúncias contra novos ricos (1,12s). Nova contra o estado cortesão é a denúncia de que essas pessoas "se vestem com roupas estrangeiras" e "pule por sobre os umbrais das portas" (1,8s); aparentemente são assumidas modas dos senhores assírios. Novo também é um grupo social, que não havia aparecido até então, isto é, os comerciantes e os pesadores de dinheiro, mencionados em Sf 1,10s. Aqui se expressa o incremento da urbanização de Jerusalém, que se deu em consequência da destruição do Reino do Norte e da destruição da região interiorana de Judá após a campanha militar de Senaquerib no ano de 701. Uma indicação clara para isso é a construção de uma "cidade nova", na qual, segundo Sf 1,10, mercadores e pesadores de dinheiro estão assentados.[332]

Com a crescente ameaça de Judá em sua existência autônoma, como se torna cada vez mais claro após a morte de Josias no ano de 609 e na política oscilante de seus sucessores, as denúncias proféticas se tornam cada vez mais genéricas. Na construção em estilo dramático de Jr 2–6, *Jeremias*[333] culpa de forma geral os "grandes", aos quais ele contrapõe os "pequenos" (5,1-6). Com a expressão "quebra por entre meu povo" o texto encontra uma expressão para aquilo que com terminologia moderna se poderia designar de "divisão de classe". A narração sobre uma libertação passageira de escravos em Jr 34,8-22 mostra que a elite continua a ser constituída pela aristocracia agrária e funcional ("todos os funcionários e

---

[331] Sobre esta tese e sobre a interpretação de Miqueias como um todo, ver Kessler, ²2000.
[332] Sobre a história da construção de Jerusalém, ver Bieberstein/Bloedorn, 1994; Faust, 2005.
[333] Ver Wisser, 1982.

todo o povo" — v. 10). A essa elite são contrapostos os "escravos e escravas hebreus" (v. 9-11).

Ainda que *Ezequiel* já esteja exilado e continue a atuar para além da queda de Jerusalém, ele confirma a imagem anteriormente esboçada em traços gerais. Isso está especialmente claro na retrospectiva das causas para a queda de Judá em 22,23-31.[334] Responsabilizados são os governantes e seus ideólogos (príncipes, sacerdotes, funcionários, profetas e *am-ha-hares*), aos quais estão contrapostos as viúvas, miseráveis, pobres e estrangeiros como vítimas. Também a metáfora do pastor (Ez 34) parte das contradições entre pastores e rebanho (governantes e povo), bem como dentro do próprio rebanho, a saber, a contraposição de fortes e fracos.

A descrição das relações, como ela é esboçada para Israel e Judá a partir da metade do século VIII até a destruição dos respectivos estados, levanta uma série de questões. *Como foi possível passar de uma sociedade que evidencia contradições sociais para uma sociedade marcada por contradições sociais? Como se pode conceituar a forma de tal sociedade? E que papel desempenha o estado em tais processos de mudanças?* Estas questões deverão agora ser respondidas.

b) Causas e estruturas de uma antiga sociedade de classes

Elemento fomentador de antigas sociedades camponesas em direção a sociedades de classe é o sistema de crédito.[335] Segundo a autocompreensão de textos bíblicos, uma das principais contradições na sociedade é a relação entre credores e devedores (cf. Is 24,2; Jr 15,10). O provérbio expressa de forma precisa a contradição genérica entre rico e pobre: "O rico domina sobre o pobre, e o que toma empréstimo se torna escravo do credor" (Pr 22,7). Isso indica de forma marcante a diferença para com a sociedade feudal ou moderna, nas quais sobre ricos e pobres há senhores feudais proprietários de terra e, nas sociedades modernas, sobre todos há o domínio de quem detém o capital e os meios de produção, por um lado, e a obediência e a simples posse de força de trabalho, por outro. O problema do endividamento não está restrito a uma época da história de Israel. Pois a contraposição entre rico e pobre já pode ser percebida desde a época

---

[334] Sobre isso, ver p. 130.
[335] Sobre o fundamento e as tendências do desenvolvimento econômico, ver Alt, ²1968c; Bobek, 1969; Finley, 1977; Kessler, 1989a; id., 1994; Kippenberg, 1977b; Loretz, 1975; Olivier, 1994.

Introdução às épocas da história social de Israel

pré-estatal. *A transformação decisiva que conduz às relações perceptíveis a partir do século VIII é a passagem do endividamento "normal" para o endividamento sem retorno.*

No "caso normal" de uma situação de necessidade por causa de doença, acidente ou colheita frustrada por causa de pragas ou seca ou por causa de eventos catastróficos como terremoto ou guerra, uma família camponesa empresta alimentos e sementes para poder sobreviver e continuar a produzir. Depois, o que foi emprestado é devolvido, restabelecendo-se o equilíbrio. Se este processo não funciona, porque a situação de necessidade se perpetua, então outro mecanismo se coloca em movimento, que, por fim, resulta na ruína da economia camponesa outrora autônoma. Por aquilo que é emprestado deve-se dar algo como penhor. Se o empréstimo e os juros incidentes não puderem ser pagos, o penhor vai para o credor. O penhor pode ser de coisas ou pessoas, que desta forma acabam indo para a escravidão por dívidas. Se não há mais pessoas que possam ser entregues para a escravidão por dívidas, acaba-se a existência autônoma da família.

As pessoas que vão para a escravidão passam a estar sob o domínio de seu senhor ou sua senhora. Esse domínio vai muito além da prestação de serviço forçada. Ele abarca o domínio sobre o estado familiar (Ex 21,2-6); no caso de mulheres, se estende até para além de sua sexualidade (Gn 16; Am 2,7), indo até pesadas disciplinas corporais (Ex 21,20s.26s). Também a venda para outros povos era praticada, como o atestam os contratos de escravos da Samaria, do século IV.[336] Por outro lado, escravas e escravos são alimentados por seus senhores para poder manter a sua força de trabalho. No caso dos diaristas — eles não são mencionados no código da aliança, aparecendo tão somente em Dt 24,14s —, nem isso está garantido; se eles não encontram ninguém que possa empregá-los, não recebem pagamento. Daí para a pobreza de miséria é somente um pequeno passo; este tipo de pobreza é mencionado pela primeira vez em Ez 18,7.16.

Por meio deste desenvolvimento, toda a família como base da sociedade entra em colapso. Os homens perdem sua posse, a qual constitui o fundamento da economia familiar; mulheres e crianças não mais conseguem se manter sobre tais propriedades (Mq 2,1s.9s). Por outro lado, há "grandes mulheres" que dispõem de propriedades e pessoal, como é narrativa-

---

[336] Sobre isso, ver p. 201.

mente apresentado no caso de Abigail (1Sm 25) ou da mulher de Suném (2Rs 4,8-37 e 8,1-6). A diferenciação social incipiente abrange homens e mulheres, mesmo que mulheres sejam as primeiras vítimas no processo de empobrecimento (ver no texto tardio de Ne 5,1-13 a posição das filhas como as primeiras pessoas a ir para a escravidão).

Não é necessário ressaltar que nesta breve e idealizada descrição muitas diferenciações foram suprimidas. Aqui importa destacar o mais comum. Por um lado, há que se ressaltar que dificilmente há saída do mecanismo de sobre-endividamento depois que ele se põe em movimento. Por outro lado, deve-se ver que o credor não tem nenhum interesse na finalização da relação de escravidão. Pois enquanto ela durar a família dependente deve trabalhar para o credor, seja como autônomos para pagar a dívida, seja já no status de escravas e escravos por dívidas (quanto à participação para a existência de processos de endividamento, cf. Am 8,4-6; Jr 5,26-28). Moses Finley certamente tem razão com a tese "de que o lucro derivado da força de trabalho e das relações de solidariedade historicamente representa uma objetivação mais antiga do endividamento do que o lucro na forma de juros".[337]

A *transição* de processos usuais de endividamento para endividamento permanente, observável a partir do século VIII — assim como a transição da época pré-estatal para a existência estatal —, não pode ser explicada de forma monocausal nem pode ter um momento temporal preciso no qual a transição se dá de uma para outra situação. Das *causas da transição* faz parte em primeiro lugar a diferenciação entre economias mais fracas e mais fortes, existente desde a época pré-estatal. Um fator que favorece o surgimento de desigualdades é o crescimento natural da população. Eventos externos como guerras e os custos e os tributos a elas vinculados — no caso de derrotas — atuam sobre unidades econômicas já diferenciadas no sentido de fomentar a diferenciação: a existência de um estado também limita a possibilidade de evadir-se do avanço do credor por meio de fugas ou formação de bandos. A isso se acrescentam eventos contingentes como secas, ataques de pragas e terremotos, que podem impulsionar por completo a diferenciação de relações já anteriormente instáveis. A partir das últimas décadas do século VIII, sendo especialmente influente para o caso de Judá, acrescenta-se ainda a interminável dependência em relação às potências estrangeiras vizinhas. Mesmo assim ela não é a causa inicial para

---

[337] Finley, 1977, p. 181.

Introdução às épocas da história social de Israel 147

a diferenciação social, como bem o demonstram as passagens no Livro de Amós, que são anteriores à expansão assíria sobre Israel e Judá.

A partir deste feixe de fatores surge na metade do século VIII em Israel e no final do mesmo século em Judá aquilo que se pode designar de *antiga sociedade de classes.*

Para a descrição dessa sociedade foram propostos diversos modelos teóricos.[338] Para a construção de uma conceituação científica foi importante o conceito de *capitalismo de rendimento*, que colocava a renda básica tirada do proprietário no centro da construção teórica. Ele foi introduzido em 1975 por Osvald Loretz na pesquisa do Antigo Testamento.[339] Nessa proposta se descreve bem o funcionamento da sociedade de então. Mas o que não se capta bem é a dinâmica da sociedade de Israel e de Judá. Pois, ao contrário da imagem esboçada por Loretz da inserção de Israel nas condições gerais do mundo do antigo Oriente,[340] os textos do Antigo Testamento mostram uma transição dramática de uma sociedade relativamente igualitária para uma sociedade marcada por relações de classes. Aqui se aplicam teorias que remonta a Karl Marx, mas que apresentam desenvolvimentos próprios. Na América Latina prefere-se designar[341] o antigo Israel como um *sistema tributário.*[342] Contudo, tanto o tributarismo quanto o modelo marxista por trás do conceito de "modo de produção asiático" é um modelo estagnante, assim como também o é o modelo do capitalismo de rendimento. O próprio Marx não aplica este modelo para Israel, porque no modelo de "modo de produção asiático" ele pressupõe propriedade comunitária da terra por parte das comunidades aldeãs, as quais devem recolher tributos. No caso "dos judeus", assim como em Roma e na Grécia, a propriedade privada da terra é a base econômica.[343] A partir deste pano de fundo, Hans Kippenberg descreveu o antigo Israel como *antiga sociedade de classes*, e eu mesmo assumi positivamente esta nomenclatura.[344] Diferente da ideia do capitalismo de rendimento, que busca enquadrar Israel na "história social e

---

[338] Ver o relato da pesquisa em Nurmi, 2004, p. 4-49.
[339] Loretz, 1975.
[340] Id., p. 274.
[341] Em tradução alemã, ver Dreher, 1991; Schwantes, 1991, p. 73 ("modo de produção tributário", "tributarismo"; ver especialmente o tópico "O modelo de um modo de produção tributário" em Reimer, 1992, p. 235-238. Ver também Gottwald, 1993, p. 5, que fala de "modo de produção tributário" (em inglês TMP).
[342] O conceito de tributarismo advém do sociólogo da religião Houtart (1980).
[343] Marx, 1981, p. 381-383.
[344] Kippenberg, 1977b; Kessler, 1992, p. 12-17; id., 1994.

econômica geral do antigo Oriente Próximo",[345] a concepção de uma antiga sociedade de classes que a partir do século VIII surge na Grécia, Itália e Israel apresenta um momento dinâmico de "transformação da sociedade tribal arcaica", na qual o "endividamento" recebe "grande importância".[346]

Com a ênfase no momento dinâmico é ressaltado que a partir do século VIII surge algo em Israel e Judá. É o momento da sociedade de classes como classes contrapostas. Nisso o conceito de classe é pensado de forma econômica e está orientado na propriedade dos meios de produção.[347] Por meio do endividamento elevado, uma parte dos camponeses livres baseados na sua própria terra acaba perdendo sua propriedade. A estes estão contrapostos aqueles que com base na propriedade da terra estão em condições de oferecer mais créditos e com isso trazer mais pessoas para direta dependência em relação a eles.

Conforme a nossa descrição anterior dos estados de Israel e de Judá, fica claro que esta elite em formação é composta de vários grupos. Em Israel, deste grupo provavelmente faziam parte os que residiam (passageiramente) na corte e eram abastecidos com produtos naturais por seus familiares, mas também aqueles que são atacados na crítica social de Amós e aqueles que são mencionados nos *ostraca* da Samaria; os vários grupos em boa medida devem ser coincidentes.[348] Em Judá deve-se pensar naturalmente no *am ha-ares* e na aristocracia, que também é atacada pelos profetas.[349] Que papel desempenha nisso o estado e especialmente a corporificação deste, isto é, a figura do rei?

Na descrição da *monarquia como forma de estado* foi necessário indicar para o fato de que determinadas atividades características da forma estatal como a exigência de trabalho forçado para a coletividade (corveia) ou o serviço militar ou a cobrança de tributos atuam de forma desagregadora sobre uma sociedade que já está dividida entre mais pobres e mais ricos. A existência de um estado foi mencionada como fator inibidor da solução do problema de sobre-endividamento por meio de fugas ou formação de bando.[350]

---

[345] Loretz, 1975, p. 272.

[346] Kippenberg, 1977b, p. 41.

[347] Gottwald, 1993, p. 4: "Classes sociais existem sempre que um grupo social está apto a se apropriar de uma parte da mais-valia do produto de outro grupo".

[348] Ver p. 126.

[349] Ver p. 129-135.

[350] Ver p. 116-117.

Introdução às épocas da história social de Israel 149

A simples existência do estado já é um fator que favorece o surgimento de uma sociedade de classes, mesmo que não seja o único fator, como o mostra o fato de que uma sociedade antagonicamente dividida levou duzentos anos para se formar após a instalação da monarquia. Este desenvolvimento se torna irreversível pelo fato de a monarquia formar uma *aliança com a elite emergente*. O fato de que estes círculos são aqueles que menos têm a ver com a nova instituição da monarquia e em primeiro lugar devem ser vistos como os portadores da resistência[351] não constitui um empecilho a longo prazo. Como a monarquia se estabelece rápida e firmemente, é mais sábio para os poderosos aliar-se com o estado do que permanecer em oposição a ele. A imagem que temos do Reino do Norte em parte já no século IX e mais claramente no século VIII e de Judá a partir do século VIII até o final da existência estatal autônoma ("monarquia participativa") mostra quão forte era essa aliança.

Por meio desta aliança o estado primitivo se desenvolve rumo a um estado plenamente desenvolvido. *Em contraposição ao estado primitivo com suas duas classes, os governantes e os governados, no estado desenvolvido há uma classe dirigente em contraposição à sociedade por sua vez dividida em classes.* Claessen e Skalník falam de "classes antagonicamente sobrepostas" [overtly antagonistic classes] ou de uma "sociedade de classes madura" [mature class society],[352] cuja existência constitui o pressuposto para o estado "maduro" ou "plenamente desenvolvido".

Porém, apesar das alianças estreitas entre o poder estatal e a elite econômico-social, a função do estado não se esgota em ser "uma organização da classe proprietária para a proteção contra os não proprietários", como formulou Friedrich Engels.[353]

c) Respostas à crise

A crítica profética, que desde os dias de Amós na metade do século VIII não silencia, mostra que o crítico desenvolvimento social em Israel e Judá não foi aceito sem resistências. Pode-se supor que as pessoas diretamente atingidas pelo sobre-endividamento também não se resignavam ao seu destino e isso é corroborado por meio da crítica social profética, que

---

[351] Ver p. 96.
[352] Claessen/Skalník, 1978, p. 23.643.
[353] Engels, 1962, p. 167.

sempre denuncia práticas violentas por parte dos membros da elite. Mesmo assim não se percebe um movimento organizado de resistência, menos ainda um movimento com objetivos claramente definidos. Também não se devem entender os profetas como líderes de tais movimentos ou como representantes de programas sócio-revolucionários.

Se os profetas mesmo assim esperam por uma mudança das relações por meio de atores sociais, então a sua esperança se dirige para o rei. Aqui deve se mencionar primeiramente que em Miqueias e em Isaías praticamente não se encontram críticas ao rei. Profetas posteriores do Reino do Sul criticam o desejo de luxo na corte (Sf 1,8s; Jr 22,13-19; Ez 22,25). Isso, porém, em termos causais não tem nada a ver com a divisão da sociedade em classe superior e inferior. E se Jeremias exige uma atuação em favor da classe inferior, então ele se dirige à "casa de Davi" (Jr 21,12). A respeito de Josias, o profeta até afirma explicitamente em Jr 22,15s que ele "praticou direito e justiça" a favor dos "pobres e miseráveis".

Com tais expressões recorre-se à autocompreensão própria do antigo Oriente, que se expressa na ideologia régia deste contexto. Segundo esta, os reis atuam em favor de "direito e justiça" (2Sm 8,15; 1Rs 10,9). Os favorecidos de tais atividades são os fracos, que de outra maneira não conseguem alcançar o seu direito. A concepção se encontra tanto no rei Hamirapi, da Babilônia antiga — ele mandou colocar sobre sua coluna a inscrição: "para que o forte não prejudique o mais fraco, para ajudar o órfão e a viúva a chegar ao seu direito"[354] —, quanto no Sl 72, chegando até alguns provérbios reais do Livro de Provérbios (Pr 16,12; 20,28; 29,14).

Não é à toa que neste mundo das ideias se fala de *ideologia* real. Pois aquilo que desta autoimagem da monarquia de fato é colocado em prática é outra coisa. Mesmo assim esta ideologia tem respaldo na realidade. Ele reside no fato de que em todas estas ligações com a elite a monarquia não está diretamente relacionada com a divisão da sociedade. Monarquias já existem anteriormente. Sua existência não está causalmente relacionada com a elite; em termos reais, em Judá, a monarquia em si não surgiu da elite. Pode-se descrever o mesmo conteúdo a partir da perspectiva da classe inferior da seguinte forma: quem está em necessidade e precisa de crédito dirige-se com sua questão a algum parente, algum vizinho ou

---

[354] Citado conforme TUAT I, p. 76.

mesmo a um funcionário rico, mas não ao rei e também à corte real. Assim, o rei está de fato totalmente fora da contradição fundamental entre devedores e credores.

É justamente esta base objetiva que possibilita aos reis a intervenção nas relações sociais. Há dois exemplos que podem ser tomados do material narrativo da Bíblia. Por um lado há a celebração de aliança sob Josias, narrada em 2Rs 23,1-3. Se de fato o Deuteronômio ou uma forma anterior tiver servido de base para esta aliança, ela deve ter tido consideráveis implicações sociais. Mais pontual é a intervenção do rei Sedecias que, segundo o relato de Jr 34,8-22, nos últimos dias de Judá, exige a libertação de escravas e escravos. Em ambos os casos, a iniciativa parte do rei. Em ambos os casos há logo a seguir uma anuência do "povo" (2Rs 23,3) ou de membros da elite (Jr 34,10). Isso mostra que, mesmo que o rei tome a iniciativa, ele ainda assim necessita da anuência da elite. A ideologia de que o rei é o protetor dos pobres e dos fracos deve ser coadunada com a realidade judaica de uma monarquia participativa. A intervenção do rei, contudo, tem pouca durabilidade. Isso é mostrado pelo fato de que logo após a morte de Josias as consequências de sua reforma se desvanecem e de que a libertação de escravas e escravos ordenada por Sedecias logo é revista.

Muito mais influente do que tais intervenções pontuais é o fato de que na monarquia tardia se dá a fixação por escrito do direito. Aqui a apresentação histórico-social deve restringir-se a algumas indicações. Isso, contudo, pode ser feito de forma breve, porque entrementes há estudos histórico-sociais detalhados sobre a questão.[355] É de observar que os testemunhos bíblicos para a fixação do direito por escrito se dão na época em que surge a crise social da sociedade (Os 8,12; Is 10,1; Jr 8,8s). Isso está em congruência com o testemunho externo segundo o qual a cultura da escrita está pouco desenvolvida antes do século VIII, tomando impulso decisivo a partir de então.[356] Já isso permite supor que a fixação do direito por escrito tem a ver com o desenvolvimento social, o que pode ser sustentado com comparações com outras culturas.

Chama a atenção que, segundo o entendimento bíblico, o próprio rei não aparece como legislador. Aqui reside uma diferença fundamental em

---

[355] Menciono somente as apresentações de Crüsemann, 1992b, e de Otto, 1994, ambas com muita literatura secundária.

[356] Ver Jamieson-Drake, 1991.

relação às culturas mesopotâmicas que tem amplas consequências para a importância da Torá no judaísmo. Ainda assim a fixação do direito por escrito não é pensável a partir do século VIII sem a monarquia. Se se aceita que a formulação dos corpos legais, isto é, o código da aliança e o código deuteronômico (na sua forma da época da monarquia), remontam a "círculos versados em direito" ou à "camada superior dos funcionários ilustrados"[357] ou ao "tribunal superior de Jerusalém",[358] em todo caso há uma vinculação com a instituição da monarquia.

O que desta forma se realiza sob a proteção da majestade real também tem alta relevância histórico-social. Tanto o código da aliança quanto o código deuteronômico — e este de forma mais acentuada — tratam de questões referentes às relações sociais, ainda que não de forma exclusiva e isolada. No código da aliança devem-se mencionar de forma especial as leis sobre os escravos (Ex 21,2-11.20s.26s), seguindo-se a proibição da cobrança de juros e as leis sobre hipoteca (22,24-26), o ordenamento da justiça (23,1-8) e a destinação social do descanso sabático da terra e o descanso do trabalho no sétimo dia (23,10-12). A maioria dessas leis é retomada e desenvolvida no Deuteronômio, mas acrescentam-se coisas novas: assim especialmente a remissão de dívidas prevista para cada sete anos (Dt 15,1-11), um imposto social para os pobres (14,22-29; 26,12), a proibição da entrega de escravos fugitivos (23,16s), o mandamento do pagamento diário dos diaristas (24,12s) e o grande bloco das leis institucionais (16,18–18,22). A respeito destas últimas, discute-se efusivamente se teriam surgido ainda na época da monarquia ou se seriam produto do tempo dos planejamentos para um novo início após o final da monarquia.[359]

Somente se pode especular em que medida as leis sociais foram colocadas em prática na época de Josias. Ainda assim, o elogio de Josias como um governante exemplar em termos sociais, segundo a informação em Jr 22,15s, poderia ser indicativo de que algo neste sentido teria acontecido neste período. Mas já as condições após Josias, como, por

---

[357] Ver acima Otto, 1994, p. 73.180.

[358] Assim Crüsemann, 1992b, p. 113-121.

[359] Assim por exemplo Otto, 1994, p. 193, para quem as chamadas leis das funções sociais são "um programa utópico para o reinício de Israel após o exílio". Interessante, embora não convincente, é a afirmação de Willis, 2001, p. 45, de que os corpos de leis vétero-orientais sempre estão relacionados com "práticas e instituições existentes", devendo pressupor a concepção de um programa utópico no sentido de que "as leis são compostas e redigidas em algo como um vácuo" (p. 47).

exemplo, são expressas em Jeremias e Ezequiel, mostram que do ímpeto da reforma não sobrou muito (enquanto a centralização do culto como outra ênfase das leis continuou tendo aceitação). Mesmo assim, o ato da fixação por escrito do direito no código da aliança e no Deuteronômio tem consequências de longo alcance para a continuação da existência do povo judeu após o fim da existência estatal autônoma. Justamente pelo fato de estes corpos legais não estarem diretamente relacionados com a pessoa do rei, eles podem continuar a servir como fundamento de compromisso após o fim da monarquia. Há ainda um longo caminho até que eles assumam finalmente a forma de um compromisso para todos.

IV. Exílio e suas consequências

Bibliografia: Ackroyd, 1968; id., 1970; Albertz, 2001; Grabbe (ed.), 1998a; Janssen, 1956; Kreißig, 1972.

Desde que Israel, a partir da metade do século VIII a.C., entrou no campo de forças das grandes potências do antigo Oriente, tiveram início processos de exílio para sua população. Com a intervenção dos assírios na guerra siro-efraimita, contingentes populacionais das províncias do norte são deportadas em 732 (2Rs 15,29).[360] O fim do Reino do Norte em 722 foi acompanhado da deportação de consideráveis partes da população para a Assíria — Sargão II fala que teria conquistado 27.289 pessoas. Um pouco mais tarde, em 701, também se registram deportações consideráveis em Judá. Segundo o relato da campanha militar de Senaquerib, 200.150 pessoas teriam sido deportadas,[361] um número que é pouco provável por questões demográficas. Mas não se trata disso. Importante é que se trata de um número elevado. Mais importante ainda é que, em contraposição ao Reino do Norte, Judá não deixa de existir enquanto estado, mesmo que doravante exista sob o domínio assírio.

Esta situação mantém-se estável por quase um século. Ela somente se modifica quando o domínio assírio desmantela rapidamente no final do século VII a.C. Aqui devemos primeiramente agregar a apresentação dos eventos.

---

[360] Ver também TGI, n. 27.
[361] TGI, n. 39.

1. De Nabucodonosor até Ciro

Após a breve interposição da dominação egípcia sob Necao II, que custou a vida de Josias em 609, pode-se datar o início da época do domínio babilônico para Judá e a região do antigo Israel para o ano de 605 a.c. Neste ano, Nabuconosor derrota os egípcios em Carquemis. Os egípcios retrocedem para o seu espaço próprio, e os babilônios transformam os estados do Levante em vassalos; entre estes encontrava-se também o reino de Judá, governado por Joaquim (2Rs 24,1.7).[362]

Mas, já em 598, Joaquim se desprende da Babilônia. Seu levante, que culmina com a transferência de Jerusalém sob seu filho Joaquin (o pai havia falecido durante a aproximação do exército babilônico), dá início no ano de 597 ao tempo das deportações babilônicas. Apesar da entrega voluntária da cidade, o jovem rei é deportado para a Babilônia, indo com ele parte da corte e da elite. Lá os membros da corte primeiramente receberam tratamento honroso, como está documentado em inscrições cuneiformes do tempo em torno do ano 592, que atestam a entrega de óleo a "Joaquin, rei de Judá" e a outras pessoas de sua proximidade.[363] Com esta deportação inicia-se a deportação babilônica (cf. 2Rs 24,10-16). Em Jerusalém, o tio de Joaquin, Sedecias, é colocado como rei pelos dominadores (2Rs 24,17) e atrelados a estes através de um juramento de vassalo (Ez 17,1-21).[364]

Quando pouco mais tarde também Sedecias ousa fazer um levante, dá-se a conquista de Jerusalém após um cerco mais demorado (587/586[365]). O rei é lançado na prisão e novamente membros da corte e da elite, bem como artesãos, são deportados. Em Jerusalém, cidade e templo são destruídos. A existência estatal autônoma de Jerusalém chega ao seu fim (2Rs 25,1-21; Jr 39,1-10; 52,1-27). Contudo, como governador babilônico é instituído um judeu, Godolias, filho de Aicam, filho de Safã, portanto membro da antiga família da nobreza funcional judaíta (2Rs 25,22; Jr 40,7).[366]

---

[362] Ver p. 136.

[363] TGI, n. 46.

[364] Sobre os acontecimentos de 605-597, ver também a crônica babilônica, apresentada em TGI, n. 44; TUAT I, p. 401-404.

[365] Como para essa época as crônicas babilônicas não foram preservadas, a datação certa é controvertida; ver a discussão em Albertz, 2001, p. 71-73.

[366] Sobre Godolias e os safanidas, ver p. 133; ocasionalmente tem se dito que Godolias teria sido instalado como rei em lugar dos davididas; ver Ackroyd, 1979, p. 324s; Gonçalves, 2000, p. 177-179. Nisso, contudo, fica sem esclarecimento por que os babilônios continuam a reconhecer o davidida Joaquin como rei; da mesma forma não se explica o papel dominante do davidida Zorobabel no início do período persa.

Segundo Jr 50,30, uma terceira deportação aconteceu no ano de 582. Há argumentos a favor de que o motivo dessa medida de castigo foi o assassinato de Godolias por monarquistas judaítas. Segundo a nota de 2Rs 25,25; Jr 41,1, este evento se deu no "sétimo mês". Mas isso dificilmente pode ter sido o sétimo mês da conquista e da destruição de Jerusalém, pois desse modo Godolias somente teria governado por dois a três meses, o que dificilmente pode ser coadunado com as medidas por ele realizadas. Pode-se, assim, pressupor um governo de quatro anos da parte de Godolias.[367] Após a sua morte deixam de existir informações historicamente datáveis sobre a situação na terra.

O próximo evento seguramente datável acontece não na terra mas sim na Babilônia. 2Rs 25,27 informa que, no ano da subida ao trono do rei Evil-Merodac, o rei Joaquin é solto da prisão e é novamente admitido à mesa real. Nesse meio tempo, ele deve ter perdido o seu antigo status honroso. Somente se pode especular que isso tenha se dado em consequência do fracassado levante de Sedecias ou como consequência do assassinato de Godolias por membros da casa davídica.[368]

O fim da época babilônica se dá com a ocupação pacífica da cidade da Babilônia pelo rei persa Ciro II, no ano de 539. Ciro, que entrementes havia conquistado o reino dos medas, bem como dominado todo a região das ilhas do Mar Egeu, proclama-se rei da Babilônia e herda com isso também o domínio sobre a região até a divisa com o Egito.

Se ordenarmos as épocas da história de Israel neste período conforme o tempo dos domínios estrangeiros, então a dominação babilônica chegou claramente ao seu fim no ano de 539. Contudo, não significa que com isso automaticamente o exílio dos judeus tenha terminado, como as formulações em estilo cronista do chamado Edito de Ciro querem dar a entender (Esd 1,1-4; 2Cr 36,22s). Um retorno considerável inicia somente no ano de 520.[369]

2. Judá sob o domínio babilônico

Como nos livros de Jeremias e Ezequiel, bem como em Lamentações, há inúmeras informações sobre a época anterior e posterior à queda de Jeru-

---

[367] Sobre isso, ver Gonçalves, 2000, p. 181.
[368] Assim em Albertz, 2001, p. 90s.
[369] Sobre isso, ver p. 167s. Albertz, 2001, p. 11s, toma esta ruptura como motivo para estender sua exposição sobre a época do exílio até o ano de 520.

156 História social do antigo Israel

salém, é relativamente segura a reconstrução das consequências deste evento para as estruturas sociais de Judá. Nisso podemos diferenciar diversos âmbitos sociais, que na realidade, contudo, estão intimamente inter-relacionados.

a) As estruturas de dominação

Com a primeira deportação origina-se uma estrutura duplicada toda própria: Judá tem dois reis, o rei deportado, Joaquin, e o rei Sedecias, que vive em Jerusalém. Como Joaquin não é deportado sozinho, mas com ele também uma parte da sua corte, pode-se falar de um efetivo translado da corte para a Babilônia. Assim, os documentos babilônicos de entregas[370] mencionam ao lado de Joaquin os seus cinco filhos e eles se referem a Joaquin expressamente como "rei de Judá". Especialmente as parcelas da elite, que já se encontram no exílio, continuam a considerar Joaquin como seu rei (ver no Livro de Ezequiel as datações segundo a deportação de Joaquin). No próprio Judá, uma parte aposta no retorno em breve de Joaquin para a sua posição anterior, como é indicado pela profecia de Ananias transmitida no Livro de Jeremias (Jr 28,4). A importância desta linhagem dos davididas, apesar da prisão provisória de Joaquin e somente relaxada em 562, é atestada pelo fato de que, após a tomada de poder pelos persas, um neto de Joaquin, chamado Zorobabel (cf. 1Cr 3,17-19) aparece como um dos primeiros protagonistas em Jerusalém.[371]

Logo após a deportação de Joaquin, o seu tio Sedecias é colocado como rei em Jerusalém (2Rs 24,17). Mesmo que ele seja rei em sentido pleno — assim não só é formulado no texto de 2Rs 24,17 mas também no texto de Jeremias é constantemente pressuposto e sobretudo assim é afirmado em Ez 17,11-21 na interpretação da metáfora sobre a monarquia judaíta —, em Jerusalém questiona-se não a legitimidade mas sim a duração de seu governo. Assim, Ananias parece encontrar ouvidos abertos com o anúncio do retorno de Joaquin para o trono em Jerusalém (Jr 28). Para os partidários do rei deportado, Sedecias é tão somente algo como um substituto para Joaquin.

Com a colocação de Godolias como governador babilônico após o fim do reinado de Sedecias, pela primeira vez após quatrocentos anos um não

---

[370] TGI, n. 46.
[371] Sobre isso, ver p. 167s.

Introdução às épocas da história social de Israel

davidida ocupa a posição mais alta em Judá. Com isso os babilônios acabam com o domínio da casa real, mas mesmo assim não realizam a ruptura definitiva, na medida em que colocam na direção da província um membro da família de funcionários atuantes no poder desde o tempo de Josias.

Godolias conduz os seus negócios de governo a partir de Mispá (2Rs 25,23; Jr 40,6.8.10 e outros). Isso poderia estar relacionado com a destruição em Jerusalém. Mas, provavelmente, tem um sentido simbólico. Assim como o domínio dos davididas chegou ao fim e o templo foi destruído, continuando, porém, a ser alvo de peregrinações (Jr 41,5), assim o lugar não mais deveria ser a sede da administração provincial.

Dificilmente se pode saber algo sobre a estrutura do governo de Godolias. Claro é que é um governo sob os auspícios dos babilônios. O próprio Godolias está "ele mesmo diante dos caldeus, que vêm até nós" (Jr 40,10) e quem está submetido a ele "serve ao rei da Babilônia" (2Rs 25,24; Jr 40,9). Por isso existem pessoas de contato babilônicas na sede de governo de Godolias em Mispá (Jr 41,3). Ao lado disso, contudo, Godolias encoraja antigos oficiais e membros do exército a permanecerem na terra (2Rs 25,23s; Jr 40,7-9). De uma nota secundária no Livro de Jeremias pode-se depreender que em suas imediações também existem "filhas do rei", portanto membros dos davididas que permaneceram na terra. Por fim, é um davidida desse tipo que assassina Godolias (2Rs 25,25; Jr 41,1s).

Não temos condições de saber como as coisas se desenvolveram na terra após a morte de Godolias. Pode-se tomar como dado seguro que os babilônios não contemplaram um judeu com a administração da província, mas a tomaram em suas próprias mãos.

b) Relações de propriedade na terra

Apesar de numerosas indicações em diversos textos bíblicos, é difícil reconstituir o número de pessoas nas deportações dos anos de 597, 587/586 e 582. Seguro é que a imagem posterior de um total esvaziamento da terra de Judá é insustentável. Provavelmente o número dos exilados deve ter ficado em torno de um quarto ou um terço da população.[372] Seguro também é que os deportados pertenciam sobretudo à camada superior,

---

[372] Ver a discussão exaustiva em Albertz, 2001, p. 73-80.

figurando entre eles também especialistas, que na Babilônia poderiam ser empregados para diversas tarefas.

Após a primeira deportação de 597, surge a situação de que uma parte da elite está na Babilônia enquanto a outra parte permaneceu na terra. A tensão daí resultante pode ser deduzida a partir de uma citação que Ezequiel, um dos deportados, coloca na boca dos que permaneceram em Jerusalém: "Eles estão longe de YHWH. A nós foi dada a terra como possessão" (Ez 11,15; cf. 33,24). Isso certamente significa não somente que os que permaneceram na terra não mais consideram os deportados para as ações no futuro, mas também que os mesmos se apropriam das propriedades deixadas para trás. Nesta fase do desenvolvimento, a tensão entre os que permaneceram na terra e os exilados é uma tensão interna da camada superior.

Isso se modifica com a segunda deportação. Nesta novamente são deportadas partes substantivas da elite. Nos Livros dos Reis está registrado que o oficial babilônico que organizou a deportação teria deixado para trás "dos pobres da terra" alguns "como vinhateiros e agricultores" (2Rs 25,12; Jr 52,16; de forma anacrônica, algo similar já é afirmado para a primeira deportação; cf. 2Rs 24,14). Essa informação também é utilizada no Livro de Jeremias, o qual apresenta os acontecimentos em torno do breve governo de Godolias. Ali se afirma: "E dos pobres da terra, que nada tinham, Nabuzardã deixou alguns em Judá e lhes deu naquele dia vinhas e campos" (Jr 39,10). Isso não é mais somente uma redistribuição interna na camada superior, mas tem o caráter de uma reforma agrária.

Para poder perceber a profundidade desta ruptura em perspectiva histórico-social, devemos recordar que a partir do século VIII tanto a sociedade israelita (norte) quanto a judaíta (sul) estão marcadas por uma crescente tendência de concentração da posse da terra. Um processo de endividamento de círculos cada vez mais amplos leva à perda da terra e da liberdade pessoal; um número cada vez menor de famílias da elite agrária mantém os ex-israelitas livres em dependência e se apropria de suas terras.[373] Quando Jr 34,8-22 pressupõe que em Jerusalém havia um grande número de escravos e escravas por dívidas, então deve tratar-se de tais "pessoas pobres, que nada tinham", mencionadas em Jr 39,10. Estes agora

---

[373] Ver a exposição p. 136-149.

Introdução às épocas da história social de Israel

recebem partes das propriedades daqueles de quem se tornaram dependentes por conta de dívidas cada vez maiores.[374]

Com a tomada do poder pelos babilônios, através do seu comissário Godolias, regressaram alguns fugitivos, que por causa dos eventos de guerra haviam fugido para os países vizinhos (Jr 40,11.12a). É bem provável que neste processo não se tenham restringido somente às suas próprias terras, mas que tenham cultivado terras que pertenciam a pessoas que agora estavam no exílio.[375] A notícia correspondente em Jr 40 termina com as palavras: "E eles colhiam uvas e frutas em grande quantidade" (v. 12b). Na tendência favorável a Godolias em Jr 39 e 40 quer-se dizer que reforma agrária e assentamento de refugiados não são somente atos de restituição de justiça, que sobre tais atos repousa a bênção de uma farta colheita.

Se colocarmos ao lado da descrição de Jr 39 e 40 a imagem projetada pelas Lamentações, poderíamos achar estar em outro mundo. Ali não se lamentam somente as destruições em geral mas também o fato de que a comida (Lm 1,11; 2,12; 4,4.9), a bebida (4,4; 5,4) e a lenha (5,4) são escassas e caras. Fala-se que mulheres são violentadas (5,11) e que as autoridades tradicionais estão destituídas de poder (1,4.6.15 etc.). Enquanto Jr 39 e 40 querem dar a impressão de reinício esperançoso, as Lamentações expressam a imagem de uma catástrofe geral, da qual parece não haver nenhuma saída.

Podem-se indicar diversos motivos para estas perspectivas contraditórias. Por um lado há a linguagem da lamentação urbana que se encontra nas Lamentações e que está cheia de expressões estereotipadas, nas quais não se pode em cada caso fazer a pergunta sobre em que medida correspondem à realidade. Por outro lado é possível que as Lamentações parcialmente se refiram ao tempo imediatamente posterior às conquistas e à destruição de Jerusalém, enquanto dois ou três anos depois a situação já poderia ser bem diferente.[376] Decisivo é que ambos os conjuntos textuais tomam perspectivas diferentes sobre os mesmos acontecimentos.

---

[374] Kreißig, 1972, p. 24, defende que "os empregados [...] teriam sido instalados como posseiros, porém certamente não como proprietários; pois o rei conquistador certamente considerava esta terra como sua propriedade". Isso até é concebível, mas não é comprovável. Sobre a questão da posse da terra, ver Dietrich, 2002.

[375] É questionável se isso pode ser interpretado como "ocupação violenta de localidade abandonadas" (assim Albertz, 2001, p. 82).

[376] Janssen, 1956, p. 40, leva a pensar que também diferenças geográficas podem desempenhar um papel: Jr 44 trata de Jeremias e por isso somente das regiões em torno de Mispá; em outras partes da terra pode ter havido outro tipo de relações.

Exemplar para isso é o texto de Lm 5,2: "Nossa herança foi entregue a estranhos, nossas casas, a estrangeiros". O nós que lamenta constata na primeira parte do paralelismo que "estranhos" se apropriaram do patrimônio. Isso poderia perfeitamente expressar o mesmo acontecimento que em Jr 39,10 é apresentado de forma positiva como reforma agrária. Um grupo social vê nas medidas de Godolias uma restituição de justa distribuição de terras, enquanto para outro grupo o mesmo evento significa desapropriação. O fato de que "os pobres que nada têm" (Jr 39,10) agora receberam o comando parece-lhes o domínio dos "escravos" (Lm 5,8).[377]

Simultaneamente este grupo tem um olhar mais aguçado para acontecimentos que são silenciados na apresentação favorável a Godolias no Livro de Jeremias. Quando se afirma que "nossas casas" também são entregues a "estrangeiros", então isso possivelmente quer ressaltar um lado dos acontecimentos que em Jr 39 e 40 não é mencionado. Tanto babilônios quanto membros de povos vizinhos hão de ter se enriquecido com propriedades judaicas. E fenômenos como carestia e insegurança nas relações, para o que violências não punidas podem ser a expressão mais forte, certamente faziam parte da realidade da época, mas que na imagem jeremiânica de uma florescente época de Godolias são deixadas fora de foco.

Não podemos reconstituir com certeza como a situação se desenvolveu após o assassinato de Godolias. Os conflitos perceptíveis no início do período persa apontam para o fato de que a circunstância básica permanece inalterada.[378] *O tempo do domínio babilônico sobre Judá é um tempo em que aqueles que durante a monarquia concentraram muitas propriedades agora as perdem parcial ou totalmente. Estas terras são apropriadas por aqueles que em outros tempos as perderam para os poderosos, mas também babilônios e membros de outros povos se apropriam de terras.* O Judá do período babilônico, apesar da reforma social de Godolias, não apresenta uma "sociedade sem classes", mesmo porque não sabemos como os fatos se deram após a morte de Godolias. Mas há um deslocamento de relações de propriedade, que determinará fundamentalmente a situação de conflito no período persa.

Mas antes precisamos investigar as condições de vida na deportação.

---

[377] Kreißig, 1972, p. 26, afirma com relação a Lm 5,2: "Somente precisamos atribuir a lamentação a um membro da classe dos proprietários de terra judaítas".

[378] Assim Berges, 2002, p. 277, data Lm 5 no "tempo do início da volta da Babilônia (após 521 a.C.)" e mesmo assim utiliza corretamente o texto para a reconstrução das relações como hão de ter vigorado desde o início da época do exílio.

3. Israel no exílio

A apresentação precedente já procurou deixar claro que sob o termo "exílio" não se pode entender aquilo que a imagem bíblica de Crônicas (2Cr 36,20s) — sem paralelo na apresentação de 2Rs 25 — quer expressar: que a terra permaneceu "deserta" por setenta anos porque todo Israel foi levado para o exílio babilônico.[379]

Esta imagem é falsa não somente pelo fato de que nem todo o Israel foi conduzido ao exílio mas também pelo fato de pressupor um fim para o período do exílio, o qual não existe como tal. *Desde as deportações no início do século VI Israel vive a dupla existência de uma parte da população viver na terra e outra fora dela.* Nos dois milênios e meio desde então as relações de quantidade e de qualidade entre as duas grandezas mudaram frequentemente. Mas mesmo o corte histórico da fundação do moderno estado de Israel no ano de 1948 não deu fim a esta estrutura básica da dupla existência. A consequência para a apresentação aqui esboçada é que o tema "exílio" não pode ser restringido aos cinquenta anos entre a destruição de Jerusalém e a conquista da Babilônia por Ciro, mas é um tema que deve ser levantado novamente no tratamento do período persa e helênico.[380]

Antes de iniciar com a apresentação, quero brevemente fundamentar por que no título falo de "Israel". Efetivamente, com as deportações no início do século VI somente "Judá" é exilado. Dos membros do Reino do Norte deportados após 732 e 722 (assim como das deportações judaicas de 701) ainda existem restos dispersos. Para isso indicam nomes de judeus com formas assírias e nomes judaicos em territórios assírios, que podem ser entendidos como descendentes de pessoas deportadas pelos assírios.[381] Pode-se também especular que após os exílios tenha havido "uma aliança de israelitas e judeus das antigas deportações assírias de 732, 722 e 701".[382] Mas estes indivíduos não são uma grandeza política

---

[379] Não são sustentáveis as posições que defendem que a imagem bíblica do exílio e (parcialmente) do retorno após o exílio seja um mito que teria surgido para dar ao povo miscigenado no período persa e no Judá do período helenístico uma identidade comum; ver Thompson, 1998; Ph. R. Davies, 1998. Em contraposição a isso, Grabbe, 1998b, com razão sustenta que "o mito da terra vazia" constitui verdadeiramente um mito. Ver também Blenkinsopp, 2002. Acerca de 2Cr 36,20s, ver também o excurso em Willi, 1995, p. 18-26.

[380] Sobre isso, ver p. 205-207. e p. 234s.

[381] Zadok, 1979, p. 35-38; id., 1983/84; Oded, 2000.

[382] Assim Albertz, 2001, p. 88.

relevante. Mas isso leva ao fato de que o antigo nome "Israel" agora também é utilizado marcadamente por judeus como designação própria. No Dêutero-Isaías, "o" profeta do exílio, que fala de modo tão claro de Judá, Jerusalém e Sião, o paralelismo entre Israel e Jacó também se torna dominante (Is 40,27; 41,8.14 etc.). Judá, que até o fim do Reino do Norte era o "irmão menor" das tribos do norte, torna-se idêntico a Israel. E mesmo ali onde se pensa em uma futura reunião e se parte das duas grandezas "Israel" e "Judá" (cf. Jr 31,27.31; Ez 37,15-28; Os 8,2),[383] pensa-se não na reconstituição de um "Israel" específico no norte mas sim em um Pan-Israel unido sob domínio judaíta.[384] Desde o fim dos estados separados de Israel e Judá, "Israel" se torna de modo crescente a autodesignação ideal tanto de exilados quanto de moradores na região de Judá e da Samaria.

a) A deportação babilônica

Os escritos atribuídos ao profeta Ezequiel — como sacerdote e, assim, como membro da elite ele é levado ao exílio já em 597 — dão uma visão limitada da forma de vida dos exilados. Eles moravam em colônias fechadas. O próprio Ezequiel menciona o lugar Tel Abib (Ez 3,15). Alguns documentos neobabilônicos registram nomes judaicos na região de Nipur e em Sipar.[385] Do período persa, outros nomes são conhecidos (Esd 2,59; 8,17; Ne 7,61); contudo não se pode ter clareza se estes lugares foram ocupados por moradores judaicos ainda no período babilônico ou somente no tempo dos persas. Os exilados podem promover reuniões nos seus lugares de moradia. Os anciãos funcionam como seus representantes, sendo designados como "anciãos de Judá" (Ez 8,1), "anciãos de Israel" (Ez 14,1; 20,1.3) ou também "anciãos da deportação" (Jr 29,1). Isso aponta para o fato de que os exilados desfrutavam de uma administração própria — ainda que provavelmente limitada. Se a carta de Jeremias aos exilados aconselha estes a se estabelecerem, construindo casas, plantando pomares e contraindo casamento para seus filhos e filhas (Jr 29,5s), então isso pressupõe a forma de vida como é projetada nas passagens do Livro de Ezequiel.

---

[383] Com razão Coggins, 1989, p. 164, indica com razão para a existência continuada das diferenças entre norte e sul em tais textos.

[384] Mais para a frente, p. 176s., discutiremos os conflitos derivados desta autocompreensão da deportação babilônica.

[385] Zadok, 1979, p. 34-43; id., 1983/84.

Introdução às épocas da história social de Israel

A carta de Jeremias mostra também que havia um contato fluido entre os exilados e os que permaneceram na pátria, pelo menos para o tempo entre a primeira e a segunda deportação, portanto entre os anos de 597 e 586. Assim, Jr 29 contém não somente um escrito de Jeremias mas sim também um escrito da deportação aos sacerdotes do templo em Jerusalém (Jr 29,26-28). A um membro de uma delegação oficial, que durante o tempo de governo de Sedecias viaja para a Babilônia, Jeremias dá a incumbência de realizar uma ação simbólica na Babilônia (Jr 51,59-64). Inversamente, as ações simbólicas e metáforas de Ezequiel, que durante o governo de Sedecias advertem contra um levante em Jerusalém, somente têm sentido se tiverem sido comunicadas em Jerusalém dentro de período relativamente curto.[386]

Não existem conhecimentos sobre as relações dos exilados que viviam em colônias com o rei Joaquin e seu círculo que vivia na corte na Babilônia. A partir de recibos babilônicos datados dos anos de 590 e da notícia sobre a sua soltura no ano de 562 (2Rs 25,27-30), pode-se deduzir que ele ainda era celebrado como "rei de Judá"; isso pode indicar o fato de que ele, mesmo exilado, ainda seja o chefe formal da província.[387] Simultaneamente, ele também poderia ser o cabeça dos judeus exilados — naturalmente sob o manto da dominação babilônica. Mas isso não pode ser depreendido dos textos.[388]

Os desenvolvimentos internos da deportação são os mais frutíferos para o restante da história social do antigo Israel. Até o fim da época da monarquia deve-se pressupor que as estruturas baseadas no parentesco, que marcaram a sociedade pré-estatal, basicamente ainda continuam mantidas. Isso significa que a família, no quadro de relações de parentesco mais amplas, é a unidade básica da sociedade, e que provavelmente as estruturas familiares e as estruturas de povoamento basicamente são idênticas. Essas relações são perturbadas através de desenvolvimentos sociais e dos eventos bélicos desde a guerra siro-efraimita, na medida em que pessoas perdem as suas posses em consequência de endividamento ou por conta de eventos militares. O Deuteronômio, que é uma obra que já pressupõe essas relações perturbadas, ainda deposita con-

---

[386] Sobre isso, ver Lang, ²1981, p. 160-163.

[387] Para essa possibilidade com razão indica Sacchi, 2000, p. 51-58.

[388] É pura especulação dizer que inversamente, como quer Sacchi, 2000, p. 53, os contatos entre os deportados em suas colônias e o rei na Babilônia "devem ter existido, mas somente podem ter sido tempestuosos".

fiança na propriedade livre como base da sociedade. As informações sobre famílias de funcionários, que podemos acompanhar através de gerações, mostram que pelo menos nas camadas superiores as estruturas familiares estão intactas.[389]

Com o exílio, esse sistema perde a sua obviedade. Os lugares em que os exilados se fixam certamente lhe foram indicados por motivos de estado. Provavelmente eles tinham mais o *status* de arrendatários do que de proprietários livres.[390] A "herança" como fundamento do sistema de parentesco deixa de existir (sobre o significado da *nahalah* como base da sociedade pré-exílica, cf. Dt 19,14; 1Rs 21,3; Mq 2,2 etc.). Além disso, nos lugares de assentamentos dos exilados acabam se reunindo membros de diferentes famílias que não têm laços de parentesco entre si. As famílias, por seu turno, foram parcialmente separadas através das deportações; assim Ez 24,21 fala de exilados que "deixaram filhos e filhas em Jerusalém".

Tudo isso, contudo, não permite concluir que as relações de parentesco como fundamento da pertença social tenham deixado de existir. Pelo contrário, através da perda da autonomia de certa forma até se tornam mais importantes. Mas elas são ordenadas de forma nova. Em lugar de parentescos conhecidos e que eram ordenados pelo lugar comum de moradia e pela respectiva herança, passa a acontecer o registro em listas. Uma primeira indicação para isso é dada por Ez 13,9, passagem em que alguns profetas são ameaçados de "não serem inscritos na lista da casa de Israel". A palavra *ketab* para "lista" contém a raiz *ktb* ["escrever"] e mostra que se trata de um registro por escrito. Esse vocábulo aparece em Esd 2,62 = Ne 7,64 e remete para a "listagem das gerações" (ver a raiz *ktb* em Esd 2,62; 8,1.3; Ne 7,5.64), na qual todos os israelitas da deportação devem estar registrados. Somente quem puder apresentar esse comprovante pertence a Israel; quem não puder fazê-lo está sujeito a um tratamento diferenciado (Esd 2,59-63 = Ne 7,61). Mesmo que as listas em Esd 2 e Ne 7 tenham tido a sua origem somente no período persa, tanto Ez 13,9 quanto a lógica interna apontam para o fato de que o próprio procedimento deve ter surgido quando, após a segunda e a terceira deportação em 586 e 582, não havia mais a perspectiva de um retorno breve.

---

[389] Ver p. 131s.
[390] Sobre a questão, ver Albertz, 2001, p. 88s.

Introdução às épocas da história social de Israel 165

Essa "retrodatação" vale também para a designação das coligações de famílias. Em textos que devem ter surgido cedo no período persa mas que refletem uma prática já iniciada durante o período babilônico, essa designação é agora *bet 'abôt* ["casa dos pais"] (Ex 12,3; 2Cr 25,5; 35,12). Com isso se dá continuidade à velha expressão *bet 'ab* ["casa do pai"].[391] Os dirigentes dessas coligações familiares são designados de forma plena como *ra'shê bet 'abôt* (1Cr 7,7) ou *ra'shîm lebet 'abôt* (1Cr 24,24) ou de forma mais curta somente *ra'shê (ha)'abôt* ["chefes das famílias"] (Nm 36,1; Js 19,51; Esd 1,5; Ne 12,22; 1Cr 8,6 etc.).

O registro segundo as uniões familiares, desenvolvido durante o exílio babilônico, constitui a base social para a união [*Zusammenhalt*] dos exilados e a preservação de sua identidade. Isso certamente não teria vingado se a deportação não tivesse desenvolvido seus símbolos identitários centrais, a saber, a circuncisão, a observação do sábado e das leis de alimentação [*Speisegebote*], e se teologicamente não se tivesse desenvolvido o credo monoteísta em YHWH como o único Deus — e isso no contexto religioso e cultural poderosíssimo dos babilônios. Em uma história social de Israel isso deve ser mencionado, mas não pode ser desenvolvido.

b) A deportação egípcia

Após o assassinato de Godolias, os responsáveis fogem para o Egito, acompanhados por um grupo de mulheres e homens judaítas. Pelo fato de haverem levado consigo o profeta Jeremias e o escriba Baruc ben Neryha, intimamente com ele relacionado, foram preservadas algumas notícias sobre estes acontecimentos em Jr 41–44, mesmo que os textos tenham sido posteriormente retrabalhados em perspectiva deuteronômica.[392]

Importante para a nossa pergunta pela deportação egípcia — e aqui primeiramente para os seus inícios — é que Jr 44,1 dirige umas palavras "a todas as judias e todos os judeus que moram na terra do Egito, a saber, em Magdol, Táfnis, Nof e na terra de Patros". Essa listagem mostra que essas pessoas estão dispersas por toda a terra. Pois Magdol e Táfnis localizam-se no Delta do Nilo, Nof é a cidade de Mênfis, localizada ao sul do Delta e

---

[391] Ver p. 68s.
[392] Sobre as questões literárias dos capítulos, ver Kessler, 2002, esp. p. 57-63; Lohfink, 1978; Thiel, 1981; Wanke, 1971.

como terra de Patros é chamado de o Alto Egito. A palavra hebraica *hayyoshebîm*, que utiliza uma forma verbal do particípio, obviamente pretende indicar para o fato de que estes judeus já residiam havia mais tempo e de forma duradoura nos respectivos lugares.

Com a menção da "terra de Patros", entra na perspectiva de nossa análise a cidade de Elefantina, no norte do Egito, com a colônia militar judaica ali residente. Os documentos preservados deste lugar datam do século V e por isso devem ser tratados mais detalhadamente no capítulo sobre a época persa.[393] Expressamente se afirma nos papiros de Elefantina que o templo da comunidade dedicado a Yahu já existia antes da conquista do Egito pelo persa Cambises no ano de 525 (TAD A.47 e A4.9[394]). Uma imigração nos séculos VII e VI corresponde a uma prática comum durante a dinastia dos saítas (664-525), que fomentou o assentamento de mercenários e comerciantes de toda a região do Mediterrâneo oriental. Motivos internos fazem crer que a colônia já tenha surgido no período tardio da monarquia de Judá. O fato de que ao lado de Yahu também são mencionadas as divindades Aschim-Bethel e Anat-Bethel[395] pode ser mais facilmente explicado se a emigração para Elefantina já tivesse acontecido durante o século VII. Os emigrados teriam então levado para o Egito a forma da religião de YHWH como ela era vivida no lugar de origem e a teriam preservado como tal, enquanto na própria pátria de origem ela teria se tornado obsoleta.[396] Também a naturalidade com a qual é mencionada a existência de um templo fora de Jerusalém dificilmente pode ser concebida após a centralização cultural da reforma de Josias. Sob este pano de fundo destas reflexões, uma observação da Carta de Aristeas,[397] parágrafo 13, se torna importante, ainda que este documento somente tenha surgido no período helenista. Ela fala que um faraó Psamético — Psamético I (664-610) ou Psamético II (595-589) — fez tropas judaicas lutarem contra o rei dos etíopes, o que pressupõe uma emigração ainda no período da monarquia.

---

[393] Ver p. 206s.

[394] Também TGI, n. 51s.

[395] Beyerlin, p. 268s.

[396] Em contraposição a isso, Donner, ³2001, p. 383 afirma: "As colônia militares judaicas de Elefantina também em sua tradicional religião javista seguiam caminhos próprios e peculiares". Estes então deveriam consistir no fato de, ao lado da adoração ao deus principal Yahu, terem assumido divindades cananeias dos arameus, cuja existência também está atestada para o lugar. Não podemos excluir isso, mas é algo que também não pode ser positivamente comprovado.

[397] JSHRZ II, p. 35-83.

Isso projeta um quadro totalmente diferente do que na deportação babilônica. A deportação babilônica surge a partir de deportações violentas, enquanto a egípcia, a partir de emigrações voluntárias. Para a Babilônia são deportadas grandes parcelas da elite e também artesãos; para o Egito podiam emigrar especialmente soldados e comerciantes. O início da deportação babilônica está claramente marcado pelas deportações de 597; a emigração para o Egito é antes um processo gradual a partir do período tardio da monarquia. Os que foram exilados para a Babilônia se entendem como deportados compulsórios, que almejam retornar o quanto antes para a pátria. Os que emigraram para o Egito ali construíram sua existência e veem o Egito como a sua nova pátria. Jr 44,1, contudo, mostra que também no Egito procuravam manter a sua identidade judaica.

Assim como o surgimento é diferenciado, também é diferenciado o desenvolvimento posterior dos grupos judaicos na Babilônia e no Egito. Enquanto a deportação babilônica é dominante para o desenvolvimento da comunidade judaica no período persa, a deportação egípcia ocupa neste período somente um papel marginal. Seu período maior virá somente no período helenista.

V. A sociedade provincial no período persa

Bibliografia: Beyse, 1972; Briant, 2002; Carter, 1999; Dandamaev, 1989; Ph. R. Davies (ed.), 1991; W. D. Davies/L. Finkelstein (ed.), 1984; Eskenazi/Richards (ed.), 1994; Frei/K. Koch, [2]1996; Gallazzi, 2002; Galling, 1964; Gerstenberger, 2005; Grabbe, 1994; Karrer, 2001; Kellermann, 1967; Kippenberg, 1978; H. Koch, [2]1996; Kreißig, 1973; Olmstead, [2]1959; Reinmuth, 2002; Sacchi, 2000; Sasse, 2004; Schaeder, 1930; Schaper, 2000; Smitten, 1973; Stern, 1982; Wiesehöfer, [2]1998; Willi, 1995; Williamson, 2004; Yamauchi, [2]1991.

Se nos orientarmos exclusivamente pela construção e inauguração do templo em Jerusalém nos anos de 520-515 a.C., então o período que aqui se inicia pode ser chamado de período do segundo templo. Neste caso, deve-se estender este período até a destruição do templo pelos romanos no ano de 70 d.C. Como a respectiva dominação externa dos persas, dos gregos e depois dos romanos tem influências consideráveis para a forma da história social de Israel, aqui prefiro isolar do período maior do segundo templo inicialmente a época persa.

1. De Ciro até Alexandre

O reino persa é construído pelo aquemênida Ciro II no espaço de duas décadas com base num pequeno estado até chegar a um grande império, que domina não somente o altiplano iraniano mas também toda a Ásia Menor até a costa do Mar Egeu. No ano de 539, Ciro entra sem resistência na Babilônia, torna-se rei ali e herda as possessões babilônicas, que alcançam até a fronteira do Egito. Com isso tornam-se subalternos do rei persa não somente os judeus no exílio babilônico mas também as províncias, que desde a época dos assírios e dos neobabilônios encontram-se na área dos antigos estados de Israel e Judá. Cambises, o filho de Ciro, logra conquistar o Egito em 525. Os seus sucessores têm menos sucesso na tentativa de dominar as cidades-estados gregas e o continente europeu. Mesmo assim, o reino persa do século V constitui uma grandeza até então desconhecida, que se estende do Indo até o Egeu e do Mar Cáspio até o alto Egito.

Esse domínio, contudo, não fica inconteste. Para o Levante, são especialmente importantes revoltas no Egito, que depois foram derrotadas pelo general Megabizos, que dominou toda a revolta egípcia. Estes acontecimentos de meados do século V apontam para a instabilidade da situação no sudoeste do império. Em 404, então, o Egito se desliga totalmente. Mas, mesmo assim, por mais vinte anos é reintegrado no império persa. Mas já em 333, após a batalha perdida de Issos, o domínio persa sobre o Egito e o Levante desmorona. Com a entrada de Alexandre na Babilônia em 331 a.C. termina a história bicentenária do império persa.

Não somente com a sua extensão inicia com o império persa uma etapa qualitativamente nova na história do mundo antigo. Também em alguns traços fundamentais a política imperial do reino persa se diferencia de seus antecessores. Vale destacar em primeiro lugar a revogação ainda que parcial da política de deportação, como era praticada pelos assírios e babilônios. Em lugar dessa política, os persas concediam aos povos em suas províncias uma autonomia parcial, que se refere especialmente a questões culturais (e isso significa especialmente questões religiosas). O objetivo dessa nova política é ligar os povos dominados através de lealdade à casa real aquemênida.[398] Essa consiste especialmente no pagamento do imposto

---

[398] Com razão, Ahn, 2001, p. 309s, acentua que a política religiosa persa não tem nada a ver com "tolerância", mas é parte constitutiva da "abrangente estratégia de dominação administrativa e político-militar das regiões mais distantes do império".

Introdução às épocas da história social de Israel

imperial. Para recolher os impostos, os persas constroem uma efetiva administração, que se baseia no sistema provincial, nos moldes como havia sido introduzida pelos assírios e babilônios. O Levante constitui no seu todo a Satrapia Transeufrates. Através de ágil sistema de comunicação, o "correio persa", a administração central pode reagir a todas as partes do império. Um serviço secreto (os "olhos" e "ouvidos do rei"[399]) cuida para que o governo esteja informado a tempo sobre todos os desenvolvimentos.

Este reino persa, que sob um domínio e administração unitários une uma gama de culturas locais, é o lugar em que se desenvolve o restante da história do povo de Israel. A pergunta pela identidade do povo de Israel e por quem a ele pertence se torna cada vez mais carente de explicação. Externamente podem-se diferenciar diversos grupos, que podem levantar a exigência de pertença. De forma mais aberta, a exigência se mostra nos membros da deportação babilônica.[400] A essa se agregam os moradores das províncias de Judá e da Samaria, cuja pertença ao povo de Israel de modo algum é aceita de modo inconteste pelos membros da deportação. Por fim existem pessoas nas províncias circunvizinhas que se entendiam como judeus ou israelitas, bem como os membros da diáspora egípcia. Em questões religiosas importantes, os judeus de Elefantina se dirigem diretamente a Jerusalém, entendem-se como judeus e reconhecem Jerusalém como centro. Todas essas grandezas devem pelo menos em princípio ser incluídas na apresentação da história social, ainda que a ênfase, por motivo de fontes e de história dos efeitos, esteja colocada sobre Judá e Jerusalém.

Da história dos eventos da época persa destacam-se dois pontos fortes. Por um lado é o tempo inicial com os primeiros grupos de retornantes da deportação, a construção do segundo templo nos anos de 520-515 e a constituição de uma nova forma de vida comunitária em Judá. Por outro lado, há as missões de Neemias, que aloco no tempo entre os anos de 445 e 433, e de Esdras, que situo em torno de 398.

Depois que os persas assumiram o controle do império babilônico, abriram a possibilidade para a reconstrução do templo em Jerusalém, para o que a administração persa lá estabelecida e a população residente seriam responsáveis. Isso deve ter sido o núcleo histórico do chamado Decreto

---

[399] Xen. Kyr. VIII,II, 10-12; Her. Hist. I, 114.

[400] Ver Vogt, 1966, esp. p. 22-43; de acordo com isso, "a deportação נולה representa [...] todo o povo de Israel" (p. 42).

de Ciro do ano de 538, cujo texto está preservado em Esd 6,3-5 em língua aramaica. Certo Sasabassar, que segundo Esd 5,14 tem o título de "governador", recebe a incumbência de devolver os utensílios do templo e dar início às obras de construção. Mas efetivamente a obra inicia em 520 sob o governo de Dario I. De Ageu e Zacarias, que se expressam de forma propagandística a favor do templo, pode-se deduzir que foi especialmente a necessidade econômica a principal responsável pelo atraso (Ag 1,2-11; 2,15-19; Zc 8,09-13). Somente após um ano e meio de disputas na corte, nas quais Dario consegue fortalecer o seu poder, em 520 um grupo considerável de exilados retorna para Judá, conduzidos por Zorobabel, neto de Joaquin, do penúltimo rei de Judá (Esd 2,2; sobre a genealogia, ver 1Cr 3,19). O papel central que Zorobabel, o qual como Sasabassar tem o título de "governador" (Ag 1,1.14), desempenha na construção do templo aponta para o fato de que são especialmente os membros da deportação que fomentam a reconstrução. Após cinco anos de construção, o santuário pôde ser inaugurado no ano de 515 (Esd 6,15).

Com a menção de Sasabassar e Zorobabel, ambos com o título de "governador",[401] chegamos à discutida questão sobre se desde o início Judá era uma *província* própria ou parte da província maior da Samaria, vindo a se tornar autônoma somente com a atuação de Neemias após a metade do século V. Esta última possibilidade foi a tese de Albrecht Alt.[402] Mas como desde a fundamentação de sua tese em 1934 houve a descoberta de material epigráfico que indica a existência de um governador de uma província autônoma de Judá já antes do período de atuação de Neemias, o material bíblico interpretado especialmente por Alt é colocado em nova luz. Nos textos bíblicos aparecem três pessoas com nome e com o título de "governador" (*pehah*): Sasabassar (Esd 5,14), Zorobabel (Ag 1,1.14) e Neemias (Ne 5,14; 12,26), ao lado dos quais há ainda três menções de governadores sem nome (Ml 1,8; Esd 6,7; Ne 5,15). A isso se acrescentam como notícias extrabíblicas o chamado Elnatan, cunhado em impressões de selos, os governadores Yeho'ezer e Ahzai, mencionados em impressões em jarros, Yehiskiyah, atestado em moeda, bem como o nome de Bagohi, conhecido da correspondência de Elefantina, o único a ter um nome claramente persa.[403] Não é certo se a partir disso se pode reconstruir uma lista ininterrupta de governadores e

---

[401] Em relação a esses dois, ver também Japhet, 1982 e 1983.
[402] Alt, ³1964e. McEvenue, 1981, concorda de forma cuidadosa.
[403] Para uma análise do material, ver esp. Avigad, 1976, p. 5-7.11-13.22.28.32-36.

Introdução às épocas da história social de Israel

depende em boa medida da datação do material epigráfico.[404] A abundância de nomes, contudo, torna improvável a tese de que Judá até a metade do século V tenha sido simplesmente uma subprovíncia da Samaria.

Por outro lado, "diversos testemunhos [falam] a favor de uma mudança no status e na estrutura política de Judá [...], o que inicia na segunda metade do século V",[405] de modo que Charles Carter divide a época em "persa I" (538-450) e "persa II" (450-332).[406] Deve-se mencionar a construção de fortalezas desde a metade do século V — o que está relacionado a revoltas egípcias e à revolta de Megabizos[407] — e o povoamento mais intenso da terra. A isso se acrescenta que a partir desta época o número de selos cresce rapidamente e inicia a cunhagem de moedas da província de Yehud — assim é nome aramaico utilizado a partir daí. Assim, haveremos de modificar a tese de Alt no sentido de que Judá não é exatamente uma "subprovíncia" da Samaria, mas de que também é improvável que antes de Neemias tenha havido uma estável província política de Judá.[408]

É discutível também se a Samaria desde o início foi uma província autônoma. Mas também aqui novas descobertas tornam possível avaliar de forma nova o já conhecido material da Bíblia, bem como Josefo e os papiros de Elefantina. Disso se deduz que a governança sobre a Samaria desde a metade do século V está nas mãos da dinastia de Sanabalat e que existem vários governadores com este nome. Uma reconstrução hipotética, com base em Douglas M. Gropp, poderia ser assim: Sanabalat I — Dalaías — Sanabalat II — Yadua ou Yeshua — Hananias — Sanabalat III.[409]

No todo o material mostra que o dualismo entre o Reino do Norte Israel e o Reino do Sul Judá, que marcou a história na época da monarquia, continua a existir após a destruição destes dois reinos, nas rivalidades entre as províncias. Assim, em termos políticos, continuam a existir grandezas políticas distintas, cujas relações mútuas são marcadas por tensões.

---

[404] Avigad, 1976, p. 35, faz tal tentativa; ver Schaper, 2002, p. 163. Ver também Williamson, 2004, p. 46-63.

[405] Karrer, 2001, p. 37.

[406] Carter, 1999, p. 116s. Ver também em Stern, 1981, p. 12-14, a opinião de que já teria havido a tentativa de criação de uma província logo no início do domínio persa, mas que sob Neemias teria havido "um reavivamento da província, se não até o seu restabelecimento" (p. 14); ver id., 1984, p. 72-74.82s. Da mesma forma, Grabbe, 1994, p. 81-83 ("parece provável que houve alguns governadores em Judá antes de Neemias", p. 83). Neste sentido também em Willi, 1995, p. 30, que fala de "inícios para uma autoadministração provincial".

[407] Assim p. 167s.

[408] Karrer, 2001, p. 42.

[409] Gropp, 2000. Ver também as reconstruções mais antigas em Galling, 1964, p. 209s; Cross, 1975, p. 17.

Somente a partir da metade do século V com a atuação de Neemias Judá emerge saindo das sombras da Samaria.

Assim como a apresentação da época até Neemias se baseia sobretudo no Livro de Esdras-Neemias — ao lado dos profetas Ageu e Zacarias —, assim também se dá com as atuações de Neemias e de Esdras, para as quais não dispomos de outras fontes. Por isso é necessário expor minha visão das fontes, mesmo que isso não possa ser demonstrado com mais detalhes. No geral, parto da premissa da confiabilidade histórica do chamado memorial de Neemias em Ne 1–7 + 11–13*, mesmo que os interesses de Neemias, por exemplo na polêmica antissamaritana ou nos arroubos contra grupos de profetas judaítas (Ne 6), estejam presentes em cada linha.[410] Também no material sobre Esdras vejo confiabilidade histórica, mesmo que em detalhes se deva diferenciar mais.[411]

A partir da junção do material criticamente revisto do Livro de Esdras-Neemias com os desenvolvimentos políticos gerais deriva o seguinte quadro. Depois que as revoltas egípcias e o levante do general Megabyzos foram sufocados em 448,[412] deve ter havido um interesse da administração central em pacificar a região em direção ao Egito. Por isso, Artaxerxes I permite ao seu copeiro Neemias (Ne 1,11) no ano de 445 (= no vigésimo ano se seu governo segundo Ne 1,1; 2,1) retornar para Jerusalém a fim de ali estabilizar as relações.[413] Neemias manda reconstruir os muros da cidade (Ne 2,11–7,3), dispõe sobre um ato único de perdão de dívidas (5,1-13) sobre o sinoiquismo, isto é, o assentamento forçado de moradores da terra na cidade a fim de que esta não fique desabitada (7,4; 11,1s). Provavelmente mais para o fim de sua atuação — Ne 13,6 menciona o 32º ano de Artaxerxes, que provavelmente é o ano de 433 a.C. —, Neemias executa medidas referentes à administração do templo, à observância do sábado e à prática de casamentos com não judeus ou não judias (Ne 13,4-31).

---

[410] Assim também Kellermann, 1967; Blenkinsopp, 1994; Grabbe, 1994, p. 131-136; Karrer, 2001, p. 128-133 e em especial Reinmuth, 2002. Reinmuth procura demonstrar o surgimento do memorial em duas etapas: no início encontra-se a narrativa sobre a construção do muro, "talvez surgida ainda durante o tempo de governo de Neemias", a qual foi então ampliada para o memorial, "logo após a sua época de atuação em Judá nas últimas décadas do século V a.C." (p. 336). A tese de que no relato de Neemias no seu todo primeiro teria havido uma redação cronista, como afirma Becker, 1998, não teve aceitação na pesquisa.

[411] A análise nova mais detalhada é a de Karrer, 2001. Para uma discussão sobre o material de Esdras, ver p. 198-201.

[412] Ver p. 167.

[413] Sobre a data do ano de 445, ver Reinmuth, 2002, p. 51-53; sobre o papel de forças não persas na elite do império, ver Weinberg, 1999.

Introdução às épocas da história social de Israel 173

Depois que as relações políticas na província de Yehud estão estabilizadas, segue-se, algumas décadas mais tarde, a missão de outro alto funcionário judaico a mando da administração persa.[414] No ano de 398 Esdras é enviado para Jerusalém, para ali colocar em vigência determinada "lei" (Esd 7,26) e com base nesta lei implementar determinadas reformas internas. Em que consiste esta promulgação de lei por Esdras, em especial a pergunta com quais textos a lei pode ser identificada e se a promulgação aconteceu no quadro de uma autorização real usual no reino persa, são questões que serão tratadas em item próprio a seguir.[415]

Para os 55 anos entre a missão de Esdras em 398 e a vitória do exército grego sobre os persas em 333 junto a Issos, faltam-nos para Judá e a Samaria informações relativas a eventos; por isso muitos gostam de designar este período de "o século obscuro".[416]

2. Sociedade e estado em Judá e na Samaria no período persa

As relações sociais e estatais do período persa mostram pela primeira vez de forma ampla o que se poderia formular como a regularidade da história social de Israel: *grandezas sociais uma vez desenvolvidas não desaparecem, mas continuam a ser desenvolvidas e com isso também transformadas.* Isso vale para as estruturas de parentesco, que desde o período pré-estatal constituem a base da sociedade; isso vale também para as organizações estatais, cujos elementos participativos da época da monarquia são transformados para dentro das condições de uma sociedade provincial na época persa; e vale também para o caráter classista da sociedade, que é não somente mantido durante o tempo de exílio mas também se aprofunda mais.[417]

---

[414] Contra a versão bíblica segundo a qual a missão de Esdras começa antes da de Neemias e parcialmente se confunde com esta — essa perspectiva é assumida por Schaeder, 1930; Smitten, 1973, p. 91-105; Frei/K. Koch, ²1996, p. 243-245 —, parto do pressuposto de que Esdras atuou cinquenta anos após Neemias. Os dois quase nunca são mencionados em conjunto nos livros que levam os seus nomes; as duas menções conjuntas (Ne 8,9; 12,26) facilmente podem ser explicadas como adendos redacionais. Sobretudo, segundo a atual cronologia, Esdras mantém escondida por treze anos a "lei do Deus dos céus" (Esd 7) antes de ela ser colocada em prática, conforme informa Ne 8s. Muito mais provável é que Neemias primeiro tenha ordenado as questões políticas e depois Esdras, as questões religiosas. A datação de Esdras após Neemias, contudo, no ano de 428 também é defendida por Pavlovský S.J., 1957. Uma análise acurada dos argumentos leva Emerton, 1966, à conclusão de que a data mais provável é o ano de 398.

[415] Ver p. 198-201.

[416] Assim Donner, ³2001, p. 467.

[417] Sobre as estruturas sociais na sociedade judaica da época persa, ver o relato de pesquisa em Schottroff, 1982.

a) As estruturas familiares e suas ameaças

Os seguidos exílios desde o último quartel do século VIII constituem uma ameaça extrema à família como base social. Isso se dá não somente porque, por causa das circunstâncias externas, pessoas morrem e famílias são separadas, mas sobretudo porque são rompidas as relações entre família e propriedade familiar nos respectivos lugares de moradia. A resposta a esse problema formulada na Babilônia é a desconexão entre família e lugar de moradia e a vinculação dos laços familiares a registros por escrito em listas genealógicas. A família permanece a base da sociedade, mas ela assume a forma de uma "casa paterna" genealogicamente registrada.[418] Essa estrutura também fica preservada na província de Yehud. As regras burocráticas desenvolvidas para as relações familiares também continuam vigentes sob as condições da sociedade provincial do período persa.

A ameaça à naturalidade dos laços familiares é acentuada na província de Yehud pelas condições geográficas de povoamento. A província é uma pequena formação cercada de províncias não judaicas. Nem todos os judeus se assentam em Yehud, e nem todos os moradores de Yehud são judeus.[419] A consequência são casamentos mistos (Ml 2,11; Esd 9–10; Ne 13,23-27). Mesmo que nas medidas de Neemias e Esdras contra os casamentos mistos muita coisa pareça não ter fundamento histórico, as próprias medidas mostram a relevância do problema. O fato de neste campo serem tomadas medidas propagandísticas ou mesmo burocráticas mostra quão pouco natural era a unidade do povo.

Também a diferenciação social existente em Judá e Israel desde o século VIII influencia negativamente os laços familiares. O exemplo de Ne 5,1-13 mostra como o endividamento conduz a que filhas e filhos da família caiam em escravidão por dívidas.[420] Um conjunto de textos confirma além disso como através da pressão econômica e social é quebrada a solidariedade entre vizinhos e mesmo entre as famílias.[421] Mq 7,5s formula isso em palavras drásticas: "Não creiais no amigo, nem confieis no com-

---

[418] Ver para isso p. 162-163, bem como a anotação em Karrer, 2001, p. 88: "A pertença a um *bet abôt* בית אבות está claramente regulamentada em termos genealógicos". Sobre as "casas paternas" como base do sistema familiar na época persa, ver também Vogt, 1966, p. 101-105; Kippenberg, 1978, p. 23-41.

[419] Achados epigráficos comprovam que, desde as deportações e os deslocamentos humanos com eles relacionados, gradativamente grupos populacionais não israelitas penetraram no território judaíta e israelita. Sobre isso, ver a visão panorâmica em Eph'al, 1998.

[420] Mais informações sobre isso, ver p. 176s.

[421] Sobre isso, ver Fechter, 1998.

Introdução às épocas da história social de Israel

panheiro! Guarda a porta de tua boca àquela que reclina sobre o teu peito. Porque o filho despreza o pai, a filha se levanta contra a mãe, a nora, contra a sogra; os inimigos do homem são os da sua própria casa".

É óbvio que no caso de ruptura de relações solidárias de vizinhança e parentesco mulheres eram especialmente ameaçadas. Isso também está atestado em vários textos bíblicos. Segundo Ne 5,5, as filhas já foram entregues à escravidão, enquanto para os filhos isso é somente uma ameaça. Jó 24,3.9 descreve de modo drástico como mulheres têm suas vacas e seus bebês roubados. Entre os escravos mencionados nos papiros de Elefantina também figuram mulheres.[422]

Mesmo assim seria errôneo falar de uma tendência à piora da situação das mulheres na época persa. Pelo contrário: a perda da autonomia estatal eleva o peso da família para a vida e muitas vezes também para a sobrevivência dos indivíduos. Com isso a importância das mulheres é fortalecida.[423] Mesmo que, pelo fato de não se terem originado na pátria palestinense, excluíssemos os contratos núpcias de Elefantina, com suas regras em geral simétricas em termos de relações de gênero, ainda permaneceriam indícios consideráveis. Por isso a questão dos casamentos mistos é tão importante, porque aparentemente mulheres têm direito à herança e com isso a propriedade familiar judaica poderia parar em mãos estranhas através de mulheres que se casam com alguém do exterior ou através de mulheres estrangeiras de um judeu.[424] Na polêmica contra casamentos mistos não se trata de misoginia mas sim de identidade de grupo. Ao lado disso, algumas informações nos livros de Esdras e Neemias mostram que as mulheres de modo algum estavam circunscritas ao âmbito familiar. Assim, por exemplo, nas construções do muro de Jerusalém certo Shallum trabalha em conjunto com suas filhas (Ne 3,12). Em Ne 6,14 é mencionada uma profetisa, Noadias, que lidera todo um grupo de profetas. Ne 8,2s ressalta que na assembleia popular à qual será proclamada a Torá expressamente participam homens e mulheres (cf. também Esd 10,1; Ne 10,29). Nos conflitos de Ne 5 enfatiza-se que as mulheres do povo participam dos mesmos (v. 1). Na outra ponta da escala social, há um selo de mulher com a inscrição "Shelomit, *'amat* de Elnatã, o governador". O selo provém de

---

[422] Sobre isso, ver p. 183s.
[423] Ver Eskenazi, 1992.
[424] Sobre isso ver Washington, 1994; Smith-Christopher, 1994.

época persa, embora a sua datação exata seja controvertida,[425] e foi encontrado com uma série de bulas, entre as quais uma do próprio governador, bem como outras com o nome da província de Yehud. A mulher "tinha, pois, uma posição importante na administração da província de Judá".[426]

No todo, evidencia-se no desenvolvimento das famílias a continuação de sua função básica para a sociedade israelita. Através do desmantelamento da casa real própria e através das estruturas de povoamento misto, na época a organização da sociedade baseada no parentesco até ganha em importância e, aparentemente, isso não aconteceu em detrimento da posição social de mulheres. Neste particular, já se procurou comparar a época "pós-estatal" com a sociedade baseada no parentesco da época pré-estatal.[427] Por outro lado, esse elemento da continuidade é contraposto pela descontinuidade, devido ao acirramento continuado das diferenças classistas. Pois estas ameaçam por seu lado as famílias e levam ao seu desmantelamento na camada inferior da sociedade.

b) As relações sociais

Durante a época da monarquia, a partir do século VIII, houve um processo crescente de diferenciação das relações sociais. Com o fim do Reino do Norte fica difícil reconstruir a história das províncias vizinhas do império assírio e depois do neobabilônico; mas dificilmente se pode admitir que as antigas tensões tenham desaparecido através da mudança dos dominadores. Em Judá, com o fim violento, dá-se uma situação especial. Por um lado, os pobres se apropriam das propriedades dos exilados, inicialmente sob o incentivo oficial de Godolias. Por outro lado, a elite deportada vive no exílio babilônico como grupo social periférico, sem nunca renunciar ao direito de posse de sua terra.[428] Com a possibilidade do retorno para Judá está visualizada uma situação de conflito, que está na continuidade da situação pré-exílica, observando-se, assim, também elementos de descontinuidade.

---

[425] Avigad, 1976, p. 17, e E. M. Meyers, 1985, projetam a datação para o século VI; Stern, 1982, p. 213, e G. I. Davies, em AHI 106 018, para o século V/IV.

[426] Avigad/Sass em WSS, n. 31: Shelomit "ocupou importante posição na administração da província de Judá". Ver Stern, 1982, p. 207: "Não há dúvida de que Shelomit era uma mulher da classe superior". Contudo não está claro se pode ser identificada com a Shelomit de 1Cr 3,19 e com isso ser alocada na linhagem davídica, como propõe E. M. Meyers, 1985, p. 34*s.

[427] Eskenazi, 1992, p. 33.

[428] Sobre isso, ver p. 157-161.

Um momento essencial da *continuidade* é a *estrutura fundamental de uma sociedade dividida*. Todos os elementos de endividamento, empobrecimento e miserabilização, que já existiam no período tardio da monarquia, podem ser observados também no período persa; inclusive pode-se dizer que a tendência à miserabilização é crescente. Assim, por exemplo, Ageu e Zacarias mencionam a situação econômica ruim como motivo para a demora na construção do templo. Há uma afirmação drástica, que diz: "O que recebe salário, recebe-o para pô-lo num saquitel furado" (Ag 1,6). Mesmo que a necessidade econômica geral ainda não expresse sobre as relações sociais, o texto mostra que ao lado de famílias camponesas também havia assalariados, portanto, pessoas sem propriedade, que devem vender sua mão de obra.

Se agregarmos outros textos, que com grande probabilidade podem ser datados da época persa, então a imagem ganha em nitidez. Em Is 58,6s são listadas pessoas presas, "escravizadas", "pobres", "despatriadas" e "nuas"; aqui estão reunidos todos os elementos de escravidão por dívidas e de pobreza mendicante (cf. também Is 61,1s). No escrito de Malaquias fala-se de pessoas "que defraudam o salário do diarista e oprimem a viúva e o órfão" (Ml 3,5). O grau de pobreza que pode ser atingido nas camadas mais baixas da sociedade é mostrado de forma estarrecedora por Jó 24. Neste capítulo está inserida uma descrição da forma de vida de pessoas totalmente miserabilizadas, que traz à memória relações atuais no chamado terceiro mundo (Jó 24,5-8).

Sob o pano de fundo de tais textos tornam-se plausíveis reflexões que Ronny Reich e Eli Shukron fazem em ligação com suas escavações nos barrancos do lado leste da cidade antiga de Jerusalém, descendo em direção ao Vale de Cedron.[429] Ali encontraram grossas camadas de entulhos, que querem interpretar como sendo lixo doméstico. Mesmo que o achado arqueológico indique para a época romana, o "portão do lixo" mencionado em textos como Ne 2,13; 3,13s; 12,31 indica que este também já existia em período persa. A mesma palavra para "lixo" aparece também em 1Sm 2,8 = Sl 113,7. Ali se afirma que Deus "levanta o pobre do lixo". Isso é dito somente de forma metafórica, ou indica que, como Reich e Shukron afirmam,[430] naquela época já havia também o fenômeno de "pessoas do lixão", que vivem dos restos dos ricos?

---

[429] Reich/Shukron, 2002.

[430] Ibid., p. 17.

Se com estas últimas indicações chegamos à camada inferior da escala social, então com os dados da época de Neemias nos encontramos no núcleo da sociedade. Ne 5,1-13 mostra que em meados do século V acontecem revoltas porque os camponeses estão ameaçados por endividamento excessivo, que conduz à perda de campos e casas e à escravização de membros da família.[431] É óbvio que com isso se está falando de problemas estruturais, que são típicos de antigas sociedade de classe.

A motivação externa para as insatisfações pode ter sido um evento contingente: a construção da muralha da cidade de Jerusalém.[432] Segundo os dados de Ne 2,11 e 6,15, essa construção aconteceu entre metade de agosto e início de outubro, isto é, na época da colheita dos frutos de verão, em especial das uvas e das azeitonas. Pelo fato de Neemias imprimir um ritmo acelerado por causa das ameaças samaritanas, a construção demanda praticamente toda a força de trabalho de toda a população. O hino dos trabalhadores mencionado em Ne 4,4 expressa em que nível de estresse as pessoas chegaram. E se Neemias, em Ne 5,14-19, fundamenta a sua renúncia a pagamento como governador com a indicação de que "a servidão deste povo era grande" (v. 18), esse dado aponta para a mesma direção.

O estresse momentâneo causado pela construção dos muros da cidade atinge problemas estruturais. O relato insiste no fato de que mulheres participam do protesto e de que as filhas são ameaçadas de forma privilegiada pelo endividamento (v. 12 e especialmente v. 18). Mencionam-se pessoas que (v. 2 e especialmente v. 5) hipotecaram filhos e filhas, mas não bens imobiliários. Aqui se pode tratar de pessoas sem terra, portanto, artesãos ou pequenos comerciantes ou ainda diaristas. Depois se menciona um grupo (v. 3) que hipotecou campos, vinhas e casas, devendo tratar-se de camponeses ainda livres.[433] Por fim, nos v. 4s ambos os momentos são resumidos. Todas essas pessoas estão endividadas. Como motivos de dívidas mencionam-se a necessidade de créditos de consumo em bens naturais (v. 2), uma crise de fome (v. 3) e os impostos a serem pagos ao rei persa (v. 4). Mais adiante trataremos dessas motivações.[434] Mas desde já

---

[431] Sobre a interpretação das relações pressupostas em Ne 6, ver Kippenberg, 1978, p. 55-62; Schottroff, 1999b.

[432] Sobre a relação entre a construção do muro e o levante iminente, ver Kreißig, 1973, p. 109; Schottroff, 1999b, p. 54s.

[433] Kreißig, 1973, p. 79, afirma acerca dos membros deste grupo: "Eles devem ser [...] proprietários de suas terras. E são pobres. Eles são os típicos pequenos proprietários, os pequenos camponeses, sobre a própria terra".

[434] Ver p. 184s.

Introdução às épocas da história social de Israel 179

fica claro que com essas motivações aparece um novo fator para o processo de empobrecimento, que não aparece nos textos que se referem ao tempo da monarquia.

É importante assinalar que na revolta mencionada em Ne 5,1-13 não se trata de uma rebelião antipersa. Alvo dos ataques são os "irmãos judeus" (v. 1). Tanto o apelo dos que protestam (v. 5) quanto a argumentação de Neemias para um imediato perdão de dívidas (v. 8) visam à solidariedade intraétnica. Nisso Neemias parece trazer à lembrança uma prática interna da deportação babilônica, segundo a qual lá se comprou a liberdade de pessoas judias que estavam escravizadas sob o poder de pessoas estranhas (v. 8). Numa dedução "do menor ao maior", que deveria diminuir a gravidade da situação, Neemias transfere isso para a escravização intraétnica, que ele entende ser ainda mais grave.

Se com a menção do imposto real e o motivo da solidariedade intraétnica reconhecemos duas situações, que como tais não estão documentadas para a época da monarquia, o elemento da *descontinuidade* se torna mais claro se perguntarmos como é constituída a *elite* que lucra com o empobrecimento da massa da população.

Devemos partir do fato de que eram especialmente membros da elite da época da monarquia as pessoas que tiveram que deixar a terra nas várias deportações. No seu lugar de assentamento no exílio não despencaram para a miséria social[435] e preservaram a consciência de serem herdeiros legítimos — se não os únicos legítimos — das tradições israelitas e judaicas. Na terra, por outro lado, membros das antigas camadas inferiores tomaram em parte as propriedades dos exilados. Ao lado disso, também na terra se desenvolveu novamente uma elite, composta provavelmente de elementos não judaicos.[436] Com isso está prefigurado um duplo conflito para a época persa: o conflito pela terra e o pela condução político-religiosa.

A reconstrução desse conflito exige, contudo, uma leitura extremamente crítica dos textos. Pois estes conflitos estão formatados na fonte principal, que é o Livro de Esdras-Neemias, exclusivamente desde a perspectiva dos antigos membros da deportação. Eles fazem surgir a impressão

---

[435] O que não significa que eles próprios na Babilônia tivessem pertencido à camada superior; ver Zadok, 1979, p. 86: "O fato de judeus terem integrado a sociedade na Babilônia não significa que tenham ascendido à classe mais alta da sociedade".

[436] Sobre isso, ver p. 157s.

de que a terra estivesse vazia, ou pelo menos vazia de legítimos judeus, e as fontes dissimulam o quanto possível o fato de que havia um conflito intrajudaico pela posse da terra. Os textos constroem uma oposição fundamental entre os retornantes da deportação, os "filhos da deportação" (*beney haggolah*) (Esd 4,1.3)[437] e aqueles que estão em oposição aos retornantes da deportação, os "povos das terras" (*'ammey ha 'arasot*) (Esd 3,3) ou o "povo da terra" (*'am ha 'arets*) (4,4; cf. Esd 9,1s.11; 10,2.11; Ne 10,29.31). Com isso se pensa em todos que não voltaram do exílio: moradores judeus de Judá, moradores não judeus, samaritanos. Em termos terminológicos, todos são colocados próximos ao conceito de pagãos.[438] Apesar da construção ideológica do conflito, os textos mostram que o papel destacado da deportação está destacado de forma correta. De forma simplificada, pode-se dizer que *na Judá da época persa os retornantes da deportação assumem o papel da elite e que o conflito entre a elite e a camada inferior, pelo menos parcialmente, é idêntico ao conflito entre os retornantes e os que permaneceram na terra.*[439]

O fato de os exilados e seus descendentes terem podido aspirar ao papel dominante na terra bem cultivada e à consciência de serem os herdeiros legítimos do Judá da época monárquica está relacionado com o dado de que os meios necessários a isso estavam à sua disposição. Isso já é indicado pela lista de doações que os retornantes ofertam para o templo a ser construído (Ne 7,69-71).[440] Também o profeta Zacarias sabe que a prata e o ouro de que ele necessita para o seu ato simbólico (Zc 6,9-15) devem ser buscados "da deportação", mais diretamente dos retornantes da deportação (v. 9).

---

[437] Segundo Karrer, 2001, p. 114.240, a identificação de Israel = Qahal ("comunidade") = deportação é típica para o escrito de Esdras.

[438] Vogt, 1966, p. 153, resume a análise dos termos mais recorrentes em Esdras e Neemias no sentido de que "o autor equipara todos os moradores da terra na época não pertencentes à comunidade dos retornantes com a população pagã da época do êxodo". Ver também Janssen, 1956, p. 54.

[439] Blenkinsopp, 1991, p. 47, formula a tese de que "existia na província uma elite política e econômica dominante composta primariamente por judeus reassentados provindos da Babilônia". Essa tese é questionada por Hoglund, 1991, com a indicação para uma suposta política de assentamento persa, perante a qual estariam equiparados aqueles que se apropriaram de propriedades existentes e aqueles que retornaram do exílio. Independente do fato de que é difícil comprovar uma política persa de assentamento, Hoglund precisa pressupor contraposição de interesses entre os dois grupos. Acerca da comprovação arqueológica de Hoglund, ver Carter, 1999, p. 214-248; ele chega à conclusão de que "a visão tradicional da luta interna na província entre retornantes e remanescentes na terra" de modo algum está superada (p. 248).

[440] A lista das ofertas foi secundariamente agregada à lista dos retornantes em Ne 7, a qual é constituída por diversos elementos; veja as notas seguintes. O paralelo em Esd 2,68s também é secundário em relação a Ne 7,69-71.

Introdução às épocas da história social de Israel

O tipo de tensões geradas com o retorno dos membros da antiga elite é evidenciado por uma anotação quase marginal na lista que é transmitida em Esd 2,1-67 com seu paralelo em Ne 7,8-68. Nela provavelmente há "uma memória de imigrantes e colonos, talvez de grupos diferentes, sobre um período de tempo considerável, e não um simples retorno de uma massa populacional nos primeiros anos de Ciro".[441] A questão decisiva esconde-se por trás da simples parte da afirmação de que os retornantes regressam "cada qual para sua cidade" (Esd 2,1, paralelo Ne 7,6). O texto mostra que os deportados ou os seus descendentes, mesmo após quase meio século, cultivam a consciência de saber qual é "sua cidade". Com naturalidade eles partem da ideia de que podem retornar às suas antigas propriedades sem que sequer seja levantada a questão de que neste meio-tempo duas ou até três gerações de descendentes das antigas camadas inferiores tomaram posse das propriedades. O início da época persa deve ter significado um conflito profundo em torno da questão sobre a quem pertence a terra.[442]

Há ainda dois outros textos nos quais há pistas do conflito em torno da questão da posse da terra, ainda que de modo velado.[443] Em Zc 5,1-4, numa visão noturna, é entregue um rolo voador ao profeta Zacarias. Sobre este rolo se diz: "Esta é a maldição que se espalha por toda a terra, pois cada um que rouba escapou — há quanto tempo! — do castigo, e todo que jura falsamente permaneceu — há quanto tempo! — sem castigo". Agora a maldição deve sair em nome de Deus, "a fim de entrar na casa do ladrão e na daquele que jura falsamente em meu nome e a destruir". Obviamente se trata de pretensões de posse sobre casas, das quais se tomou posse através de juramento falso, para o que se utiliza o modo bíblico de falar, dizendo tratar-se de roubo. Não fica claro se se trata de pessoas que ficaram na terra ou de retornantes, que assim expressam as suas pretensões. Mas assim como Zacarias, em geral, em seus discursos sobre a construção do templo se posiciona do lado dos retornantes da deportação e por causa da afirmação da prolongada impunidade dos malfeitores, a visão poderia querer expressar que os que

---

[441] Assim com Grabbe, 1994, p. 39.
[442] Sobre isso, ver o chamativo título de Walter Dietrich, 2002: "A quem pertence a terra".
[443] D. L. Smith, 1991, p. 93, também cita Dt 28,43; 1Rs 8,33s; Is 5,17; Am 5,11; Mq 6,15; Ag 2,10-14; Zc 5,11. Mas somente em algumas dessas passagens se *poderia* estar pensando que os novos pressupostos proprietários tenham sido "outros israelitas".

permaneceram na terra já estariam morando tempo demais em casas que não lhes pertencem.[444]

Como segundo texto, que pode ser interpretado como indicativo para o conflito em torno da posse da terra, entra em cena o texto da lei do ano jubilar em Lv 25. Certamente a lei tem a pretensão de um regulamento com validade geral. Mas a determinação de que, após cinquenta anos, cada qual pode retornar "para sua propriedade" (Lv 25,10) pode ser lida de forma concreta como dizendo que após o exílio de cinquenta anos — isso corresponderia ao tempo entre 587 e 537 — a propriedade perdida deveria retornar à posse dos retornantes.[445]

A observação de que entre os retornantes da deportação e os que permaneceram na terra tenha havido uma marcante contraposição levou Joel Weinberg a afirmar a muito discutida tese de que a Judá da época persa teria estado organizado na forma de uma "comunidade cidadão-templo" (*Bürger-Tempel-Gemeinde*).[446] Tal "comunidade cidadão-templo" não abrange toda a população de uma organização social, mas somente um grupo de cidadãos privilegiados em torno do templo. Isso, segundo Weinberg, seria um fenômeno comum em todo o antigo Oriente Próximo. Nos inícios da província de Yehud, esta "comunidade" teria abarcado somente 20% da população, tendo aumentado após a atuação de Neemias para 70%.[447]

A crítica à tese de Weinberg pode ser esboçada basicamente em três pontos principais.[448] 1) A hipótese de que em todo o Oriente tenha havido tal "comunidade cidadão-templo" não está de modo algum demonstrada. E ainda que assim o fosse, tal transposição para a província de Yehud não seria óbvia. 2) Weinberg lida com as indicações de números nos livros de Esdras e Neemias de forma acrítica. Para sustentar a tese da existência de uma comunidade separada, ele necessita operar com números muito

---

[444] Sobre a interpretação da passagem, ver Dietrich, 2002, p. 285. Para Hanhart, 1998, p. 324-351, o texto não tem nada a ver com os reais conflitos dos inícios da época persa; roubar e jurar em falso seriam indicações para transgressões exemplares dos mandamentos, e o castigo da destruição de casas seria um motivo tradicional. Em razão da linguagem obscura do texto, não se pode excluir tal interpretação. Permanecem, contudo, as perguntas: primeiro, por que Zacarias, se para ele se tratava da transgressão dos mandamentos, não escolheu o mandamento mais corriqueiro do adultério, e, segundo, se o castigo de fato não tem nada a ver com a transgressão.

[445] Sobre essa interpretação de Lv 25, ver Wallis, 1969; Crüsemann, 1992b, p. 330s; Dietrich, 2002, p. 279-281.285s; ver agora de forma exaustiva, Meyer, 2005. Em outra perspectiva, Bergsma, 2003.

[446] Weinberg, 1992. Um bom resumo em alemão se encontra no mesmo autor, 1996.

[447] Estas datas encontram-se em Weinberg, 1992, p. 43.

[448] Da discussão podem ser mencionados Blenkinsopp, 1991; Bedford, 1991; Horsley, 1991.

Introdução às épocas da história social de Israel

183

elevados, que não se sustentam arqueologicamente. 3) Todos os textos apontam para o fato de que o templo constitui a unidade simbólica na província de Judá, da mesma forma que Esdras e Neemias atuam em favor de todos na província. Assim, apesar de muitas observações importantes na obra de Weinberg, podemos ficar com a conclusão: "A postura sustentada nos livros de Esdras e Neemias com relação ao templo não se coaduna com a concepção de uma 'comunidade templária de Jerusalém' ou um 'estado-templo' ou ainda uma 'comunidade cidadão-templo'".[449] Como certo permanece a observação inicial de que entre os retornantes da deportação e os moradores da terra há manifestos conflitos de interesses.

Por mais que o conflito social básico da época persa possa ser descrito como conflito entre os que permaneceram na terra e os retornantes da deportação, ele não pode ser reduzido somente a isso. Pois por um lado nem todos os que voltaram da deportação são logo membros da elite. Se Neemias lembra a alforria de escravos judeus e escravas judias que se encontram em mão de pessoas não judias (Ne 5,8), então isso se refere provavelmente a acontecimentos na Babilônia. Também tais pessoas alforriadas, que estariam assim na dependência de judeus que pagaram por sua liberdade, devem ter estado entre os retornantes. E, inversamente, não existe razão para a afirmação de que nos cinquenta anos desde o início do exílio não se tenha desenvolvido na terra uma nova elite. Para a província da Samaria isso pode ser afirmado como algo certo. Os proprietários de escravos, mencionados nos papiros da Samaria, não são retornantes da deportação, mas com toda a certeza constituem a elite da província.

Com isso chegamos à parte norte da região habitada por israelitas, na Samaria, sobre a qual, após a destruição do Reino do Norte, não existem notícias bíblicas que pudessem permitir conclusões sobre a situação social. Os papiros da Samaria, contudo, comprovam epigraficamente que a situação deve ter sido muito similar à de Judá.[450] Trata-se de contratos de venda de escravos do período entre 385 e 335, portanto dos últimos cinquenta anos da província antes da conquista helênica. Quase todos os atores — vendedores e compradores, escravas e escravos — têm nomes com a terminação Yah. No que tange ao *status* das escravas e dos escravos, provavelmente se trata de pessoas que já nasceram na casa de seu senhor.

---

[449] Willi, 1995, p. 75.
[450] Gropp, 2001.

Na maioria dos casos, contudo, a razão para a escravização deve ter sido um endividamento exacerbado. Como documenta a expressão "para sempre" constante nos contratos, somente através da venda eles entram para a situação da escravidão duradoura.[451] Em todo caso, os contratos mostram que também na Samaria havia uma típica sociedade arcaica de classes, na qual a linha de separação coloca em lados opostos credores e devedores e para a qual a escravidão é um elemento tão essencial como é o desemprego para a sociedade moderna baseada na propriedade do capital.

Podemos resumir: *a estrutura básica de uma antiga sociedade de classes, tal qual foi formada a partir do século VIII, continua a ser mantida no período persa. As tendências de diferenciação social são ainda mais fortes, de modo que se pode partir da hipótese de um crescente empobrecimento nas camadas inferiores da escala social. Na composição das classes sociais há mudanças, o que basicamente está relacionado com o fato de que fundamentalmente a elite de Judá foi deportada e de que os contingentes de retornantes assumem os papéis dominantes na província persa de Yehud. Na província há praticamente identificação entre membros da elite e retornantes da deportação. O exemplo da Samaria mostra que isso é somente um desenvolvimento peculiar e que uma elite existe também independente da questão da deportação.*

c) Estruturas estatais em Judá e na Samaria

A forma estatal das sociedades em Judá e na Samaria é prefigurada pelo fato de ambas serem províncias do império persa. O governante maior é, pois, o rei persa. Ambas pertencem à Satrapia Transeufrates ou Ebernari — "além do rio" na perspectiva da central persa —; ambas são governadas por um governador persa, que em geral é um autóctone.[452]

Mesmo que a pertença ao império persa *de facto* seja dada pela assunção do poder dos persas sobre os babilônios, esta costura histórica constitui simultaneamente um ponto de crise. Pois, no contexto do início das obras do segundo templo, os profetas judaítas Ageu e Zacarias desenvolvem concepções que podem ser entendidas como ameaça pelos dominadores persas. Por um lado há a ideia de que, por intervenção divina, "em breve" o templo viria a ser o centro do mundo, para o qual os povos trariam

---

[451] Sobre questões da interpretação do conteúdo, ver Kessler, 2003b.
[452] Ver p. 168s.

Introdução às épocas da história social de Israel

suas riquezas como tributo (cf. Ag 2,1-9; Zc 8,20-22). Se ao lado disso colocarmos o conceito persa de império, como é apresentado na inscrição Behistun de Dario I ou no programa visual de Persépolis, então entenderemos a proximidade conceitual.[453]

Se no tocante às expectativas em relação ao templo ainda podemos falar de concepções religiosas, que podem ter lugar lado a lado — contra as regras da lógica formal, vários santuários podem ser entendidos simultaneamente como "umbigo do mundo" —, a contradição se torna mais nítida no tocante às expectativas políticas.[454] Se, em Ag 2,21-23, o davidida Zorobabel, que os persas instituíram como governador para a reconstrução do templo, é designado como "anel de selar" e como eleito de YHWH, então inicialmente é retrocedida a rejeição do reinado de Joaquin através de Jeremias, igualmente expressa através da imagem do anel de selar (Jr 22,24-27). Se na mesma profecia é anunciado que Deus irá "destruir a força dos reinos dos povos", então aqui emerge um jeito de falar que coloca em xeque a posição dominante dos persas para um futuro breve. Zacarias, que retomando Jr 23,5s designa Zorobabel como "renovo" (Zc 3,8; 6,12), dá um passo além quando ele realiza uma coroação simbólica e um passo atrás quando coloca ao lado do rei davidida o sumo sacerdote (Zc 6,9-15).

As elevadas esperanças dos dois profetas não se realizam. Em Jerusalém não se dá nenhuma restauração da dinastia davídica, e durante todo o tempo o templo permanece sendo um templo persa. Mas o desenrolar da história mostra que até meados do século V havia esperanças messiânicas em Jerusalém, as quais na Samaria são vistas de forma polêmica e em relação às quais Neemias precisa se distanciar claramente (Ne 6,1-14).[455]

Em termos fáticos, com a inauguração do templo, acabou-se o sonho messiânico, enquanto força motora de transformações sociais, em relação à restauração de uma monarquia davídica independente. *O domínio persa permanece inconteste até a conquista grega.* Ele se expressa de várias formas. Assim, a central persa certamente exercia sua influência na província

---

[453] Ver parte da inscrição de Behistun (TUAT I, p. 419-450) parágrafo 7: "Proclamou Dario, o rei: Estas terras, que me vieram parar em meu poder — segundo a vontade de Ahuramazda elas foram submissas a mim. Elas me trouxeram tributo".

[454] Sobre as expectativas messiânicas de Ageu e Zacarias, ver Beyse, 1972, p. 50-103.

[455] Sobre a interpretação de Ne 6,1-14 no sentido de que os profetas e as profetisas ali mencionados não estão em oposição à política de Neemias — assim Carroll, 1992 — mas querem proclamá-lo rei, ver Kellermann, 1967, p. 179-182, e também Kessler, 1996s, esp. p. 68-70.Veja também as anotações modificadas em Rapp, 2002, p. 178-193.

através da nomeação de governadores e de outras importantes pessoas, como no caso de Neemias e Esdras (Ne 1s; Esd 7). Além disso, ela tem a possibilidade de interferir nos acontecimentos através de decretos por escrito, como está atestado várias vezes nos livros de Esdras e Neemias.

A ligação mais estreita entre a central e as províncias é constituída pela política tributária. No contexto dos conflitos sociais na época de Neemias nós já havíamos visto que o tributo ao rei constituía um dos motivos para o empobrecimento (Ne 5,4).[456] Segundo Esd 6,8, este mesmo tributo não é chamado de "tributo do rei" (*middat hammelek*), mas como "tributo de Transeufrates" (em aramaico: *middat 'abar naharah*). Isso indica o sistema de impostos, que, segundo Heródoto, teria sido introduzido por Dario I (522-484) (Heródoto, Hist. III 89), segundo o qual anualmente cada satrapia tinha que fazer a entrega de determinada soma à central. O valor em número determinado e o fato de que deveria ser entregue em metal precioso mostra a dureza do sistema. Aí não se leva em consideração nenhuma situação de crise econômica e numa região como Judá e a Samaria, na qual não existem reservas de prata, o tributo leva à cobrança de mais-valia, para se poder fazer a troca por prata.[457]

Para a população provavelmente a tributação não se restringia a esse imposto real. Pois em Esd 4,13.20; 7,24 o termo *middah/mindah* encabeça uma lista, na qual há ainda dois outros tipos de impostos, a saber, o *belo* e *halak*. Estes podem ser entendidos como imposto de renda e imposto sobre riquezas,[458] sendo que com isso ao lado do imposto real aparece um elemento indicando que o valor do imposto deriva da capacidade de pagamento do pagador. O sistema tributário estatal é complementado por uma entrega, que serve diretamente ao financiamento do governador persa (Ne 5,14s; cf. também Ml 1,8). A isso provavelmente se agrega ainda um sistema de tributos para o templo, mas disso nos ocuparemos a seguir.[459]

Se por um lado a central persa, através de sua política de pessoal, através de decretos e suas exigências tributárias, interfere maciçamente na vida política das províncias, por outro lado ela parece agir segundo o

---

[456] Ver p. 176s.
[457] Sobre estas consequências da política tributária persa, ver Kippenberg, 1978, p. 50-52.
[458] Sobre isso, ver de modo fundamental Schaper, 1995, esp. p. 535-538; ver também id., 2000, p. 141-150.
[459] Ver p. 192s.

Introdução às épocas da história social de Israel

princípio de integrar as respectivas autoridades locais em seu sistema de domínio. Para Judá, para a qual há uma situação favorável de fontes, isso leva a uma circunstância multicor; mas para o caso da Samaria, para a qual não dispomos de informações, a situação deve ser similar.

Já no contexto das expectativas frustradas de Ageu e Zacarias por uma restauração da dinastia davídica, vimos que, em Zc 6,9-15, ao lado do rei davidida havia o sumo sacerdote em função hierarquicamente similar.[460] Isso já foi designado como "a imagem de diarquia de sumo sacerdote e rei".[461] Nos textos nos quais retrospectivamente se fala da construção do templo está registrado que o sacerdote Josué e o governador Zorobabel atuam publicamente em conjunto (cf. Esd 3,2.8; 4,3; 5,2).[462]

Se a partir destas passagens investigarmos as camadas textuais mais antigas do relato da construção do templo em Esd 1–6, encontraremos um grupo cujos membros são chamados de "os anciãos (de Judá)" (Esd 5,5.9; 6,7s.14).[463] Eles são apresentados como os verdadeiramente responsáveis nas exposições sobre o sátrapa Tatenai, o qual supervisiona a legitimidade do templo a partir de 520 e por fim a confirma. Somente em 6,7 "o governador dos judeus e os anciãos" são mencionados conjuntamente. Isso aponta para o fato de que para os persas, ao lado do governador, que eles mesmos instituíram — mesmo que ele seja um descendente do último rei, como no caso de Zorobabel —, as autoridades locais são reconhecidas e levadas a sério como fator político.

Essa visão da realidade é confirmada e simultaneamente diferenciada se verificarmos as tradições a respeito de Neemias. Aqui muitas vezes encontramos compilações em forma de listas, cujo núcleo é constituído por três elementos: "os nobres" (*horim*). "os funcionários provinciais" (*seganim*) e o "resto (do povo)" ou "o povo" (nesta sequência em Ne 2,16; 4,8.13; 7,5).

---

[460] Ver p. 184.

[461] Albertz, 1992, p. 482.

[462] Karrer, 2001, p. 307, defende a ideia de que o "princípio diárquico" seja um conceito formulado somente quando o Livro de Esdras-Neemias estava pronto, e que não estaria na parte mais antiga em aramaico em Esd 1–6. Esta última observação certamente é verdadeira. Se, contudo, acrescentarmos o conteúdo do texto em Zacarias, então devemos dizer que a tendência para uma justaposição de domínio temporal e religioso já existia anteriormente e que somente o amadurecimento desta justaposição no sentido de uma concepção mais acabada pode ser remetido para época posterior.

[463] Sobre a menção dos "anciãos" como parte da narrativa aramaica mais antiga, ver Gunneweg, 1982, p. 300; Karrer, 2001, p. 91.111.

No caso dos *horim*, "os nobres", deve-se pensar provavelmente no mesmo grupo que em Esd 1–6 aparece sob o nome de "os anciãos (de Judá)". Se em Ne 13,17 se fala dos "destacados de Judá", então provavelmente há uma combinação das duas designações. Para o autor do Livro de Esdras-Neemias, as mesmas pessoas são chamadas de "chefes das casas paternas" (Esd 1,5; 2,68; 3,12 etc.). Tanto as várias designações quanto as informações de Ne 5,1-13 apontam para o fato de que se trata da camada de condução política e econômica. De acordo com isso, são os nobres juntamente com os funcionários provinciais que concedem créditos em dinheiro ou cereal para as famílias em processo de empobrecimento (v. 9) e em consequência disso se apossam de seus campos, vinhas, olivais e casas (v. 10) — e provavelmente também de membros das famílias na forma de escravas por dívidas (v. 5). A partir de Ne 6,17-19 também somos informados de que os membros da elite judaica cultivavam estreitas relações familiares, pessoais e políticas com a elite samaritana.

Junto com os "nobres" (*horim*), aparecem seguidamente os "funcionários provinciais" (*seganim*) — e sempre em posição secundária. Nos dicionários e nas traduções de Bíblias, eles aparecem como "representantes"[464] ou — em Lutero — como "conselheiros". Isso poderia ser entendido — e provavelmente também é essa a intenção — no sentido de que eles representam a "comunidade judaica".[465] Mas esse papel já é desempenhado pelos "anciãos" (de Judá) e pelos "nobres". Por isso é mais adequado se a palavra é traduzida por "funcionário", como o faz a *Einheitsübersetzung* [Tradução Ecumênica]; pessoalmente, contudo, prefiro acrescentar a qualificação de "provincial", para, assim, fazer a distinção em relação aos *sarim*, que são os funcionários reais.[466] Os papiros da Samaria do século IV atestam que os *seganim* de fato ocupavam uma função administrativa.[467]

---

[464] Gesenius[17]; KBL; Zürcher Bibel.

[465] Assim KBL.

[466] Assim segundo Stern, 1981, p. 12, o qual fala de "oficial provincial" e o subordina ao governador. Para uma interpretação dos *seganim* como funcionários, ver Albertz, 1992, p. 473, nota 21 — enfaticamente. Em textos que tratam de povos estrangeiros encontra-se frequentemente a justaposição de *pahot* e *seganim*; ver Jr 51,23.28.57; Ez 23,6.12.23; sobre isso, ver Karrer, 2001, p. 161. A designação *sar* não desaparece de modo algum na época persa, mas é usada de modo muito diversificado, tanto para oficiais do exército (Ne 2,9; 4,10) quanto para mandatários das áreas administrativas, nas quais a província de Judá está dividida (Ne 3,9-19). Ao lado disso, aparece a expressão *sarim* dos sacerdotes, designando provavelmente um grêmio dirigente deste grupo (Esd 8,24.29; 10,5). Frequentemente o termo é usado bem amplamente, menos como título, mas no sentido de "portador de honra" (assim Esd 9,1; 10,14; Ne 10,1 etc.). Tal variedade no uso linguístico deve-se provavelmente às diversas camadas literárias que foram juntadas em Esdras e Neemias.

[467] Assim p. 184s.

Duas vezes o aramaico *segan* aparece na fórmula conclusiva de contratos de escravidão (WDSP 8,10 e 10,10); em outros lugares, por causa do caráter formular dos textos pode-se complementar essa expressão. Assim, numa listagem de pessoas após o governador e numa lista de pessoas que são nomeadamente mencionadas, o *segan* aparece em último lugar na sequência daquelas pessoas perante as quais um contrato é firmado e determinações deles são cumpridas. Nos textos judaicos, isso corresponde bem à sequência de "nobres" e "funcionários" como sendo pessoas relacionadas com e subordinadas ao governador. A posição-chave de um *segan* nos papiros leva a concluir que ele desempenhava uma função similar à de um secretário.

A imagem alcançada a partir dos textos bíblicos é confirmada e precisada através dos papiros de Elefantina. Importante é o Papiro TAD A4.7 do ano 407 a.C.[468] Nele é mencionada uma carta anterior, cujo remetente espelha as estruturas políticas na província. Ela estava direcionada tanto ao governador quanto ao sumo sacerdote com seus companheiros por um lado e certo Ostanes e os "nobres de Judá" por outro lado (como Ne 13,17) (linha 17s). Isso mostra que o governador persa — e junto com ele os funcionários — se apoia tanto na elite religiosa quanto na elite secular da província. O fato de que nos papiros o sacerdócio é mencionado em primeiro lugar enquanto nos textos do memorial de Neemias eles praticamente não desempenham papel algum está relacionado com o conteúdo dos respectivos textos. No caso de Neemias trata-se essencialmente de questões civis, enquanto o documento de Elefantina trata do templo de Jahu na ilha do Nilo.

Nas listas dos escritos de Neemias, que constituem o ponto de partida dessas reflexões, *o povo* aparece em primeiro lugar. Em geral, ele não desempenha nenhum papel político ativo. Assembleias populares são mencionadas por ocasião de atividades religiosas relacionadas com a missão de Esdras. Para tais reuniões utiliza-se o termo *qahal*, que também pode designar a totalidade da comunidade sem que seja pressuposta uma assembleia (cf. Esd 2,64 = Ne 7,66 como também Ne 13,1).[469] So-

---

[468] Texto em alemão também em TGI, n. 51.

[469] Sobre o papel da *qahal*, ver Vogt, 1966, p. 90-99; Stiegler, 1994, p. 109-116. Corresponde bem à perspectiva cronista quando esta assembleia é designada como "assembleia dos retornantes da deportação" (Esd 10,8; ver Ne 8,17 — tematicamente similar. Nisso certamente não se pensa numa assembleia separada deste grupo em delimitação a uma assembleia dos que não estiveram no exílio (assim Blenkinsopp, 1991, p. 44-46), mas,

mente em Ne 5,1-13 a assembleia popular parece desempenhar um papel político ativo. Isso é especialmente interessante pelo fato de se tratar de um conflito entre "o povo inclusive suas mulheres" e os "irmãos judeus" (v. 1), os quais são idênticos aos "nobres e funcionários provinciais" (v. 7). Neemias se dirige primeiramente a eles (v. 7a). Somente então ele realiza uma "grande assembleia" (*qehillah gedolah*) "contra eles" (v. 7b), isto é, ele discute o conflito publicamente. Diante da assembleia geral ele solicita o pronunciamento dos membros da elite, diante dela ele declara renunciar à exigência de pagamento de dívidas e é, por fim, a assembleia como um todo que, através do seu "amém" (v. 13), sanciona o decreto de perdão de dívidas.

Contudo, a partir deste evento não se pode deduzir um papel "constitucional" da assembleia popular no sistema político da província. Neemias situa a assembleia em um conflito atual, na medida em que ele, de forma astuta, se situa do lado do povo e enquadra os membros da elite em sua política através da sanção pública. Na terminologia grega, Neemias poderia ser chamado de "tirano" — contudo sem a conotação negativa que o termo adquiriu posteriormente. "De forma bem comum, a mobilização dos pobres contra os ricos era um meio usual dos tiranos, pois seus adversários, assim como os de Neemias, eram em geral membros da aristocracia estabelecida."[470]

Resumindo, podemos afirmar sobre o sistema de domínio em Judá e — à medida que é possível fazer a reconstrução — na Samaria que este está baseado em lealdade incondicional em relação à dominação imperial persa, a qual justamente é fortalecida pelo fato de as autoridades locais estarem inseridas na responsabilidade. O fato de que, na maioria dos casos, o governador persa ser da elite local[471] evidencia este equilíbrio. Também é expressão desse balanço social o fato de funcionários provinciais, que estão subordinados ao governador, bem como notáveis membros da elite, aparecerem por ocasião de importantes decisões. Entende-se por si mesmo que em Jerusalém e no seu templo o sacerdócio está inserido nesta circunstância de poder.

---

no sentido do conceito da "terra vazia" durante o exílio, supõe-se que a verdadeira comunidade do templo seja idêntica à "assembleia dos retornantes da deportação".

[470] M. Smith, 1977, p. 319.

[471] Ver p. 168s.

Se dirigirmos o olhar para além de Judá e da Samaria, pode-se dizer de forma genérica que as províncias persas do Levante — ao lado de Judá e da Samaria existem ainda Asdod e Gaza — praticamente têm o *caráter de pequenos "estados"*. Elas são governadas por uma dinastia de governadores — assim bem claramente no caso da Samaria[472] —, em geral de origem local. Estes mantêm pequenas cortes com a necessária administração (Ne 5,14-18), têm pequenas tropas militares (Ne 3,34 para o caso da Samaria, 4,1-17 para Yehud), portam um selo próprio (WSS 419 para o caso da Samaria) e na segunda parte da época persa têm o direito de cunhar moedas.[473] "Com esta organização política geral, a província de Judá não difere basicamente das outras na Palestina."[474] Contudo, não se deve esquecer de que esta relativa autonomia está situada no quadro da dominação persa com o objetivo de sua própria segurança.[475]

O que com vista às estruturas familiares e às relações sociais já pôde ser evidenciado como o característico da época persa, a saber, uma mistura de continuidade e descontinuidade em relação à época da monarquia também pode ser bem documentado nas estruturas políticas. O modo como o governador se apoia nos nobres e nos funcionários provinciais tem seu paralelo naquilo que anteriormente descrevi como sendo "monarquia participativa".[476] Aqui há um claro momento de continuidade. A descontinuidade por seu turno situa-se em dois níveis. Por um lado, o governador não é soberano de um estado, ainda que pequeno, mas representante de um domínio externo. Por outro lado, o templo em Jerusalém — e isso tem a ver com o domínio estrangeiro — e seu sacerdócio desempenham um papel mais importante no sistema político do que na época da monarquia. A isso se acrescenta, com as reformas de Esdras no século IV e com a vigência da "lei", um elemento no sistema político dos israelitas que obviamente tem suas formas anteriores nas codificações legais desde a monarquia,[477] recebendo agora uma função totalmente nova.

---

[472] Ver p. 168s.

[473] Sobre essa concepção no seu todo, ver Stern, 1982, p. 215-228; id., 1984, p. 81. Sobre a cunhagem de moedas na época persa, ver de modo resumido Schaper, 2000.

[474] Stern, 1984, p. 82.

[475] Para isso indica com razão Berquist, 1995: "Yehud recebeu mais paz em suas questões internas do que o império persa estaria disposto a dar para obter o máximo de taxas e recursos dela" (p. 134). "A autonomia local era somente parcial, mas ainda era significativa, possibilitando a formação de uma elite local que poderia controlar as fronteiras da intrusão imperial" (p. 234).

[476] Ver p. 129-136.

[477] Ver p. 149s.

3. Templo e Torá

Pode-se estudar de modo bem privilegiado a exemplo de Israel no período persa o modo como em uma sociedade antiga a religião está integrada nas relações sociais e políticas. O ponto de partida propriamente dito da época é constituído pela construção do segundo templo nos anos de 520-515.[478] E um corte marcante constitui no ano de 398 a missão de Esdras com a promulgação de uma lei que deveria ter vigência para os judeus na província de Judá e na Satrapia de Transeufrates.[479] Ambos os eventos e suas consequências, que se estendem muito além da época persa, não podem faltar numa apresentação moderna da história da religião do antigo Israel. Mas eles também são elementos constitutivos de uma história social.

a) A função do segundo templo

O que se pôde observar quanto às estruturas familiares e sociais e quanto às relações políticas de poder vale também para a instituição religiosa central da Judá da época persa: *o segundo templo está na continuidade do primeiro e simultaneamente está marcado por elementos de descontinuidade.* Assim como o primeiro templo, especialmente desde a reforma josiânica, ele é o santuário central; assim como seus antecessores, seu sacerdócio está integrado na estrutura estatal; e na qualidade de lugar para o qual a população traz ofertas, tem importante função econômica. Em todos os três pontos, contudo, ele se diferencia significativamente do primeiro.

É algo óbvio que, após a *centralização do culto* na época de Josias, o templo seja reconstruído no mesmo lugar que seu antecessor (Esd 6,3). A continuidade que é estabelecida em relação ao primeiro templo levanta a pergunta: para quem este templo é, na verdade, o santuário central? Enquanto coexistiram o Reino do Norte e o Reino do Sul, ambos os reinos tiveram seus santuários estatais.[480] Após a destruição do Reino do Norte, Betel continuou funcionando como santuário (2Rs 17,28). O altar de Betel é destruído por Josias, numa ação favorável ao seu propagado santuário

---

[478] Ver p. 168, bem como p. 155 com a indicação na nota 10 para Albertz, 2001, p. 11s, que faz seguir sua apresentação da época do exílio até 520.

[479] Ver p. 168s.

[480] Ver p. 117.

Introdução às épocas da história social de Israel

central em Jerusalém (2Rs 23,15). Aparentemente, depois disso, Jerusalém é aceita pelos israelitas como santuário central (Jr 41,5). Para o período persa há alguns indícios de que a camada dirigente da Samaria também se orientava pelo templo de Jerusalém.[481] Neste particular o material é bastante interessante, pois os livros de Esdras e Neemias estão totalmente orientados de forma antissamaritana. Por isso chama a atenção que repetidas vezes se fala do interesse da Samaria pelo templo de Jerusalém. Assim, por exemplo, sobre o tempo inicial das obras de reconstrução fala-se do desejo de que os samaritanos ajudem na construção, o que é negado pelos retornantes da deportação (Esd 4,2s). Entre os membros da elite da Samaria e de Judá há relações de casamento (Ne 6,18), nas quais também famílias sacerdotais estão envolvidas (Ne 13,28). Isso leva ao fato de que o alto mandatário samaritano Tobias tem colocado à sua disposição, na época de Neemias, um escritório próprio dentro do templo de Jerusalém (Ne 13,4-9).

Essa imagem auferida de modo opaco dos livros de Esdras e Neemias recebe contornos mais nítidos a partir da correspondência de Elefantina.[482] Quando os judeus de Elefantina, no ano de 407, solicitam auxílio para a reconstrução de seu templo, que havia sido destruído pelos egípcios, eles se dirigem tanto ao governador de Judá quanto ao da Samaria. Contudo, a direção predominante é Jerusalém. Isso se evidencia pelo fato de que inicialmente a correspondência é dirigida somente a Jerusalém (TAD A4.7:17s). Somente depois de verificada a ausência de resposta a partir daí, há um novo pedido ao governador persa em Jerusalém (ver a carta TAD A4.7) com cópia para a Samaria (TAD A4.7:28). A resposta é dada pelos dois governadores, sendo que o persa Bagohi, governador de Judá, é mencionado antes de Dalaías, governador da Samaria (TAD A4.9:1). Ambos confirmam apoio para a reconstrução. Estes mandatários despontam assim como pessoas que representam diante das autoridades persas os interesses de judeus em questões cúlticas fora de seu âmbito de domínio.

Os papiros de Elefantina nos situam na época imediatamente anterior à atuação de Esdras. O templo é até então o centro religioso não somente

---

[481] Se na Samaria da época persa podem ter sido preservados outros locais de culto, como supõe Zsengellér, 1998, p. 157, isso marcaria uma contraposição. Decisivo é que o norte, até a construção do templo no monte Garizim na época de Alexandre Magno (sobre essa datação ver id., p. 150-155), não tinha um santuário próprio.

[482] Ver TAD A4.7 e A4.9; em TGI, n. 51.52.

para Judá mas também para a Samaria. Na época de Neemias há a intenção de reduzir a influência da elite samaritana sobre o templo e de restringir as relações entre os membros da elite das duas províncias (Ne 13,4-9.28). Com isso, contudo, não se questiona o papel do templo de Jerusalém como santuário central de todos os que creem em YHWH. Destes fazem parte os membros da diáspora. Mesmo os judeus de Elefantina com seu próprio santuário não se consideram autônomos em questões relacionadas à correta celebração da festa da Páscoa. Como evidencia a chamada "carta de Páscoa" do ano 419,[483] eles recebem a sua resposta do rei persa através do caminho administrativo do sátrapa para o Egito. Deve-se, contudo, excluir a possibilidade de que os persas tivessem resolvido uma questão intrajudaica sem consulta às autoridades judaicas normativas. Isso é evidenciado pela proximidade linguística e de conteúdo entre o decreto real sobre a Páscoa e as ordenações sobre a Páscoa em Ex 12.[484] E, como vimos anteriormente, os judeus de Elefantina se dirigiam ao templo de Jerusalém inclusive em questões relativas ao seu próprio templo.

Assim como o templo e seu sacerdócio são em sua função espiritual o centro de todos os adoradores de YHWH em Judá, na Samaria e da diáspora, assim são simultaneamente um fator importante na situação da política interna da província de Judá.[485] Já havíamos visto que no conceito de uma diarquia em Zacarias e na real situação de poder na época seguinte o sacerdócio está inserido na tessitura do poder judaico ao lado da representação da elite.[486] Aqui os elementos de continuidade e descontinuidade em relação à época da monarquia israelita se tornam especialmente claros. É verdade que também na época da monarquia os sacerdotes estão inseridos no sistema político. Especialmente os sacerdotes dos santuários estatais em Betel e em Jerusalém são simultaneamente funcionários reais. Mas como funcionários do rei estão sujeitos ao mando do rei, mas justamente são *somente* funcionários do rei.

Neste ponto a posição do sacerdócio de Jerusalém se modifica substancialmente em relação às autoridades estatais na época persa. É verdade que, no sistema da política interna, o governador do império persa ocupa

---

[483] TAD A4.1: Beyerlin, p. 270s.
[484] Ver p. 201.
[485] Podemos comparar isso com determinadas fases da história da Igreja quando havia o duplo papel do Vaticano como centro religioso de todos os católicos e como fator político dentro da política interna italiana.
[486] Ver p. 184s.

de certa forma o lugar do rei de Judá. Mas como ele representa um domínio estrangeiro e em casos específicos até pode ser um persa, cresce a importância do sacerdócio do templo. Ele incorpora agora, ao lado dos persas, o elemento da identidade nacional e religiosa. O sumo sacerdote do templo de Jerusalém ainda não é, como na época helenista,[487] o único porta-voz político da comunidade judaica. Mas ele também não é mais somente um funcionário do aparato funcional real. Ao lado dos representantes dos leigos, ele aparece diante do governador e de seus funcionários como porta-voz da população judaica. De "sacerdote superior" (*kohen haro'sh*) (2Rs 25,18) ele se torna "sumo sacerdote" (*hakkohen haggadôl*) (Ag 1,1; Zc 3,1; 6,11).[488] Como incorporação de identidade nacional e religiosa em relação a uma potência estrangeira, o sumo sacerdote até assume determinados traços reais. Se a unção era na época pré-exílica a marca característica do rei (cf. 1Sm 15,1.17; 16,3 etc.), carregando por isso a designação de "ungido" (*masshiah*) (1Sm 12,3; 24,7.11 etc.), agora o sumo sacerdote se torna "sacerdote ungido" (*hakkohen hammashiah*) (Lv 4,3.5.16 etc.). Assim, não admira que desde a época persa é possível reconstruir uma lista de sumo sacerdotes,[489] enquanto na época da monarquia havia uma lista de reis de Israel e de Judá, mas somente esporadicamente havia notícias sobre os nomes dos sacerdotes superiores.

Ao lado da posição política do templo como centro cúltico de todos os israelitas e do papel na política interna por parte do sacerdócio na tessitura de poder na província persa de Yehud, na época persa aumenta também a *significação econômica do templo*. Pressuposto para isso é a centralização do culto no fim da época da monarquia, que faz com que todas as entregas cúlticas pelo menos na província de Judá sejam dirigidas para Jerusalém e isso fomenta a troca de mercadorias no interior do próprio país.[490] Com base no retrabalhamento da experiência histórica do exílio emergem tendências políticas que sublinham ainda mais a posição central do templo. Aqui somente podemos fazer algumas alusões a respeito.[491] A mais importante é a concentração do culto naquele grande altar no pátio do tem-

---

[487] Ver p. 225.

[488] A alta posição do sacerdote é documentada pelo fato de que, na Yehud do século IV, ao lado das moedas estatais como a inscrição *yhd* (ou com o nome do governador com seu carimbo *hphh*), havia também a cunhagem de moedas com a inscrição *ywhnn hkhn* = yohanan, o sacerdote; ver Schaper, 2002, p. 156-158.

[489] Ver para isso as tentativas em Cross, 1975; Schaper, 2002, p. 160.

[490] Sobre isso, ver p. 117.

[491] Ver Albertz, 1992, p. 487-495.

plo, renunciando aos altares secundários para o culto privado. Isso exige a inclusão dos leigos nas ações cúlticas necessárias, bem como o destaque da ideia de expiação nas ações cúlticas, o que conduz à multiplicação das próprias atividades. Se na época da monarquia o templo estatal servia prioritariamente para o culto estatal, o segundo templo será crescentemente um templo do povo [*Volkstempel*], que atrai para si todas as ações cúlticas.

A posição destacada do segundo templo faz com que a população tenha que contribuir imensamente mais para o sustento do templo na época monárquica. Em cada ação cúltica devem ser oferecidas partes, encaminhadas em favor do sacerdócio (Lv 7,8.33-36; 10,14s etc.). A isso se acrescentam outras ofertas para os sacerdotes (Nm 18,12-16; Ne 10,36-38). Além disso, também o culto oficial deve ser financiado pela população, além do patrocínio a partir do tesouro oficial — a isso haveremos de voltar logo a seguir. Além disso é cobrado um imposto do templo, que segundo Ex 30,11-16 perfaz meio siclo e segundo Ne 10,33s, três quartos de siclo ao ano. Este tributo não serve tanto para o sustento do sacerdócio mas mais para a aquisição de material cultual. A parte disso, as famílias devem, em rodízio, fornecer lenha (Ne 10,35; 13,31). E Ml 3,8-10 e Ne 13,12 menciona-se ainda um dízimo para o templo. Por fim, acrescentam-se ofertas voluntárias ao modo de como hoje em dia se dão as coletas nos cultos.

Em face de todas estas sobrecargas, não é de admirar que a população procurasse meios de evitá-las. Assim, Ml 1,8 se refere ao fato de os sacerdotes admitirem para o sacrifício animais cegos e doentes, oferecidos pelos sujeitos ativos do sacrifício (cf. v. 13). No v. 14 se afirma que um animal mutilado é oferecido como substitutivo de uma promessa. E a partir de 3,8-10 pode-se deduzir que dízimo e ofertas não estavam sendo entregues integralmente. Na medida em que 1,8 mostra de modo comparativo as ofertas para o governador, onde tais tentativas nem seriam permitidas, Malaquias indica a que carga tributária opressora a população estava sujeita.[492]

Mesmo que a população, através das ações cúlticas e das ofertas, esteja mais diretamente ligada ao templo do que na época da monarquia, este não perde o caráter de templo estatal, sendo agora um santuário estatal persa. Ele é construído por ordem persa e é parcialmente financiado pelos mesmos (Esd 6,3s.8s; 7,21-23) e nele devem ser feitas orações em favor

---

[492] Acerca do sistema estatal de tributos, ver p. 184s.

Introdução às épocas da história social de Israel 197

do rei persa e de seus filhos (Esd 6,10).[493] Há indícios no sentido de que o templo, em sua função de santuário estatal, é também o lugar no qual são recolhidos os diversos tributos devidos ao tesouro estatal e depois repassados à satrapia e à administração central.[494] Por analogias a partir de outras partes do império persa, podemos aqui indicar especialmente para a escolha do *yotser*, mencionado em Zc 11,13. Por trás dessa figura, cuja tradução verbal do termo é "fundidor, moldador",[495] certamente se esconde não um simples artesão mas sim um "oficial comparativamente bem situado no ranking oficial".[496] Por ordem dos persas, sua tarefa consiste em derreter e moldar no templo a prata recolhida como tributo e nesta forma passá-la adiante. O modo como Neemias, na sua função de governador persa, de forma tão evidente pode interferir em questões internas da administração do templo (Ne 13,4-9.10-13)[497] mostra quão intimamente o templo estava integrado no sistema de domínio dos persas.

No todo podemos concluir com relação à função do templo e do seu sacerdócio na época persa que, assim como em toda a Antiguidade, eles são parte da tessitura social e do sistema de dominação político. Na medida em que essa tessitura se transforma em relação à época da monarquia israelita e judaica, modifica-se também a sua função. *Templo e sacerdócio adquirem de forma dupla maior significação. Eles assumem determinados traços identitários da monarquia nacional; de alguma forma, o sumo sacerdote é também o sucessor do rei. Como membros da elite local, eles participam da base sobre a qual o governador se baseia, diretamente vinculada com a administração do poder na província, ao lado dos "anciãos" ou dos "nobres".*

Esse peso redobrado de autoridade secular e religiosa que deriva desta modificação de poder e que está no interesse de leigos e sacerdotes — e tudo isso sob o guarda-chuva do domínio persa — também será decisivo para o evento da promulgação da Torá sob Esdras, do que passaremos a tratar agora.

---

[493] Ver Kegler, 1996, p. 79: "A intercessão pelos dominadores significa em termos práticos o reconhecimento do poderio imperial; ela aceita o *status quo*".

[494] Essa concepção é defendida de modo enfático por Schaper, 1995, p. 537: "A administração do templo de Jerusalém atuava como interface entre a população pagadora de impostos de Judá e o governo persa".

[495] Assim Gesenius, 18 ed.; veja o vocábulo *yotser* יוגר.

[496] Schaper, 1995, p. 532.

[497] Sobre as passagens, ver Schaper, 2000, p. 151, e id., 1998.

b) A promulgação da Torá através de Esdras

Ao lado da construção do templo como conteúdo principal de Esd 1–6 e a missão de Neemias, que é descrita pelo chamado Memorial de Neemias,[498] o relato sobre a missão de Esdras, que, por razões indicadas anteriormente,[499] localizo temporalmente após Neemias, constitui o terceiro ponto alto do Livro de Esdras-Neemias. Mesmo que esse relato abarque Esd 7–10 e em todo caso também Ne 8, vou me concentrar, por motivos de relevância histórico-social, ao texto aramaico de Esd 7,12-26 — a descrição de um escrito do rei Artaxerxes para Esdras, no qual é ordenada a promulgação da "lei". A multiformemente discutida questão da confiabilidade histórica,[500] contudo, "não é decisiva", na medida em que "também por um documento fictício [podem] ser introduzidas instituições reais".[501] Mesmo assim, haveremos de poder reconhecer na carta de Artaxerxes, que foi retrabalhada nos v. 14 e 25, o núcleo histórico.[502]

Segundo o escrito do rei — designado com o termo técnico persa como Artaxerxes-Firman —, Esdras é incumbido da tarefa de mudar-se da Babilônia para Jerusalém, para ali levar dinheiro da diáspora, e com isso tomar providências junto ao templo e, por fim, ordenar as relações jurídicas na terra. Esta última questão, da qual se fala exaustivamente em Esd 7,25s, é o que interessa aqui. Ali se verifica uma titulação de Esdras como "escriba do Deus dos céus" (v. 12). Ela apresenta Esdras como funcionário da administração persa, cujo tesouro é a "lei do Deus dos céus". A carta de Páscoa do rei persa aos judeus de Elefantina, escrita vinte anos antes da atuação de Esdras, mostra que efetivamente

---

[498] Sobre a qualificação como fonte, ver p. 173.

[499] Ver p. 173.

[500] Segundo Janzen, 2000, p. 643, ele é "uma espécie de midraxe sobre o resto da narrativa de Esdras". Grätz, 2004a, argumenta a partir da ideia de um "evergetismo monárquico no período persa" e o vê como pano de fundo ideal de Esd 7,12-16 e a partir disso considera o texto como "documento ficcional" (p. 134). Contudo, é questionável se doações reais, liberação do pagamento de imposto e afirmação de autonomia jurídica podem ser restritas à política helenista, de modo a se querer entender Esd 7 necessariamente como produto do período helenista.

[501] Frei/Koch, ²1996, p. 52.54.

[502] Karrer, 2001, p. 31: "Esd 7,25-26 (e 14) contém, portanto, documentos que, em termos de concepção, não correspondem ao contexto geral do relato de Esdras e pertencem, com certa margem de probabilidade, a uma versão anterior do texto atual da carta, que eventualmente foi parte de um documento histórico". Neste sentido também Blum, 2002, p. 249s. Também K. Koch deduz da diferença entre o decreto de Artaxerxes e o relato de Esdras a originalidade do decreto (p. 98), mas considera que somente os v. 12-20 poderiam constituir base relativamente segura. Segundo Smitten, 1973, p. 19.55, os v. 12-19.25s são "históricos e verdadeiros na sua essência", mas retira o v. 14 deste conjunto. Sobre a discussão no seu todo, ver Frei/Koch, ²1996, p. 54-61.210-220.

Introdução às épocas da história social de Israel

deve ter havido uma instituição que entendia das questões religiosas judaicas.[503]

Esdras recebe agora da administração central a tarefa de instituir "juízes" a fim de que eles possam ensinar o direito para todo o povo de Transeufrates, isto é para "todos aqueles que conhecem a leis do teu Deus. E àqueles que não a conhecem devem ensiná-la" (v. 25). Para aqueles que não seguirem a lei são indicadas algumas penas (v. 26). O decreto se dirige, pois, a todos os crentes em YHWH na Satrapia de Transeufrates, com o que, segundo indica com razão o v. 14, possivelmente de origem secundária, se pensa especialmente em "Yehud e Jerusalém".[504] Com isso a lei é tida como conhecida em princípio; o novo não é a lei em si mas sim a autoridade que a lastreia. O decreto também conta com a existência de tais pessoas que "não conhecem" a lei e aos quais será necessário "ensiná-la". Isso só pode significar que esta lei ainda não está claramente delimitada quanto à sua extensão; por outro lado, que ainda não é conhecida de modo geral em todas as partes.[505]

Essa lei é designada não somente como a "lei do Deus dos céus" (v. 12), mas no v. 26 também como "lei do teu Deus" e "lei do rei". Se entendermos o "e" que faz a ligação entre as duas expressões, isto é, o *vav* aramaico, em sentido copulativo, então se trataria de duas leis; uma seria a lei judaica em sentido estreito, a outra seriam as leis tributárias e a incumbência de Esdras originada a partir do rei persa.[506] Como no restante do texto só se fala de uma única lei, o *vav* pode ser entendido em sentido explicativo. Significaria então: "A lei de teu Deus, a saber (ou isto é), a lei

---

[503] Knauff, 2002, p. 186, no caso da carta de Páscoa, pensa na existência de um "secretariado para questões judaicas", cuja existência poderia ser possível na Babilônia. "O que ali era elaborado tinha força de lei não com base em uma 'lei de Moisés', que ainda não existia, mas como decreto do grande rei". Isso, contudo, constitui uma alternativa muito restrita. Pois, se Esdras, vinte anos mais tarde, pode apresentar a "lei de Moisés" como pronta, então isso há de ter servido como ponto de orientação para o secretariado.

[504] Insustentável é a posição de Mantel, 1973, de que Esdras tenha sido enviado somente para os "filhos da deportação", enquanto para o resto da população de Yehud o sumo sacerdote tenha sido o responsável. Após a redação final de Esdras e Neemias, os "filhos da deportação" são idênticos à população de Yehud crente em YHWH; os demais são "povos da terra" (sobre isso, ver p. 176s.

[505] Rüterswörden, 1995, p. 60, concluiu do fato de "a carta de Páscoa de Elefantina mostrar que ordenações essenciais da Torá serem conhecidas" que a "missão de Esdras" foi "sem sentido em termos de conteúdo", pois "na virada do século a Torá deve ter sido conhecida, não necessitando ser introduzida novamente". Isso, contudo, revela um curto-circuito. Pois o próprio texto de Esd 7 parte do fato de que a Torá em princípio "deve ser conhecida" (v. 25). Ela também não deve ser "introduzida novamente", mas somente deve ser chancelada pela autoridade estatal.

[506] Assim Karrer, 2001, p. 30-32.

do rei". Segundo o texto, a "lei do Deus dos céus" indicada para os adoradores de YHWH valeria simultaneamente como lei do estado persa.[507]

Pressuposta esta última concepção, tem-se, segundo analogia em outros casos, o procedimento de que leis locais são autorizadas pelo império persa como leis imperiais válidas para a respectiva região, o que significa que "leis do rei" são designadas como "autorização imperial".[508] As informações sobre isso, contudo, são muito dispersas e se referem a casos diversos. Não é seguro se a partir destas poucas notícias se pode deduzir um instituto genérico de autorização imperial no império persa.[509] A questão também não precisa ser decidida aqui. Pois o decreto de Artaxerxes em Esd 7,12-26 de fato não fala de "autorização imperial" como instituto jurídico, mas de um ato determinado. Mesmo que se queira duvidar da existência do instituto jurídico, este caso concreto ainda não está excluído.

No caso da "lei do Deus dos céus", que é colocada em vigência como a "lei do rei" ou ao lado da lei deste na circunscrição de Yehud e de Jerusalém e simultaneamente declarada como comprometedora para os adoradores de YHWH na Satrapia de Transeufrates, provavelmente trata-se do Pentateuco como um todo, o que não exclui que a extensão textual deste não possa ter sido estendida posteriormente.[510] Em todo caso, esta é a opinião da redação final de Esdras e Neemias. Com essa possibilidade pode-se explicar melhor a posição autoritativa da Torá no judaísmo, bem como o fato de os samaritanos, após a sua separação,[511] assumirem a Torá e somente a Torá como fundamento de sua comunidade.

Com a promulgação do Pentateuco como "lei do Deus dos céus" o judaísmo, após a perda da monarquia e do estado próprios — e para muitos também da terra —, recebe ao lado do culto outro elemento outorgador de identidade. Com o tempo, este passará a receber mais importância do que

---

[507] Sobre a discussão, ver Frei/K. Koch, ²1996, p. 20s.51-54.

[508] De forma básica, Frei/K. Koch, ²1996.

[509] Sobre a crítica à tese da autorização imperial, ver Rüterswörden, 1995; Karrer, 2001, p. 28-32.

[510] Blum, 2002, p. 25: a lei de Esdras "somente pode ser o Pentateuco em sua substância principal". Segundo Smitten, 1973, p. 124-130, trata-se de um conglomerado de textos do D e do P, bem como de outros textos. Esta concepção padece do erro de achar que, por ser uma "lei", somente poderia tratar-se de textos que em sentido restrito têm caráter legal. "Torá", contudo, abarca tanto textos narrativos quanto legais; um não pode existir sem o outro. A opinião de Houtman, 1981 — de que em Esdras-Neemias esteja sendo mencionada outra lei que não o Pentateuco, pois em Esdras-Neemias não se remete somente para leis do Pentateuco mas também se pressupõe outras que não aparecem ali (p. 104-111) —, apoia-se somente em exemplos tomados de Ne 10 (p. 105s). Sobre este capítulo, ver p. 201.

[511] Sobre isso, ver p. 232.

Introdução às épocas da história social de Israel

o culto. Por isso os samaritanos permanecem ligados ao judaísmo através do reconhecimento da Torá, mesmo após a fundação do próprio templo. Com isso também o próprio judaísmo pode sobreviver, após a destruição do templo na época romana e da nova expulsão da terra, não somente sem centro estatal mas também sem centro cultual.

Seria, contudo, errado querer deduzir essa função outorgadora de identidade da Torá a partir do evento único da promulgação através de Esdras e Neemias. Trata-se mais de um processo que se estende por sobre um longo período.

c) A constituição da Torá em lei como processo

A promulgação da Torá sob Esdras não é nem o ponto de partida da transformação da Torá em lei nem o seu ponto final. É um importante passo intermediário, nem mais nem menos. O processo inicia com a codificação do direito na época da monarquia.[512] Esse processo chegou a seu termo no período helenista, quando autores como Jesus ben Sirac, Fílon de Alexandria ou Flávio Josefo pressupõem naturalmente as "leis paternais" ou a "Torá de Moisés" como documento fundamental da existência judaica. Que caráter, contudo, tem isso que chamo de "constituição da Torá como lei"?

Para os códigos legais do antigo Oriente, em cuja tradição jurídica está o direito dos israelitas, vale como consenso o que Frank Crüsemann assim formulou: "Trata-se […] não de algo como um direito positivo. Estamos antes diante de tratados jurídico-científicos, que são […] sobretudo resultado de trabalho teórico".[513] Isso, contudo, não significa que entre códigos legais e direito praticado não haja nenhuma conexão. Na medida em que na Bíblia Hebraica "a lei [é] remontada diretamente a Deus e não a um rei […], esse direito assume traços de direito positivo, que busca por sua colocação em prática", como formula Eckart Otto. Ele afirma que esse "processo de transformação do direito judaico já inicia na época monárquica tardia com o Código da Aliança",[514] mesmo que não tenhamos evidência externa para poder verificar em que medida as determinações do Código da Aliança ou do Deuteronômio de fato eram seguidas.

---

[512] Ver p. 149s.
[513] Crüsemann, 1992b, p. 20.
[514] Otto, 2000, p. 69.

Da época persa pela primeira vez temos em mãos um documento que mostra quão próximos podem estar em determinado caso texto legal e prática jurídica. Trata-se da carta de Páscoa de Elefantina.[515] O que neste escrito do rei persa através do sátrapa do Egito é comunicado aos judeus de Elefantina como prática jurídica vigente com relação à Páscoa corresponde em parte literalmente como as regulamentações sobre a Páscoa em Ex 12,1-20. A carta começa com as palavras: "Neste ano, o quinto ano do rei Dario, foi comunicado pelo rei a Arscham [o sátrapa do Egito]". Com isso, a carta teria sido formulada vinte anos antes da atuação de Esdras por nós anteriormente defendida. Então tudo indica que o rei, em seu escrito aos judeus de Elefantina, se baseia em uma figura como Esdras, que, com base na "lei do Deus dos céus", lhe diz como deve decidir em tal questão.

Com os papiros da Samaria, que foram formulados nos anos entre 385 e 335, estamos no período posterior a Esdras. Seu conteúdo poderia à primeira vista questionar o evento de uma promulgação da Torá sob Esdras. Pois seu conteúdo contradiz em tudo as determinações das respectivas leis. Segundo o conteúdo das leis, a escravidão intrajudaica, como aparece na maioria dos casos, ou não deveria existir (Lv 25) ou deveria estar restrita a seus anos (Ex 21; Dt 15). Mesmo que o escravo, após seis anos de servidão, voluntariamente optar em permanecer "para sempre" na casa do senhor, como está previsto em Ex 21,5s e Dt 15,16s, ele de modo algum poderia ser vendido "para sempre" a outro senhor como é mencionado nos papiros. Essa contradição entre o conteúdo dos papiros e as determinações da Torá também não pode ser enfraquecida com a indicação de que em casos isolados estariam sendo vendidos os escravos "nascidos na casa" (cf. Gn 17,12s.23.27; Jr 2,14); pois a maioria das escravas e dos escravos é originária de processos de dívidas. A contradição é acirrada pelo fato de que todos os documentos são carimbados perante o governador, por vezes até perante um grupo de testemunhas, bem como de funcionários provinciais. Assim, pois, não se pode pressupor que estes donos de escravos mencionados nos contratos sejam simplesmente "ímpios", que não respeitam nenhuma lei.[516]

Ainda assim seria fácil demais, por causa dos papiros, querer negar o fato da entrada em vigor da Torá sob Esdras. Mesmo que as leis acerca

---

[515] Ver p. 192 e os textos em TAD A4.1; Beyerlin, p. 270s.
[516] Sobre a discussão destes aspectos dos papiros, ver Kessler, 2003b.

Introdução às épocas da história social de Israel   203

dos escravos contidas na Torá manifestamente não encontram aplicação nos papiros do século IV na Samaria, é um dado inconteste que os samaritanos, por ocasião de sua separação em relação aos judeus,[517] justamente assumiram os cinco livros de Moisés como documentos comprometedores para sua comunidade. Agora, o próprio texto de Esd 7,25s parte do dado de que no tempo da missão de Esdras nem todas as determinações da Torá eram plenamente conhecidas nem estavam em vigor em todos os lugares. Se essas determinações são assumidas como regulamentações de compromisso em Jerusalém, isso não significa logo que a elite e a condução política na Samaria tenham que assumi-las do mesmo modo. A promulgação da Torá sob Esdras não significa que as determinações da Torá entram em vigor em todos os lugares e ao mesmo tempo com o mesmo peso. A promulgação constitui tão-somente um importante evento dentro um processo mais longo.[518]

O fato de a entrada em vigor da Torá sob Esdras ser não um ponto de virada absoluto mas sim um passo em um caminho mais longo pode ser documentado pelo texto de Ne 10, no qual se relata o autocomprometimento da comunidade em relação a algumas determinações centrais da Torá. O texto não está em conformidade com o relato da proclamação da Torá em Ne 8–9, pois que sentido teria um autocomprometimento da comunidade em relação a alguns temas centrais se nos sete dias anteriores aconteceu a leitura pública de toda a Torá em uma forma compreensível a todos (Ne 8,1-8)? O texto também não cabe dentro do memorial de Neemias, pois este sempre pressupõe Neemias como aquele que deve impulsionar todas as coisas, enquanto em Ne 10,2 ele até aparece como aquele que assina o documento, o que facilmente poderia ser atribuído à redação final. Assim, há fortes indícios de que o autocomprometimento em Ne 10 deve ter surgido numa época posterior a Neemias e Esdras, talvez até na época helenista.[519]

---

[517] Sobre isso, ver p. 232.

[518] Karrer, 2001, p. 258, explica a tensão entre a carta de Artaxerxes em Esd 7 e o escrito de Esdras em Esd 7–10 + Ne 8 (sem a carta) a partir deste pano de fundo. Segundo o escrito real, Esdras deveria colocar a Torá em vigor de uma só vez, enquanto no relato do envio é esboçada outra imagem de Esdras: "Sua função não consiste na imposição autoritativa dos mandamentos da Torá". Então o relato faria com que a aspiração com a qual Esdras se apresentou correspondesse à realidade histórica, segundo a qual a Torá somente gradualmente se foi impondo. Esdras se transforma em algo como um "catalisador", que coloca a população em condições de atuar de forma autônoma segundo a Torá.

[519] Sobre a discutida datação de Ne 10, ver, por um lado, Kippenberg, 1978, p. 69-76, que pleiteia a favor da datação de Neemias no ano de 432 e, por outro lado, Kellermann, 1967, p. 37-41, segundo o qual o documento

A combinação, que é reproduzida nos v. 31-40, se refere a uma seleção de determinações de todos os corpos legais do Pentateuco. Especialmente são regulamentadas questões atinentes ao culto e ao provimento material do mesmo (v. 33-40). Das leis sociais é assumida somente uma determinação: "E nós faremos remissão no sétimo ano, perdoando a culpa de cada mão" (v. 32b). Isso é duplamente significativo para a pergunta sobre como devemos imaginar as consequências da entrada em vigor da Torá. Por um lado, encontramos aqui pela primeira vez algo como uma interpretação legal,[520] na medida em que o ano da remissão num ritmo de sete anos, mencionado em Dt 15, é assumido e com isso simultaneamente não se considera o ano jubilar num ritmo de cinquenta anos mencionado em Lv 25.[521] Por outro lado, a concentração no ano da remissão exclui outras leis sociais, especialmente as determinações sobre os escravos. Mas isso corresponde exatamente à situação como também a encontramos nos papiros da Samaria. Aparentemente, a entrada em vigor da Torá não significa que tudo foi colocado em prática ao mesmo tempo e na mesma intensidade.[522]

Com o templo reconstruído, Jerusalém, como capital da província de Judá, é o centro não somente para a província mas também para o judaísmo na diáspora, independentemente da questão sobre se existem outros lugares de culto, como o de Elefantina, por exemplo. Ao lado existe a província da Samaria, na qual os adoradores de YHWH constituem um grupo populacional que se orienta pelo templo em Jerusalém mas se separa da província de Yehud em termos políticos. *Com a promulgação da Torá através de Esdras, Israel recebe um segundo centro. Este não está ligado a um lugar. Segundo Esd 7, a Torá inclusive é trazida, por Esdras, da Babilônia. Ainda assim ela recebe a sua autoridade em Jerusalém. Esta tensão entre Jerusalém e Yehud como centro inconteste, entre a forte província da*

é pós-neemiano. Reinmuth, 2002, p. 210-219, pressupõe um crescimento mais longo do texto, o qual teria sua forma básica nos v. 31s.38a*.40b.

[520] Sobre este caráter de Ne 10, ver Crüsemann, 1992b, p. 395-397.

[521] Se Houtman, 1981, p. 105s, anota a respeito de algumas determinações de Ne 10 que elas nem sequer apareceriam nas leis do Pentateuco, ele desconhece o caráter da interpretação legal, que sempre é uma atualização. "Uma proibição de fazer negócios no sábado ou no dia santo (v. 32a ...) não ocorre nas leis do AT" (p. 105). Certamente não nesta literalidade! Mas como interpretação legal isso pode ser deduzido a partir das leis referentes ao sábado.

[522] Depois de Reinmuth, 2002, p. 213-217, mostrar que nem todos os compromissos de Ne 10 têm paralelos estritos no Pentateuco e que terminologicamente foram formulados de modo autônomo, ele com razão interpreta isso no sentido de que o autor de Ne 10 lida não de forma receptiva mas de modo criativo com as determinações da Torá e que nisso se pode perceber de forma exemplar como se lida com a Torá nos tempos pós-exílicos.

Introdução às épocas da história social de Israel

Samaria e a diáspora, que está orientada para o centro em Jerusalém, é característica para o Israel da época persa.

Antes de juntarmos todos os elementos para construir uma visão de conjunto, precisamos primeiramente lançar um olhar sobre a situação na diáspora.

4. Vida na diáspora

A "época do exílio", que inicia muito antes da destruição de Jerusalém em 586,[523] não termina com a conquista do poder pelos persas no ano de 539. Tanto a diáspora babilônica quanto a egípcia continuam a existir, e sua importância cresce com o passar do tempo coberto pelos escritos do Antigo Testamento e, por isso, são objeto deste estudo. Simultaneamente nas duas regiões acontecem desenvolvimentos muito próprios.

a) O judaísmo babilônico

Por mais dominante que a deportação seja na terra, de modo algum a deportação ou grande parte dela voltou à terra. Pois aos descendentes de judeus deportados não é possível fazer carreira no império persa — Neemias é copeiro real (Ne 1,11), Esdras, uma espécie de secretário de estado para assuntos religiosos judaicos (Esd 7,12) —, mas até conseguem alcançar certo *bem-estar.* Mesmo que o material textual na suas fontes possa ser avaliado de forma distinta, é acertada a impressão geral de que os membros da deportação estão em condições de contribuir com consideráveis suportes materiais para a terra pátria (cf. Esd 1,6; Esd 2,68-70 // Ne 7,69-71; Esd 7,16; 8,24-30.33s). Para Josefo se esclarece depois o fato de que o bem-estar que ele pressupõe para toda a deportação não se sustenta a partir de uma análise mais acurada do material, devendo-se dizer que nem todos os judeus retornaram para sua pátria. "Muitos, contudo, permaneceram na Babilônia, porque não queriam abandonar as suas posses" (Josefo, *Antiguidades*, XI,3).

Além das informações bíblicas e de Josefo, existe ainda outro material epigráfico interessante para mostrar que os judeus da diáspora — ou pelo menos alguns deles — estavam economicamente bem integrados e de

---

[523] Sobre isso, ver p. 154.

modo algum constituíam um grupo da camada pobre. Trata-se dos autos da casa bancária e comercial de Murashu e filhos, da época dos reis persas Artaxerxes I e Dario II, mais exatamente dos anos de 455-403, portanto da época de Neemias e Esdras. Dos documentos cuneiformes depreende-se que determinada parte dos negócios da casa bancária é realizada com parceiros que claramente têm nomes hebraicos.[524]

Obviamente seria falso querer suscitar a impressão de que todos os judeus da diáspora seriam ricos. No caso das fontes bíblicas deve-se tomar cuidado no sentido de que aí se expressam os interesses de poder dos retornantes da deportação, procurando mostrar a imagem de uma diáspora babilônica sobremaneira pronta para ofertar recursos. E os negócios realizados com a casa Muraschu podem ser mais bem localizados no âmbito "intermediário". "Como seus vizinhos, muitos dos judeus na área rural de Nipur estavam engajados como proprietários ou posseiros de campos de pequeno ou médio porte."[525] Especialmente podemos indicar para Ne 5,8. Segundo este texto, na diáspora havia também judeus que eram tão pobres que podiam cair em escravidão temporária junto a credores não judeus.

Estas poucas indicações documentam que dois possíveis extremos não se realizaram. Por um lado, o grupo dos deportados não se assimila de tal modo ao contexto babilônico a ponto de perder a sua identidade; por outro lado, nem todos os deportados retornaram à sua pátria. Passou a surgir um judaísmo com dois polos, permanecendo, porém, sempre a terra a Jerusalém como ponto central. Isso se expressa tanto em questões religiosas quanto nos sempre possíveis regressos e no suporte material através da deportação.

b) A diáspora egípcia

Para nós, a diáspora no Egito na época persa é quase que exclusivamente constituída pela colônia em Elefantina, a qual sucumbe logo após o ano de 400 no contexto das revoltas egípcias contra os persas a partir do ano de 404.[526] É possível que tenha havido formas de vida judaica em

---

[524] Sobre o onomástico dos documentos de Nipur, ver Zadok, 1979, p. 44-78. Coogan, 1974, assinala com razão que judeus na Babilônia poderiam assumir não somente nomes hebraicos mas também nomes babilônicos.

[525] Zadok, 1979, p. 87s.

[526] Sobre os textos e a vida em Elefantina, ver Cowley (ed.) [1923] (ND 1967); Grelot, 1972; Knauf, 2002; Kottsieper, 2002; Porten, 1968; id., 1996. A edição citada dos textos é TAD.

Introdução às épocas da história social de Israel 207

outras partes — compare-se, por exemplo, a lista em Jr 44,1 e o fato de que na época helenista encontramos então uma florescente diáspora egípcia —, mas faltam-nos muitas notícias. Por mais diferenciada que seja a diáspora egípcia em relação à babilônica, ela se assemelha em dois pontos: no estrangeiro desenvolve-se um vida social e econômica própria e simultaneamente a identidade judaica é preserva e se expressa concretamente no fato de que a terra e especialmente Jerusalém são reconhecidas como pontos de referência.

O fato de a população judaica na ilha de Elefantina no rio Nilo no limite sul da terra ocupar uma respeitável *posição na vida econômica* evidencia-se não somente no dado de poder construir um templo próprio, mas também nos próprios papiros aos quais devemos nossos conhecimentos sobre a colônia militar. Estes papiros consistem, ao lado do arquivo do templo, em três arquivos de famílias (Jedanyah TAD A4.1-10; Mitbatyah TAD B2.1-11; Ananyah TAD B3.1-13). Neles estão preservados contratos sobre transações imobiliárias e heranças, casamentos e venda de escravos. Eles espelham a atividade de uma elite que provavelmente constituía um quinto da população judaica da colônia, a qual pode ser estimada em aproximadamente três mil pessoas.[527] O fato de não se mencionarem escravos ou escravas do povo judeu certamente não é acaso diante da grande quantidade de documentos. Poderia também apontar para certo bem-estar da população judaica, talvez em ligação com o objetivo de não permitir escravidão intraétnica (cf. Lv 25,39-46).[528]

De várias maneiras se expressa que os habitantes judeus de Elefantina efetivamente têm *identidade judaica*. Assim, por exemplo, eles se designam a si mesmos nos documentos como "judias" e "judeus" (TAD A3.8:12; A4.1:1.10 etc.), diferenciando-se com isso dos "arameus", mesmo que utilizem como eles a língua aramaica.[529] O seu templo está dedicado ao Deus Yahu. Mesmo que ao lado dele existam outras divindades,[530] o fato de na prática de dar nomes somente se utilizar o elemento teofórico -*yahu* (ver nomes como Yedanyah, Mibtayah, Ananyah)[531] indica que este é o Deus principal. Por fim, em questões importantes as pessoas se diri-

---

[527] Ver Knauf, 2002, p. 181s.
[528] Sobre os escravos e as escravas em Elefantina, ver Porten, 1968, p. 203-205.
[529] Sobre os arameus, ver Porten, 1968, p. 16-19.
[530] Sobre isso, ver p. 165.
[531] Ver a prosopografia em Porten, 1996, p. 268-276.

giam a Jerusalém e à Samaria, assim especialmente no pedido de suporte político para a reconstrução do templo na ilha do Nilo e a questão de como se deveria celebrar corretamente a Páscoa.[532]

Mesmo que a colônia em Elefantina tenha deixado de existir antes do final do período persa, ela confirma a *imagem de um judaísmo que tem o seu centro em Jerusalém, mas que ao lado disso conhece a existência de grupos autônomos na Babilônia e no Egito. Estes não se entendem como passageiros no estrangeiro, mas organizaram a sua vida de forma mais duradoura no respectivo novo contexto*, mesmo que este particular não tenha sido possível para os judeus de Elefantina.

Como se pode descrever esta forma própria do judaísmo na época persa?

5. Judá, Samaria, Israel — uma sociedade provincial persa?

A apresentação das relações sociais de Israel no período persa até aqui apresentada mostra que alguns elementos das épocas anteriores continuam a existir — as estruturas de parentesco como base da sociedade, superando as ameaçadoras contraposições de classes sociais, momentos isolados do sistema de dominação —, mas no todo surgiu algo novo, que pede por uma nova definição conceitual dessa sociedade. Tais tentativas de fato já foram realizadas desde a Antiguidade.

Para Flávio Josefo, Israel tem desde Moisés a constituição de uma *teocracia* (Josefo, *C. Ap.*, II, 164ss). Para ele, o domínio de Deus se concretiza no domínio dos sacerdotes.[533] Foi observado corretamente que, ainda que não seja desde a época de Moisés, pelo após o exílio, em face da ausência de um governo nacional monárquico, o sacerdócio tem papel mais importante no sistema político de poder, ocupando um lugar mais importante para a construção da identidade própria do que nos tempos da monarquia autônoma. Mesmo assim não se pode falar de domínio dos sacerdotes na época persa por causa do forte elemento leigo dos "notáveis" e por causa do aparato de poder persa, que na província é ocupado em boa medida

---

[532] Ver p. 185s.

[533] No mais também Wellhausen, [6]1905, p. 5, fala de "tendências hierocráticas" no judaísmo pós-exílico. Hoje em dia quem faz isso sem nenhuma reflexão é Grabbe, 1994: "Durante a maior parte do tempo Judá pode ser caracterizado como uma teocracia" (p. 74); "a teocracia judaica desde Ciro até Adriano" (p. 607).

Introdução às épocas da história social de Israel

por autóctones. Ainda deveremos averiguar em que medida a descrição de Josefo é acertada para a época helenista.[534]

Sem o preenchimento de conteúdo como teocracia como em Josefo costuma-se recorrer à descrição da época persa como tempo de *restauração* — veja-se, por exemplo, o título da obra de Peter Ackroyd *The Persian Period. Restoration in Judah* [O período persa. Restauração em Judá][535] e outros similares[536] — para ressaltar o momento da continuidade em relação à monarquia. Nisso há o problema de que nem em Judá nem em Israel a monarquia é restaurada[537] e de que o templo, para cuja reconstrução mais apropriadamente se poderia usar a expressão, experimenta uma significativa variação na sua função político-social.

A primeira tentativa em época moderna de captar epistemologicamente a Judá do período persa em sua forma social remonta a Max Weber. A definição em seu estudo sobre *O judaísmo antigo* [Das antike Judentum] permaneceu por muito tempo: "O judaísmo foi durante muito tempo uma *comunidade puramente religiosa*".[538] Com essa definição Weber introduz na Sociologia um conceito que, na pesquisa veterotestamentária, já está fundamentado em Julius Wellhausen. Este vê o exílio como o ponto de transição entre o "antigo Israel", que seria um "povo em sentido próprio", e o "judaísmo", que deve ser designado como "comunidade religiosa"; entre ambas haveria "a distância de dois mundos distintos".[539]

Com a designação de "comunidade religiosa" quer se expressar que a pertença a essa comunidade é livre e que se baseia em um credo religioso.[540] De fato com isso se reconhece algo certo. Enquanto na época da monarquia a pertença ao povo de Israel ou de Judá se dava simultaneamente pela descendência natural e pelo local de moradia, isso se modifica com a experiência do exílio. Na dispersão deve haver um reconhecimento consciente ao seu judaísmo, motivo pelo qual os símbolos de confissão

---

[534] Ver p. 231.

[535] Ackroyd, 1970, p. 162.

[536] Ver sobre isso em Donner, ³2001, a parte VII: o período persa com os tópicos "O início da restauração em Jerusalém e Judá" e "O término da restauração em Jerusalém e Judá" ou em Cross, 1975.

[537] Sobre isso, ver Willi, 1995, p. 172.

[538] Weber, 2002, p. 724 (destaque de R.K.). Sobre a discussão com Weber, ver Crüsemann, 2003.

[539] Wellhausen, ⁶1905, citações p. 1.3.5.

[540] Stiegler, 1994, acentua — sob o pano de fundo do ideário das igrejas livres (p. 7) — a "hipótese [...] de que a comunidade de YHWH pós-exílica em Jerusalém não é uma grandeza étnica. Em primeira linha ela também não é condicionada por questões econômicas, políticas e sociológicas, mas o elemento decisivo é o religioso" (p. 52).

como a circuncisão, a observância do sábado e as leis alimentares a partir daí são fundamentais para a constituição da identidade. Também por meio das migrações forçadas de povos, como prática desde a época dos assírios, coloca-se crescentemente o problema de que pessoas passam a fazer parte do povo de Israel a partir de uma decisão de vontade. Há, contudo, divergência de opiniões sobre se se deve conceber isso de uma forma mais estreita (cf. para isso Dt 23,2-9) ou mais ampla (cf. Is 56,3-7).[541]

Mesmo assim não há justificativa para se falar, com Weber, de uma "comunidade *puramente* religiosa". As tentativas desde Josefo até Max Weber buscam destacar a especificidade de Israel no mundo antigo e a encontram na religião. Por mais certo que isso possa ser com base na perspectiva religiosa, tanto mais problemático é retroceder de determinadas concepções religiosas diretamente para a forma social como "teocracia" ou "comunidade puramente religiosa". Em vez disso, proponho escolher um conceito que contenha pouca definição de conteúdo, como *sociedade provincial da época persa*, que considero bem adequado.[542] Trata-se de uma sociedade *provincial* na medida em que ela não constitui um governo independente, mas é dirigida por um governador em lugar do governo central.[543] Como Yehud e a Samaria são duas províncias próprias, trata-se mais exatamente de duas sociedades provinciais, que reconhecidamente têm perfis diferenciados. Assim, para Yehud o templo em Jerusalém como santuário único tem influência bem diferente do que para a Samaria, onde ao lado do templo de Jerusalém se pode contar com outros santuários. Para a Samaria também é característico que por muito tempo o domínio provincial estava em mãos de uma única dinastia, os sanabalidas.

Estas formações diferenciadas são típicas para a época persa, uma vez que o Grande Império não realizou tentativas de uniformização, mas justamente contava com estruturas locais em seu sistema de domínio. Além disso, anteriormente já havíamos indicado o caráter das províncias persas como uma espécie de "pequenos estados", mesmo que sob estrito domínio

---

[541] Nisso deve-se observar que Is 56,3-7 não espelha a realidade do Israel da época persa, mas "permaneceu utopia de um grupo periférico de oposição"; assim Crüsemann, 2003, p. 215.

[542] Bernett, 2004, — após um instrutivo panorama sobre a pesquisa do tema — parte do pressuposto de que a forma social da Yehud da época persa não é preponderantemente religiosa, mas política. Para isso ela propõe a forma da cidade-estado, para o que ela considera como constitutivo: o *status* de Jerusalém, a formulação de normas legais compromissadoras e a pertença a determinada coletividade (p. 100).

[543] Se Schaper, 2002, p. 165, designa Yehud como "estado-parte semiautônomo do império aquemênida", ele acentua ainda mais fortemente o momento da autonomia; não vejo aqui uma contraposição à minha visão; há somente acentos diferenciais.

persa.[544] Com Christiane Karrer pode-se formular: "Sob as condições do domínio aquemênida eram toleradas as diferentes formações da unidade política orientadas pelas respectivas tradições locais".[545] *Pelo fato de Judá e a Samaria como sociedades provinciais do período persa não se diferenciarem fundamentalmente em sua formação social das outras províncias do império persa, elas podem trilhar caminhos próprios no âmbito religioso. Estes, contudo, justamente não podem ser tomados como ponto de partida para captar a forma social.*

A isso se agrega que aquilo que pode ser subsumido sob o nome de "Israel" não se esgota nas sociedades provinciais de Yehud e da Samaria e simplesmente também não é idêntico a elas (ou a uma delas). Pois independente do fato de que dentro de ambas as províncias vivem pessoas pertencentes a outros povos e que adoram outros deuses, há uma forte diáspora na Babilônia e no Egito, dominados pelos persas, que se entende como parte de Israel e manifesta isso na adoração de YHWH como seu deus (ou em Elefantina como seu deus principal).

Aqui, contudo, se manifesta um problema semântico, atrás do qual se esconde uma questão de conteúdo com desdobramentos. Na Babilônia, os exilados que vieram de Judá eram chamados de "judeus", e isso tanto pelos babilônios[546] quanto pelos próprios deportados, o que se pode depreender do Memorial de Neemias. Para a designação dessas pessoas surge em hebraico e em aramaico um gentílico que os textos mais antigos não conhecem: *yehudim*, "judeus". Em consequência das deportações, "judeus" são não mais somente os moradores da região de Judá. Nos textos, estes sempre são chamados de "gente de Judá" (1Sm 17,52; 2Sm 2,4; 1Rs 1,9; a isso se agrega no singular Jz 15,10; 1Sm 11,8; 15,4 etc.), o que no vernáculo pode ser traduzido por "judeus". "Judeus" são também todos aqueles que se entendem como descendentes dos antigos judeus, estejam eles morando na terra ou fora dela. Inclusive os moradores judaicos de Elefantina no Egito se designam assim, conforme o atestam seus próprios documentos.[547]

---

[544] Ver p. 192.

[545] Karrer, 2001, p. 27.

[546] Ver TGI, n. 46.

[547] Ver p. 206. Por causa do uso em Elefantina, não é seguro se a autodesignação de fato foi assumida a partir de uma designação de estrangeiros originada na Babilônia como supõe Albertz, 2001, p. 76s; id., 2004, p. 22s. A designação de "judeus" ou "judeu" é totalmente adequada para pessoas de Judá.

A antiga designação como "judeus" tinha duas oposições; a menos comum era a oposição entre os moradores da região em contraposição aos de Jerusalém (2Rs 23,2; Is 5,3; Jr 4,3 etc.); mais frequentemente a oposição entre o sul judaico e o Israel do norte (1Sm 11,8; 17,52; 2Sm 19,42 etc.). A primeira oposição já não existe mais na expressão "judeus". A segunda continua a existir no período persa como contraposição à Samaria. Ela se encontra no escrito aramaico com o qual os dirigentes da Samaria denunciam os judeus em Jerusalém (Esd 4,12), e, no mais, o termo "judeus" designa, nas partes em aramaico de Esd 1–6, sempre as pessoas de Yehud em contraposição às pessoas da Samaria (Esd 4,23; 5,1.5; 6,7s.14). Para o Memorial de Neemias a designação de "judeus" se torna elemento característico.[548] Mas aqui o termo é usado de forma acentuada com contraposição à Samaria (Ne 3,33s; 6,6; sempre colocado na boca do samaritano Sanabalat), passando a ser depois um autodesignação generalizada (Ne 1,2; 2,16; 4,6; 5,1.8.17; 13,23).

O problema que está vinculado ao termo "judeus" se evidencia quando se pergunta a respeito de quem está relacionado com o termo "Israel".[549] Se colocarmos lado a lado as passagens de Ne 1,2 e 2,10, então os "judeus" (1,2) são idênticos aos "filhos de Israel" (2,10). Mas, além disso, há no Livro de Esdras-Neemias um uso de "Israel" que é mais abrangente.[550] Ele se evidencia sobretudo no contexto religioso e cúltico (Esd 3,11; 7,10.11 etc.). Assim, sempre se fala do "Deus de Israel" (Esd 1,3; 3,2; 4,1 etc.); um "Deus de Judá" seria totalmente impensável. Se segundo Esd 6,17 para a inauguração do templo devem ser apresentados doze sacrifícios pelas doze tribos de Israel, então evidencia-se que para este conceito "Israel" é mais do que os moradores da província de Judá. Os membros deste "Israel" são concebidos de forma genealógica; eles são "filhos de Israel" (Esd 3,1; 6,16.21 etc.). Contraposto a isso, os "filhos de Judá" em Ne 11,4.24s são membros da tribo de Judá em diferenciação aos benjaminitas, portanto não "judeus" no sentido amplo pressuposto pelo Memorial de Neemias.

---

[548] Ver Karrer, 2001, p. 149. No vernáculo, Karrer prefere a designação de "judeus", uma vez que no Livro de Esdras-Neemias a designação sempre é referida à província aquemênida de Yehud. Como em outros textos *yehudim* claramente designa pessoas fora da província — assim especialmente na autodesignação em Elefantina —, parece-me ser coerente este vocábulo para a designação no Livro de Esdras-Neemias.

[549] Sobre isso, ver Gottwald, 2001, p. 17-22.

[550] Sobre as diferentes concepções de Israel no Livro de Esdras-Neemias, ver Karrer, 2001, p. 73-77.

Introdução às épocas da história social de Israel

213

A tensão entre a designação como judeus, que em todo caso exclui os moradores da Samaria, e aquela como Israel é aberta e também não é resolvida nos textos. Isso tem a ver com o conteúdo. A partir da perspectiva de Judá, um conceito mais amplo de Israel é mais facilmente defensável; segundo este conceito, retornantes da deportação e remanescentes na terra que se agregam àqueles e remanescentes na Babilônia pertencem a Israel. Isso é o conceito do Livro de Esdras e Neemias como um todo.[551] A população da Samaria crente em YHWH não faz parte deste conceito se não se agregar à exigência de liderança dos retornantes da deportação. Os samaritanos, contudo, mesmo após a separação de Judá, ocorrida de forma oficial somente no período grego,[552] continuam se considerando parte de "Israel".

Tal "Israel" é uma grandeza ideal, o que aqui significa religiosa. Essa grandeza somente pode ser pensada em termos genealógicos. Os que compõem esta grandeza são os "filhos de Israel", conforme a projeção das doze tribos. Mas isso não significa o estabelecimento de uma "comunidade puramente religiosa", como pensava Max Weber. Os moradores de Yehud juntamente com os judeus da diáspora — e segundo a autocompreensão também a população crente em YHWH da Samaria — constituem esta grandeza. Em termos sociais, esta grandeza se concretiza em Yehud e na Samaria na forma de sociedades provinciais politicamente estruturadas.

VI. O *ethnos* judaico no período helenista

> *Bibliografia: Bickerman, 1998; Bringmann, 1983; Ph. R Daives/Halligan (ed.), 2002; W. D. Davies/L. Finkelstein (ed.), 1989; Grabbe (ed.), 2001; Haag, 2003; Hengel, 1976; Hengel, ³1998; Kippenberg, 1978; Kressig, 1978; Rostovzeff ND, 1984; Sasse, 2004; Zsengellér, 1998.*

Não se pode decidir em princípio com qual época uma apresentação da história de Israel — também de uma história social — deve terminar. Se colocarmos o sujeito "Israel" em sentido amplo como o objeto da exposição, ela em princípio deveria se estender até o presente.[553] Qualquer outra decisão somente pode ser fundamentada de modo pragmático.[554] Se tomar-

---

[551] Sobre isso, ver Willi, 1995, p. 45; Karrer, 2001, p. 303s; Bedford, 2002.

[552] Sobre isso, ver p. 232.

[553] Esta consequência tira Fohrer, ³1982; ver também a apresentação em vários volumes em Baron, ²1952.

[554] Isto é feito por último por Donner, ³2001, p. 474s, o qual, contudo, fala somente de "razões colaterais de ordem pragmática".

mos como elemento pragmático fundamental o espaço temporal coberto pelos escritos do Antigo Testamento,[555] então a época helenística não deve ser tomada somente como "Perspectivas" ou "Epílogo",[556] mas como elemento constitutivo da própria apresentação. Pois a Bíblia Hebraica, com os livros de Daniel e de Eclesiastes, contém escritos que, seguramente, provêm da época helenista, e, provavelmente, as parte canônicas dos Profetas e dos Escritos somente foram constituídas nesta época. E todos os escritos da Bíblia grega provêm da época helenista. Como tanto o Livro de Daniel quanto os livros de Macabeus com seus textos se estendem para dentro do século II a.c., por questões pragmáticas, este período deve ser tomado como limite para a apresentação da história social de Israel.

Assim como nas outras partes, também aqui se fará primeiramente uma breve apresentação panorâmica da história dos eventos relativos ao período.

1. De Alexandre Magno até os asmoneus

A história dos eventos na época de influência helênica no Oriente Próximo está no seu todo bem estruturada, embora em alguns detalhes possa parecer meio confusa. Quem quiser ter uma ideia das constantes reviravoltas entre ptolomeus e selêucidas, os dois reinos de maior influência sobre o território de Israel neste período, pode ler o capítulo 11 do Livro de Daniel. Contratos, quebra de acordos, casamentos diplomáticos e expedições militares estão tão intimamente interligados que dificilmente se poderão entender os eventos sem o recurso a uma tabela histórica.[557] De forma igualmente complicada se nos evidenciam as coisas quando queremos perceber as relações das famílias dominantes de Jerusalém.[558] Para uma história social de Israel, tais detalhes não tem tanta importância assim. Por isso, aqui é suficiente indicar as estruturas fundamentais.

A campanha militar do rei macedônio Alexandre rumo ao Oriente, que teve seu desenlace decisivo na batalha de Issos, em 333 a.C., chegou ao seu ápice com a entrada triunfal na Babilônia em 331. As capitais do império persa capitularam sem reação diante de Alexandre. Ele pôde estender

---

[555] Ver p. 7.
[556] Assim Finkelstein/Silberman, ²2003, p. 336.
[557] Ver a apresentação em Haag, 2003, p. 45-48.53-56.
[558] Sobre isso, ver Haag, 2003, p. 49-53.

Introdução às épocas da história social de Israel

seu império até a Índia. O que os persas haviam conseguido no século V, isto é, a ligação do império do Oriente com o Ocidente grego, Alexandre conseguiu agora vindo do Ocidente. Mas já no ano de 323, Alexandre morre na Babilônia.

Nas guerras dos diádocos nos anos de 321-301, os generais de Alexandre lutam pelo espólio. O império unificado se desmantela. No Ocidente se estabelecem dois reinos, que determinam fortemente a história posterior do judaísmo. No Egito, na cidade construída pelo próprio Alexandre, isto é, Alexandria, os ptolomeus chegam ao poder, passando a exercitar o domínio ao longo de todo o século III a.C. Na Síria e na Mesopotâmia surge o reino dos selêucidas com sua nova capital, Antioquia. No século II, os selêucidas sucedem os ptolomeus no domínio sobre a parte sul do Levante.

O tempo do domínio dos ptolomeus no século III é um período de estabilidade política e prosperidade econômica. Contudo, a dominação ptolomaica nunca é inconteste, de modo que, durante aquele século, chegou a haver cinco "guerras sírias" entre os ptolomeus e os selêucidas. As situações destes grupos se espelham nas disputas entre os grupos pró-selêucidas e pró-ptolomaicos em Jerusalém. Por conta da decisiva vitória na batalha de Paneion na encosta sul do monte Hermon, no ano 200 a.C., o domínio sobre a Palestina passa para os selêucidas.

Após a política dos vencedores selêucidas ter sido inicialmente favorável a Jerusalém, a situação se modificou rapidamente. Antíoco III sofreu em 190 ou 189 uma profunda derrota contra Roma e entrou em estado de insolvência, que o levou a uma exploração gradativa dos povos a ele submetidos. Em Jerusalém se dão conflitos entre as forças pro-ptolomaicas e pro-selêucidas.

Na sexta guerra síria (170-168 a.C.), Antíoco IV Epífanes toma Jerusalém. Para fortalecer seu domínio, o rei selêucida manda construir em Jerusalém a Acra como fortaleza militar. As forças de ocupação não judaica obtêm naturalmente o direito de praticar sua religião e isso nas proximidades do templo. Na situação cada vez mais crítica, o sumo sacerdote Menelau e o rei dão um passo adiante. O templo de YHWH é dedicado ao Zeus do Olimpo, isto é, YHWH, o "Deus dos céus" (Esd 7,12) é identificado com o Baal celeste sírio-cananeu e com o Zeus da religião grega. No santuário mesmo, sobre o altar de sacrifícios, é colocado um objeto que, aos olhos dos judeus tradicionais, é chamado de "abominação desoladora" (Dn 9,27; 11,31; 12,11; 1Mc 1,54). Para cortar as raízes da resistência contra os selêucidas e contra o sumo sacerdote Menelau, que colaborava estreitamente na resistência, no ano de 168 é decretada a proibição da religião judaica e ordenada a introdução de ações cultuais não judaicas (1Mc 1,44-50; 2Mc 6,1-11).[559]

Isso foi a gota d'água. Em 167 chega-se a um levante, que, sob a coordenação de Judas Macabeu, logra obter sucessos militares surpreendentes. Em 165, Jerusalém, juntamente com o templo, é reconquistada; a Acra, na qual estão as forças de ocupação, é sitiada. Ainda que os selêucidas, no ano de 164, estejam prestes a reconquistar o templo, interrompem sua campanha militar. Chega-se à celebração de paz com os macabeus. O templo é reinaugurado, os antigos privilégios são novamente garantidos. A supremacia dos selêucidas, contudo, é mantida na medida em que as forças de ocupação permanecem na Acra.

Este frágil equilíbrio de forças, contudo, não dura muito tempo. Após uma mudança de governo entre os selêucidas, o movimento de resistência dos macabeus se reacende. No contexto de discussões internas sobre sucessão no trono entre os selêucidas, o macabeus Jônatas consegue, em 152, conquistar a dignidade de sumo sacerdote. Em 141, ele conquista em Jerusalém, que era o símbolo da presença selêucida na cidade (1Mc 13,49-52). Um ano mais tarde, ele se faz introduzir no cargo de sumo sacerdote por meio de uma assembleia popular e não mais pelo rei. Isso significa o rompimento em relação à supremacia selêucida. Do movimento de resistência originou-se a dinastia dos asmoneus — assim chamada por conta de um antepassado ilustre.[560]

Também o assassinato de Simão no ano 134 não terminou com seu domínio; pelo contrário, o filho de Simão, chamado João Hircano I, conseguiu expandir e estabilizar o reino em trinta anos de governo (134-104). Mas é somente o filho deste, Aristóbulo I (104-103), que assume o título de rei. Conflitos internos levaram os romanos a assumir o controle político na região no ano 63 a.C., restringindo João Hircano II no exercício do cargo de sumo sacerdote.

---

[559] É discutido em que medida esta proibição está motivada mais em termos políticos ou religiosos e se foi colocada em prática mais pelo rei selêucida Antíoco IV ou pelos judeus helenistas; "o que está fora de questão é a responsabilidade político-jurídica do rei selêucida" (Bringmann, 1983, p. 12). Sobre o papel ativo dos helenistas, ver Dn 11,30-32.

[560] Ver a genealogia em Jos. Ant. XII 265 e a designação "asmoneus" em Josefo, A Guerra Judaica, I 36.

2. Transformações na sociedade e no estado

A história social do antigo Israel é caracterizada pelo fato de que as relações que se estabelecem são continuadas em suas estruturas, mas simultaneamente sofrem transformações em suas formas concretas. Nisso podem-se distinguir em traços gerais três níveis de relações sociais, que passam de modo diferenciado por rápidas transformações. A base é constituída pelas relações familiares e de parentesco; elas só lentamente passam por mudanças. O caráter classista da sociedade, que se instituiu desde meados da monarquia, permanece estável. Especialmente a composição da elite permite reconhecer mudanças visíveis desde o período da monarquia, passando pela sociedade provincial persa e chegando ao *ethnos* judaico da época helenista. É óbvio que as transformações mais profundas são aquelas ocorridas no nível das estruturas estatais. Isso se pode deduzir claramente da história dos eventos com as frequentes mudanças na classe alta.

a) A família entre ideal e realidade

Relações familiares e de parentesco são a base da sociedade de Israel desde os inícios na época pré-estatal. Isso também não se altera na época sob influência helenista. No século II, Jesus ben Sirac admoesta os discípulos sapienciais a manter a ordem familiar mediante bom tratamento de todos os seus integrantes e mostra justamente o quadro ideal de uma família patriarcal (Eclo 7,18-36). Em outras partes do escrito sapiencial são desdobrados outros aspectos do ideal familiar, a saber: em 3,1-6, o honrar pai e mãe; em 4,1-10, a dedicação aos pobres; em 9,1-9, a admoestação para fidelidade conjugal; em 30,1-13, a educação dos filhos; em 33,25-33, o trato com escravos e escravas; em 36,20-28, o elogio de uma esposa diligente; e em 42,9-14, a educação das filhas. Se em 1 Macabeus se fala do sacerdote Matatias como alguém que é "forte por meio de filhos e irmãos" (2,17), então isso mostra como era decisiva não só a estabilidade e a força da família mas também os laços de parentesco em toda a estrutura da sociedade.[561]

Duas narrativas judaicas da época helenista, a saber, Judite e Tobias, estão construídas em torno do ideal da família (no caso de Judite, em torno

---

[561] Kreissig, 1978, mostra que as relações fundamentais de propriedade, sobre as quais estão baseadas as relações familiares, não se alteraram significativamente desde a época persa até a época helenista.

do estado de viuvez). Em Tobias verificam-se também diferenças em relação a questões concretas de épocas anteriores. Pois a história familiar desta breve narrativa está alocada na diáspora. E justamente ali era importante casar com pessoas do mesmo povo (Tb 4,12s), de modo que toda narrativa objetiva promover o encontro de Tobias e Sara, que vivem distantes. O que na terra de Judá é discutido no contexto da sociedade provincial persa se torna ideal para o judaísmo da diáspora: o casamento intraétnico (endogamia) (cf. Gn 24,3s.37s; 27,46–28,9).

É óbvio que nesta questão há razões de ordem material e religiosa — tal como já foi pressuposto para a época persa.[562] Pois o casamento com uma não judia ou com um não judeu não significava somente que numa família deveriam ser coadunados dois cultos, mas também que a herança da propriedade de uma família judaica poderia passar para mãos estranhas. A história de Tobias mostra novamente como essa questão era importante, pois na história do casamento de que trata a narrativa se tematiza justamente a pergunta pela herança (Tb 3,15; 6,12).

O escrito de Jesus ben Sirac e a narração de Tobias apresentam a estrutura da família patriarcal como ideal, projetando a posição do homem como atuante no espaço público e confinando a mulher ao espaço doméstico.[563] Mas os textos deixam entrever que se trata de um ideal ameaçado. Se agregarmos outras fontes, haveremos de perceber que o enfraquecimento de estruturas familiares, como já era perceptível na época persa,[564] se tornou ainda mais acentuado na época grega. Há ameaça não tanto à estrutura da família mas muito mais à dominação do homem dentro dela se ele não pode mais prover o sustento da família. Assim, após Tobias ficar cego, sua mulher Ana deve realizar trabalho forçado, em troca do qual recebe ocasionalmente produtos. E isso leva o desgostoso patriarca a realizar sérios questionamentos (Tb 2,11-14). Aquilo que na narrativa de Tobias somente é tangenciado no tocante à posição do homem[565] transforma-se numa sentença sapiencial: "Dura servidão e vergonha é quando a mulher deve trabalhar para o seu marido" (Eclo 25,22).

---

[562] Ver p. 174.

[563] Sobre o papel das mulheres no mundo do texto do Livro de Tobias, ver Schüngel-Straumann, 2000, passim, especialmente p. 113s.139-141.

[564] Ver p. 174.

[565] Schüngel-Straumann, 2000, p. 74-76, indica de forma suplementar para TestHiob 21 (JSHRZ III,3,343). Segundo esta passagem, a mulher de Jó alimenta a sua família após a enfermidade do esposo mediante trabalho escravo como carregadora de água.

Introdução às épocas da história social de Israel

Indiretamente Tobias e Sirácida mostram que somente a uma parcela da população judaica era possível realizar o ideal da casa patriarcal. Em ambos os textos faz parte da imagem ideal o fato de o patriarca dar esmolas. Os textos trabalham com a realidade de que existem pessoas famintas e nuas, que necessitam de pão e doação de roupas (Tb 1,17), que existem pobres e desesperados, que devem viver de esmolas (Eclo 4,1-10; 7,10.32s; 35,1s). São pessoas que não são mais acolhidas por nenhuma estrutura familiar. É quase óbvio que, como sempre, viúvas e órfãos fazem parte destas pessoas ameaçadas em sua existência (ver a admoestação expressa em Eclo 4,10).

Famintos e nus também aparecem em Ez 18,7.16 e Is 58,7, e isto em época anterior ao período helenista. Por isso pode-se pressupor já para a época persa um visível processo de miserabilização.[566] Na época helenista parece haver um acirramento desta questão. Enquanto nos dois séculos da dominação persa a região de Judá e da Samaria permaneceu sem guerras, o período a partir da conquista por Alexandre Magno é marcado por guerras sem fim. E guerra sempre significa destruição maciça de famílias. Sobre Ptolomeu I, informa-se que, após a conquista de Jerusalém, manda trazer judeus para o Egito.[567] O significado de uma guerra perdido é exemplarmente expresso numa carta escrita na Transjordânia destinada a Judas Macabeu: "Todos os nossos irmãos, que viviam na região de Tobin, foram mortos, e suas mulheres, seus filhos e suas posses foram expropriadas" (1Mc 5,13). Também homens sobreviventes entram em relação de servidão por conta de alguma guerra perdida, e só raramente deve ter acontecido a repatriação dos prisioneiros de guerra (1Mc 9,70-72). A narrativa se torna mais dramática quando se descreve que junto com os exércitos estrangeiros já seguem os mercadores de escravos para comprar os prisioneiros (1Mc 3,41) ou quando se descreve que o lucro da venda de homens e mulheres prisioneiros é justamente o objetivo da guerra (2Mc 8,10s).

As consequências das muitas guerras obviamente influenciam de modo diferente as famílias individuais, conforme a sua posição social. Viúvas pobres, órfãos e mendigos em geral provêm das famílias humildes. Aquelas pessoas que, segundo Ne 5,1-13, estão à margem do total empo-

---

[566] Ver p. 176s.
[567] Jos. Ant. XII 3-6.

brecimento[568] ou que, conforme os papiros da Samaria, já se encontram na escravidão[569] estão fortemente ameaçadas de cair totalmente fora da rede de proteção social em caso de alguma pressão. Diferentes são as coisas no caso das grandes famílias. Elas também são afetadas por conflitos externos, mas no todo conseguem manter o seu poder e em termos econômicos até podem se expandir em tais situações.

b) O acirramento de contradições sociais

A sociedade de classes que se formou no século VIII continua a existir durante a época persa, perdurando até o período helenista, como é de esperar. Elementos de alguns dos escritos do período evidenciam isso muito bem: Eclo 7,20 pressupõe como natural que escravas e escravos façam parte da família patriarcal, contando-se com uma divisão da sociedade entre ricos e pobres (Eclo 33,25-33 e 34,24-27);[570] Coélet coloca a contraposição de oprimidos e opressores (4,1) e a opressão dos pobres (5,7) no centro de sua reflexão, pressupondo com isso a contraposição de escravos e ricos (5,11). Para o acirramento da contraposição há de ter contribuído o fato de que no mundo greco-romano a escravidão se tornou muito mais usual do que no Oriente, e com a helenização do Oriente essa mentalidade ingressou mais fortemente nas elites orientais.[571]

Aqui, porém, interessa não essa continuidade esperada mas sim as *transformações do lado da elite*. A primeira transformação perceptível é de *ordem econômica*. O helenismo anda de mãos dadas com a substancial expansão da economia monetária. Depois que no período persa foram cunhadas moedas e depois que ao final da época persa também foram cunhadas moedas locais, a quantidade do dinheiro em circulação somente tende a aumentar — ainda que não de forma continuada, mas com oscilações.[572]

Decisivo, contudo, não esta multiplicação numérica, mas o salto qualitativo que ela produz. Coélet capta a essência deste fenômeno: "Quem ama o dinheiro não se satisfaz com dinheiro" (Ecl 5,9). Com isso se expressa nesta breve sentença o fato de que para a posse de dinheiro não existe grau

---

[568] Ver p. 176s.
[569] Ver p. 182s.
[570] Sobre isso, ver Kaiser, 2003a.
[571] Ver Hengel, [3]1988, p. 94.
[572] Ver ibid., p. 84s.

Introdução às épocas da história social de Israel

de satisfação. Em caso de objetos de uso, em cuja posse até então se expressava a riqueza, havia limites superiores, para além dos quais não fazia sentido a multiplicação. O dinheiro, justamente por causa do seu valor abstrato, é limitado em sua essência.

Vestígios da importância da economia monetária se encontram em muitos lugares. Pela primeira vez, na época helenista, há a notícia de que uma família judaica em Alexandria havia depositado uma parte de seus bens, estando esta aos cuidados de um administrador e podendo ser retirada sob autorização. Esta família age, portanto, dentro dos limites da "política financeira dos ptolomeus"[573] (Jos. Ant. XII 200s). Agora também o templo é utilizado como lugar de depósito para riquezas, podendo os ricos ali acumular os seus bens (2Mc 3,11.15.22; 4Mc 4,7). Exigências de tributos determinam as relações entre os estados (2Mc 8,10). Pretendentes ao trono selêucida prometem a entrega de elevadas somas (1Mc 10,40; 13,16). Pretendentes ao cargo de sumo sacerdote superam-se mutuamente na oferta de somas de dinheiro, buscando corromper os selêucidas (2Mc 4,23-25).

A segunda transição em favor da elite reside no *aumento da significação das grandes famílias*. Obviamente, a existência de famílias importantes não era um fenômeno novo; já ao final da época da monarquia pode-se observar a existência de dinastias de funcionários muito influentes.[574] Na época persa, na Samaria os cargos de governança estão fortemente nas mãos dos sanabalidas.[575] Fortemente relacionado com eles está um homem chamado Tobias, que no memorial de Neemias sempre é chamado de amonita e é contado entre os inimigos de Neemias (Ne 2,10.19; 4,1; 6,1-14.17-19; 13,4-9). A família dos *tobíadas*,[576] que era muito influente na época dos selêucidas, provavelmente remonta a ele. A partir do papiro de Zenão, da época entre 261 e 252 a.C., sabemos que um homem chamado Tobias é mandatário numa *kleruquia* na Aminitídia.[577] Em Josefo há um relato sobre o seu filho José e seus descendentes, que remonta a uma narrativa

---

[573] Ibid., p. 492.
[574] Ver p. 129.
[575] Ver p. 174.
[576] Sobre os tobíadas e os oníadas mencionados a seguir, ver de forma resumida em Hengel, [3]1988, p. 486-503; Haag, 2003, p. 49-53.
[577] Tcherikover/Fuks (ed.), 1957, n. 1 (p. 118-121). Sob o termo "kleruquia" entende-se uma propriedade, destinada pelos ptolomeus para fins de segurança militar; ver Bickerman, 1988, p. 72.

romanceada sobre esta família.[578] Na segunda metade do século III, ele adquire a prostasia, isto é, a representação oficial do *ethnos* judaico diante da administração ptolomaica, recebendo assim o cargo de concessionário geral para os impostos.[579] As referidas atividades bancárias em Alexandria e o depósito de dinheiro no templo de Jerusalém referem-se a membros da família dos tobíadas.

Os rivais principais destes são os *oníadas*. Sua posição de poder é o cargo do sumo sacerdote, o que em geral inclui a prostasia.[580] Durante todo o período helenístico até a revolta dos macabeus, o sumo sacerdócio é transmitido por herança dentro desta família. Pouco tempo depois de Menelau, como o primeiro não oníada, conquistar esta função (2Mc 4,23-29) e nisso provavelmente poder se apoiar nos rivais tobíadas, emerge a revolta dos macabeus, que põe fim à influência das duas grandes famílias.

Com os *macabeus* emerge outra dinastia familiar. Dela vale o que se aplica a todas as grandes famílias: "Tu és forte por meio dos teus filhos e irmãos" (1Mc 2,17).[581] Pode-se, contudo, mencionar o fato de que filhos e irmãos também podem constituir os pontos fracos de tais famílias. Assim sempre são filhos de pessoas importantes aqueles que são entregues para resgate (1Mc 9,53; 10,6.9; 11,16); certamente nem sempre voltavam vivos. E irmãos (e outros parentes próximos) aparecem como rivais em todas as famílias, fomentando divisões, que no todo enfraquecem o poder da família (cf. 1Mc 16,11-17; 2Mc 4,7-10; Jos. Ant. XII 200-222).

c) Expansão do sistema de esmolas

As seis guerras sírias no século III e nas primeiras décadas do século II e especialmente as guerras macabaicas de meados do século II provocam graves problemas junto aos remanescentes justamente por causa das muitas mortes e dos traslados forçados para a escravidão. Se após uma vitória efetivamente houve a distribuição de parte do espólio de guerra para viúvas e órfãos, como é relatado em 2Mc 8,28.30, então isso certamente constitui uma solução passageira.

---

[578] Jos. Ant. XII 157-222.224.228-236; sobre isso, ver Hengel, 1976, p. 48-50.
[579] Sobre o sistema de domínio ptolomaico, ver p. 225s.
[580] Sobre o cargo de sumo sacerdote no período helenista, ver p. 225s.
[581] Ver p. 217.

Introdução às épocas da história social de Israel

Tais ações de ajuda não podem ser suficientes, porque a destruição das estruturas familiares, que tradicionalmente funcionam como rede social,[582] não se restringem a eventos de guerra, mas são permanentes. Como sempre há famílias ricas, há uma tendência a promover um equilíbrio. Aquilo que desde Ez 18,7.16 é documentado como exigência ao justo, isto é, dar pão ao faminto e vestir o nu, torna-se um estereótipo. Do ser piedoso faz parte dar esmolas (cf. Eclo 7,10.32s; 16,14; 17,22; 29,12; 35,4; 40,17; Tb 1,17; 4,7s.15; 12,8).[583]

Dar esmola é uma forma de apoio social, que reforça a dependência dos pobres em relação aos ricos de forma duradoura. Além disso, depende da sorte dos pobres se conseguem obter uma esmola, bem como depende da arbitrariedade dos ricos se dão ou não esmola. Isso provavelmente deve ter sido o motivo pelo qual no judaísmo da época helenista surgiu a ideia de retirar o sistema de esmola da relação direta entre doador e receptor e instituir no templo um caixa, no qual ricos poderiam depositar suas ofertas e viúvas e órfãos de lá poderiam receber ajuda. Assim provavelmente deve ser entendida a informação em 2Mc 3,10, na qual se fala de "ofertas para viúvas e órfãos" (e não, como muitas vezes se afirma, de ofertas que as próprias viúvas e órfãos fariam).[584] Assim, o templo se torna também um lugar para ativo cuidado social, além de sua tradicional função como lugar de asilo para pessoas superendividadas (cf. 1Mc 10,43), como era comum em todo o mundo oriental antigo.

No tópico anterior seguidamente foram feitas indicações a determinadas especificidades dos sistemas helenistas de domínio, que constituem o quadro para o desenvolvimento social no judaísmo desta época. É disso que devemos tratar agora.

3. *Estruturas helenistas de dominação*

Desde o século VIII, a região sul do Levante está submetida a diversos domínios estrangeiros. Neste sentido, a sucessão do domínio persa pelo grego no final do século IV não constitui uma inovação. Porém, a forma concreta e as consequências culturais diferenciam sensivelmente o domínio helenista de seus predecessores. Ainda antes da diferenciação em

---

[582] Ver Kessler, 2003c.
[583] Sobre o papel das esmolas em Jesus ben Sirac e Tobias, ver Kaiser, 2003b.
[584] Sobre a interpretação desta passagem, ver Kessler, 2004.

estruturas distintas de exercício de poder por parte dos ptolomeus e dos selêucidas e sem considerar o desenvolvimento específico para o caso de Judá podem ser mencionadas determinadas características.

A conquista do Oriente pelos macedônios conduz a um império, que em termos de extensão territorial supera em muito os persas. Enquanto os assírios, os egípcios, os babilônios e os persas preservam a sua base nos respectivos territórios natais e a partir deles exercem o seu domínio mundial, os sucessores de Alexandre estabelecem seus reinos no coração das regiões dominadas. Além disso, intercâmbios significativos e povoamento grego nas regiões dominadas — no que as cidades gregas enquanto "polis" adquirem estrutura política autônoma — provocam verdadeira helenização do Oriente. Esta se mostra de forma visível na arquitetura, na dominância das formas gregas (ao lado de uma revitalização quase histórica de tradições de construção). De forma mais visível isso se mostra também no predomínio da língua grega, que substitui o aramaico como *língua franca* da diplomacia e do comércio, ganhando crescentemente também domínio na literatura. Para o desenvolvimento religioso são mais frutuosas as tendências para a unificação do universo religioso. Ela se realiza mediante a identificação de divindades locais segundo as suas funções e características (Baal = Zeus etc.), provocando um desenraizamento de cultos, expandindo-se para todo o ecúmeno (mistérios de Ísis, culto de Mitras, cristianismo), de modo que a helenização do Oriente na forma da orientalização se reverte sobre todo o Ocidente.

Apesar de toda a presença grega no Oriente, continuam a existir obviamente os "povos" locais tradicionais. Em grego são chamados de *ethnos*. A pertença a um determinado *ethnos* outorga determinado *status* jurídico. Na virada dos tempos, o geógrafo Estrabão descreve a situação da seguinte forma: a Síria é habitada por celessírios, sírios e fenícios, entre os quais são "misturadas" as etnias dos judeus, dos gazeus e dos azoteus.[585] Neste sentido documentos transmitidos nos livros de Macabeus falam do "*ethnos* dos judeus" (1Mc 8,23.27; 13,36; cf. 2Mc 11,25).

O helenismo traz florescimento econômico e cultural para o Oriente. As elites locais até logram participar dele. Contudo, outros o experimentam como a forma mais brutal de dominação estrangeira — essa experiência deve ser comum à massa dos povos do Oriente. Segundo a visão de Dn

---

[585] Estrabão, XVI,2.2.

Introdução às épocas da história social de Israel

7,2-7, o quarto animal, que provém do mar e que simboliza o domínio grego, supera os três antecessores em termos de crueldade. E para o oráculo egípcio do pote o tempo do helenismo é o tempo em que o "sol está obscurecido".[586]

Sob o pano de fundo destas linhas gerais de desenvolvimento, a estrutura de domínio dos reinos dos ptolomeus e dos selêucidas se apresenta em termos concretos de modo diferenciado para o povo judaico.

a) Reino dos ptolomeus e administração

A diferença maior do domínio ptolomaico em relação ao persa é que o peso do poder de decisão política se desloca da província para a capital. A grande província da Síria e Fenícia é administrada diretamente a partir de Alexandria, por meio do diádoco, que é uma espécie de ministro das finanças e da economia.[587] Dentro da grande província há unidades menores, hiparquias e toparquias, que em tamanho aproximadamente correspondem às províncias e aos distritos persas. Para a região de interesse para esta apresentação são as províncias da Judeia, Samaria, Galileia, Idumeia e Asdod. Dentro das hiparquias, que são povoadas pelas etnias locais, estão as colônias gregas com seu status de *pólis*, bem como as novas instalações dos domínios reais, que têm um status próprio.

Esta estrutura de dominação tem várias consequências para as relações sociais dentro da população judaica. Por causa do deslocamento do poder para o centro administrativo, a *função do sumo sacerdote* ganha em destaque. Se para o período persa se podia dizer que, "na Judá pós-exílica, o sumo sacerdote era o 'segundo homem' após o *pehah* (פחה)",[588] este passa para o primeiro lugar, já que o governador não reside mais no local. Ele assume a prostasia, isto é, a representação da etnia dos judeus em relação aos ptolomeus.[589] Como a partir da época persa o sumo sacerdócio é hereditário, ele assume traços da monarquia judaica pré-exílica.[590] Assim não

---

[586] Citado segundo Kippenberg (ed.), 1977a, p. 372. Sobre a resistência dos povos orientais contra o helenismo, ver Grabbe, 1994, p. 163s.

[587] Hengel, 1976, p. 39: "Por trás disso está a concepção fundamental para as monarquias gregas de que toda a área de domínio é propriedade do rei, o qual pode administrá-la de forma soberana como um proprietário macedônio administra sua fazenda". Sobre o modo de governo dos ptolomeus como um todo, ver Hengel, ³1988, p. 32-42.

[588] Schaper, 2000, p. 174.

[589] Ver Diod. Sic. XL 2; Jos. Ant. XII 162-166.

[590] Ver p. 192. Sobre o cargo de sumo sacerdote no período helenista, ver Bickerman, 1988, p. 141-145.

deve admirar ter havido lutas enfurecidas por esta importante função (cf. Jos. Ant. XII, 237-241; 2Mc 4,7-10.23-29; 5,5-10 etc.).

O deslocamento das relações de poder em Judá pode ser deduzido dos escritos de cartas oficiais. Enquanto na época persa o escrito dos judeus de Elefantina esta dirigido ao governador persa de Judá e sob ele ao sumo sacerdote e seus colegas de sacerdócio e a Ostanes e aos nobres de Judá,[591] agora um escrito judaico oficial para Esparta tem o seguinte remetente: "Jônatas, o sumo sacerdote, e o conselhos dos anciãos da etnia, o sacerdote e os demais do povo dos judeus" (1Mc 12,6). A comparação mostra que, na época helenista, o sumo sacerdote está no lugar ocupado pelo governado no período persa; de liderança do colégio sacerdotal ele passou a ser representante da comunidade judaica.

No mais, a estrutura dirigente permanece incrivelmente estável. Abaixo do sumo sacerdote estão os dois representantes de leigos e sacerdotes. Contudo, não está completamente seguro se se trata de dois grêmios distintos. Pois, ocasionalmente, na listagem das autoridades judaicas, mencionam-se somente os anciãos (1Mc 13,36) ou o conselho dos anciãos (2Mc 1,10; 11,27), sem a menção de um colégio sacerdotal, o que permite supor que o sacerdócio vê seus interesses realizados como parte do conselho dos anciãos.[592] Mas como em outras partes se mencionam lado a lado os anciãos ou o conselho dos anciãos e os sacerdotes (1Mc 7,33; 11,23; 12,6; 14,20; Jos. Ant. XII 142.166), deve-se pelo menos parcialmente contar com a existência paralela de dois grêmios.[593] Somente no período romano o sinédrio se torna o órgão máximo, no qual tantos os sacerdotes quanto os leigos estão conjuntamente representados.

Em último lugar da referida listagem é mencionado o "povo". É designado como "o resto do *demos* de Judá" (1Mc 12,6; 14,20; 15,17) e uma vez aparece também como "etnia de Judá" (1Mc 13,36). Porém nada se fala de uma função política ativa da assembleia do povo. Assim, deve-se supor que a insignificância prática da assembleia popular, a qual se podia perceber na época persa,[594] continua a persistir na época helenista.[595]

---

[591] TGI, n. 51, linha 18s; sobre isso, ver p. 184s.
[592] Assim Hengel, ³1988, p. 48-50.
[593] Assim Kippenberg, 1978, p. 83, com a nota 30, e Albertz, 1992, p. 592s.
[594] Ver p. 184s.
[595] Assim também Albertz, 1992, p. 593.

Introdução às épocas da história social de Israel

Se a maior consideração do cargo de sumo sacerdote segue uma tendência já perceptível desde a época persa, o *aluguel de impostos* constitui uma nova instituição, que terá consequências profundas para a tessitura social e política.[596] A partir do enredo sobre os tobíadas, que Josefo insere em suas *Antiguidades*,[597] temos informações plásticas de como um membro da elite judaica podia adquirir a licença da cobrança de tributos e por meio disso alcançar riqueza e poder a ponto de retirar dos oníadas o direito da prostasia.[598]

Mesmo que os membros da elite judaica, sejam tobíadas sejam oníadas, apresentarem sua atividade como bênção para o povo judaico (cf. Josefo, *Antiguidades*, XII, 224-226), a sua colaboração com os ptolomeus significa em termos práticos a participação na exploração do povo. A carga explosiva deste desenvolvimento, contudo, somente se mostra depois que o domínio sobre Judá passa dos ptolomeus para os selêucidas.

b) Os selêucidas e a constituição de Jerusalém como *pólis*

A transição do domínio dos ptolomeus para os selêucidas não constitui uma ruptura profunda na tessitura intrajudaica. Dentro da própria elite pode haver profundas diferenças, que são descarregadas em subornos e assassinatos, mas entre as diferentes tendências (pró-ptolomeus e pró-selêucidas) e famílias (oníadas e tobíadas) há várias sobreposições. Como interesse comum da elite pode ser mencionada a necessidade de adequar a novas condições gerais da época helenista.

Quando em 175 a.C. o oníada Jason conseguiu obter o sumo sacerdócio (por meio do pagamento de grande soma de dinheiro de corrupção ao novo rei Antíoco IV Epífanes, 2Mc 4,8), a permissão enseja transformar Jerusalém em uma *pólis* com o direito de transformar a cidadania de Antioquia (2Mc 4,9).[599] Com isso Jerusalém sai do status menor de uma etnia

---

[596] Kippenberg, 1978, p. 93: "O sistema do aluguel de impostos diferenciava fundamentalmente o domínio grego do persa".

[597] Ver p. 222.

[598] Comprovações em Jos. Ant. XII 157-222.

[599] Kreissig, 1978, p. 74, ressalta que Jerusalém — isso vale para a tentativa aqui discutida, mas também fracassada — "nunca foi uma pólis no sentido clássico, mas justamente capital de um *ethnos* com relativos direitos de autonomia". Ameling, 2003, alude a uma interessante inscrição, na qual está documentada a outorga dos direitos de *pólis* para Toraion, na Frígia. Em ambos os casos, a constituição, as leis e o ginásio estão no centro do novo status.

oriental para gozar do privilégio de uma *pólis* helenista. Os cidadãos desta *pólis* se tornam iguais, em termos de direito, aos membros da camada dirigente política do reino dos selêucidas.

Com a constituição da *pólis* para Jerusalém os helenistas perseguem o objetivo de destruir limites e obstruções que os separam do seu contexto não judaico. Tabus alimentares dificultam a comunhão de mesa, sem a qual não é possível fechar acordos. A proibição de casamentos mistos impossibilita a cunhadagem, por meio da qual grandes famílias se ligam entre si. E a proibição de fazer comércio em dia de sábado atua diretamente sobre interesses econômicos. Se tudo isso cair, a elite judaica pode sem problemas integrar-se na tessitura da sociedade helenista.[600]

O preço para isso, contudo, era muito alto. Pois, em termos práticos, com a constituição da *pólis* a Torá deixa de ter vigências em suas exigências éticas. Excluindo-se determinações individuais, esse núcleo consiste na ideia de um povo único, no qual todos são irmãos por meio da descendência de uma linhagem patriarcal comum (Abraão, Isaac, Jacó) — desde a escrava e o escravo até o rei (compare Dt 15,12 com 17,15.20). Mesmo que essa ideia nunca tenha sido realidade, renunciar a ela significa despedir-se dela e reconhecer claramente uma sociedade de classes, na qual só poucos podem participar, ficando a massa do povo subordinada. Essa divisão se torna visível no fato de que a pertença à *pólis* não é mais concebida em termos genealógicos, mas estabelecida por meio do ato da inscrição em uma lista de cidadãos (2Mc 4,9), ainda que não seja claro o que norteia o direito de inscrição. A construção de um ginásio com o seu respectivo *ephebeion* em Jerusalém (1Mc 1,14; 2Mc 4,9.12) indica a consciente formação em direção a um elite helenista.

Em consequência destes objetivos acontece verdadeira guerra civil em Jerusalém, na qual também pessoas de fora da cidade se sublevam contra os dirigentes do templo (2Mc 4,39s). Simultaneamente, as diferentes facções da elite lutam entre si (2Mc 5,5-7). Após a proibição da religião judaica e a introdução de ações cultuais não judaicas por meio de Antíoco IV, foi ultrapassado um limite. Desencadeia-se verdadeira rebelião.

---

[600] Sobre os motivos da reforma helenista em Jerusalém, ver a apresentação em Bringmann, 1983, p. 66-74.

c) Dos macabeus para os hasmoneus

A revolta dos macabeus iniciada no ano de 167 tem diversos aspectos religiosos e políticos, que não podem ser tratados aqui. No quadro da história social só poderemos evidenciar algumas poucas linhas de desenvolvimento.

Quem sustentou a revolta foi a população do campo junto com pessoas que de Jerusalém fugiram para o campo (1Mc 2,29-31.43; 2Mc 5,27). A revolta é liderada pelos membros de uma família sacerdotal inferior, que morava em Modin, na região montanhosa ao noroeste de Jerusalém e que é designada segundo o nome de batalha de Judas, o "macabeu" (literalmente: "martelo" — 1Mc 2,1-6). Ela conseguiu dar coesão ideológica ao movimento de revolta e por meio de táticas de guerrilha levar o movimento ao sucesso.

Visto a partir da base social e dos objetivos, o levante macabaico é um movimento conservador, que se dirige contra a modernização da sociedade no quadro das concepções vigentes no helenismo. Aos olhos dos revoltosos, os adversários são aqueles que "decaíram da lei e da santa aliança" (1Mc 1,11.15.52), enquanto eles mesmos se entendem como aqueles que perseveram no "culto dos pais" e "na aliança de nossos pais" (1Mc 2,19s). Idêntica a esta contraposição é aquela segundo a qual os adversários querem "fazer uma aliança com os povos ao redor de nós" e "observar as leis dos povos" (1Mc 1,11.13), enquanto os revoltosos não entendem como sendo ofensa ser considerados como "separados" dos povos (1Mc 1,11).

Contudo, a contraposição de preservação *versus* modernização ou separar-se dos outros povos *versus* fazer aliança com os outros povos é vazia em termos de conteúdo. O que dá força ao movimento é o fato de que o tradicional, aquilo que não é grego, é entendido como aquilo que faz bem às camadas inferiores do povo.[601] Isso se mostra no fato de que o movimento dos macabeus, segundo sua própria concepção, retomou o velho ideal de *mixpat* e *sedaqah*, cujo conteúdo remete para o equilíbrio social, o qual teria sido traído pelos helenistas (1Mc 2,29; ver o hino para o macabeu

---

[601] Kippenberg, 1978, p. 93: "A luta de libertação macabaica foi uma luta contra a exploração econômica. Foi simultaneamente [...] contra a renúncia da tradição religiosa por uma parte da aristocracia rica. Ela tornou-se tão central para os sacerdotes e os camponeses revoltosos em razão de sua simbólica religiosa expressar interesses igualitários".

Simão em 1Mc 14,6-15). Neste sentido a assembleia popular adquire novo sentido.[602] Nos tempos iniciais da rebelião, ela é, ao lado dos líderes e dos combatentes macabeus, o único órgão que pode sancionar decisões (1Mc 4,59; 5,16). Por fim, o caráter de proximidade do movimento de revolta com o povo se mostra também no fato de que o sacerdócio tradicional, suspeito de manter grande proximidade com os helenistas, perde boa parte de seu poder. Os macabeus descendem de uma linhagem de sacerdotes do interior. Para a reinauguração do templo após o acordo (provisório) de paz com os selêucidas no ano de 163 são expressamente escolhidos sacerdotes considerados fiéis à Torá (1Mc 4,42).

Para a pergunta pela base social da revolta dos macabeus é importante que ao lado da população do campo, daqueles que fugiram de Jerusalém para o campo e dos próprios macabeus como líderes, seja mencionado outro grupo, que, visto no todo, desempenha um papel próprio. Trata-se dos assideus (1Mc 2,42). Quando surgiu a revolta no ano de 167, eles prontamente se ligaram aos macabeus, mas, após a primeira fase vitoriosa, que levou à reinauguração do templo, em 162, estão dispostos a reconhecer Alcimo como sumo sacerdote. Este, contudo, realiza um verdadeiro banho de sangue em suas fileiras (1Mc 7,12-18), provavelmente porque ele via neles o apoio decisivo para o movimento dos macabeus (2Mc 14,6). Mais para a frente falaremos com mais detalhes sobre esse grupo, porque aqui se pode perceber o fenômeno de uma diferenciação em termos de organização, que se torna perceptível dentro do Israel entendido como unitário.[603] Aqui, contudo, devemos adiantar que os assideus são um movimento religioso que se outorga uma forma de organização própria. O fato de eles aparecerem como importante fator de política interna em negociações com o sumo sacerdote e com os generais selêucidas (1Mc 7,12s) mostra que eles não eram nem apolíticos nem marginalizados pelos dirigentes.

O movimento da revolta dos macabeus é parte de uma resistência muito mais ampla contra a helenização do Oriente, que se estende desde o Egito, passando por Judá e chegando até a Pérsia.[604] Este movimento de resistência une motivos religiosos, econômicos e políticos; pelo fato de tratar-se sempre da própria identidade religiosa e nacional, chega-se naturalmente à coligação de tendências oposicionistas. Entre os movimentos

---

[602] Ver Albertz, 1992, p. 593.
[603] Ver p. 236s.
[604] Sobre isso, ver Eddy, 1977.

Introdução às épocas da história social de Israel

de resistências orientais o movimento judaico é um dos mais bem-sucedidos, porque logrou mobilizar a população camponesa juntamente com setores descontentes da população urbana de Jerusalém e porque ela tem nos macabeus uma condução política e militar firme, a qual sabe aproveitar as fraquezas dos selêucidas e porque pelo menos na fase inicial tem nos assideus um grupo intelectual que dá uma "legitimação ideológica" e um "discurso religioso" à luta.[605]

Por fim, contudo, apesar do sucesso externo, a revolta dos macabeus fracassa e não por motivos externos, mas a partir de dentro, tendo em vista que os dominadores macabeus se igualaram em boa medida aos helenistas em termos de governo. Uma primeira virada constitui a nomeação de Jônatas para o cargo de sumo sacerdote, no ano 152. Agora os próprios revoltosos detêm o mais alto posto da comunidade judaica. Após a morte de Jônatas, o povo nomeia seu irmão Simão para o cargo de sumo sacerdote. Com este ato, o povo atua em lugar do rei selêucida, o qual ainda havia nomeado Jônatas, emergindo, assim, como a mais alta instância do povo judaico (1Mc 14,25-48).[606] A tentativa de Ptolomeu, genro de Simão, de chegar ao poder por meio do assassinato do sumo sacerdote e de dois de seus filhos (1Mc 16,11-17) mostra como as práticas de manejo de poder determinavam as relações. Com o domínio de João Hircano I (134-104), filho de Simão, e, finalmente, sob o filho daquele, Aristóbulo I (104-103), o movimento anti-helenista se transformou finalmente numa monarquia oriental. De modo consequente, Aristóbulo assume o título de rei (Jos. Ant. XIII 301). Se quisermos utilizar o conceito de "teocracia" para uma época do judaísmo pós-exílico,[607] então ele pode ser aplicado para o domínio dos asmoneus.[608] "Teocracia" neste caso não seria tanto o "domínio sacerdotal" mas mais a identificação das funções de rei e sumo sacerdote.

4. "Israel" em muitas formas

Nos documentos da época helenista se fala muitas vezes do "povo dos judeus" (1Mc 8,23.25.27 etc.)[609] ou simplesmente dos "judeus" (1Mc 8,31; 10,23.29 etc.). Esta forma de se expressar tem suas raízes na época

---

[605] Albertz, 1992, p. 603.
[606] Sobre isso, ver Schenker, 2000.
[607] Sobre a problemática, ver p. 208.
[608] Neste sentido, ver Grabbe, 1994, p. 74.
[609] Sobre isso, ver p. 223.

persa.[610] Esta forma de expressão indica a correta designação jurídico-estatal. Ao lado dela continua a existir a designação de "Israel" para a grandeza religiosa ideal; pois naturalmente o "povo, que é chamado por este nome", se chama Israel (Eclo 36,14), e naturalmente o serviço sacerdotal é realizado para "toda a comunidade de Israel" (Eclo 50,13.20). As medidas de política religiosa de Antíoco não se dirigem contra a unidade estatal do "povo dos judeus", mas contra a grandeza religiosa "Israel" (1Mc 1,20.25.30 etc.).

O problema da identidade da grandeza "Israel", indicado nesta questão, assume agora uma nova dimensão. Para a problemática da relação entre norte e sul, Israel e Judá, Samaria e Jerusalém, existente desde os tempos da monarquia, e para a problemática das tensões entre o Israel da terra e aquele da diáspora despontam agora ainda diferenciações internas em consequência das quais se constituem grupos que disputam o direito de usar a designação "Israel". Como este desenvolvimento só parcialmente interessa sob o ponto de vista histórico-social e só parcialmente tem a ver com os escritos veterotestamentários, podemos aqui nos restringir a algumas breves indicações.

a) O desenvolvimento peculiar da Samaria

As tensões entre a Samaria e Jerusalém, que caracterizam a época persa, continuam a existir na época helenista.[611] Provavelmente bem no início desta tensão se dá a construção de um templo no monte Garizim.[612] Há boas razões para supor que o sacerdócio deste templo provém de Jerusalém, havendo saído do templo desta cidade por conta de discussões internas.[613] Com isso fica claro que também o culto no monte Garizim é dirigido ao Deus de Israel. É totalmente questionável se se pode aplicar o conceito de "cisma"[614] para este evento. Pois ele pressupõe uma grande organização "ortodoxa", da qual os "hereges" podiam se separar, o que é algo não coberto pela história social da época helenista. Deve-se observar que ao lado do templo em Jerusalém e no monte Garizim havia outros templos dedicados a YHWH, a saber: o templo de Elefantina, do sécu-

---

[610] Sobre isso, ver p. 208s.
[611] Sobre a questão dos samaritanos, ver Pummer, 1987; Talmon, 1988; Zsengellér, 1998.
[612] Jos. Ant. XI 302-347; sobre isso, ver Zsengellér, 1998, p. 151-155.
[613] Ver Zsengellér, 1998, p. 155s.
[614] Assim por exemplo Donner, [3]2001, p. 469.

Introdução às épocas da história social de Israel

lo V; o templo construído pelo oníada Hircano em torno do ano 200 na Transjordânia,[615] e o templo construído por Onias IV, na metade do século II, na cidade egípcia de Leontópolis.[616] Todos eles são entendidos como santuários do Deus de Israel.

O fato de as tensões entre norte e sul, originadas no tempo da monarquia, continuarem a persistir e a aumentar é somente uma faceta deste desenvolvimento. Sintomática é também a rejeição da "geração tola que habita em Siquém" por meio de Jesus ben Sirac (Eclo 50,25s).[617] Nas revoltas dos macabeus se dá a conquista de partes da Samaria, que são colocadas sob o governo de Jerusalém (1Mc 10,38; 11,34). A partir disso as polêmicas mútuas só tendem a aumentar, como se pode depreender especialmente a partir de Josefo (*Antiguidades*, IX, 288-291). O outro lado da questão é que os moradores da região da Samaria se entendem a si mesmos como israelitas.[618] Eles cumprem a Torá,[619] sendo que os cinco livros de Moisés são para eles toda a Sagrada Escritura. Segundo a sua própria compreensão, eles não são de modo algum uma divisão a partir de Judá, mas sim herança legítima de Israel, do qual Judá teria se separado em época pré-estatal.[620] E também para a polêmica a partir de Judá, que quer colocar os samaritanos em perspectiva pagã, a questão não está resolvida. Significativa é uma formulação em 1Mc 3,10, segundo a qual as forças dos seléucidas abarca "povos" e gente "da Samaria" para lutar contra "Israel". Isso é uma formulação totalmente na perspectiva de Judá. Mas as gentes da Samaria não são simplesmente idênticas aos povos, mas são mencionadas ao lado deles. E, segundo 2Mc 6,2, a profanação do templo de YHWH por Antíoco Epífanes tange não somente Jerusalém mas também o templo no Garizim, com o que é indiretamente confirmado que, segundo esta fonte, o templo no Garizim é dedicado ao Deus de Israel.

Se não tomarmos irrefletidamente partido pelo caminho historicamente desigual em termos de efeitos, como é comum nas apresentações judaicas e cristãs da história de Israel, então temos que observar que, no período helenista, "Israel" se corporifica tanto na comunidade judaica em torno do

---

[615] Ver Jos. Ant. XII 228-236 e sobre isso ver Hengel, ³1988, p. 496-503.

[616] Ver Jos. Ant. XII 387s; XIII 62-73; XX 236.

[617] Para a compreensão das diferenças entre a versão hebraica e a grega da passagem, ver Zsengellér, 1998, p. 159-161.

[618] Pummer, 1987, p. 2: "Os samaritanos são uma parte dos israelitas".

[619] De forma resumida, ver Zsengellér, 1998, p. 167s.

[620] É mérito do trabalho de Zsengellér, 1998, haver destacado a autocompreensão dos samaritanos.

templo de Jerusalém quanto nos samaritanos, cujo templo está no monte Garizim. Contudo, e nisso a perspectiva judaica tradicional está certa, já naquela época o peso de Jerusalém é incomparavelmente maior. Isso é evidenciado pelas seguintes diferenciações, para as quais a posição central de Jerusalém está fora de questão.

b) A diáspora helenista

O que teve início com os exílios dos séculos VIII até VI transforma-se no período persa e finalmente de modo mais claro no período helenista em uma diáspora judaica, que atinge grandes partes do mundo antigo. Em contraposição ao exílio coletivo forçado, diáspora significa uma dispersão que originariamente teve causas externas violentas, mas que na sua continuação tem razões econômicas, políticas e pessoais. Neste sentido, falar em diáspora pressupõe a consciência constitutiva da identidade judaica, da qual Jerusalém e a terra de Judá fazem parte como centro, na qual os dispersos justamente *não* vivem. Sem esta consciência deveríamos falar de assimilação e até de perda de identidade.[621]

Se os exílios na época babilônica conduziam a determinados lugares na região da Babilônia, no reino dos selêucidas a diáspora se expande em diversos centros. A narração de Tobias ilustra — no ambiente fictício do final do século VIII — como famílias judaicas vivem dispersas em cidades do reino oriental, na medida em que faz atuar os protagonistas na Nínive assíria em Rages e Ecbátana na Média.[622] Em outro lugar, e não em passagem fictícia, está documentada a presença de uma comunidade judaica em um centro helenista recém-criado, isto é, na metrópole selêucida de Antioquia (2Mc 4,36).

A diáspora judaica, cuja existência pode ser demonstrada desde o período tardio da monarquia, tendo surgido por diversos caminhos,[623] aumenta consideravelmente no período helenista. Especialmente a comunidade judaica na nova capital Alexandria tem uma importância toda especial

---

[621] No que segue não será possível discutir os muitos detalhes sobre as diferentes condições culturais da diáspora no âmbito de domínio selêucida e ptolomaico para as quais indica Bickerman, 1988, p. 81.

[622] A menção de Nínive, que foi destruída em 612, e Ecbátana, que somente foi criada no século VII a.C., como lugares de ação contemporâneos indica já o caráter ficcional da narração.

[623] Sobre os inícios da diáspora egípcia, ver p. 165s. Sobre as diversas formas de imigração de judeus para o Egito — fuga, comércio, deportações de guerra, escravidão, serviço mercenário —, ver Tcherikover/Fuks, 1957, p. 1-3.

Introdução às épocas da história social de Israel

para o judaísmo em termos tanto econômicos quanto políticos, culturais e religiosos. As ligações estreitas em termos políticos e econômicos com Alexandria, que durante o século III foi a imediata capital e centro administrativo para Jerusalém e Judá, já foram ilustradas com base no papel dos tobíadas, que estavam profundamente envolvidos nas questões políticas e financeiras em Alexandria.[624] No entanto, teríamos um quadro distorcido da realidade se, com base nos tobíadas e em algumas outras famílias ricas, tirássemos conclusões genéricas sobre a situação social dos judeus no Egito ptolomaico. O rico material epigráficos dos papiros mostra um quadro bem diferente: "A maioria do povo judeu no Egito não era rica e não tinha conexão com comércio ou empréstimo de dinheiro".[625] "Judeus serviam e trabalhavam em todos os lugares, em todos os âmbitos da vida econômica no país, como soldados e policiais, como meeiros e oficiais do estado, como cultivadores do solo, artistas e mercadores."[626]

Com a transição do domínio sobre Jerusalém para os selêucidas, de modo algum terminou a importância da diáspora judaica. Está documentado de várias maneiras como também no século II a Alexandria é um importante centro da vida judaica para o desenvolvimento da grandeza que se entende de forma ideal como Israel. Podemos mencionar aqui a tradução do escrito sapiencial de Jesus ben Sirac para a língua grega, dois escritos aos "judeus no Egito", que estão situados no início do Segundo Livro dos Macabeus (2Mc 1,1-10 e 1,11–2,18), a chamada Carta de Aristeas, que narra de forma lendária o surgimento da tradução grega da sagrada escritura[627] e naturalmente a tradução de toda a Bíblia, a Septuaginta. Já na tradução da Septuaginta, mas também em autores posteriores como Fílon de Alexandria ou Flávio Josefo, se torna patente a entrada do pensamento grego em Israel.

Por mais que a diáspora judaica esteja espalhada no período helenista, continua clara para ela a sua identidade como comunidade *judaica*. Por um lado ela é possibilitada por seu centro espiritual, a Torá de Moisés. Símbolos centrais são — já desde a época dos exílios[628] — a circuncisão, o sábado e os tabus alimentares. As discussões por vezes acaloradas em tor-

---

[624] Ver p. 222s.
[625] Tcherikover/Fuks, 1957, p. 11.
[626] Id., p. 19.
[627] JSHRZ II, p. 35-83.
[628] Ver p. 162-163.

no destes símbolos — com relação à circuncisão veja-se por exemplo 1Mc 1,15.60s; sobre o sábado, 1Mc 2,31-41; sobre as leis alimentares, 1Mc 1,62s — mostram muito bem o significado em termos de outorgação de identidade. Impressionante é um simples papiro comercial do século III da cidade egípcia de Fayum. Uma lista numerada aponta remessas de telhas para a construção do governador (*dioiketes*) de Apolônio, portanto o mais alto cargo funcional do império. Diariamente se anota a quantidade de mil telhas. Porém, no "sétimo" encontra-se a anotação: "sábado".[629]

O segundo centro outorgante de identidade para a diáspora chama-se Jerusalém.[630] Se observarmos a situação na terra, então a Samaria tem uma posição equiparada a Judá e Jerusalém tanto no período persa quanto no helenista. Também é a diáspora que faz o lugar especial de Jerusalém tornar-se um absoluto monopólio, ao lado do qual a Samaria murcha como uma aparição local.

c) A multiplicidade do Israel uno

Ao lado dos caminhos desviantes de Jerusalém e da Samaria e ao lado da relação cheia de tensões entre o centro espiritual e religioso de Jerusalém e da diáspora, na época helenista, torna-se visível outro processo de diferenciação, cujos inícios remontam à época persa. Usualmente se tentou expressá-lo com expressões-chave como "criação de partido" ou "formação de seita".[631] Ambos os termos são problemáticos; o primeiro porque enseja pensar na criação de grupos políticos; o segundo porque pressupõe uma ortodoxia inexistente na época.

Ainda assim estes termos intentam captar fenômenos reais, que necessitam de explicação. Comecemos pelo campo das *diferenciações sociais*. Esta já inicia na época da monarquia e se acentua a partir da época persa. O que chama a atenção em textos tardios, especialmente em alguns salmos e na profecia, é a contraposição de grandezas, que aparecem como grupos constituídos. Em Is 29,19-21 são os miseráveis e os pobres, de um lado, e os tiranos, escarnecedores, violentos e profanadores do direito, do outro. Sf 3,11s contrapõe o povo pobre e humilde aos escarnecedores orgulhosos;

---

[629] Tcherikover/Fuks, 1957, n. 10, p. 136s.
[630] Tcherikover/Fuks, 1957, p. 45, sobre o Egito: "O templo de Jerusalém [...] sempre foi muito estimado pelos judeus do Egito"; W. D. Davies/L. Finkelstein, 1989, p. 154: "Em muitos sentidos Jerusalém era o foco da vida judaica".
[631] Ver Talmon, 1986d = 1988.

Introdução às épocas da história social de Israel

no Sl 12 miseráveis e pobres bem como violentos assumem os dois pólos da oposição. Em outros textos aparecem os pobres como os "miseráveis da terra" (*'anwê ha'arets*) (Is 11,4; Am 8,4; Sf 2,3; Jó 24,4), uma expressão que permite pensar em um grupo socialmente determinado. Também a lamentação de que o "justo" já não existe mais (Sl 12,2) ou que os "homens da piedade" são ceifados (Is 57,1) permite pensar em determinada grandeza social. As últimas expressões conduzem por fim à observação de que no contexto das afirmações sobre os pobres também se encontram formulações que qualificam positivamente estes pobres em termos religiosos, por exemplo como aqueles que "temem e buscam a YHWH" (Sl 34,10s).

Na literatura mais antiga se trabalhava com a ideia de um "partido" dos pobres.[632] Mais recentemente se fala de modo mais ponderado de "piedade dos pobres", a qual mesmo assim pode ser situada socialmente em "círculos das camadas inferiores".[633] Também isso foi contestado.[634] Sobre essa base está a indicação de que as designações para pobres também podem ser utilizadas por ou para pessoas que não são materialmente pobres, no sentido de uma autoqualificação religiosa. Por outro lado seria uma argumentação muito generalizante querer, inversamente, agora espiritualizar todas as contraposições entre pobres e violentos ou tirar todo teor material das designações de grupos de pobres e piedosos. Devemos assegurar que o fortalecimento das contradições sociais desde a época persa leva ao surgimento da consciência entre as camadas pobres no sentido de considerar positiva a autodesignação de "pobre". Se isso estiver ligado à autocompreensão religiosa de uma especial proximidade com Deus, então carrega dentro de si o germe da separação social e religiosamente motivada.

Se do lado dos "pobres" também aparece a palavra-chave "piedoso", que no hebraico é formada a partir da raiz *hsd* (Is 57,1; Sl 12,2; cf. além disso 1Sm 2,9; Mq 7,2; Sl 31,24 etc.), isso conduz diretamente para o "grupo dos assideus" (*synagogé hasidáion*, do hebraico *hasidim*), que já encontramos no contexto das revoltas dos macabeus.[635] O pouco que se pode dizer sobre este grupo identifica-o primeiramente como grupo religioso. O nome *hasidim*, portanto "piedoso"ou "fiel", é uma designação

---

[632] Ver o panorama de pesquisa em Lohfink, 1986.
[633] Assim em Albertz, 1992, p. 569-576, o tópico sobre "A 'Piedade da pobreza' nos círculos inferiores".
[634] Ver Ro, 2002.
[635] Ver p. 231. Sobre os assideus, ver Hengel, ³1988, p. 310-330; Albertz, 1992, p. 598-600; Haag, 2003, p. 80-87.

religiosa. Sua caracterização como fiel à Torá (1Mc 2,42) indica para a mesma direção. Além disso, pode-se deduzir destas menções que os assideus constituem um grupo social estabelecido, uma *synagogé*. Segundo 1Mc 7,12s, é provável que os assideus eram ou idênticos aos "grupos dos estudiosos [da escritura]" (*synagogé grammatéon*) ou eram membros deste grupo. Não é possível ter maior certeza sobre a posição social dos assideus. Sua atuação política em altas instâncias mostra em todo caso que não se trata de pessoas dos "círculos inferiores", mesmo que a designação "piedoso" terminologicamente remeta para a proximidade da piedade dos pobres. É questionável se inversamente é possível identificar os assideus com o "cerne da *elite* piedosa".[636] Se já trabalhamos com categorias da sociologia moderna, então é preferível pensar no papel de "intelectuais orgânicos"; estes não devem ser descritos primeiramente a partir de sua pertença a uma camada social, mas a partir de sua função social, que consiste em oferecer a um "grupo social" "homogeneidade e consciência de sua própria função".[637]

Decisivo para nossa pergunta pela diferenciação dentro do mesmo Israel é o fato de que com o "grupo dos assideus" no século II pela primeira vez conseguimos captar *um grupo firmemente constituído*, que é caracterizado primariamente por meio de sua *postura religiosa*. Ela tem uma forma de organização própria, tem um grupo social de suporte, se engaja programaticamente em favor de determinado interesse religioso e age religiosa e politicamente de forma independente. Simultaneamente afirma-se nas três menções que os seus membros são "de Israel" (1Mc 2,42), estão "entre os filhos de Israel" (1Mc 7,12) ou são "dos judeus" (2Mc 14,6). Aquela uma grandeza Israel se concretiza em um grupo que se diferencia de outros e que mesmo assim forma com estes a grandeza ideal chamada Israel.

Muito discutida é a pergunta em que medida os assideus são idênticos aos "sábios" de Dn 11–12, dos quais se diz que "teriam conduzido muitos para o discernimento e para a justiça" (Dn 11,33.35; 12,3.10).[638] Assim como os assideus dos livros dos Macabeus, eles estão em oposição à tendência helenística de seu tempo ("os transgressores da aliança" de Dn

---

[636] Albertz, 1992, p. 603 (destaque R.K.).
[637] Assim segundo Gramsci, 1992, p. 513; sobre o papel da intelectual orgânico como um todo, ver p. 513-524.
[638] Sobre a discussão, ver de forma resumida em Haag, 2003, p. 83-87.

11,32) e simpatizam com a revolta dos macabeus, na qual, contudo, constituem somente uma pequena ajuda (Dn 11,34). Se partirmos do pressuposto de que Dn 11–12 foi redigido no tempo da revolta dos macabeus, enquanto os livros dos Macabeus já olham para o passado com certo distanciamento, então podemos considerar os assideus como "descendentes"[639] daqueles "entendidos", que são os portadores da tradição de Daniel.

O que se torna visível na situação de Dn 11–12 e depois de forma retrospectiva na apresentação dos livros dos Macabeus influenciará a época posterior do judaísmo, a saber, a formação de *tendências* firmemente formadas, que se *independentizam em termos de organização*, sem com isso renunciar à sua pretensão de ser "Israel". Numa história social de Israel que se limite ao período dos escritos bíblicos, é suficiente fazer uma apresentação sumária. Perceptível é a autonomia de tais grupos no caso dos essênios, dos fariseus e dos saduceus. No caso dos essênios e dos fariseus provavelmente se trata de uma diferenciação daquela corrente dos assideus no século II,[640] enquanto os saduceus são os descendentes dos grupos sacerdotais que no período evidenciam grande proximidade com o helenismo.

Ao lado de tais grupos perceptíveis como grandezas sociais encontram-se na época helenista e depois na época romana muitas tendências religiosas que provavelmente só em parte são idênticas a determinados grupos. São grupos de piedade orientada na Torá, como transparece no Sl 119; há grupos filosóficos, como transparece no Livro de Coélet (Eclesiastes); há grupos apocalípticos, que no cânon veterotestamentários lograram acento com o Livro de Daniel. Dificilmente se podem traçar linhas divisórias claras entre estes grupos.

Com estes últimos grupos e tendências já extrapolamos o período de tempo que é coberto pelos escritos do Antigo Testamento, em especial pela Bíblia Hebraica. Há muitas comprovações para evidenciar que as raízes de tais diferenciações estão lançadas no tempo do Antigo Testamento. Já indicamos para designações de grupos no contexto da piedade dos pobres. Uma passagem de Is 66,5 mostra que havia divisões no âmbito do templo, que conduziam a verdadeiras cisões. Nesta passagem se fala de "irmãos, que vos odeiam e nos afastam". Faz parte da história anterior da

---

[639] Assim Haag, 2003, p. 86.
[640] Sobre isso, ver Stegemann, 1989-1990.

divisão entre essênios, fariseus e saduceus certamente a tensa história de sacerdotes e levitas desde o início do segundo templo.[641]

Em todas essas diferenciações, inimizades e mútuas condenações não podemos esquecer de que, na autocompreensão de todos estes grupos e tendências, sempre se trata de Israel. Neste sentido, a diferenciação interna não pode ser distinguida dos desenvolvimentos geograficamente localizados na Samaria, por um lado, e na diáspora, por outro. Também isso são desenvolvimentos no interior da grandeza ideal chamada Israel. Mais tarde o cristianismo das origens surgirá como tendência dentro de Israel, mesmo que logo depois se apresente como o "verdadeiro Israel" e queira se colocar em seu lugar.

Mas isso é uma história que começa para além dos limites dos escritos do Antigo Testamento.

---

[641] Sobre isso, ver Schaper, 2000; sobre as tendências para o período posterior aos livros do Antigo Testamento, ver especialmente p. 306s.

CONCLUSÃO

Com base na escolha própria da limitação da referência aos escritos do Antigo Testamento, chegamos ao final de nossa exposição da história social do antigo Israel com helenismo. Ao final resta fazer uma retrospectiva e uma perspectiva.

A retrospectiva persegue uma dupla questão. A primeira é a pergunta se na história social de Israel se podem identificar fios vermelhos, que transcendem as épocas. A segunda pergunta levanta mais uma vez a pergunta pela identidade da grandeza Israel, que já foi abordada no início. Vamos à primeira questão!

I. Questões que perpassam as épocas da história social de Israel

De fato, o tratamento da história social de Israel mostra traços que perpassam as épocas. A primeira observação vive da comparação com a apresentação bíblica. Esta é marcada por uma dupla tendência: ela separa nitidamente as épocas e personaliza as transições. Isso já vale para o tempo, que não se pode verificar historicamente. Com a saída de Abraão, supostamente começa o período dos patriarcas. A formação do povo no Egito constitui nova ruptura profunda. A transição da época do deserto para a tomada da terra se dá com a transição da pessoa de Moisés para a de Josué. A monarquia é estabelecida por Samuel em pouco tempo. No final da monarquia, o rei Josias desencadeia uma reforma profunda. Esdras promulga, por fim, em um ato festivo, a Torá, que passa a vigorar a partir daí.

Para a perspectiva histórica moderna, as transições das épocas em geral são fluidas e pessoas somente desempenham papel secundário. A formação do povo é um processo complicado, que se estende por mais de dois séculos. A conquista da terra constitui somente *uma* faceta deste processo. A monarquia começa em uma determina época e se estende por mais de dois séculos até um estado moderno. Neste inicia um processo de diferenciação de classe, que nunca chega ao fim. Deportações já começam no século VIII, e a existência de diáspora de modo algum termina com Ciro. Também o início da vigência da Torá pode ter tido um ponto fixo com Esdras, mas no seu todo é um evento que exige longa duração. E em todas as transições pode se observar que em geral não há somente *uma* causa para a transição; *transições de épocas costumam ser multicausais.*

Contudo, seria errado, com base nestas observações, querer negar a possibilidade de divisão de épocas conforme as figuras sociais. Na verdade, podem-se — nas apresentações dos materiais históricos — distinguir nitidamente as épocas pressupostas do surgimento de Israel, da existência estatal, do surgimento de uma sociedade de classes, do exílio, da sociedade provincial da época persa e do *ethnos* helenista. O que, por seu lado, torna estas distinções fluidas leva imediatamente à segunda observação.

É típico para a história social de Israel o fato de formas sociais uma vez surgidas terem a tendência de serem preservadas e simultaneamente mudarem sua forma concreta. Se designo a primeira época da história social de Israel como sociedade baseada no parentesco, então isso não significa que nas formações seguintes as relações de parentesco não tenham mais formado a base das relações sociais. Ela somente modifica a sua forma e é sobreposta e modificada por outras instituições e desenvolvimentos sociais — o estado, o surgimento de contradições sociais, a existência na diáspora e sob domínio estrangeiro. A própria monarquia, porém, fica restrita a uma determinada época. Mas algumas formas da monarquia participativa desenvolvida em Judá continuam a existir sob forma modificada nos períodos persa e helenista. O conflito entre o norte israelita e o sul judaíta continua a existir até a época helenista. O desenvolvimento rumo a uma sociedade de classes existe de forma ininterrupta desde o século VIII. As deportações forçadas desde o século VIII fazem a transição para a existência de Israel enquanto diáspora, a qual existe até os dias de hoje. E a Torá, que surgiu a partir de um longo processo, depois que é aceita de forma geral, torna-se elo de ligação deste Israel, que se entende de forma não somente genealógica mas também religiosa.

Este momento de continuidade na transição é uma das condições para a existência de uma identidade de Israel ao longo das épocas. Mas nem todos os elementos são igualmente importantes para a consciência da identidade.

II. A identidade de Israel

Aqui quero lembrar mais uma vez a citação de Philip Davies: "Os modernos 'britânicos' não são os bretões do período romano e a maioria destes não descende daqueles".[1] Aí se utilizam descontinuidades para discutir de forma geral uma identidade da grandeza Israel. Agora, uma mirada para o estado da questão para além da historiografia mostra que entre identidade e continuidade não existe a contradição externa postulada por Davies. O corpo humano permanece idêntico ainda que dentro de certo tempo todas as suas células tenham se renovado. Uma pessoa permanece a mesma, ainda que seu caráter, sua forma de vida, sua aparência e seus hábitos de indumentária se modifiquem. E também entre os britânicos, se não da época romana, mas certamente da época vitoriana e de hoje existe uma continuidade, mesmo que não sejam as mesmas pessoas. O fato da mudança em si não constitui argumento contra a identidade.

Os exemplos mostram que a existência viva e histórica sempre tem dois lados: identidade e mudança. Se olharmos de forma panorâmica a história social de Israel no período abordado, então *podem se constatar pelo menos três características identificadoras fundamentais: a construção genealógica de uma pertença, que se expressa no nome Israel; a adoração do Deus YHWH, do qual se crê que ele tenha se ligado a partir de si a este povo; e, finalmente, a propriedade da terra, cujo significado justamente se torna evidente quando não é mais óbvio que todos nela morem.* Nenhuma destas características permanece inalterada no decorrer dos séculos e sua força outorgadora de identidade deve ter sido diferente nos distintos períodos. Mas não há nenhuma época em que alguma destas características tenha estado ausente.

Digno de nota e de modo algum óbvio é o fato de que a constituição enquanto estado não faz parte das características que perpassam a história de Israel. Mesmo que o desejo por existência estatal própria exista desde a época da monarquia e ao final da época helenística até chega a se concretizar, Israel não perde a sua identidade sob as condições do exílio e da vidência no estrangeiro.

Identidade em transição sempre tem também outra faceta, que se desdobra de modo crescente na história social de Israel. Pois as mesmas

---

[1] Ph. R. Davies, 1995, p. 59, citado na p. 58, nota 36.

características que perfazem a identidade de uma grandeza social podem também provocar separação e fazer surgir tendências separatistas. Na coexistência de Israel e Judá desde a época da monarquia, nas divisões sociais, que podem ser percebidas desde o século VIII, nos conflitos e nas tendências ideológicas e nos grupamentos das épocas persa e helenista sempre se trata da questão de saber quem afinal faz parte da grandeza Israel. Justamente na discussão acerca da identidade pode haver disputas sobre a pertença, fazendo surgir facções. Também isso marca a história social de Israel.

III. Perspectiva: sobre a relevância teológica da história social

No início deste estudo procurei definir a história social como disciplina que faz parte da historiografia. Como tal ela faz parte da teologia, porque esta, desde a perspectiva judaica e cristã, fala de um Deus que se manifesta no agir histórico.[2] Com base nessa plataforma comum, considero fora de questão que a história social seja um pressuposto necessário para uma teologia bíblica, assim como a filologia é imprescindível para a compreensão dos textos.

Porém, assim como a filologia como tal ainda não é uma disciplina teológica, assim também a história social não o é. Ela se torna teológica na medida em que participa do processo hermenêutico da compreensão de textos bíblicos. E aqui quero expressar meu convencimento de que textos bíblicos não podem ser compreendidos de forma teológica adequada se não se conhece o seu contexto social, mas especificamente o mundo social daqueles que os produziram e que por primeiro os recepcionara. Isso naturalmente vale para textos com perfil diferenciado e naturalmente não é a única forma de compreensão. Mas ela é imprescindível.

Para isso, contudo, não é suficiente o esboço de uma reconstrução das épocas sociais como foi proposto aqui. No meu modo de entender, é necessário fazer duas complementações essenciais. A primeira seria uma *história das instituições*. Introdutoriamente, destaquei que uma apresentação da história social conforme as épocas, conforme apresentei, não está em contraposição com uma história das instituições. Também apontei para o

---

[2] Ver p. 5.

Conclusão 245

fato de que existe tal apresentação até os dias de hoje. Só consigo conceber uma história das instituições realmente bem fundamentada como futura grande obra interdisciplinar. Ela deveria analisar todas as instituições sociologicamente relevantes no âmbito social, econômico, político, estatal e religioso, apresentando a sua sistemática interna, assim como a sua respectiva história.

A segunda complementação, que daria uma relevância imediatamente teológica para uma história social orientada conforme as épocas, poderia consistir na análise de verbetes a partir de seu pano de fundo social, passando pela significação simbólica até chegar ao seu uso teológico. O estudo de uma palavra-chave como "casa" partiria, pois, das formas materiais de casa, como são descobertas pela arqueologia, passando pelo uso simbólico para família, dinastia ou estado, indo até a expressão "casa de meu pai", na qual existem muitas moradas (Jo 14,2). A extensão do conteúdo relativo a verbetes como "escravo, servo, servidor" ou "rei" pode se conceber facilmente, mas também verbetes mais curtos são bem-vindos. Neste dicionário trabalham atualmente inúmeras pesquisadoras e pesquisadores, e, de forma diferente da história social aqui apresentada, deverá abarcar tanto o Antigo quanto o Novo Testamento.[3]

Entendo a tarefa da história social aqui apresentada como concluída quando ela for compreendida como moldura ou pano de fundo. Ela é uma moldura, na qual as demais "histórias de Israel" podem ser inscritas, especialmente a história dos eventos, da história da literatura e da história da religião. E ela pode ser também pano de fundo para uma apresentação das instituições de Israel e para o contexto histórico social dos grandes e pequenos verbetes dos escritos bíblicos, que sem a sua fundamentação social correm o perigo de se tornar ideologia, em vez de permitir sua força libertadora.

---

[3] O dicionário planejado terá o nome de *Sozialgeschichtliches Wörterbuch zur Bibel* [Dicionário histórico-social da Bíblia] e será editado por Frank Crüsemann, Kristian Hungar, Claudia Janssen, Rainer Kessler e Luise Schottroff.

BIBLIOGRAFIA

Coleção de

AHI
Davies, G. I., *Ancient Hebrew Inscriptions*. Corpus and Concordance, Cambridge et al. (1991).

Beyerlin
Beyerlin, Walter (ed.), *Religionsgeschichtliches Textbuch zum Alten Testament*, GAT 1, Göttingen (²1985).

Context
Hallo, William W. (ed.), *The Context of Scripture*. v. I. Canonical Compositions from the Biblical World; v. II. Monumental Inscriptions from the Biblical World, Leiden et al. (1997 e 2000).

HAE
Renz, Johannes; Röllig, Wolfgang, *Handbuch der Althebräischen Epigraphik*. Die Althebräischen Inschriften, 3 v., Darmstadt (1995.2003).

Jaroš
Jaroš, Karl, *Hundert Inschriften aus Kanaan und Israel*. Für den Hebräischunterricht bearbeitet, Freiburg (Schweiz) (1982).

JSHRZ
Kümmel, Werner Georg; Lichtenberger, Hermann (ed.), *Jüdische Schriften aus hellenistisch-römischer Zeit*, Vários volumes, Gütersloh (1973-2003).

KAI
Donner, H.; Röllig, W., *Kanaanäische und aramäische Inschriften*, Wiesbaden, v. I (⁵2002), v. II e III (1964).

Lemaire
Lemaire, André, *Inscriptions hébraïques I. Les ostraca*, Paris (1977).

Smelik
Smelik, Klaas A. D., *Historische Dokumente aus dem alten Israel*, Göttingen (1987).

TAD
Porten, Bezalel; Yardeni, Ada (ed.), *Textbook of Aramaic Documents from Ancient Egypt*. v. 1. Letters; v. 2. Contracts, Jerusalem (1986.1989).

Textbook
Gibbson, John C. L., *Textbook of Syrian Semitic Inscriptions*. v. I. Hebrew and Moabite Inscriptions, Oxford (1971).

TGl	Galling, Kurt (ed.), *Textbuch zur Geschichte Israels*, Tübingen (³1979).
TUAT	Kaiser, Otto (ed.), *Texte aus der Umwelt des Alten Testaments*, vários volumes, Gütersloh (1982-2001).
WSS	Avigad, Nahman; Sass, Benjamin, *Corpus of West Semitic Stamp Seals*, Jerusalem (1997).

Textos da

Aug. civ.	*Sancti Aurelii Augustini De civitate dei libri I-X*, CChr.SL 47, Turnholt (1955) = Aurelius Augustinus, Vom Gottesstaat (De civitate Dei), livros 1-10, traduzido por W. Thimme, München (1977).
Diod. Sic.	*Diodorus of Sicily*, traduzido para o inglês por R. R. Walton, The Loeb Classical Library, 12 v., London/Cambridge/ Massachusetts (1957-1967).
Her. Hist.	*Herodoti Historiae*, editado por Carolus Hude, 2 v., Scriptorum Classicorum Bibliotheca Oxoniensis, Oxford (³1927; ND 1963 e 1966) = Herodot, Historien, traduzido por A. Hornetter, Kröners Taschenausgabe 224, Stuttgart (³1963) = Herodot, Geschichten und Geschichte, traduzido por W. Mars, 2 v., Die Bibliothek der Alten Welt, Zürich/München (1973).
Jos. Ant.	*Antiquitatum Iudaicarum* Libri I-XX, Flavii Iosephi Opera, editado por Benedictus Niese, v. I-IV, Berlin (1888-1892).
Jos. Bell. Jud.	*De Bello Iudaico* Libri VII, Flavii Iosephi Opera, editado por Benedictus Niese, v. VI, Berlin (1905).
Jos. c.Ap.	*De Iudaeorum Vetustate sive contra Apionem*, Flavii Iosephi Opera, editado por Benedictus Niese, v. V, Berlin (1889).
Estrabão	*The Geography of Strabo*, traduzido para o inglês por H. L. Jones, The Loeb Classical Library, 8 v., Cambridge/Massachusetts/London (1959-1961).
Xen. Kyr.	*Xenophon Cyrupaedia*, traduzido para o inglês por W. Miller, The Loeb Classical Library, 2 v., Cambridge/Massachusetts/London (1961).

Trabalhos monográficos

Ackroyd, Peter R. (1968), *Exile and Restoration*. A Study of Hebrew Thought of the Sixth Century BC, London.

Ackroyd, Peter R. (1970), *Israel under Babylon and Persia*, Oxford.

Ackroyd, Peter R. (1979), The History of Israel in the Exilic and Post-Exilic Periods, in: Anderson, G. W. (ed.), *Tradition and Interpretation*. Essays by Members of the Society for Old Testament Study, Oxford, p. 320-350.

Aharoni, Yohanan (1984), *Das Land der Bibel*. Eine historische Geographie, traduzido por A. Loew, Neukirchen-Vluyn.

Ahlström, Gösta W. (1993), Pharao Shoshenq's Campaign to Palestine, in: Lemaire, A.; Otzen, B. (ed.), *History and Traditions in Early Israel*, FS E. Nielsen, SVT 50, Leiden et al., p. 1-16.

Ahn, Gregor (2001), Art. Israel und Persien, in: *RGG*[4] IV, p. 309-311.

Albertz, Rainer (1992), *Religionsgeschichte Israels in alttestamentlicher Zeit* (GAT 8), 2 v., Göttingen.

Albertz, Rainer (2001), *Die Exilszeit*. 6. Jahrhundert v. Chr. (CE 7), Stuttgart et al.

Albertz, Rainer (2004), Ethnische und kultische Konzepte in der Politik Nehemias, in: Hossfeld, F.-L.; Schwienhorst-Schönberger, L. (ed.), *Das Manna fällt auch heute noch*. Beiträge zur Geschichte und Theologie des Alten, Ersten Testaments, FS E. Zenger (HBS 44), Freiburg et al., p. 13-32.

Albertz, Rainer (2005), Why a Reform like Josiah's Must Have Happened, in: Grabbe, L. L. (ed.), *Good Kings and Bad Kings* (JSOT.S 393), Sheffield, p. 27-46.

Albright, W. F. (1939), The Israelite Conquest of Canaan in the Light of Archaeology, *BASOR* 74, p. 11-23.

Alt, Albrecht ([4]1968/[3]1964/[2]1968), *Kleine Schriften zur Geschichte des Volkes Israel*, 3 v., München.

Alt, Albrecht ([3]1964a), Israels Gaue unter Salomo [1913], in: *Kleine Schriften zur Geschichte des Volkes Israel*, v. 2, München, p. 76-89.

Alt, Albrecht ([3]1964b), Das Königtum in den Reichen Israel und Juda [1951], in: *Kleine Schriften zur Geschichte des Volkes Israel*, v. 2, München, p. 116-134.

ALT, Albrecht ([3]1964c), Judas Gaue unter Josia [1925], in: *Kleine Schriften zur Geschichte des Volkes Israel*, v. 2, München, p. 276-288.

ALT, Albrecht ([3]1964d), Bemerkungen zu einigen judäischen Ortslisten des Alten Testaments [1951], in: *Kleine Schriften zur Geschichte des Volkes Israel*, v. 2, München, p. 289-305.

ALT, Albrecht ([3]1964e), Die Rolle Samarias bei der Entstehung des Judentums [1934], in: *Kleine Schriften zur Geschichte des Volkes Israels*, v. 2, München, p. 316-337.

ALT, Albrecht ([4]1968a), Die Landnahme der Israeliten in Palästina [1925], in: *Kleine Schriften zur Geschichte des Volkes Israel*, v. 1, München, p. 89-125.

ALT, Albrecht ([4]1968b), Erwägungen über die Landnahme der Israeliten in Palästina [1939], in: *Kleine Schriften zur Geschichte des Volkes Israel*, v. 1, München, p. 126-175.

ALT, Albrecht ([2]1968a), Der Rhythmus der Geschichte Syriens und Palästinas im Altertum [1944], in: *Kleine Schriften zur Geschichte des Volkes Israels*, v. 3, München, p. 1-19.

ALT, Albrecht ([2]1968b), Der Stadtstaat Samaria, in: *Kleine Schriften zur Geschichte des Volkes Israel*, v. 3, München, p. 258-302.

ALT, Albrecht ([2]1968c), Der Anteil des Königtums an der sozialen Entwicklung in den Reichen Israel und Juda [1955], in: *Kleine Schriften zur Geschichte des Volkes Israel*, v. 3, München, p. 348-372.

AMELING, Walter (2003), Jerusalem als hellenistische Polis: 2 Makk 4,9-12 und eine neue Inschrift, *Biblische Zeitschrift Neue Folge* 47, p. 105-111.

AMUSIN, J. D.; Heltzer, M. L. (1964), The Inscription from Mesad Hashavyahu. Complaint of a Reaper of the Seventh Century B.C., *Israel Exploration Journal* 14, p. 148-157.

ASH, Paul S. (1995), Solomon's District? List, *Journal for the Study of the Old Testament* 67, p. 67-86.

ASH, Paul S. (1999), *David, Solomon and Egypt*. A Reassessment (JSOT.S 297), Sheffield.

ATHAS, George (2003), *The Tel Dan Inscription*. A Reappraisal and a New Interpretation (JSOT.S 360 e Copenhagen International Seminar 12), Sheffield.

AVIGAD, Nahman (1963), A Seal of "Manasseh Son of the King", *Israel Exploration Journal* 13, p. 133-136.

AVIGAD, Nahman (1976), Bullae and Seals from a Post Exilic Judean Archive, *Qedem* 4, Jerusalem.

AVIGAD, Nahman (1978), Baruch the Scribe and Jerahmeel the King's Son, *Israel Exploration Journal* 28, p. 52-56.

AVIGAD, Nahman (1979), Jerahmeel & Baruch, King's Son and Scribe, *Biblical Archaeologist* 42, p. 114-119.

AVIGAD, Nahman (1986), *Hebrew Bullae from the Time of Jeremiah*. Remnants of a Burnt Archive, Jerusalém.

AVISHUR, Y.; Heltzer, M. (2000), *Studies on the Royal Administration in Ancient Israel in the Light of Epigraphic Sources*, Tel Aviv; Jafa.

AXELSSON, Lars Eric (1987), *The Lord Rose up from Seir*. Studies in the History and Traditions of the Negev and Southern Judah (CBOT 25), Stockholm.

BÄCHLI, Otto (1977), *Amphiktyonie im Alten Testament*. Forschungsgeschichtliche Studie zur Hypothese von Martin Noth (ThZ.S 6), Basel.

BARDTKE, Hans (1971), Die Latifundien in Juda während der zweiten Hälfte des achten Jahrhunderts v. Chr. (Zum Verständnis von Jes 5,8-10), in: *Hommages à André Dupont-Sommer*, Paris, p. 235-254.

BARON, Salo Wittmayer ([2]1952), *A Social and Religious History of the Jews*, v. I: To the Beginning of the Christian Era [1937], New York.

BARRICK, Boyd W. (2002), *The King and the Cemeteries*. Toward a New Understanding of Josiah's Reform (SVT 88), Leiden, et al.

BARSTAD, Hans M. (1998), The Strange Fear of the Bible: Some Reflections on the "Bibliophobia" in Recent Ancient Israelite Historiography, in: Grabbe, L. L. (ed.), *Leading Captivity Captive*: "The Exile" as History and Ideology (JSOT.S 278), Sheffield, p. 120-127.

BAUMGARTNER, W. (1927), Recensão de von M. Lurje, Studien zur Geschichte der wirtschaftlichen und sozialen Verhältnisse im israelitisch-jüdischen Reiche, *Theologische Literaturzeitung* 52, p. 315-316.

BECKER, Joachim (1998), Der Ich-Bericht des Nehemiabuches als chronistische Gestaltung, *fzb* 87, Würzburg.

BECKERATH, Jürgen von (1997), *Chronologie des pharaonischen Ägypten*. Die Zeitbestimmung der ägyptischen Geschichte von der Vorzeit bis 332 v. Chr. (MÄS 46), Mainz.

BEDFORD, Peter Ross (1991), On Models and Texts: A Response to Blenkinsopp and Petersen, in: Davies, Ph. R. (ed.), *Second Temple Studies*. 1. Persian Period (JSOT.S 117), Sheffield, p. 154-162.

BEDFORD, Peter R. (2002), Diaspora: Homeland Relations in Ezra-Nehemiah, *Vetus Testamentum* v. 52, p. 147-165.

BEGRICH, Gerhard (1975), *Der wirtschaftliche Einfluß Assyriens auf Südsyrien und Palästina*, Tese de doutorado. Berlin (Alemanha Oriental).

BELLEFONTAINE, Elizabeth (1987), Customary Law and Chieftainship: Judicial Aspects of 2 Samuel 14.4-21, *Journal for the Study of the Old Testament,* v. 38, p. 47-72.

BEN-BARAK, Zafrira (1981), Meribaal and the System of Land Grants in Ancient Israel, *Biblica* 62, p. 73-91.

BEN-BARAK, Zafrira (1988), The Appeal to the King as the Highest Authority for Justice, in: Augustin, M.; Schunck, K.-D. (ed.), *"Wünschet Jerusalem Frieden".* Collected Communications of the International Organization for the Study of the Old Testament, Jerusalem 1986 (BEATAJ 13), p. 169-177.

BENDOR, S. (1996), *The Social Structure of Ancient Israel.* The Institution of the Family (beit'ab) from the Settlement to the End of the Monarchy (Jerusalem Biblical Studies 7), Jerusalem.

BENZINGER, I. (^{3}1927), *Hebräische Archäologie* [1893], Leipzig.

BEN ZVI, Ehud (1994), On the Reading *'bytdwd'* in the Aramaic Stele from Tel Dan, *Journal for the Study of the Old Testament* 64, p. 25-32.

BERGES, Ulrich (2002), *Klagelieder*, HThKAT, Freiburg et al.

BERGSMA, John Sietze (2003), The Jubilee: A Post-Exilic Priestly Attempt to Reclaim Lands?, *Biblica* 84, Roma, p. 225-246.

BERNETT, Monika (2004), pólis und Politeia. Zur politischen Organisation Jerusalems und Jehuds in der Perserzeit, in: Alkier, St.; Witte, M. (ed.), *Die Griechen und das antike Israel.* Interdisziplinäre Studien zur Religions- und Kulturgeschichte des Heiligen Landes (OBO 201), Freiburg (Schweiz)/Göttingen, p. 73-129.

BERQUIST, Jon L. (1995), *Judaism in Persia's Shadow.* A Social and Historical Approach, Minneapolis.

BERTHOLET, Alfred (1919), *Kulturgeschichte Israels*, Göttingen.

BEYSE, Karl-Martin (1972), *Serubbabel und die Königserwartungen der Propheten Haggai und Sacharja.* Eine historische und traditionsgeschichtliche Untersuchung (AzTh 48), Stuttgart.

BICKERMAN, Elias J. (1988), *The Jews in the Greek Age*, Cambridge/Massachusetts/London.

BIEBERSTEIN, Klaus; Bloedhorn, Hanswulf (1994), *Jerusalem*. Gründzüge der Baugeschichte vom Chalkolithikum bis zur Frühzeit der osmanischen Herrschaft, 3 v. (BTAVO 100), Wiesbaden.

BIMSON, John J. (1991), Merenptah's Israel and Recent Theories of Israelite Origins, *Journal for the Study of the Old Testament* 49, p. 3-29.

BIRAN, Avraham; Naveh, Joseph (1993), An Aramaic Stele Fragment from Tel Dan, *Israel Exploration Journal* 43, p. 81-98.

BIRAN, Avraham; Naveh, Joseph (1995), A New Fragment, *Israel Exploration Journal* 45, p. 1-18.

BLENKINSOPP, Joseph (1991), Temple and Society in Achaemenid Judah, in: Davies, Ph. D. (ed.), *Second Temple Studies*. 1. Persian Period (JSOT.S 117), Sheffield, p. 22-53.

BLENKINSOPP, Joseph (1994), The Nehemiah Autobiographical Memoir, in: Balentine, Samuel E.; Barton, John (ed.), *Language, Theology and The Bible*, FS J. Barr, Oxford, p. 199-212.

BLENKINSOPP, Joseph (2002), The Bible, Archaeology and Politics; or The Empty Land Revisited, *JSOT* 27.2, p. 169-187.

BLUM, Erhard (1984), *Die Komposition der Vätergeschichte* (WMANT 57), Neukirchen-Vluyn.

BLUM, Erhard (2002), Esra, die Mosetora und die persische Politik, in: Kratz, R. G. (ed.), *Religion und Religionskontakte im Zeitalter der Achämeniden* (VWGTh 22), Gütersloh, p. 231-256.

BOBEK, Hans (1969), Die Hauptstufen der Gesellschafts- und Wirtschaftsentfaltung in geographischer Sicht, in: Wirth, E. (ed.), *Wirtschaftsgeographie* (WdF 219), Darmstadt, p. 441-485.

BOGAART, T. A. (1985), Stone for Stone: Retribution in the Story of Abimelech and Shechem, *JSOT 32*, p. 45-56.

BOHANAN, Paul (1989), Die Wanderung und Ausdehnung der Tiv, in: Sigrist, Ch.; Neu, R. (ed.), *Ethnologische Texte Bd. 1. Vor- und Frühgeschichte Israels*, Neukirchen-Vluyn, p. 86-105.

BORDREUIL, Pierre; Israel, Felice; Pardee, Dennis (1996), Deux ostraca paléo-hébreux de la collection Sh. Moussaïeff, *Sem.* 46, p. 49-76.

BOROWSKI, Oded (1987), *Agriculture in Iron Age Israel*, Winona Lake/Indiana.

BOTTÉRO, Jean (1954), *Le problème des 'Apiru à la 4ᵉ Rencontre Assyriologique Internationale*: Cahiers de la Société Asiatique 12, Paris.

BOTTÉRO, Jean (1981), Les Habiru, les Nomades et les Sédentaires, in: Silva Castillo, Jorge (ed.), *Nomads and Sedentary People*, Mexico, p. 89-107.

BRAUDEL, Fernand (1992), *Schriften zur Geschichte 1. Gesellschaften und Zeitstrukturen*, traduzido por G. Kurz e S. Summerer, Stuttgart.

BRETT, Mark G. (2003), Israel's Indigenous Origins: Cultural Hybridity and the Formation of Israelite Ethnicity, *BI 11*, p. 400-412.

BRIANT, Pierre (2002), *From Cyrus to Alexander. A History of the Persian Empire*, traduzido por P. T. Daniels, Winona Lake/Indiana.

BRIEND, J.; Caquot, A.; Cazelles, H. et al. (1990), *La protohistoire d'Israel*. De L'exode à la monarchie, Paris.

BRINGMANN, Klaus (1983), *Hellenistische Reform und Religionsverfolgung in Judäa*. Eine Untersuchung zur jüdisch-hellenistischen Geschichte (175-163 v.Chr.) (AAWG.PH III/132), Göttingen.

BUCHHOLZ, Joachim (1988), *Die Ältesten Israels im Deuteronomium* (GTA 36), Göttingen.

BUHL, Frants (1899), *Die sozialen Verhältnisse der Israeliten*, Berlin.

BULTMANN, Christoph (1992), *Der Fremde im antiken Juda*. Eine Untersuchung zum sozialen Typenbegriff ‚ger' und seinem Bedeutungswandel in der alttestamentlichen Gesetzgebung (FRLANT 153), Göttingen.

CAHNMAN, Werner J. (1974), *Der Pariah und der Fremde*: Eine begriffliche Klärung (AES 15), p. 166-177.

CAMPBELL, Edward F. Jr. (1983), Judges 9 and Biblical Archeology, in: Meyers, C. L.; O'Connor, M. (ed.), *The Word of the Lord Shall Go Forth*, FS D. N. Freedman, Winona Lake/Indiana, p. 263-271.

CARREIRA, José Nunes (1991), Charisma und Institution. Zur Verfassung des Königtums in Israel und Juda, in: Liwatz, R.; Wagner, S. (ed.), *Prophetie und geschichtliche Wirklichkeit im Alten Israel*, FS S. Herrmann, Stuttgart, et al., p. 39-51.

CARROLL, Robert P. (1986), *Jeremiah*. A Commentary, London.

CARROLL, Robert P. (1992), Coopting the Prophets. Nehemiah and Noadiah, in: Ulrich, E. et al. (ed.), *Priests, Prophets and Scribes. Essays on the Formation and Heritage of Second Temple Judaism*, FS J. Blenkinsopp (JSOT.S 149), Sheffield, p. 87-99.

CARTER, Charles E. (1999), *The Emergence of Yehud in the Persian Period.* A Social and Demographic Study (JSOT.S 294), Sheffield.

CAUSSE, A. (1937), Du groupe ethnique à la communauté religieuse. Le problème sociologique de la religion d'Israël, Paris.

CHANEY, Marvin L. (1986), Systemic Study of the Israelite Monarchy, in: Gottwald, N. K. (ed.), *Social Scientific Criticism of the Hebrew Bible and Its Social World*: The Israelite Monarchy (Semeia 37), 53-76.

CLAESSEN, Henri J. M.; Skalník, Peter (1978), *The Early State* (New Babylon 32, Den Haag et al.

CLANCY, Frank (1999), Shishak/Shoshenq's Travels, *JSOT 86*, p. 3-23.

CLASTRES, Pierre (1997), Die Gesellschaft gegen den Staat [1976], in: Sigrist, Ch.; Neu, R. (ed.*), Ethnologische Texte zum Alten Testament.* v. 2. Die Entstehung des Königtums, Neukirchen-Vluyn, p. 47-60.

CLAUSS, Manfred (1985), *Gesellschaft und Staat in Juda und Israel* (Eichstätter Hochschulreden 48), Eichstätt.

COGGINS, Richard J. (1989), The origins of the Jewish Diaspora, in: Clements, R. E. (ed.), *The World of Ancient Israel.* Sociological, Anthropological and Political Perspectives, Cambridge et al., p. 163-181.

COOGAN, David (1974), Life in the Diaspora. Jews at Nippur in the Fifth Century B.C., *BA* 37, p. 6-12.

COOTE, Robert B. (1990), *Early Israel.* A New Horizon, Minneapolis.

COOTE, Robert B.; Whitelam, Keith W. (1986), The Emergence of Israel: Social Transformation and State Formation Following the Decline in Late Bronze Age Trade, in: Gottwald, N. K. (ed.), *Social Scientific Criticism of the Hebrew Bible and Its Social World*: The Israelite Monarchy (Semeia 37), p. 107-147.

COOTE, Robert B.; Whitelam, Keith W. (1987), *The Emergence of Early Israel in Historical Perspective*, Sheffield.

COWLEY, A. (ed.), *Aramaic Papyri of the Fifth Century B.C.*, Oxford, 1923; [reimpressão] Osnabrück, 1967.

CROSS, Frank Moore (1975), A Reconstruction of the Judean Restoration, *JBL* 94, p. 4-18.

Cross, Frank Moore Jr.; Freedman, David Noel (1964), The Name of Ashdod, *BASOR* 175, p. 48-50.

CRÜSEMANN, Frank (1978), *Der Widerstand gegen das Königtum.* Die antiköniglichen Texte des Alten Testaments und der Kampf um den frühen israelitischen Staat (WMANT 49), Neukirchen-Vluyn.

CRÜSEMANN, Frank (1979), Alttestamentliche Exegese und Archäologie. Erwägungen angesichts des gegenwärtigen Methodenstreits in der Archäologie Palästinas, *ZAW* 91, p. 177-193.

CRÜSEMANN, Frank (1983), „... damit er dich segne in allem Tun deiner Hand ..." (Dtn 14,29). Die Produktionsverhältnisse der späten Königszeit dargestellt am Ostrakon von Mesad Hashavjahu, und die Sozialgesetzgebung des Deuteronomiums, in: Schottroff, L.; Schottroff, W. (ed.), *Mitarbeiter der Schöpfung*. Bibel und Arbeitswelt, München, p. 72-103.

CRÜSEMANN, Frank (1985), Der Zehnte in der israelitischen Königszeit, *WuD* NF 18, p. 21-47.

CRÜSEMANN, Frank (1992a), Das Gericht im Tor — eine staatliche Rechtsinstanz, in: Hausmann, J.; Zobel, H.-J. (ed.), *Alttestamentlicher Glaube und Biblische Theologie*, FS H. D. Preuss, Stuttgart et al., p. 69-79.

CRÜSEMANN, Frank (1992b), *Die Tora*. Theologie und Sozialgeschichte des alttestamentlichen Gesetzes, München.

CRÜSEMANN, Frank (2003), Israel in der Perserzeit. Eine Skizze in Auseinandersetzung mit Max Weber [1985], in: *Kanon und Sozialgeschichte*. Beiträge zum Alten Testament, Gütersloh, p. 210-226.

CRYER, Frederick H. (1994), On the Recently-Discovered "House of David" Inscription, *SJOT* 8, p. 3-20.

DAICHES, S. (1929), The Meaning of 'm h'rs in the O.T., *JThS* 30, p. 245-249.

DANDAMAEV, M. A. (1989), *A Political History of the Achaemenid Empire*, Leiden et al.

DAVIES, Philip R. (ed.) (1991), *Second Temple Studies*. 1. Persian Period (JSOT.S 117), Sheffield.

DAVIES, Philip R. (1994), The Society of Biblical Israel, in: Eshkenazi, T. C.; Richards, K. H. (ed.), *Second Temple Studies*. 2. Temple and Community in the Persian Period (JSOT.S 175), Sheffield, p. 22-33.

DAVIES, Philip R. (1995), *In Search of "Ancient Israel"* (JSOT.S 148), [reimpressão] Sheffield.

DAVIES, Philip R. (1998), Exile? What Exile? Whose Exile?, in: Grabbe, L. L. (ed.), *Leading Captivity Captive*: "The Exile" as History and Ideology (JSOT.S 278), Sheffield, p. 128-138.

Bibliografia

DAVIES, Philip R.; Halligan, John M. (ed.) (2002), *Second Temple Studies III*. Studies in Politics, Class and Material Culture (JSOT.S 340), Sheffield.

DAVIES, W. D.; Finkelstein, L. (ed.) (1984), *The Cambridge History of Judaism*, v. 1. Introduction; The Persian Period, Cambridge et al.

DAVIES, W. D.; Finkelstein, L. (ed.) (1989), *The Cambridge History of Judaism*, v. 2. The Hellenistic Age, Cambridge et al.

DEARMAN, John Andrew (1988*), Property Rights in the Eighth-Century Prophets*: The Conflict and its Background (SBLDS 106), Atlanta.

DELCOR, M. (1962), Le trésor de la maison de Yahweh des origines à l'exile, *VT* 12, p. 353-377.

DEVER, William G. (1990), Of Myths and Methods, *BASOR* 277/278, p. 121-130.

DEVER, William G. (1998), Archaeology, Ideology, and the Quest for an "Ancient" or "Biblical" Israel, *NEA* 61, p. 39-52.

DE VAUX, Roland (^{2}1964/1966), *Das Alte Testament und seine Lebensordnungen* [1958/1960], 2 v., Freiburg et al.

DE VAUX, R. (1968), Le problème des Hapiru après quinze années, *JNES* 27, p. 221-228.

DIETRICH, Walter (1976), *Jesaja und die Politik* (BevTh 74), München.

DIETRICH, Walter (1997), *Die frühe Königszeit in Israel*. 10. Jahrhundert v. Chr. (BE 3), Stuttgart et al.

DIETRICH, Walter (2001), Art. Staat/Staatsphilosophie I. Altes Testament, in: *TRE* XXXII, Berlin/New York, p. 4-8.

DIETRICH, Walter (2002), Wem das Land gehört. Ein Beitrag zur Sozialgeschichte Israels im 6. Jahrhundert v.Chr., in: *Theopolitik*. Studien zur Theologie und Ethik des Alten Testaments, Neukirchen-Vluyn, p. 270-286.

DIETRICH, Walter; Münger, Stefan (2003), Die Herrschaft Sauls und der Norden Israels, in: den Hertog, C. G. et al. (ed.), *Saxa loquentur*. Studien zur Archäologie Palästinas/Israels, FS V. Fritz (AOAT 302), Münster, p. 39-59.

DION, Paul-Eugène (1992), Les *KTYM* de Tel Arad: Grecs ou Phéniciens?, *RB* 99, p. 70-97.

DOBBS-ALLSOPP, F. W. (1994), The Genre of the Mesad Hashavyahu Ostracon, *BASOR* 295, p. 49-55.

DONNER, Herbert (1979), Die soziale Botschaft der Propheten im Lichte der Gesellschaftsordnung in Israel [1963], in: Neumann, P. H. A. (ed.), *Das Prophetenverständnis in der deutschsprachigen Forschung seit Heinrich Ewald* (WdF 307), Darmstadt, p. 493-514.

DONNER, Herbert ([3]2000), *Geschichte des Volkes Israel und seiner Nachbarn in Grundzügen*. Teil 1: Von den Anfängen bis zur Staatenbildungszeit (GAT 4/1), Göttingen.

DONNER, Herbert ([3]2001), *Geschichte des Volkes Israel und seiner Nachbarn in Grundzügen*. Teil 2: Von der Königszeit bis zu Alexander dem Grossen (GAT 4/2), Göttingen.

DREHER, Carlos A. (1991), Das tributäre Königtum in Israel unter Salomo, *EvTh 51*, p. 49-60.

DREWS, Robert (1993), *The End of the Bronze Age*. Changes in Warfare and the Catastrophe ca. 1200 B. C., Princeton/New York.

EDEL, Elmar (1953), Die Stelen Amenophis' II. aus Karnak und Memphis mit dem Bericht über die asiatischen Feldzüge des Königs, *ZDPV* 69, p. 97-169.

EDELMAN, D. V. (ed.) (1991), *The Fabric of History*. Text, Artifact and Israel's Past (JSOT.S 127), Sheffield.

EISSFELDT, Otto (1963), Eine Einschmelzstelle am Tempel zu Jerusalem, in: *Kleine Schriften* II, Tübingen, p. 107-109.

EMERTON, J. A. (1966), Did Ezra Go to Jerusalem in 428 B.C.?, *JThS NS* 17, p. 1-19.

EMERTON, J. A. (2002), The Values of the Moabite Stone as an Historical Source, *VT* 52, p. 483-492.

ENGEL, Helmut (1979a), Die Siegesstele des Merenptah. Kritischer Überblick über die verschiedenen Versuche historischer Auswertung des Schlussabschnitts, *Bib* 60, p. 373-399.

ENGEL, Helmut (1979b), *Die Vorfahren Israels in Ägypten*. Forschungsgeschichtlicher Überblick über die Darstellungen seit Richard Leprins (1849) (FTS 27), Frankfurt am Main.

ENGELS, Friedrich (1962), Der Ursprung der Familie, des Privateigentums und des Staats [[4]1892], in: *MEW* 21, Berlin, p. 25-173.

EPH'AL, Israel (1998), Changes in Palestine during the Persian Period in Light of Epigraphic Sources, *IEJ* 48, p. 106-119.

ESKENAZI, Tamara C. (1992), Out from the Shadows: Biblical Women in the Postexilic Era, *JSOT* 54, p. 25-43.

ESKENAZI, T. C.; Richards, K. H. (ed.) (1994), *Second Temple Studies. 2. Temple and Community in the Persian Period* (JSOT.S 175), Sheffield.

FANTALKIN, Alexander (2001), Mezad Hashavyahu: Its Material Culture and Historical Background, *Tel Aviv* 28, p. 3-165.

FAUST, Abraham (1999), Differences in Family Structure Between Cities and Villages in Iron Age II, *TA* 26, p. 233-252.

FECHT, Gerhard (1983), Die Israelstele, Gestalt und Aussage, in: Görg, Manfred (ed.), Fontes atque Pontes, F. H. Brunner (ÄAT 5), Wiesbaden, p. 106-138.

FECHTER, Friedrich (1998), Die Familie in der Nachexilszeit. Untersuchungen zur Bedeutung der Verwandtschaft in ausgewählten Texten des Alten Testaments, BZAW 264, Berlin/New York.

FEINMAN, Gary M.; Marcus, Joyce (ed.) (1998), *Archaic States*, Santa Fe (New Mexico).

FENDLER, Marlene (1973), Zur Sozialkritik des Amos. Versuch einer wirtschafts- und sozialgeschichtlichen Interpretation alttestamentlicher Texte, *EvTh* 33, p. 32-53.

FIENSY, David (1987), Using the Nuer Culture of Africa in Understanding the Old Testament: An Evaluation, *JSOT* 38, p. 73-83.

FINKELSTEIN, Israel (1988), *The Archaeology of the Israelite Settlement*, Jerusalem.

FINKELSTEIN, Israel (1988-1989), The Land of Ephraim Survey 1980-1987: Preliminary Report, *Tel Aviv* 15-16, p. 117-183.

FINKELSTEIN, Israel (1996), The Archaeology of the United Monarchy: an Alternative View, *Levant* 28, p. 177-187.

FINKELSTEIN, Israel (2002). The Campaign of Shoshenq I to Palestine. A Guide to the 10th Century BCE Polity, *ZDPV* 118, p. 109-135.

FINKELSTEIN, Israel; Na'aman, Nadav (ed.) (1994), *From Nomadism to Monarchy*. Archaeological and Historical Aspects of Early Israel, Jerusalem/Washington.

FINKELSTEIN, Israel; Silberman, Neil A. (²2003), *Keine Posaunen vor Jericho*. Die archäologische Wahrheit über die Bibel, München.

FINLEY, Moses I. (1977), Die Schuldknechtschaft, in: Kippenberg, H. G. (ed.), *Seminar*: Die Entstehung der antiken Klassengesellschaft (stw 130), Frankfurt am Main, p. 173-204.

FLANAGAN, James W. (1981), Chiefs in Israel, *JSOT* 20, p. 47-73.

FLEISCHER, Gunther (1989), *Von Menschenverkäufern, Baschankühen und Rechtsverkehrern*. Die Sozialkritik des Amosbuches in historisch-kritischer, sozialgeschichtlicher und archäologischer Perspektive (BBB 74), Frankfurt am Main.

FOHRER, Georg (1969), Israels Staatsordnung im Rahmen des Alten Orients, in: *Studien zur alttestamentlichen Theologie und Geschichte* (1949-1966) (BZAW 115), Berlin, p. 309-329.

FOHRER, Georg (1981), Die Familiengemeinschaft, in: *Studien zu alttestamentlichen Texten und Themen* (BZAW 155), Berlin/New York, p. 161-171.

FOHRER, Georg ([3]1982), *Geschichte Israels*. Von den Anfängen bis zur Gegenwart (UTB 708), Heidelberg.

FREI, Peter; Koch, Klaus ([2]1996), *Reichsidee und Reichsorganisation im Perserreich* (OBO 55), Freiburg (Schweiz)/Göttingen.

FRICK, Frank S. (1985), *The Formation of the State in Ancient Israel*: A Survey of Models and Theories (The Social World of Biblical Antiquity Series 4), Sheffield.

FRICK, Frank S. (1986), Social Science Methods and Theories of Significance for the Study of the Israelite Monarchy: A Critical Review Essay, in: Gottwald, N. K. (ed.), *Social Scientific Criticism of the Hebrew Bible and Its Social World*: The Israelite Monarchy (Semeia 37), p. 9-52.

FRIEDL, Corinna (2000), *Polygynie in Mesopotamien und Israel*. Sozialgeschichtliche Analyse polygyner Beziehungen anhand rechtlicher Texte aus dem 2. und 1. Jahrtausend v.Chr. (AOAT 277), Münster.

FRITZ, Volkmar (1975), Erwägungen zur Siedlungsgeschichte des Negeb in der Eisen-I-Zeit (1200-1000 v. Chr.) im Lichte der Ausgrabungen auf der *Hirbet el-Mšaš*, *ZDPV* 91, p. 30-45.

FRITZ, Volkmar (1982), Abimelech und Sichem in Jdc. IX, *VT* 32, p. 129-144.

FRITZ, Volkmar (1987), Conquest or Settlement? The Early Iron Age in Palestine, *BA* 50, p. 4-100.

Bibliografia

FRITZ, Volkmar (1990), Die Landnahme der israelitischen Stämme in Kanaan, *ZDPV* 106, p. 63-77.

FRITZ, Volkmar (1995), Die Verwaltungsgebiete Salomos nach 1 Kön. 4,7-19, in: Weippert, M.; Timm, St. (ed.), *Meilenstein*, FS H. Donner (ÄAT 30), Wiesbaden, p. 19-26.

FRITZ, Volkmar (1996), *Die Entstehung Israels im 12. und 11. Jahrhundert v. Chr.* (BE 2), Stuttgart et al.

FRITZ, Volkmar; Davies, Philip R. (ed.) (1996), *The Origins of the Ancient Israelite States* (JSOT.S 228), Sheffield.

GAL, Zvi (1992), *Lower Galilee During the Iron Age* (ASOR.DS 8), Winona Lake/Indiana.

GALLAZZI, Sandro (2002), *A teocracia sadacita.* Sua história e ideologia, Macapá.

GALLING, Kurt (1929), *Die israelitische Staatsverfassung in ihrer vorderorientalischen Umwelt* (AO 28,3/4), Leipzig.

GALLING, Kurt (1951), Königliche und nichtkönigliche Stifter beim Tempel von Jerusalem, *ZDPV* 68, p. 134-142.

GALLING, Kurt (1964), *Studien zur Geschichte Israels im persischen Zeitalter*, Tübingen.

GERSTENBERGER, Erhard S. (2001), *Theologien im Alten Testament. Pluralität und Synkretismus alttestamentlichen Gottesglaubens*, Stuttgart et al.

GERTZ, Jan Christian (1994), *Die Gerichtsorganisation Israels im deuteronomischen Gesetz* (FRLANT 165), Göttingen.

GEUS, C. H. J. de (1976), *The Tribes of Israel.* An Investigation into Some of the Presuppositions of Martin Noth's Amphictyony Hypothesis (SSN 18), Assen/Amsterdam.

GEUS, Jan Kees de (1982), Die Gesellschaftskritik der Propheten und die Archäologie, *ZDPV* 98, p. 50-57.

GILLISCHEWSKI, Eva (1922), Der Ausdruck *'m-ha'aræs* im AT, *ZAW* 40, p. 137-142.

GODELIER, Maurice (1999), *Das Rätsel der Gabe.* Geld, Geschenke, heilige Objekte, traduzido por M. Pfeiffer, München.

GONÇALVES, Francolino J. (2000), Exílio babilónico de "Israel". Realidade histórica e propaganda, in: *Cadmo* 10, p. 167-196.

GONEN, R. (1984), Urban Canaan in the Late Bronze Period, *BASOR* 253, p. 61-73.

GÖRG, Manfred (1991), Zum Titel BN HMLK ("Königssohn"), in: *Ägyptiaca-Biblica*. Notizen und Beiträge zu den Beziehungen zwischen Ägypten und Israel: Ägypten und Altes Testament 11, Wiesbaden, p. 192-196.

GOTTWALD, Norman K. (1975), Domain Assumptions and Social models in the study of Premonarchic Israel, in: *Congress Volume Edinburgh 1974* (SVT 28), Leiden, p. 89-100.

GOTTWALD, Norman K. (1979), *The Tribes of Yahweh*. A Sociology of the Religion of Liberated Israel 1250-1050 B.C.E., New York. [ed. bras.: *As tribos de Iahweh*. São Paulo: Paulus, 2004].

GOTTWALD, Norman K. (1985), The Israelite Settlement as a Social Revolutionary Movement, in: *Biblical Archaeology Today*. Proceedings of the International Congress on Biblical Archaeology, Jerusalem, April 1984, Jerusalem, p. 34-46.

GOTTWALD, Norman K. (1993), Social Class as an Analytic and Hermeneutical Category in Biblical Studies, *JBL* 112, p. 3-22.

GOTTWALD, Norman K. (2001), *The Politics of Ancient Israel*, Library of Ancient Israel, Louisville (Kentucky).

GRABBE, Lester L. (1994), *Judaism from Cyrus to Hadrian*, London.

GRABBE, Lester L. (ed.) (1997), Can a "History of Israel" Be Written? (JSOT.S 245), Sheffield.

GRABBE, L. L. (ed.) (1998a), *Leading Captivity Captive*: "The Exile" as History and Ideology (JSOT.S 278), Sheffield.

GRABBE, Lester L. (1998b), "The Exile" under the Theodolite: Historiography as Triangulation, in: Grabbe, L. L. (ed.), *Leading Captivity Captive*: "The Exile" as History and Ideology (JSOT.S 278), Sheffield, p. 80-100.

GRABBE, Lester L. (2000), Writing Israel's History at the End of the Twentieth Century, in: Lemaire, A.; Sæbø, M. (ed.), *Congress Volume Oslo 1998* (SVT 80), Leiden et al., p. 203-218.

GRABBE, L. L. (ed.) (2001), *Did Moses Speak Attic?* Jewish Historiography and Scripture in the Hellenistic Period (JSOT.S 317), Sheffield.

GRAMSCI, Antonio (1992), *Gefängnishefte*, v. 3, editado por K. Bochmann e W. F. Haug, Hamburg/Berlin.

GRÄTZ, Sebastian (2004a), *Das Edikt des Artaxerxes*. Eine Untersuchung zum religionspolitischen und historischen Umfeld von Esra 7,12-26 (BZAW 337), Berlin/New York.

Bibliografia 263

GRÄTZ, Sebastian (2004b), Esra 7 im Kontext hellenistischer Politik. Der königliche Euergetismus in hellenistischer Zeit als ideeller Hintergrund von Esr 7,12-16, in: Alkier, St.; Witte, M. (ed.), *Die Griechen und das antike Israel*. Interdisziplinäre Studien zur Religions- und Kulturgeschichte des Heiligen Landes (OBO 201), Freiburg (Schweiz)/Göttingen, p. 131-154.

GRELOT, Pierre (1972), *Documents araméens d'Égypte*: Littératures anciennes du Proche-Orient, Paris.

GROPP, Douglas M. (2000), Art. Sanballat, in: *Encyclopedia of the Dead Sea Scrolls 2*, Oxford, p. 823-825.

GROPP, Douglas M. (2001), Wadi Daliyeh II. The Samaria Papyri from Wadi Daliyeh, in: *DJD XXVIII*, Oxford, p. 1-116.

GUNNEWEG, A. H. J. (1982), Die aramäische und die hebräische Erzählung über die nachexilische Restauration — ein Vergleich, *ZAW* 94, p. 299-302.

GUNNEWEG, A. H. J. (1983), 'm h'rs — A Semantic Revolution, *ZAW* 95, p. 437-440.

GUTIÉRREZ, Gustavo ([10]1992, alemão 1973), *Theologie der Befreiung*, Mainz. [ed. bras.: *Teologia da libertação*. São Paulo: Loyola, 2000].

GUTTMANN, Julius (1981), Max Webers Soziologie des antiken Judentums [1925], in: Schluchter, W.: *Max Webers Studie über das antike Judentum. Interpretation und Kritik* (stw 340), Frankfurt am Main, p. 289-326.

HAAG, Ernst (2003), *Das hellenistische Zeitalter*. Israel und die Bibel im 4. bis 1. Jahrhundert v. Chr. (BE 9), Stuttgart.

HALPERN, Baruch (1981), *The Constitution of the Monarchy in Israel* (HSM 25), Chico (California).

HALPERN, Baruch (1983), *The Emergence of Israel in Canaan* (SBL.MS 29), Chico (California).

HALPERN, Baruch (1996), The Construction of the Davidic State: An Exercise in Historiography, in: Fritz, V.; Davies, Ph. R. (ed.), *The Origins of the Ancient Israelite States* (JSOT.S 228), Sheffield, p. 44-75.

HALPERN, Baruch (2000), The Gate of Megiddo and the Debate on the 10th Century, in: Lemaire, A.; Soebø, M. (ed.), *Congress Volume Oslo 1998* (SVT 80), Leiden, p. 79-121.

HANDY, L. K. (ed.) (1997), *The Age of Solomon. Scholarship at the Turn of the Millennium* (SHCANE 11), Brill et al.

HANHART, Robert (1998), *Dodekapropheton 7.1. Sacharja 1-8* (BK XIV/7.1), Neukirchen-Vluyn.

HASEL, Michael G. (2004), The Structure of the Final Hymnic-Poetic Unit on the Merenptah Stela, *ZAW* 116, p. 75-81.

HELCK, Wolfgang (1961), *Urkunden der 18. Dynastie*. Übersetzung zu den Heften 17-22, Berlin.

HELTZER, Michael (2000), Some Questions Concerning the Economic Policy of Josiah, King of Judah, *IEJ* 50, p. 105-108.

HENGEL, Martin (1976), *Juden, Griechen und Barbaren*. Aspekte der Hellenisierung des Judentums in vorchristlicher Zeit (SBS 76), Stuttgart.

HENGEL, Martin (^{3}1988), *Judentum und Hellenismus*. Studien zu ihrer Begegnung unter besonderer Berücksichtigung Palästinas bis zur Mitte des 2. Jh.s v.Chr. (WUNT 10), Tübingen.

HENTSCHEL, Georg (2003), *Saul. Schuld, Reue und Tragik eines „Gesalbten"* (Biblische Gestalten 7), Leipzig.

HERION, Gary A. (1986), The Impact of Modern and Social Science Assumptions on the Reconstruction of Israelite History, *JSOT* 34, p. 3-33.

HERRMANN, Siegfried (^{2}1980), *Geschichte Israels in alttestamentlicher Zeit*, München.

HERRMANN, Siegfried (1985), Basic Factors of Israelite Settlement in Canaan, Biblical Archaeology Today, in: *Proceedings of the International Congress on Biblical Archaeology, Jerusalem, April 1984*, Jerusalem, p. 47-53.

HOGLUND, Kenneth (1991), The Achaemenid Context, in: Davies, Ph. R. (ed.), *Second Temple Studies*. 1. Persian Period (JSOT.S 117), Sheffield, p. 54-72.

HOLM-NIELSEN, Svend (1976), Die Sozialkritik der Propheten, in: Kaiser, O. (ed.), *Denkender Glaube*, FS C. H. Ratschow, Berlin/New York, p. 7-23.

HOPKINS, David C. (1985), *The Highlands of Canaan. Agricultural Life in the Early Iron Age* (The Social World of Biblical Antiquity Series 3), Sheffield.

HOPKINS, David (1996), Bare Bones: Putting Flesh on the Economics of Ancient Israel, in: Fritz, Volkmar; Davies, Philip R. (ed.), *The Origins of the Ancient Israelite States* (JSOT.S 228), Sheffield, p. 121-139.

HORNUNG, Erik (1983), Die Israelstele des Merenptah, in: Görg, Manfred (ed.), *Fontes atque Pontes*, FS H. Brunner (ÄAT 5), Wiesbaden, p. 224-232.

HORSLEY, Richard A. (1991), Empire, Temple and Community — but no Bourgeoisie! A Response to Blenkinsopp and Petersen, in: Davies, Ph. R. (ed.), *Second Temple Studies. 1. Persian Period*, JSOT.S 117, Sheffield, p. 163-174.

HOUTART, François (1980), *Religion et modes de production précapitalistes*, Bruxelles.

HOUTMAN, C. (1981), Ezra and the Law. Observations on the Supposed Relation between Ezra and the Pentateuch: *OTS* 21, p. 91-115.

HUROWITZ, Victor (1986), Another Fiscal Practice in the Ancient Near East: 2 Kings 12,5-17 and a Letter to Esarhaddon (LAS 277), *JNES* 45, p. 289-294.

IHROMI (1974), Die Königinmutter und der 'amm ha'arez im Reich Juda, *VT* 24, p. 421-429.

ISHIDA, Tomoo (1977), *The Royal Dynasties in Ancient Israel*. A Study on the Formation and Development of Royal-Dynastic Ideology (BZAW 142), Berlin/New York.

JAGERSMA, H. (1981), The Tithes in the Old Testament, *OTS* 21, p. 116-128.

JAMIESON-DRAKE, David W. (1991), *Scribes and Schools in Monarchic Judah*. A Socio-Archeological Approach (JSOT.S 109), Sheffield.

JANSSEN, Enno (1956), *Juda in der Exilszeit*. Ein Beitrag zur Frage der Entstehung des Judentums (FRLANT 69), Göttingen.

JANZEN, David (2000), The "Mission" of Ezra and the Persian-Period Temple Community, *JBL* 119, p. 619-643.

JAPHET, Sara (1982), Sheshbazzar and Zerubbabel — Against the Background of the Historical and Religious Tendencies of Ezra-Nehemiah, *ZAW* 94, p. 66-98.

JAPHET, Sara (1983), Sheshbazzar and Zerubbabel. Against the Background of the Historical and Religious Tendencies of Ezra-Nehemiah. II, *ZAW* 95, p. 218-229.

JAPHET, Sara (2002), *1 Chronik* (HThKAT), Freiburg et al.

JEREMIAS, Jörg (1983), *Der Prophet Hosea* (ATD 24/1), Göttingen.

JUNGE, Ehrhard (1937), *Der Wiederaufbau des Heerwesens des Reiches Juda unter Josia*, Stuttgart.

KAISER, Otto (^{5}1981), *Das Buch des Propheten Jesaja*. Kapitel 1-12 (ATD 17), Göttingen.

KAISER, Otto (2003a), Arm und Reich bei Jesus Sirach, in: Deuser, H. et al. (ed.), *Theologie und Kirchenleitung*, FS P. Steinacker, Marburg, p. 17-30.

KAISER, Otto (2003b), Kultische und Sittliche Sühne bei Jesus Sirach, in: Diehl, J. F. et al. (ed.), *„Einen Altar von Erde mache mir..."*, FS D. Conrad (KAANT 4/5), Waltrop, p. 151-167.

KALLAI, Zecharia (2003), Simeon's Town List. Scribal Rules and Geographical Patterns, *VT* 53, p. 81-96.

KAMLAH, Jens (2001), Die Liste der Regionalfürsten in 1 Kön 4,7-19 als historische Quelle für die Zeit Salomos, *BN* 106, p. 57-78.

KAMP, K. A.; Yoffee, N. (1980), Ethnicity in Ancient Western Asia during the Early Second Millennium B. C.: Archaeological Assessments and Ethnoarchaeological Prospectives, *BASOR* 237, p. 85-104.

KARRER, Christiane (2001), *Ringen um die Verfassung Judas*. Eine Studie zu den theologisch-politischen Vorstellungen im Esra-Nehemia-Buch (BZAW 308), Berlin/New York.

KEGLER, Jürgen (1980), Debora — Erwägungen zur politischen Funktion einer Frau in einer patriarchalistischen Gesellschaft, in: Schottroff, W.; Stegemann, W. (ed.), *Traditionen der Befreiung*. Sozialgeschichtliche Bibelauslegungen. v. 2: Frauen in der Bibel, München et al., p. 37-59.

KEGLER, Jürgen (1996), Die Fürbitte für den persischen Oberherrn im Tempel von Jerusalem (Esra 6,10). Ein imperiales Herrschaftsinstrument, in: Bail, U.; Jost, R. (ed.), *Gott an den Rändern*. Sozialgeschichtliche Perspektiven auf die Bibel, FS W. Schottroff, Gütersloh, p. 73-82.

KELLERMANN, Ulrich (1967), *Nehemia*. Quellen, Überlieferung und Geschichte (BZAW 102), Berlin.

KESSLER, Rainer (1989a), Das hebräische Schuldenwesen. Terminologie und Metaphorik, *WuD NF* 20, p. 181-195.

KESSLER, Rainer (1989b), Die angeblichen Kornhändler von Amos VIII 4-7, *VT* 39, p. 13-22.

KESSLER, Rainer (1992), *Staat und Gesellschaft im vorexilischen Juda. Vom 8. Jahrhundert bis zum Exil* (SVT 47), Leiden et al.

KESSLER, Rainer (1994), Frühkapitalismus, Rentenkapitalismus, Tributarismus, antike Klassengesellschaft. Theorien zur Gesellschaft des alten Israel, *EvTh* 54, p. 413-427.

KESSLER, Rainer (1996a), Mirjam und die Prophetie der Perserzeit, in: Bail, U.; Jost, R. (ed.), *Gott an den Rändern*. Sozialgeschichtliche Perspektiven auf die Bibel, FS W. Schottroff, Gütersloh, p. 64-72.

KESSLER, Rainer (1996b), Gott und König, Grundeigentum und Fruchtbarkeit, *ZAW* 108, p. 214-232.

KESSLER, Rainer (^{2}2000), *Micha* (HThKAT), Freiburg et al.

KESSLER, Rainer (2002), *Die Ägyptenbilder der Hebräischen Bibel*. Ein Beitrag zur neueren Monotheismusdebatte (SBS 197), Stuttgart.

KESSLER, Rainer (2003a), Chiefdom oder Staat? Zur Sozialgeschichte der frühen Monarchie, in: Hardmeier, Ch. et al.: *Freiheit und Recht*, FS F. Crüsemann, Gütersloh, p. 121-140.

KESSLER, Rainer (2003b), Samaria-Papyri und Sklaverei in Israel, in: Diehl, J. F. et al. (ed.), *„Einen Altar von Erde mache mir ..."*, FS D. Conrad (KAANT), Waltrop, p. 169-181.

KESSLER, Rainer (2003c), Soziale Sicherung in vorstaatlicher, staatlicher und substaatlicher Gesellschaft: Das Beispiel des antiken Israel, in: Allmendinger, J. (ed.), *Entstaatlichung und soziale Sicherheit*. Verhandlungen des 31. Kongresses der Deutschen Gesellschaft für Soziologie in Leipzig 2002, Opladen CD-ROM-Beilage.

KESSLER, Rainer (2004), Armenfürsorge als Aufgabe der Gemeinde. Die Anfänge in Tempel und Synagoge, in: Crüsemann, F. et al. (ed.), *Dem Tod nicht glauben*. Sozialgeschichte der Bibel, FS L. Schottroff, Gütersloh, p. 91-102.

KIESOW, Anna (2000), *Löwinnen von Juda*. Frauen als Subjekte politischer Macht in der judäischen Königszeit (Theologische Frauenforschung in Europa 4), Münster.

KINET, Dirk (2001), *Geschichte Israels* (NEB. Ergänzungsband zum Alten Testament 2), Würzburg.

KIPPENBERG, Hans G. (ed.) (1977a), *Seminar: Die Entstehung der antiken Klassengesellschaft* (stw 130), Frankfurt am Main.

KIPPENBERG, Hans G. (1977b), Die Typik antiker Entwicklung, in: id. (ed.), *Seminar: Die Entstehung der antiken Klassengesellschaft* (stw 130), Frankfurt am Main, p. 9-61.

KIPPENBERG, Hans G. (1978), *Religion und Klassenbildung im antiken Judäa*. Eine religionssoziologische Studie zum Verhältnis von Tradition und gesellschaftlicher Entwicklung (StUNT 14), Göttingen.

KITTEL, Rud. ($^{5/6}$1923), *Geschichte des Volkes Israel*, 2 v., Stuttgart/Gotha.

KLENGEL, Horst (1972), *Zwischen Zelt und Palast*. Die Begegnung von Nomaden und Sesshaften im alten Vorderasien, Wien.

KLETTER, Raz (1999), Pots and Polities: Material Remains of Late Iron age Judah in Relation to its Political Borders, *BASOR* 314, p. 19-54.

KLETTER, Raz (2002), Temptation to Identify: Jerusalem, *mmšt*, and the *lmlk* Jar Stamps, *ZDPV* 118, p. 136-149.

KLETTER, Raz (2004), Chronology and United Monarchy. A Methodological Review, *ZDPV* 120, p. 13-54.

KNAUF, Ernst Axel (1991), From History to Interpretation, in: Edelman, D. V. (ed.), *The Fabric of History*. Text, Artifact and Israel's Past (JSOT.S 127), Sheffield, p. 26-64.

KNAUF, Ernst Axel (1994), *Die Umwelt des Alten Testaments* (NSK-AT 29), Stuttgart.

KNAUF, Ernst Axel (1996), Das „Haus Davids" in der alt-aramäischen Inschrift vom Tel Dan, *BiKi* 51, p. 9-10.

KNAUF, Ernst Axel (2001), Saul, David, and the Philistines: From Geography to History, *BN* 109, p. 15-18.

KNAUF, Ernst Axel (2002), Elephantine und das vor-biblische Judentum, in: Kratz, R. G. (ed.), *Religion und Religionskontakte im Zeitalter der Achämeniden* (Veröffentlichungen der Wissenschaftlichen Gesellschaft für Theologie 22), Gütersloh, p. 179-188.

KNAUF, Ernst Axel; Pury, Albert de; Römer, Th. (1994), *Bayt Dawid ou *Bayt Dod? Une relecture de la nouvelle inscription de Tel Dan, *BN* 72, p. 60-69.

KNUDTZON, J. A. (1915), *Die El-Amarna-Tafeln*, Leipzig.

KOCH, Heidemarie (^{2}1996), *Es kündet Dareios der König...* Vom Leben im persischen Großreich (Kulturgeschichte der antiken Welt 55), Mainz.

KOCH, K. (1969), Die Hebräer vom Auszug aus Ägypten bis zum Großreich Davids, *VT* 19, p. 37-81.

KOCH, Klaus (1991), Die Entstehung der sozialen Kritik bei den Propheten [1971], in: *Spuren des hebräischen Denkens*. Beiträge zur alttestamentlichen Theologie (Gesammelte Aufsätze, v. 1), Neukirchen-Vluyn, p. 146-166.

KOCH, Klaus (1995), Der Artaxerxes-Erlass im Esrabuch, in: Weippert, M.; Timm, St. (ed.), *Meilenstein*, FS H. Donner (ÄAT 30), Wiesbaden, p. 87-98.

KOTTSIEPER, Ingo (2002), Die Religionspolitik der Achämeniden und die Juden von Elephantine, in: Kratz, R. G. (ed.), *Religion und Religionskontakte im Zeitalter der Achämeniden* (Veröffentlichungen der Wissenschaftlichen Gesellschaft für Theologie 22), Gütersloh, p. 150-178.

KRAUS, Hans-Joachim (1955), Die prophetische Botschaft gegen das soziale Unrecht Israels, *EvTh* 15, p. 295-307.

KRAUS, Hans-Joachim (1972), Die Anfänge der religionssoziologischen Forschungen in der alttestamentlichen Wissenschaft. Eine forschungsgeschichtliche Orientierung, in: *Biblisch-theologische Aufsätze*, Neukirchen-Vluyn, p. 296-310.

KREISSIG, Heinz (1972), *Die sozialökonomische Situation in Juda zur Achämenidenzeit* (SGKAO 7), Berlin (Alemanha Oriental).

KREISSIG, Heinz (1978), Wirtschaft und Gesellschaft im Seleukidenreich. Die Eigentums- und Abhängigkeitsverhältnisse (Schriften zur Geschichte und Kultur der Antike 16), Berlin.

KREUZER, Siegfried (1994), Max Weber, George Mendenhall und das sogenannte Revolutionsmodell für die "Landnahme" Israels, in: Mommer, P.; Thiel, W. (ed.), *Altes Testament: Forschung und Wirkung*, FS H. Graf Reventlow, Frankfurt am Main et al., p. 238-305.

KREUZER, Siegfried (1996), „Saul war noch zwei Jahre König …". Textgeschichtliche, literarische und historische Beobachtungen zu 1 Sam 13,1, *BZ NF* 40, p. 263-270.

KREUZER, Siegfried (2001), „War Saul auch unter den Philistern?" Die Anfänge des Königtums in Israel, *ZAW* 113, p. 56-73.

KUPPER, Jean-Robert (1957), *Les nomades en Mésopotamie au temps des rois de Mari*, Paris.

LAMBERT, Frith (1994), The Tribe/State Paradox in the Old Testament, *SJOT* 8, p. 20-44.

LANCE, Darrell H. (1979), The Royal Stamps and the Kingdom of Josiah, *HThR* 64, p. 315-332.

LANG, Bernhard (²1981), *Kein Aufstand in Jerusalem*. Die Politik des Propheten Ezechiel (SBB), Stuttgart.

LANG, Bernhard (1982), The Social Organization of Peasant Poverty in Biblical Israel, *JSOT* 24, p. 47-63.

LANG, Bernhard (1983), Prophetie und Ökonomie im alten Israel, in: Kehrer, G. (ed.), *„Vor Gott sind alle gleich"*. Soziale Gleichheit, soziale Ungleichheit und die Religionen, Düsseldorf, p. 53-73.

LEHMANN, Reinhard/Reichel, Marcus (1995), DOD und ASIMA in Tell Dan, *BN* 77, p. 29-31.

LEMAIRE, André (1971), L'ostracon de Mesad Hashavjahu replacé dans son contexte, *Sem* 21, p. 57-79.

LEMAIRE, André (1975), Remarques sur la datation des estampilles «lmlk», *VT* 25, p. 678-682.

LEMAIRE, André (1981), Classification des estampilles royales judéennes, *EI* 15, Jérusalem, p. 53-60.

LEMCHE, Niels Peter (1983), On Sociology and the History of Israel. A Reply to Eckhart Otto — and Some Further Considerations, *BN* 21, p. 48-58.

LEMCHE, Niels Peter (1985), *Early Israel*. Anthropological and Historical Studies on the Israelite Society Before the Monarchy (SVT 37), Leiden.

LEMCHE, Niels Peter (1988), *Ancient Israel*. A New History of Israelite Society, Sheffield.

LEMCHE, Niels Peter (1994), Is it Still Possible to Write a History of Ancient Israel? *JSOT* 8, p. 165-190.

LEMCHE, Niels Peter (1996a), *Die Vorgeschichte Israels*. Von den Anfängen bis zum Ausgang des 13. Jahrhunderts v. Chr. (BE 1), Stuttgart et al.

LEMCHE, Niels Peter (1996b), From Patronage Society to Patronage Society, in: Fritz, V.; Davies, Ph. R. (ed.), *The Origins of the Ancient Israelite States* (JSOT.S 228), Sheffield, p. 106-120.

LEMCHE, Niels Peter; Thompson Thomas L. (1994), Did Biran Kill David? The Bible in the Light of Archaeology, *JSOT* 64, p. 3-22.

LEVIN, Christoph (2003a), Das vorstaatliche Israel, in: *Fortschreibungen*. Gesammelte Studien zum Alten Testament (BZAW 316), Berlin/ New York, p. 142-157.

LEVIN, Christoph (2003b), Die Instandsetzung des Tempels unter Joasch ben Ahasja,. in: *Fortschreibungen*. Gesammelte Studien zum Alten Testament (BZAW 316), Berlin/New York, p. 169-197.

LEVIN, Christoph (2003c), The Poor in the Old Testament. Some Observations, in: *Fortschreibungen*. Gesammelte Studien zum Alten Testament (BZAW 316), Berlin/New York, p. 322-338.

LOHFINK, Norbert (1978), Die Gattung der „Historischen Kurzgeschichte" in den letzten Jahren von Juda und in der Zeit des Babylonischen Exils, *ZAW* 90, p. 319-347.

Bibliografia 271

LOHFINK, Norbert (1986), Von der „Anawim-Partei" zur „Kirche der Armen". Die bibelwissenschaftliche Ahnentafel eines Hauptbegriffs der „Theologie der Befreiung", *Bib.* 67, p. 153-176.

LONG, V. Philips (2002), How Reliable are Biblical Reports? Repeating Lester Grabbe's Comparative Experiment, *VT* 52, p. 367-384.

LORETZ, O. (1975), Die prophetische Kritik des Rentenkapitalismus. Grundlagen-Probleme der Prophetenforschung, *UF* 7, p. 271-278.

LORETZ, Oswald (1984), *Habiru — Hebräer.* Eine soziolinguistische Studie über die Herkunft des Gentilizismus 'ibrî vom Apellativum habiru (BZAW 160), Stuttgart.

LOWERY, R. H. (1991), *The Reforming Kings.* Cult und Society in First Temple Judah (JSOT.S 120), Sheffield.

LURJE, M. (1927), *Studien zur Geschichte der wirtschaftlichen und sozialen Verhältnisse im israelitisch-jüdischen Reiche von der Einwanderung in Kanaan bis zum babylonischen Exil* (BZAW 45), Giessen.

McEVENUE, Sean E. (1981), The Political Structure in Judah from Cyrus to Nehemiah, *CBQ* 43, p. 353-364.

MACHOLZ, Georg Christian (1972a), Die Stellung des Königs in der israelitischen Gerichtsverfassung, *ZAW* 84, p. 157-182.

MACHOLZ, Georg Christian (1972b), Zur Geschichte der Justizorganisation in Juda, *ZAW* 84, p. 314-340.

McKENZIE, John (1959), The "People of the Land" in the Old Testament, in: *Akten des vierundzwanzigsten internationalen Orientalistenkongresses in München*, Wiesbaden, p. 206-208.

McNUTT, Paula (1999), Reconstructing the Society of Ancient Israel, Library of Ancient Israel, London/Louisville (Kentucky).

MALAMAT, Abraham (1965), Organs of Statecraft in the Israelite Monarchy, *BA* 28, p. 34-65.

MALAMAT, Abraham (1981), Charismatische Führung im Buch der Richter, in: Schluchter, W. (ed.), *Max Webers Studie über das antike Judentum.* Interpretation und Kritik (stw 340), Frankfurt am Man, p. 110-133.

MALAMAT, Abraham (1983), The Proto-History of Israel: A Study in Method, in: Meyers, C. L.; O'Connor, M. (ed.), *The Word of the Lord Shall Go Forth*, FS D. N. Freedmann, Winona Lake/Indiana.

MANTEL, Hugo (Haim Dov) (1973), The Dichotomy of Judaism During the Second Temple, *HUCA* 44, p. 55-87.

MARCUS, Joyce; Feinman, Gary M. (1998), Introduction, in: Feinman, G. M.; Marcus, J. (ed.), *Archaic States*, Santa Fe (New Mexico), p. 3-13.

MARTIN, James D. (1989), Israel as a tribal society, in: Clements, R. E. (ed.), *The World of Ancient Israel*. Sociological, Anthropological and Political Perspectives, Cambridge et al., p. 95-117.

MARX, Karl (1981), Ökonomische Manuskripte 1857/58, in: Engels, Friedrich, *Gesamtausgabe* (MEGA II/1,2), Berlin (Alemanha Oriental).

MATTHEWS, Victor H.; Benjamin, Don C. ([2]1995), *Social World of Ancient Israel 1250-587 BCE*, Peabody (Massachusetts).

MAUSS, Marcel (1990), *Die Gabe*. Form und Funktion des Austauschs in archaischen Gesellschaften (stw 743), traduzido por E. Moldenhauer, Frankfurt am Main.

MAYES, Andrew D. H. (1989), Sociology and the Old Testament, in: Clements, R. E. (ed.), *The World of Ancient Israel*. Sociological, Anthropological and Political Perspectives, Cambridge et al., p. 39-63.

MENDENHALL, George E. (1962), The Hebrew Conquest of Palestine, *BA* 25, p. 66-87 = (1970), *BARe* III, p. 100-120.

METTINGER, Trygve N. D. (1971), *Solomonic State Officials*. A Study of the Civil Government Officials of the Israelite Monarchy (CB.OT 5), Lund.

MEYER, Esias Engelbertus (2004), *The Jubilee in Leviticus 25*: A theological ethical interpretation from a South African perspective, Tese de doutorado, Stellenbosch.

MEYERS, Carol (1988), *Discovering Eve*. Ancient Israelite Women in Context. New York/Oxford.

MEYERS, Eric M. (1985), The Shelomith Seal and the Judean Restoration. Some Additional Considerations, *EI* 18, p. 33-38.

MILGROM, Jacob (1982), Religious Conversion and the Revolt Model for the Formation of Israel, *JBL* 101, p. 169-176.

MILLER, Maxwell J. (1991), Is it Possible to Write a History of Israel without Relying on the Hebrew Bible?, in: Edelman, D. V. (ed.), *The Fabric of History*. Text, Artifact and Israel's Past (JSOT.S 127), Sheffield, p. 93-102.

MITTMANN, Siegfried (1970), *Beiträge zur Siedlungs- und Territorialgeschichte des nördlichen Ostjordanlandes* (ADPV), Wiesbaden.

MOENIKES, A. (1995), *Die grundsätzliche Ablehnung des Königtums in der hebräischen Bibel*. Ein Beitrag zur Religionsgeschichte des alten Israel, Weinheim.

Bibliografia

MOMMSEN, H.; Perlman, I.; Yellin, J. (1984), The Provenience of the lmlk Jars, *IEJ* 34, p. 89-113.

MÜLLER, Reinhard (2004), *Königtum und Gottesherrschaft*. Untersuchungen zur alttestamentlichen Monarchiekritik (FAT 2. Reihe 3), Tübingen.

NA'AMAN, Nadav (1979), Sennacherib's Campaign to Judah and the Date of the lmlk Stamps, *VT* 29, p. 61-86.

NA'AMAN, N. (1991), The Kingdom of Judah under Josiah, *TA* 18, p. 3-71.

NA'AMAN, N. (2001), Solomon's District List (1 Kings 4:07-19) and the Assyrian Province System in Palestine, *UF* 33, p. 419-436.

NEU, Rainer (1986), "Israel" vor der Entstehung des Königtums, *BZ NF* 30, p. 204-221.

NEU, Rainer (1992), *Von der Anarchie zum Staat*. Entwicklungsgeschichte Israels vom Nomadentum zur Monarchie im Spiegel der Ethnosoziologie, Neukirchen-Vluyn.

NIEHR, Herbert (1986), *Herrschen und Richten*. Die Wurzel špt im Alten Orient und im Alten Testament (FzB 54), Würzburg.

NIEHR, Herbert (1987), *Rechtsprechung in Israel*. Untersuchungen zur Geschichte der Gerichtsorganisation im Alten Testament (SBS 130), Stuttgart.

NIEHR, Herbert (1995), Die Reform des Joschija. Methodische, historische und religionsgeschichtliche Aspekte, in: Gross, W. (ed.), *Jeremia und die „deuteronomistische Bewegung"* (BBB 98), Weinheim, p. 33-55.

NIEHR, Herbert (1997), Some Aspects of Working with the Textual Sources, in: Grabbe, Lester L. (ed.), *Can a "History of Israel" Be Written?* (JSOT.S 245), Sheffield, p. 156-165.

NIEMANN, Hermann Michael (1993), *Herrschaft, Königtum und Staat*. Skizzen zur soziokulturellen Entwicklung im monarchischen Israel (FAT 6), Tübingen.

NIEMANN, Hermann Michael (2002), Taanach und Megiddo: Überlegungen zur strukturell-historischen Situation zwischen Saul und Salomo, *VT* 52, p. 93-102.

NORIN, Stig (1994), Respons to Lemche, „Ist es noch möglich die Geschichte des alten Israels zu schreiben?", *SJOT* 8, p. 191-197.

NOTH, Martin (1930), *Das System der zwölf Stämme Israels* (BWANT 52), Stuttgart.

Noth, Martin (1968), *Könige*. 1. Teilband (BK IX/1), Neukirchen-Vluyn.

Noth, Martin (1971), Das Krongut der israelitischen Könige und seine Verwaltung [1927], in: *Aufsätze zur biblischen Landes- und Altertumskunde*, v. I, Neukirchen-Vluyn, p. 159-182.

Noth, Martin ([9]1981), *Geschichte Israels*, Göttingen.

Nurmi, Janne J. (2004), *Die Ethik unter dem Druck des Alltags*. Die Impulse der gesellschaftlichen Änderungen und Situation zu der sozialkritischen Prophetie in Juda im 8. Jh. v. Chr., Åbo.

Oded, B. (2000), The Settlements of the Israelite and the Judean Exiles in Mesopotamia in the 8th-6th Centuries BCE, in: Galil, G.; Weinfeld, M. (ed.), *Studies in Historical Geography and Biblical Historiography*, FS Z. Kallai (SVT 81), Leiden et al., p. 91-103.

Olivier, J. P. J: (1994), Money Matters: Some Remarks on the Economic Situation in the Kingdom of Judah During the Seventh Century B.C., *BN* 73, p. 90-100.

Olmstead, A. T. ([2]1959), *History of the Persian Empire*, Chicago.

Ortiz, Steven M. (2002), Methodological Comments on the *Low Chronology*: A Reply to Ernst Axel Knauf, *BN* 111, p. 34-39.

Otto, Eckart (1981), Sozialgeschichte Israels. Probleme und Perspektiven. Ein Diskussionspapier, *BN* 15, p. 87-92.

Otto, Eckart (1982), Hat Max Webers Religionssoziologie des antiken Judentums Bedeutung für eine Theologie des Alten Testaments?, *ZAW* 94, p. 187-203.

Otto, Eckart (1984), Historisches Geschehen — Überlieferung — Erklärungsmodell. Sozialhistorische Grundsatz- und Einzelprobleme in der Geschichtsschreibung des frühen Israel — Eine Antwort auf N. P. Lemches Beitrag zur Diskussion um eine Sozialgeschichte Israels, *BN* 23, p. 63-80.

Otto, Eckart (1994), *Theologische Ethik des Alten Testaments* (Theologische Wissenschaft 3,2) Stuttgart et al.

Otto, Eckart (2000), Mose und das Gesetz. Die Mose-Figur als Gegenentwurf Politischer Theologie zur neuassyrischen Königsideologie im 7. Jh. v. Chr., in: (ed.), *Mose*. Ägypten und das Alte Testament (SBS 189), Stuttgart, p. 43-83.

Otto, Eckart (2001), Art. Josia/Josiareform, in: *RGG*[4] IV, p. 587-589.

Otto, Eckart (2002), *Max Webers Studien des Antiken Judentums*. Historische Grundlegung einer Theorie der Moderne, Tübingen.

PAVLOVSKÝ, V. S. J. (1957), Die Chronologie der Tätigkeit Esdras. Versuche einer neuen Lösung, *Bib* 38, p. 275-305. 428-456.

PEDERSEN, Johs. (1959), *Israel*. Its Life and Culture, 4 v. [dinamarquês 1920, inglês 1926.1940], [reimpressão], London/Copenhagen.

PERDUE, Leo G.; Blenkinsopp, Joseph; Collins, John J.; Meyers, Carol (1997), *Families in Ancient Israel*, Louisville (Kentucky).

PLEINS, J. David (2001), *The Social Visions of the Hebrew Bible*. A Theological Introduction, Louisville (Kentucky).

PORATH, Renatus (1994), *Die Sozialkritik im Jesajabuch*. Redaktionsgeschichtliche Analyse (EHSTheologie 503), Frankfurt am Main et al.

PORTEN, Bezalel (1968), *Archives from Elephantine*. The Life of an Ancient Jewish Military Colony, Berkeley/Los Angeles.

PORTEN, Bezalel (1996), *The Elephantine Papyri in English*. Three Millennia of Cross-Cultural Continuity and Change (DMOA 22), Leiden et al.

PREMNATH, D. M. (1988), Latifundalization and Isaiah 5.8-10, *JSOT* 40, p. 49-60.

PUMMER, Reinhard (1987), *The Samaritans* (Iconography of Religions XXIII 15), Leiden.

RAINEY, Anson F. (1982), Wine from the Royal Vineyards, *BASOR* 245, p. 57-62.

RAINEY, Anson F. (1988), Toward a Precise Date for the Samaria Ostraca, *BASOR* 272, p. 69-74.

RAINEY, Anson F. (2001), Israel in Merenptah's Inscription and Reliefs, *IEJ* 51, p. 57-75.

RAPP, Ursula (2002), *Mirjam*. Eine feministisch-rhetorische Lektüre der Mirjamtexte in der hebräischen Bibel (BZAW 317), Berlin/New York, p. 178-193.

REDFORD, Donald B. (1986), The Ashkelon Relief at Karnak and the Israel Stela, *IEJ* 36, p. 188-200.

REICH, Ronny/Shukron, Eli (2003), The Jerusalem City Dump in the Late Second Temple Period, *ZDPV* 119, p. 12-18.

REIMER, Haroldo (1992), *Richtet auf das Recht!* Studien zur Botschaft des Amos (SBS 149), Stuttgart.

REINMUTH, Titus (2002), *Der Bericht Nehemias*. Zur literarischen Eigenart, traditionsgeschichtlichen Prägung und innerbiblischen Rezeption des Ich-Berichts Nehemias (OBO 183), Freiburg (Schweiz)/Göttingen.

RENDTORFF, Rolf (1999), *Theologie des Alten Testaments.* Ein kanonischer Entwurf. V. 1: Kanonische Grundlegung, Neukirchen-Vluyn.

REVIV, H. (1966), The Government of Shechem in the El-Amarna Period and in the Days of Abimelech, *IEJ* 16, p. 252-257.

REVIV, Hanoch (1989), *The Elders in Ancient Israel.* A Study of a Biblical Institution, Jerusalem.

RO, Johannes Un-Sok (2002), *Die sogenannte „Armenfrömmigkeit"* im *nachexilischen Israel* (BZAW 322), Berlin/New York.

ROGERSON, J. W. (1985), The Use of Sociology in Old Testament Studies, in: Emerton, J. A. (ed.), *Congress Volume Salamanca 1983* (SVT 36), Leiden, p. 245-256.

ROGERSON, J. W. (1986), Was Early Israel a Segmentary Society?, *JSOT* 36, p. 17-26.

RÖSEL, Hartmut N. (1983), Überlegungen zu „Abimelech und Sichem in Jdc. IX", *VT* 33, p. 500-503.

RÖSEL, Hartmut N. (1992), *Israel in Kanaan.* Zum Problem der Entstehung Israels (BEATAJ 11), Frankfurt am Main et al.

RÖSEL, Hartmut N. (2002), The Emergence of Ancient Israel — Some Related Problems, *BN* 114/115, p. 151-160.

ROSTOVZEFF, Michael (ND 1984), *Gesellschafts- und Wirtschaftsgeschichte der hellenistischen Welt*, 3 v. [1941], traduzido por G. e E. Beyer, Darmstadt.

ROWTON, Michael B. (1973), Urban Autonomy in a Nomadic Environment, *JNES* 32, p. 201-215.

ROWTON, Michael B. (1976), Dimorphic Structure and the Problem of the 'Apiru- 'Ibrîm, *JNES* 35, p. 13-20.

ROWTON, Michael B. (1977), Dimorphic Structure and the Parasocial Element, *JNES* 36, p. 181-198.

RÜTERSWÖRDEN, Udo (1985), *Die Beamten der israelitischen Königszeit.* Eine Studie zu sr und vergleichbaren Begriffen (BWANT 117), Stuttgart et al.

RÜTERSWÖRDEN, Udo (1995), Die persische Reichsautorisation der Thora: Fact or fiction?, *ZABR* 1, p. 47-61.

SACCHI, Paolo (2000), *The History of the Second Temple Period* (JSOT.S 282), Sheffield.

Sasse, Markus (2004), *Geschichte Israels in der Zeit des Zweiten Tempels*. Historische Ereignisse — Archäologie — Sozialgeschichte — Religions- und Geistesgeschichte, Neukirchen-Vluyn.

Schaeder, Hans Heinrich (1930), *Esra der Schreiber* (BHTh 5), Tübingen.

Schäfer-Lichtenberger, Christa (1983), *Stadt und Eidgenossenschaft im Alten Testament*. Eine Auseinandersetzung mit Max Webers Studie „Das antike Judentum" (BZAW 156), Berlin/New York.

Schäfer-Lichtenberger, Christa (1996), Sociological and Biblical Views of the Early State, in: Fritz, Volkmar; Davies Ph. R. (ed.), *The Origins of the Ancient Israelite States* (JSOT.S 228), Sheffield, p. 78-105.

Schäfer-Lichtenberger, Christa (2000), Zur Funktion der Soziologie im Studium des Alten Testaments, in: Lemaire, A.; Sæbø, M. (ed.), *Congress Volume Oslo 1998* (SVT 80), Leiden et al., p. 179-202.

Schäfer-Lichtenberger, Christa (2003), Michal — eine literarische Figur mit Vergangenheit, *WuD* 27, p. 89-105.

Schaper, Joachim (1995), The Jerusalem Temple as an Instrument of the Achaemenid Fiscal Administration, *VT* 45, p. 528-539.

Schaper, Joachim (1998), The Temple Treasury Committee in the Times of Nehemiah and Ezra, *VT* 47, p. 200-206.

Schaper, Joachim (2000), *Priester und Leviten im achämenidischen Juda*. Studien zur Kult- und Sozialgeschichte Israels in persischer Zeit (FAT 31), Tübingen.

Schaper, Joachim (2002), Numismatik, Epigraphik, alttestamentliche Exegese und die Frage nach der politischen Verfassung des achämenidischen Juda, *ZDPV* 118, p. 150-168.

Schenker, Adrian (2000), Die zweimalige Einsetzung Simons des Makkabäers zum Hohenpriester. Die Neuordnung des Hohepriestertums unter dem Hasmonäer Simon (1 Makk 14,25-49), in: *Recht und Kult im Alten Testament*. Achtzehn Studien (OBO 172), Freiburg (Schweiz)/Göttingen, p. 158-169.

Schipper, Bernd Ulrich (1999), *Israel und Ägypten in der Königszeit*. Die kulturellen Kontakte von Salomo bis zum Fall Jerusalems (OBO 170), Freiburg (Schweiz)/Göttingen.

Schluchter, Wolfgang (ed.) (1981), *Max Webers Studie über das antike Judentum*. Interpretation und Kritik (stw 340), Frankfurt am Main.

SCHLUCHTER, Wolfgang (ed.) (1985), *Max Webers Sicht des antiken Christentums*. Interpretation und Kritik (stw 548), Frankfurt am Main.

SCHMID, Herbert (1970), Die Herrschaft Abimelechs (Jdc 9), *Jud.* 26, p. 1-11.

SCHOORS, Antoon (1998), *Die Königreiche Israel und Juda im 8. und 7. Jahrhundert v. Chr. Die assyrische Krise* (BE 5), Stuttgart et al.

SCHOTTROFF, Willy (1974), Soziologie und Altes Testament, *VuF* 19, Heft 2, p. 46-66.

SCHOTTROFF, Willy (1982), Zur Sozialgeschichte Israels in der Perserzeit, *VuF* 27, p. 46-88.

SCHOTTROFF, Willy (1999a), Thesen zur Aktualität und theologischen Bedeutung sozialgeschichtlicher Bibelauslegung im Kontext christlicher Sozialethik [1987], in: *Gerechtigkeit lernen*. Beiträge zur biblischen Sozialgeschichte (ThB 94), Gütersloh, p. 1-4.

SCHOTTROFF, Willy (1999b), Arbeit und sozialer Konflikt im nachexilischen Juda, in: *Gerechtigkeit lernen*. Beiträge zur biblischen Sozialgeschichte (ThB 94), Gütersloh, p. 52-93.

SCHOTTROFF, Willy (1999c), Der Zugriff des Königs auf die Töchter. Zur Fronarbeit von Frauen im alten Israels, in: *Gerechtigkeit lernen*. Beiträge zur biblischen Sozialgeschichte (ThB 94), Gütersloh, p. 94-114.

SCHULTE, Hannelis (1992), Beobachtungen zum Begriff der Zônâ im Alten Testament, *ZAW* 104, p. 255-262.

SCHÜNGEL-STRAUMANN, Helen (2000), *Tobit* (HThKAT), Freiburg et al.

SCHWANTES, Milton (1991), *Das Land kann seine Worte nicht ertragen*. Meditationen zu Amos (KT 105), München.

SEIFFERT, Helmut (1970), *Einführung in die Wissenschaftstheorie. Zweiter Band*. Geisteswissenschaftliche Methoden: Phänomenologie — Hermeneutik und historische Methode — Dialektik (Beck'sche Schwarze Reihe 61), München.

SICRE, José Luis (1979), *Los dioses olvidados*. Poder y riqueza en los profetas preexílicos, Madrid.

SICRE, José Luis (1984), *"Con los pobres de la tierra"*. La justicia social en los profetas de Israel, Madrid.

SIGRIST, Christian (1979), *Regulierte Anarchie*. Untersuchungen zum Fehlen und zur Entstehung politischer Herrschaft in segmentären Gesellschaften Afrikas, Frankfurt am Main.

SIGRIST, Christian (1989), Segmentäre Gesellschaft, in: Neu, Rainer (ed.), *Ethnologische Texte* 1, p. 106-122.

SIGRIST, Ch.; Neu, R. (ed.) (1989.1997), *Ethnologische Texte zum Alten Testament*, 2 v.: v. 1. Vor- und Frühgeschichte Israels; v. 2. Die Entstehung des Königtums, Neukirchen-Vluyn.

SILVA CASTILLO, Jorge (ed.) (1981), *Nomads and Sedentary People*, Mexico.

SILVER, Morris (1983), *Prophets and Markets*. The Political Economy of Ancient Israel, Boston et al.

SIMKINS, Ronald A. (1999), Patronage and the Political Economy of Monarchic Israel, in: Simkins, Ronald A.; Cook, Stephen L. (ed.), *The Social World of the Hebrew Bible*: Twenty-Five Years of the Social Sciences in the Academy (Semeia 87), p. 123-144.

SMITH, Daniel L. (1991), The Politics of Ezra: Sociological Indicators of Postexilic Judaean Society, in: Davies, Ph. R. (ed.), *Second Temple Studies*. 1. Persian Period (JSOT.S 117), Sheffield, p. 73-97.

SMITH-CHRISTOPHER, L. (1994), The Mixed Marriage Crisis in Ezra 9-10 and Nehemiah 13: A Study of the Sociology of the Post-Exilic Judaean Community, in: Eskenazi, T. C.; Richards, K. H. (ed.), *Second Temple Studies*. 2. Temple and Community in the Persian Period (JSOT.S 175), Sheffield, p. 243-265.

SMITH, Morton (1977), Die Entwicklungen im Judäa des 5. Jh. v. Chr. aus griechischer Sicht, in: Kippenberg, H. G. (ed.), *Seminar: Die Entstehung der antiken Klassengesellschaft* (stw 130), Frankfurt am Main, p. 313-327.

SMITTEN, Wilhelm Th. In der (1973), *Esra*. Quellen, Überlieferung und Geschichte (SSN 15), Assen.

SOGGIN, J. A. (1963), Der judäische 'amm ha'ares und das Königtum in Juda, *VT* 13, p. 186-195.

SOGGIN, Alberto J. (1967), Bemerkungen zur alttestamentlichen Topographie Sichems mit besonderem Bezug auf Jdc. 9, *ZDPV* 83, p. 183-198.

SOGGIN, J. A. (1988a), Ancient Israel: An Attempt at a Social and Economic Analysis of the Available Data, in: Claassen, W. (ed.), *Text and Context*, FS F. C. Fensham (JSOT.S 48), Sheffield, p. 201-208.

SOGGIN, Alberto J. (1988b), Probleme einer Vor- und Frühgeschichte Israels, *ZAW 100 Suppl.*, p. 255-267.

SOGGIN, J. Alberto (1991), *Einführung in die Geschichte Israels und Judas.* Von den Ursprüngen bis zum Aufstand Bar Kochbas, Darmstadt.

SOUTHALL, Aidan W. (1997), Zum Begriff des segmentären Staates. Das Beispiel der Alur [1953], in: Sigrist, Ch.; Neu, R. (ed.), *Ethnologische Texte zum Alten Testament.* v. 2. Die Entstehung des Königtums, Neukirchen-Vluyn, p. 67-92.

STÄHLI, H. P. (1978), *Knabe — Jüngling — Knecht.* Untersuchungen zum Begriff n'r im Alten Testament (BBETh), Frankfurt.

STAUBLI, Thomas (1991), *Das Image der Nomaden im Alten Israel und in der Ikonographie seiner sesshaften Nachbarn* (OBO 107), Freiburg (Schweiz)/Göttingen.

STEGEMANN, Hartmut (1989/1990), Das Gesetzeskorpus der „Damaskusschrift" (CD XI-XVI), in: *RdQ* 14, p. 409-434.

STERN, Ephraim (1981), The Province of Yehud: The Vision and the Reality, *The Jerusalem Cathedra* 1, p. 9-21.

STERN, Ephraim (1982), *Material Culture of the Land of the Bible in the Persian Period 538-332 B.C.*, Warminster; Jerusalem.

STERN, Ephraim (1984), The Persian empire and the political and social history of Palestine in the Persian Period, in: Davies, W. D.; Finkelstein, L. (ed.), *The Cambridge History of Judaism*, v. 1. Introduction; The Persian Period, Cambridge et al., p. 70-87.

STIEGLER, Stefan (1994), *Die nachexilische JHWH-Gemeinde in Jerusalem.* Ein Beitrag zu einer alttestamentlichen Ekklesiologie (BEATAJ 34), Frankfurt am Main et al.

STOLZ, Fritz (1973), Aspekte religiöser und sozialer Ordnung im alten Israel, *ZEE* 17, p. 145-159.

TADMOR, H. (1979), The Decline of Empires in Western Asia ca. 1200 B.C.E., in: Cross, F. M. (ed.), *Symposia 75th Anniversary* ASOR, p. 1-14.

TALMON, Shemaryahu (1986a), Kingship and the Ideology of the State, in: *King, Cult and Calendar in Ancient Israel.* Collected Studies, Jerusalem, p. 9-38 [= Königtum und Staatsidee im biblischen Israel (1988), in: *Gesellschaft und Literatur in der Hebräischen Bibel.* Gesammelte Aufsätze, v. 1 (Information Judentum 8), Neukirchen-Vluyn, p. 11-43].

TALMON, Shemaryahu (1986b), The Judaean 'am ha'aræs in Historical Perspective, in: *King, Cult and Calendar in Ancient Israel.* Collected

Bibliografia

Studies, Jerusalem, p. 68-78 [= Der judäische מע ירראה in historischer Perspektive (1988), in: *Gesellschaft und Literatur in der Hebräischen Bibel.* Gesammelte Aufsätze, v. 1 (Information Judentum 8), Neukirchen-Vluyn, p. 80-91].

TALMON, Shemaryahu (1986c), The New Hebrew Letter from the Seventh Century B.C.E. in Historical Perspective, in: *King, Cult and Calendar in Ancient Israel.* Collected Studies, Jerusalem, p. 79-88.

TALMON, Shemaryahu (1986d), The Emergence of Jewish Sectarianism in the Early Second Temple Period, in: *King, Cult and Calendar in Ancient Israel.* Collected Studies, Jerusalem 165-201 [= Jüdische Sektenbildung im Frühstadium der Zeit des Zweiten Tempels. Ein Nachtrag zu Max Webers Studie „Das antike Judentum" (1988), in: *Gesellschaft und Literatur in der Hebräischen Bibel.* Gesammelte Aufsätze, Band 1, Information Judentum 8, Neukirchen-Vluyn, p. 95-131].

TALMON, Shemaryahu (1988), Biblische Überlieferungen zur Frühgeschichte der Samaritaner, in: *Gesellschaft und Literatur in der Hebräischen Bibel.* Gesammelte Aufsätze, v. 1 (Information Judentum 8), Neukirchen-Vluyn, p. 132-151.

TCHERIKOVER, Viktor A.; Fuks, Alexander (ed.) (1957), Corpus Papyrorum Judaicarum, v. I, Cambridge, Massachusetts.

THIEL, Winfried (1981), *Die deuteronomistische Redaktion von Jeremia 26-45* (WMANT 52), Neukirchen-Vluyn.

THIEL, Winfried (^{2}1985), *Die soziale Entwicklung Israels in vorstaatlicher Zeit*, Neukirchen-Vluyn.

THOMPSON, Thomas L. (1992), *Early History of the Israelite People.* From the Written and Archaeological Sources (SHANE 4), Leiden et al.

THOMPSON, Thomas L. (1998), The Exile in History and Myth: A Response to Hans Barstad, in: Grabbe, L. L. (ed.), *Leading Captivity Captive:* "The Exile" as History and Ideology (JSOT.S 278), Sheffield, p. 101-118.

THOMPSON, Thomas L. (2000), Problems of Genre and Historicity with Palestine's Inscriptions, in: Lemaire, A.; Sæbø, M. (ed.), *Congress Volume Oslo 1998* (SVT 80), Leiden et al., p. 321-326.

TIMM, Stefan (1982), *Die Dynastie Omri.* Quellen und Untersuchungen zur Geschichte Israels im 9. Jahrhundert vor Christus (FRLANT 124), Göttingen.

UEHLINGER, Christoph (1995), Gab es eine joschianische Kultreform? Plädoyer für ein begründetes Minimum, in: Gross, W. (ed.), *Jeremia und die „deuteronomistische Bewegung"* (BBB 98), Weinheim, p. 57-89.

USSISHKIN, David (1976), Royal Judean Storage Jars and Private Seal Impressions, *BASOR* 223, p. 1-13.

USSISHKIN, David (1990), Notes on Megiddo, Gezer, Ashdod, and Tel Batash in the Tenth to Ninth Centuries B.C., *BASOR* 277/278, p. 71-91.

VEIJOLA, Timo (1977), *Das Königtum in der Beurteilung der deuteronomistischen Historiographie*. Eine redaktionsgeschichtliche Untersuchung (AASF 198), Helsinki.

VIEWEGER, Dieter (1993), Überlegungen zur Landnahme israelitischer Stämme unter besonderer Berücksichtigung der galiläischen Berglandgebiete, *ZDPV*, p. 20-36.

VIEWEGER, Dieter (2003), *Archäologie der biblischen Welt* (UTB 2394), Göttingen.

VOGT, Hubertus C. M. (1966), *Studie zur nachexilischen Gemeinde in Esra-Nehemia*, Werl.

VOLZ, Paul (1989), *Die biblischen Altertümer* [1914], (reimpressão) Dreieich.

VON RAD, Gerhard (⁵1969), *Der Heilige Krieg im alten Israel*, Göttingen.

WAGENAAR, Jan A. (1999), "Give in the Hand of Your Maidservant the Property …". Some Remarks to the Second Ostrakon from the Collection of Sh. Moussaieff, *ZABR* 5, p. 15-27.

WAGNER, Volker (2002), Beobachtungen am Amt der Ältesten im alttestamentlichen Israel, *ZAW* 114, p. 391-411.560-576.

WALLIS, Gerhard (1969), Das Jobeljahr-Gesetz, eine Novelle zum Sabbathjahr-Gesetz, *MIOF* 15, p. 337-345.

WANKE, Gunther (1971), *Untersuchungen zur sogenannten Baruchschrift* (BZAW 122), Berlin.

WANKE, Gunther (1972), Zu Grundlagen und Absicht prophetischer Sozialkritik, *KuD* 18, p. 2-17.

WASHINGTON, Harold C. (1994), The Strange Woman (אשה הרז/הירכנ) of Proverbs 1-9 And Post-Exilic Judaean Society, in: Eskenazi, T. C.; Richards, K. H. (ed.), *Second Temple Studies. 2*. Temple and Community in the Persian Period (JSOT.S 175), Sheffield, p. 217-242.

Bibliografia

WEBER, Max (1921), *Gesammelte Aufsätze zur Religionssoziologie III*. Das antike Judentum, Tübingen.

WEBER, Max (^{5}1972), *Wirtschaft und Gesellschaft*. Grundriss der verstehenden Soziologie, editado por J. Winckelmann, Tübingen.

WEINBERG, Joel (1992), *The Citizen-Temple Community* (JSOT.S 151), Sheffield.

WEINBERG, Joel (1996), *Der Chronist in seiner Mitwelt* (BZAW 239), Berlin/New York.

WEINBERG, Joel (1999), The International Elite of the Achæmenid Empire: Reality and Fiction, *ZAW* 111, p. 583-608.

WEINFELD, Moshe (1988), Historical Facts behind the Israelite Settlement Pattern, *VT* 38, p. 324-332.

WEIPPERT, Helga (1988), *Palästina in vorhellenistischer Zeit* (Hda II, I), München, p. 417-681.

WEIPPERT, Manfred (1967), *Die Landnahme der israelitischen Stämme in der neueren wissenschaftlichen Diskussion*. Ein kritischer Bericht (FRLANT 92), Göttingen.

WEIPPERT, Manfred (1972), „Heiliger Krieg" in Israel und Assyrien. Kritische Anmerkungen zu Gerhard von Rads Konzept des „Heiligen Krieges im alten Israel", *ZAW* 84, p. 460-493.

WEISMAN, Ze'ev (1977), Charismatic Leaders in the Era of the Judges, *ZAW* 89, p. 399-411.

WELLHAUSEN, Julius (^{6}1905), *Prolegomena zur Geschichte Israels*, Berlin.

WELTEN, Peter (1969), *Die Königs-Stempel. Ein Beitrag zur Militärpolitik Judas unter Hiskia und Josia* (ADPV), Wiesbaden.

WELTEN, Peter (1989), Ansätze sozialgeschichtlicher Betrachtungsweise des Alten Testaments im 20. Jahrhundert, *BThZ* 6, p. 207-221.

WENNING, Robert (1989), Mesad Hašavyahu. Ein Stützpunkt des Jojakim?, in: Hossfeld, F.-L. (ed.), *Vom Sinai zum Horeb*. Stationen alttestamentlicher Glaubensgeschichte, Würzburg, p. 169-196.

WHITELAM, Keith W. (1979), *The Just King*: Monarchical Judicial Authority in Ancient Israel (JSOT.S 12), Sheffield.

WHITELAM, Keith W. (1986), Recreating the History of Israel, *JSOT* 35, p. 45-70.

WHITELAM, Keith W. (1989), Israelite Kingship. The royal ideology and its opponents, in: Clements, R. E. (ed.), *The World of Ancient Is-*

rael. Sociological, Anthropological and Political Perspectives, Cambridge et al., p. 119-139.

WHITELAM, Keith W. (1994), The Identity of Early Israel: The Realignment and Transformation of Late Bronze-Iron Age Palestine, *JSOT* 63, p. 57-87.

WHITELAM, Keith W. (1995), *The Invention of Ancient Israel.* The Silencing of Palestinian History, London/New York.

WIESEHÖFER, Josef (²1998), *Das antike Persien.* Von 550 v. Chr. bis 650 n. Chr., Düsseldorf; Zürich.

WILL, Édouard (1977), Überlegungen und Hypothesen zur Entstehung des Münzgeldes, in: Kippenberg, H. G. (ed.), *Seminar:* Die Entstehung der antiken Klassengesellschaft (stw 130), Frankfurt am Main, p. 205-222.

WILLI, Thomas (1995), *Juda — Jehud — Israel.* Studien zum Selbstverständnis des Judentums in persischer Zeit (FAT 12), Tübingen.

WILLIAMSON, H. G. M. (2004), *Studies in Persian Period History and Historiography* (FAT 38), Tübingen.

WILLIS, Timothy M. (2001), *The Elders of the City.* A Study of the Elders-Laws in Deuteronomy (SBL.MS 55), Atlanta (Georgia).

WILSON, Robert R. (1977), *Genealogy and History in the Biblical World* (Yale Near Eastern Researches 7), New Haven/London.

WILSON, Robert R. (1983/84), Israel's Judicial System in the Preexilic Period, *JQR* 74, p. 228-248.

WISSER, Laurent (1982), *Jérémie, critique de la vie sociale.* Justice sociale et connaissance de Dieu dans le livre de Jérémie, Genève.

WISSMANN, Felipe Blanco (2001), Sargon, Mose und die Gegner Salomos. Zur Frage vor-neuassyrischer Ursprünge der Mose-Erzählung, *BN* 110, p. 42-54.

WIT, Johan Hendrik de (1991), Leerlingen van de armen. Een onderzoek naar de betekenis van de Latijnamerikaanse volkse lezing van de bijbel in de hermeneutische ontwerpen en exegetische praktijk van C. Mesters, J. S. Croatto en M. Schwantes, Tese de doutorado, Amsterdã.

WÜRTHWEIN, Ernst (1936), *Der 'amm ha'arœz im alten Testament* (BWANT 69), Stuttgart.

WÜRTHWEIN, Ernst (1994a), Abimelech und der Untergang Sichems — Studien zu Jdc. 9, in: *Studien zum Deuteronomistischen Geschichtswerk* (BZAW 227), Berlin/New York, p. 12-28.

Bibliografia

WÜRTHWEIN, Ernst (1994b), Die Josianische Reform und das Deuteronomium, in: *Studien zum Deuteronomistischen Geschichtswerk* (BZAW 277), Berlin/New York, p. 188-216.

YAMAUCHI, Edwin M. ([2]1991), *Persia and the Bible*, Grand Rapids, Michigan.

YOFFEE, Norman (2005), *Myths of the Archaic State*. Evolution of the Earliest Cities, States, and Civilizations, Cambridge.

ZADOK, Ran (1979), *The Jews in Babylonia During the Chaldean and Achaemenian Periods According to the Babylonian Sources* (Studies in the History of the Jewish People and the Land of Israel — MS 3), Haifa.

ZADOK, Ran (1983/84), Some Jews in Babylonian Documents, *JQR* 74, p. 294-297.

ZERTAL, Adam (1986-1987), An Early Iron Age Cultic Site on Mount Ebal: Excavation Seasons 1982-1987. Preliminary Report, *TA* 13-14, p. 105-165.

ZSENGELLÉR, József (1998), *Gerizim as Israel*. Northern Tradition of the Old Testament and the Early History of the Samaritans (Utrechtse Theologische Reeks 38), Utrecht.

ZWICKEL, Wolfgang (1999), Die Wirtschaftsreform des Hiskia und die Sozialkritik der Propheten des 8. Jahrhunderts, *EvTh* 59, p. 356-377.

ZWICKEL, Wolfgang (2002), *Einführung in die biblische Landes- und Altertumskunde*, Darmstadt.

ÍNDICE DE REFERÊNCIAS BÍBLICAS

Gn

11,10-32	64
12,10-20	63
15,18b-21	27
15,19	74
15,19-21	62
16	145
17,12s.23.27	202
24	38, 64
24,3s.37s	218
26,2	63
26,6-9	69
27,46,28,09	218
28,22	112, 118
29,31	64
30,14-16	70
39,14.17	63
40,15	63
41,12	63
42,46	63
43,32	63
45,13	134
47,13-26	135
49	76

Ex

1,11	36, 63
1,15	63
1,15s.19	63
2,6s.11.13	63
2,16	69
3,8	62
3,8.17	27
3,18	63
5,3	63
7,16	63
9,1.13	63
10,3	63
12	194
12,1-20	202
12,3	165
12,21	107
20,23	42
21	40, 202
21,2-6	145
21,2-11.20s.26s	152
21,5s	202
21,20s.26s	145
22,24-26	152
23,1-8	152
23,10-12	152
23,15	118
23,23	62
30,11-16	196
30,13	118
34,20	118

Lv

4,3.5.16	195
7,8.33-36	196
10,14s	196
25	40, 182, 202, 204
25,10	182
25,39-46	207
27,1-8	118

Nm

1,16	78
2,3.5	78
18,12-16	196
24,21	74
36,1	165

Dt

11,10-11	26
12	119
12,6.11.17	112

14,22-29	152	5,19	62
14,25s	119	6,15	79
15	40, 202, 204	6,34	79
15,1-11	152	8,4-21	77
15,12	228	8,5.8s	77
15,16s	202	8,6.14	78
16,16	118	8,14.16	77
16,18,18,22	152	8,31	80, 90
17,15.20	228	9	77, 89
19,14	164	9,1.5	80
23,2-9	210	9,1-6	90
23,16	41	9,2s.6	90
23,16s	152	9,4	80, 90, 108
24,12s	152	9,6	90
24,14s	145	9,7-15	97, 98
25,13	119	9,18	80
26,5-9	64	9,30	78
26,12	152	10,18	78, 90
28,43	181	11	77, 90
		11,1	79, 80
Js		11,1s.7	90
1,4	84	11,2	81
2,2s	62	11,3	90, 108
5,1	62	11,5	77
7,14-18	69, 70	11,5-11	90
8,1s.14.23.29	62	11,8-11	90
9,1	62	11,29	79
10,1.3.5.23	62	12,3	79
10,1-27	62	13,25	79
11,1-5	62	14,6.19	79
15	114	15,10	211
15,21-44.48-62	114	15,14	79
18,21-28	114	17,6	91
18s	114	17,21	91
19,2-8.41-46	114	18,1	91
19,51	165	19,1	91
		19s	77
Jz		21,25	91
1,16	74		
3,9.15	79	*1Sm*	
3,10	79	1	70
4,11	74	2,8	177
4s	79	2,9	237
5,10	80	2,11-17.22-25	91
5,14-18	70	4,6.9	120
5,17	71, 76	4,7	91

8	88	30	108
8,1-3	91		
8,10-17	98, 110, 121	*2Sm*	
8,11-17	134	2,4	49, 95, 211
8,12	96	2,8	108
8,14s	103	2,8s	83, 94
8,15.17	112	4	83, 94
8,20	79, 107	5	83
8,20a	91	5,1-5	95
8,20b	91	5,2	49
9,1s	113	5,3	49, 92
10,5	83	5,5	111
10,18-21	69	5,6-11	83
10,27	95, 98, 99	5,6-12	108
11	77, 78, 83, 91	5,9	113
11,4s	113	5,17-25	83
11,5	95	8	83
11,6	79	8,1-15	95, 108
11,8	211, 212	8,11s	118
11,15	92	8,15	150
12,3	195	8,16	104, 108
13,1	83	8,16-18	95, 103
13,3.7	120	8,17	104
13,3.23	83	9	113
13,19	120	9,2	134
14,1	83	10,12	83
14,11	120	11,11.14-17	108
14,21	120	12,26-29	108
14,50	103, 104, 108	13,23	113
14,50-52	108	15,3.6	121
14,50s	95	15,18	99
15,1.17	195	16,1-4	113
15,4	211	16,5-14	121
15,6	74	16,5-15	99
16,3	195	17,15	113
16,11.19	113	19,17-24	121
17,52	211, 212	19,17-31	99
17,55	108	19,18	134
22	99	19,42	212
22,2	81, 98, 108	20	99, 121
22,7s	95	20,23	108
24,7.11	195	20,23-26	95, 103
25	80, 92, 98, 146	20,24	104, 110
27,6	113	20,25	104
27,6.8s	108	24,6	77
29,3	120	24,18-24	113

1Rs		21	107, 113, 116, 126
1,9	211	21,1s	113
2,19	102, 103	21,3	164
2,26	134	21,8	126
3,1	132	22,9	103
4,2	105	22,26	102, 105
4,2-6	103	22,49	130
4,3	104		
4,6	104, 110	2Rs	
4,7-19	111, 125	4,1-7	139
4,11.15	132	4,8	140
5,27-31	121	4,8-37	126, 140, 146
5,28	110	4,9s	140
7,51	118	6,1-7	139
8,33s	181	8,1-6	113, 126, 140, 146
9,15	84	8,3.5	140
9,17-19	109	8,6	103
9,20-22	121	8,26	132
9,27s	130	9,32	103
10,9	150	9s	123
10,11s	130	10,1.5	126
11,1-8	132	10,1-11	127
11,16-28.40	99	10,5	104, 105
11,26-28.40	121	10,7.11.17	123
12	99, 110, 121, 122	10,13	102
12,18	110	11	103, 130
12,20	122	12	118
12,25	109, 122	12,2	132
12,26-33	122	12,5	118
14,15s	129	12,5-17	118
14,17	122	12,11	104, 118
14,25-26	37	12,19	118, 119, 129
14,25s	85, 119	12,21s	130
15,13	102, 103	14,2	132
15,15	118	14,5	130
15,18	119	14,14	119
15,18-20	129	14,19-21	130
15,33	122	14,21	131
16,6.8s.15.17.23	122	15,2	132
16,9	104	15,5	104
16,11	124	15,19s	112
16,24	86, 113, 122	15,29	153
18,3	104	16,5-10	88
20	125	16,8	112, 119
20,14-20	108	17,4	112
20,14s.17.19	125	17,28	192

Índice de referências bíblicas

18,13s	137	25,23s	157
18,14	112	25,24	157
18,15	119	25,25	155, 157
18,18.37	104	25,27	155
19,2	104	25,27-30	163
20,18	103		
21,19	132	*1Cr*	
21,24	131	2,55	75
22,1	132	3,17-19	156
22,3	133	3,19	170, 176
22,3.8-10.12	104	7,7	165
22,3.8-10.12.14	133	8,6	165
22,3-9	118	24,24	165
22,4.8.10.12.14	133		
22,12.14	132, 133	*2Cr*	
23	138	15,16	102
23,1-3	151	18,8	103
23,2	212	18,25	102
23,3	151	22,24	118
23,4.24	133	25,5	165
23,5.8s.15.19s	119	28,7	102
23,8	105	35,12	165
23,15	193	35,20-24	138
23,30s.36	131	36,20s	161
23,31	132	36,22s	155
23,35	112		
23,36	132	*Esd*	
24,1.7	154	1,1-4	155
24,8	132	1,3	212
24,10-16	154	1,5	165, 188
24,12	103, 105	1,6	205
24,12.15	102	1,6	187, 188, 198, 212
24,13	119	2	164
24,14	158	2,1	181
24,15	131	2,1-67	181
24,17	154, 156	2,2	170
24,18	132	2,59	162
25	161	2,59-63	164
25,1-21	154	2,62	164
25,12	158	2,64	189
25,18	195	2,68	188
25,19	109, 128	2,68-70	205
25,19-21	131	2,68s	180
25,22	154	3,1	212
25,22-25	133	3,2	212
25,23	157	3,2.8	187
		3,3	180

3,11	212	10,5	188
3,12	188	10,8	189
4,1	212	10,14	188
4,1.3	180		
4,2s	193	*Ne*	
4,3	187	1,1	172
4,4	180	1,2	212
4,12	212	1,7	172
4,13.20	186	1,11	172, 205
4,23	212	1s	186
5,1.5	212	2,1	172
5,2	187	2,9	188
5,5.9	187	2,10	212
5,14	170	2,10.19	221
6,3	192	2,11	178
6,3-5	170	2,11,7,3	172
6,3s.8s	196	2,13	177
6,7	170, 187	2,16	187, 212
6,7s.14	187, 212	3,9-19	188
6,8	186	3,12	175
6,10	197	3,13s	177
6,15	170	3,33s	212
6,16.21	212	3,34	191
6,17	212	4,1	221
7	173, 186, 198, 199, 203, 204	4,1-17	191
		4,4	178
7,10	198, 203	4,6	212
7,10.11	212	4,8.13	187
7,12	205, 215	4,10	188
7,12-16	198	5	43, 175
7,12-26	198, 200	5,1.8.17	212
7,16	205	5,1-13	43, 146, 172, 174, 178, 179, 188, 190, 219
7,21-23	196		
7,24	186		
7,25-26	198	5,4	186
7,25s	198, 203	5,5	175
7,26	173	5,7	43
8,1.3	164	5,8	183, 206
8,17	162	5,14	170
8,24.29	188	5,14-18	191
8,24-30.33s	205	5,14-19	178
9,1	188	5,14s	186
9,1s.11	180	5,15	170
9,10	174	6	172, 178
10,1	175	6,1-14	185
10,2.11	180	6,1-14.17-19	221

Índice de referências bíblicas

6,6	212	13,23-27	174
6,14	175	13,28	193
6,15	178	13,31	196
6,17-19	188		
6,18	193	*Tb*	
7	164	1,17	219, 223
7,4	172	2,11-14	218
7,5	187	3,15	218
7,5.64	164	4,7s.15	223
7,6	181	4,12s	218
7,8-68	181	6,12	218
7,61	162, 164	12,8	223
7,64	164		
7,66	189	*1Mc*	
7,69-71	180, 205	1,11	229
8	198, 203	1,11.13	229
8,1-8	203	1,11.15.52	229
8,2s	175	1,14	228
8,9	173	1,15.60s	236
8,9	203	1,20.25.30	232
8,17	189	1,44-50	216
8s	173	1,54	216
10	200, 203, 204	1,62s	236
10,1	188	2,1-6	229
10,2	203	2,17	222
10,29	175	2,19s	229
10,29.31	180	2,29	229
10,33s	196	2,29-31.43	229
10,35	196	2,31-41	236
10,36-38	196	2,42	230, 238
11,1s	172	3,10	233
11,4.24s	212	3,41	219
11–13	172	4,42	230
12,22	165	4,59	230
12,26	170, 173	5,13	219
12,31	177	5,16	230
13,1	189	7,12	238
13,4-9	193, 221	7,12-18	230
13,4-9.10-13	197	7,12s	230, 238
13,4-9.28	194	7,33	226
13,4-31	172	8,23.25.27	231
13,6	172	8,23.27	224
13,12	196	8,31	231
13,15-22	26	9,53	222
13,17	188, 189	9,70-72	219
13,23	212	10,6.9	222

10,23.29	231	24,3.9	175
10,38	233	24,4	237
10,40	221	24,5-8	177
10,43	223		
11,16	222	*Sl*	
11,23	226	2	102, 135
11,34	233	12	237
12,6	226	12,2	237
13,16	221	31,24	237
13,36	224, 226	34,10s	237
13,49-52	216	45	102, 135
14,6-15	229	72	102, 135, 150
14,20	226	113,7	177
14,25-48	231	119	239
15,17	226		
16,11-17	222, 231	*Pr*	
		16,12	150
2Mc		20,28	150
1,1-10	235	22,7	144
1,10	226	29,14	150
1,11,2,18	235		
3,10	223	*Ecl*	
3,11.15.22	221	5,9	220
4,7-10	222		
4,7-10.23-29	226	*Eclo*	
4,8	227	2,17	217
4,9	227, 228	3,1-6	217
4,9.12	228	4,1	220
4,23-25	221	4,1-10	217, 219
4,23-29	222	4,10	219
4,36	234	5,7	220
4,39s	228	5,11	220
5,5-7	228	7,10.32s	219, 223
5,5-10	226	7,18-36	217
5,27	229	7,20	220
6,1-11	216	9,1-9	217
6,2	233	16,14	223
8,10	221	17,22	223
8,10s	219	25,22	218
8,28.30	222	29,12	223
11,25	224	30,1-13	217
11,27	226	33,25-33	217, 220
14,6	230, 238	34,24-27	220
		35,1s	219
Jó		35,4	223
24	177	36,14	232
		36,20-28	217

Índice de referências bíblicas

40,17	223
42,9-14	217
50,13.20	232
50,25s	233

Is

1,21-26	142
1,23	105
3,12	43
3,12-15	106, 134
3,14	43, 105, 106
3,14s	142
5,3	212
5,8	43, 142
5,11s	143
5,17	181
10,1	151
10,1s	142
11,4	237
22,15-22	134
22,15-25	104
22,16	104
22,21s	104
22,24s	134
24,2	144
29,19-21	236
36,3.22	104
37,2	104
39,7	103
40,27	162
41,8.14	162
56,3-7	210
57,1	237
58,6s	177
58,7	219
61,1s	177
66,5	239

Jr

1,18	135
2,6	143
2,14	202
2,26	135
4,3	212
4,9	135
5,1-6	143

5,5	106
5,26-28	43, 134, 146
8,1	135
8,8s	151
13,18	102
15,10	144
21,12	150
22,13-19	110, 150
22,15s	150, 152
22,24-27	185
23,5s	185
26,22	132
26,24	133
28	156
28,4	156
29	163
29,1	162
29,2	102, 105
29,3	133
29,5s	162
29,26-28	163
31,27.31	162
32	38, 39
32,9s	119
32,11-14.44	33
32,12s.16	104, 133
34,8-22	105, 106, 134, 143, 151, 158
34,10	151
34,19	105
36	133
36,4s.8.10.13-19.26s.32	104, 133
36,9	133
36,10.12.20s	104
36,10.12.25	133
36,11.13	133
36,12.14.19	105
36,12.25	132
36,14	133
36,26	102, 133
37,3	133
37,14s	105
37,15.20	104
38,1	133
38,4.25.27	105
38,6	102

38,7.10.12	103	*Ez*	
39	159	3,15	162
39,1-10	154	8,1	162
39,10	158, 160	8,11	133
39,14	133	11,15	158
39,16	103	12,10	78
39,40	159, 160	13,9	164
40	159	14,1	162
40,5-9.11-16	133	17,1-21	154
40,6.8.10	157	17,11-21	156
40,7	154	17,13	131
40,7-9	157	18,7.16	145, 219, 223
40,9	157	19,1	78
40,10	157	20,1.3	162
40,11.12a	159	21,17	78
41,1	155	22,23-31	106, 131, 144
41,1-4.6.10.16.18	133	22,25	150
41,1s	157	22,25-29	135
41,3	157	22,27	105
41,5	157, 193	23,6.12.23	188
41 44	165	24,21	164
43,3.6	104, 133	33,24	158
43,6	133	34	144
44	159	37,15-28	162
44,1	165, 167, 207		
45,1s	104, 133	*Dn*	
50,30	155	7,2-7	225
51,23.28.57	188	9,27	216
51,59.61	133	11	214
51,59-64	163	11,12	238, 239
52,1-27	154	11,30-32	216
52,16	158	11,31	216
52,25	109	11,32	238
52,25-27	131	11,33.35	238
		11,34	239
Lm		12,3.10	238
1,4.6.15	159	12,11	216
1,11	159		
2,12	159	*Os*	
4,4	159	6,8	77
4,4.9	159	7,3-7	123, 128
5	160	8,2	162
5,2	160	8,4	123
5,4	159	8,12	151
5,8	160	8,13	128
5,11	159	9,3	128

Índice de referências bíblicas

9,15	123
11,1-5	128
12	63
12,10.14	128
12,12	77
13,4	128

Am

2,6	140
2,6-8	140
2,7	141, 145
2,8	127, 141
2,10	128
3,1s	128
3,9-4,3	127
3,10s	127
3,10s.15	141
3,15	127, 141
4,1	127, 140, 141
4,4	112, 118
5,10-12	140, 141
5,11	127, 141, 181
6,4	127, 141
6,4-6	127, 141
6,12	141
7,10	128
7,10-17	141
7,17	134
8,4	131, 237
8,4-6	140, 141, 146
9,7	128

Mq

1,3	143
2,1s	142
2,1s.9s	145
2,2	164
2,9s	142
3,1.9.11	106
3,10	110
6,15	181
7,2	237
7,5s	174

Hb

2,12	110

Sf

1	143
1,8	102, 143
1,8s	105, 106, 143, 150
1,10	143
1,10s	143
1,12s	143
2,3	131, 237
3,11s	236

Ag

1,1	195
1,1.14	170
1,2-11	170
1,6	177
2,1-9	185
2,10-14	181
2,15-19	170
2,21-23	185

Zc

3,1	195
3,8	185
5,1-4	181
5,11	181
6,9-15	180, 185, 187
Zc 6,11	195
Zc 6,12	185
Zc 8,9-13	170
Zc 8,20-22	185
Zc 11,13	197

Ml

Ml 1,8	170, 186, 196
Ml 2,11	174
Ml 3,5	177
Ml 3,8-10	196

Jo

Jo 14,2	245

SUMÁRIO

Prefácio..5

Introdução...7

   I. História social como disciplina especial e como método 7

     1. História social como disciplina parcial da historiografia.............7

     2. História social como método exegético...............................8

   II. História de eventos e "longa duração" 9

   III. Sobre a apresentação da história social.............................11

     1. História social como história de instituições......................11

     2. História social como história de épocas............................12

   IV. Sobre a história da pesquisa 13

     1. Na tradição das antiguidades bíblicas..............................14

     2. A sociologia da religião do judaísmo antigo........................16

     3. Após 1968..20

Introdução aos métodos da história social de Israel.................25

   I. Ambiente como espaço de vida 25

     1. O ambiente geográfico..25

     2. O contexto histórico...27

   II. Heranças materiais..28

     1. Arqueologia — artefato e interpretação.............................29

     2. Material epigráfico de Israel e de seu entorno.....................32

   III. Os textos da Bíblia Hebraica.......................................34

     1. Confiabilidade histórica de informações bíblicas...................35

     2. Ficção e ambiente..37

     3. Tradição intencional e não intencional.............................38

     4. Norma e realidade 40

     5. A questão da datação de textos bíblicos............................41

   IV. Em busca de analogias 44

     1. Sociedades do entorno de Israel....................................45

     2. Etnologia — da empiria para a teoria 46

     3. Categorias sociológicas..47

Introdução às épocas da história social de Israel..................49

   I. O nascimento de Israel como sociedade baseada no parentesco 52

     1. O nascimento de um grande Israel...................................52

     a) A sociedade de Canaã no período do Bronze Recente (1550-1200 a.C.)...52

     b) "Israel" numa estela do faraó Merneptá..............................56

c) Transformações da sociedade cananeia na passagem para
   a época do Ferro 58
d) O surgimento de Israel como processo evolucionário 62
2. Estruturas da sociedade baseada em parentesco 66
   a) A designação da época...66
   b) A situação das fontes 67
   c) A estrutura social da sociedade baseada em parentesco.....................68
   d) A unidade da sociedade baseada em parentesco 71
   e) Modo de produção...75
   f) Estruturas de liderança..76
   g) Diferenciações sociais...79

II. Do estado primitivo ao estado desenvolvido em Israel e Judá......................81
1. Da formação do estado até a metade do século VIII............................82
2. O surgimento do estado 88
   a) Causas para surgimento da monarquia...91
   b) "Estados primitivos" 93
   c) Resistência contra a monarquia...96
3. Sociedade e estado sob domínio monárquico 100
   a) A continuação da sociedade baseada em parentesco.........................100
   b) O aparato estatal...101
   c) Atividades estatais..107
   d) A função do templo 117
4. Perfil do domínio real em Israel e em Judá..120
   a) Israel em meio à luta por libertação, à revolução e à estabilidade......120
   b) Judá como monarquia participativa 129

III. A formação de uma antiga sociedade de classes 136
1. O pano de fundo histórico-social do século VIII ao VI.........................136
2. Israel e Judá como antigas sociedades de classes 139
   a) Formas da crise social 140
   b) Causas e estruturas de uma antiga sociedade de classes...................144
   c) Respostas à crise...149

IV. Exílio e suas consequências 153
1. De Nabucodonosor até Ciro 154
2. Judá sob o domínio babilônico..155
   a) As estruturas de dominação..156
   b) Relações de propriedade na terra 157
3. Israel no exílio 161
   a) A deportação babilônica 162
   b) A deportação egípcia 165

V. A sociedade provincial no período persa 167
1. De Ciro até Alexandre 168
2. Sociedade e estado em Judá e na Samaria no período persa................173
   a) As estruturas familiares e suas ameaças..174
   b) As relações sociais 176
   c) Estruturas estatais em Judá e na Samaria 184
3. Templo e Torá...192
   a) A função do segundo templo 192

b) A promulgação da Torá através de Esdras..........................198
c) A constituição da Torá em lei como processo 201
4. *Vida na diáspora*...205
   a) O judaísmo babilônico 205
   b) A diáspora egípcia 206
5. *Judá, Samaria, Israel — uma sociedade provincial persa?*...................208
VI. O *ethnos* judaico no período helenista........................213
1. *De Alexandre Magno até os asmoneus*...............................214
2. *Transformações na sociedade e no estado* 217
   a) A família entre ideal e realidade.................................217
   b) O acirramento de contradições sociais............................220
   c) Expansão do sistema de esmolas...................................222
3. *Estruturas helenistas de dominação*...............................223
   a) Reino dos ptolomeus e administração.............................225
   b) Os selêucidas e a constituição de Jerusalém como *pólis*..........227
   c) Dos macabeus para os hasmoneus 229
4. *"Israel" em muitas formas* 231
   a) O desenvolvimento peculiar da Samaria.............................232
   b) A diáspora helenista 234
   c) A multiplicidade do Israel uno 236

Conclusão..241
I. Questões que perpassam as épocas da história social de Israel.....241
II. A identidade de Israel 243
III. Perspectiva: sobre a relevância teológica da história social.......244

Bibliografia...247

Índice de referências bíblicas 287

Impresso na gráfica da
Pia Sociedade Filhas de São Paulo
Via Raposo Tavares, km 19,145
05577-300 - São Paulo, SP - Brasil - 2010